LA POÉSIE PATRIOTIQUE

EN FRANCE

DANS LES TEMPS MODERNES

PAR

CH. LENIENT

PROFESSEUR A LA FACULTÉ DES LETTRES DE PARIS

TOME SECOND
XVIIIᵉ ET XIXᵉ SIÈCLES

PARIS
LIBRAIRIE HACHETTE ET Cⁱᵉ
79, BOULEVARD SAINT-GERMAIN, 79

1894

Droits de propriété et de traduction réservés

LA
POÉSIE PATRIOTIQUE
EN FRANCE

OUVRAGES DU MÊME AUTEUR

PUBLIÉS DANS LA BIBLIOTHÈQUE VARIÉE

PAR LA LIBRAIRIE HACHETTE & Cie

La satire en France au moyen âge; 4e édition. 1 vol.
    Ouvrage couronné par l'Académie française.

La satire en France, ou la littérature militante au xvie siècle; 3e édition. 2 vol.

La comédie en France au XVIIIe siècle. 2 vol.

La poésie patriotique en France au moyen âge. 1 vol.

La poésie patriotique en France. XVIe et XVIIe siècles. 1 vol.

Prix de chaque volume, broché........ 3 fr. 50

LA
POÉSIE PATRIOTIQUE
EN FRANCE
DANS LES TEMPS MODERNES

PAR

CH. LENIENT
PROFESSEUR A LA FACULTÉ DES LETTRES DE PARIS

TOME SECOND

XVIIIe ET XIXe SIÈCLES

PARIS
LIBRAIRIE HACHETTE ET Cie
79, BOULEVARD SAINT-GERMAIN, 79

1894

Droits de propriété et de traduction réservés

LA
POÉSIE PATRIOTIQUE EN FRANCE
DANS LES TEMPS MODERNES

CHAPITRE I

LE XVIIIᵉ SIÈCLE ET LA RÉGENCE

L'esprit nouveau. — La question d'argent : Law et son système — Noëls et vaudevilles de la Régence. — Les *Philippiques* de Lagrange-Chancel. — Le cardinal Dubois. — Voltaire à la Bastille : les *J'ai vu*. — Le poète national : *la Henriade* : Esprit du poème. — L'épopée artificielle. — Comparaison avec l'*Énéide*, la *Pharsale*, les *Tragiques*. — Le merveilleux, les portraits, les récits, le pathétique. — Dénouement.

I

Le xviiᵉ siècle, se prolongeant et débordant avec son roi sur l'âge suivant, venait de finir au milieu des calamités de la guerre et des amertumes de la défaite rachetées par une tardive victoire, celle de Denain ; entre les affres de la banqueroute et les pratiques d'une dévotion morose. Le siècle nouveau s'ouvrait par la joie de la paix reconquise, des plaisirs renaissants, de l'abondance retrouvée un moment, en apparence, avec la banque de Law, parmi les ivresses et les folies de la Régence. La France est redevenue le pays où l'on chante.

Est-ce à dire que la poésie, veuve de Molière, de Racine, de La Fontaine et même de Boileau, ait repris son ancien lustre? Non, tant s'en faut. Campistron et Crébillon, sur le théâtre, semblent de faibles ombres pour remplacer Racine et Corneille : les *Fables philosophiques* de Lamotte-Houdard sont loin de nous rendre les vers exquis du *Bonhomme* qui ravissait Mme de Sévigné : les dernières grâces de la Muse folâtre et badine expirent au milieu des orgies du Temple, dans la société des Vendôme, avec La Fare et Chaulieu. Tout l'espoir du Parnasse français, ainsi qu'on disait alors, va reposer sur la tête d'un adolescent, d'un jeune échappé de collège dont le nom remplira le monde, quand le fils du notaire Arouet s'appellera M. de Voltaire.

Le nouveau règne, à ses débuts, offre l'aspect d'une débandade ou d'une comédie. D'où vient-on? de Saint-Denis ou de la Courtille? On ne saurait le dire. Un sentiment que Louis XIV avait inspiré ou imposé à tous, au dedans comme au dehors, par le prestige de son nom et par l'énergie de sa volonté, le *respect*, a disparu avec lui. Aux manifestations irrévérencieuses, qui ont fait des funérailles du grand roi un véritable charivari, succèdent d'autres scandales, qui annoncent une rupture éclatante avec le passé. Le duc d'Orléans, peu soucieux des prescriptions de son oncle, demande au parlement d'annuler les dispositions testamentaires du feu roi : tous deux semblent prendre plaisir à faire acte de désobéissance envers cette volonté souveraine, qui a tout écrasé sous elle pendant si longtemps. Louis XIV avait institué un conseil de régence où entraient, en première ligne son bâtard bien-aimé, le duc du Maine, et ses confidents intimes, les ducs de Villeroi, d'Harcourt, de Bezons, etc. Le régent chargé de la tutelle du jeune roi, après avoir rendu pour la forme, au parlement, le droit de contrôle et de remontrance qu'il lui enlèvera bientôt, après avoir constitué un simulacre de conseils multiples d'après le plan de Fénelon et de Beauvilliers, finit par saisir le gouvernail, pensant qu'il suffirait de lui et de son précepteur ou valet de chambre Dubois, travesti en premier ministre, pour tout diriger.

Ce cardinal de pacotille, revêtu de la pourpre de Richelieu et de Mazarin, occupant sans vergogne le siège de Fénelon à Cambrai, est le digne Crispin de cette grande farce qu'on appelle la Régence. Pour que rien ne manque à la comédie, un hardi prestidigitateur financier, l'Écossais Law, viendra, en face d'une caisse vide, renouveler le miracle de la multiplication des pains ou des capitaux, avec les actions du Mississipi ; et de ces tours de passe-passe fera pourtant sortir une grande chose, l'origine du crédit moderne.

Si frivole qu'il soit, en effet, ce gouvernement n'en apporte pas moins des idées et des aspirations nouvelles dont il faut tenir compte. Sans doute, Michelet exagère lorsqu'il dit : « La Régence est une révolution économique et sociale, et la plus grande que nous ayons eue avant 89. » Mais nous ne saurions méconnaître l'importance de ces appels faits à l'opinion, de cette déférence, au moins apparente, de l'autorité expliquant ses actes devant le public, démontrant qu'ils sont justes, nécessaires, imposés par les circonstances, bien qu'on envoie toujours les gens à la Bastille, sans enquête ni jugement. Le régent rend l'instruction gratuite, en ouvrant à tous les portes de l'Université ; il songe à établir l'égalité de l'impôt, frappant surtout la terre et avec elle la grande propriété : de là l'effroi qu'éprouvent la noblesse et le clergé menacés dans leurs privilèges. Le gouvernement de la Régence est, comme l'Enfer, pavé de bonnes intentions, mais, comme lui, si rempli de vices, que tous ses beaux projets s'envolent et s'évaporent, à défaut de suite et de volonté persévérante.

Le point capital, difficile et vulnérable est pour lui le chapitre des finances. Comme Panurge, il reconnaît que

Faute d'argent, c'est douleur sans pareille,

et comme lui aussi malheureusement, s'il a cent manières d'en trouver, il en a deux cents pour le dépenser. Au 1er septembre 1715, le revenu brut de l'État s'élevait à 165 millions et demi, le revenu net à 69 millions ; les dépenses à 147 millions : par conséquent le déficit de l'année à 78 millions[1]. Il peut sembler étrange de mêler ainsi une question d'argent à l'histoire de la poésie. Et cependant il est des heures où cette question devient une crise

---

1. Henri Martin. *Histoire de France*, t. XVI.

morale autant que matérielle, où l'opinion s'en émeut, et la discute à l'instar d'un problème social. La chanson elle-même ne craint pas de s'en emparer. Les médecins, les empiriques de toute sorte viennent à la consultation. Ici, c'est Boulainvilliers, le théoricien de l'aristocratie, reprenant quelques-unes des vues saines et patriotiques de Vauban et de Bois-Guillebert; là c'est l'abbé de Saint-Pierre, un utopiste rêveur et chimérique; puis Saint-Simon, qui propose de simplifier l'opération, en convoquant les états généraux, pour leur faire voter la banqueroute universelle. Une solution à laquelle reviendraient volontiers certains socialistes de nos jours, en supprimant le Grand-Livre. Le duc de Noailles, placé un moment à la tête des finances, tente des efforts désespérés : diminution des dépenses, suppression des charges inutiles ; les trésoriers de France, réduits de 71 à 49 par généralités ; les tailles allégées de 3 millions ; enfin une chambre de justice instituée pour faire rendre gorge aux traitants, coupables d'exactions envers le peuple. Alors comme toujours, comme au temps d'Enguerrand de Marigny, de Semblançay, de Concini, de Fouquet, l'opinion publique applaudit, croyant toujours rencontrer des voleurs chez les financiers. C'est bien là qu'ils se trouvent souvent, mais on se trompe aussi quelquefois. La chanson populaire salue avec un espoir naïf la *Réforme des abus*

> L'Abondance au front serein
> Nous ouvre déjà son sein.
>   Usuriers hiboux,
>   Rentrez dans vos trous[1]

L'effroi était si grand parmi les gens d'affaires, que plusieurs prévinrent leur arrêt par un suicide : il y eut quelques exécutions à mort : d'autres furent exposés au pilori[2]. La Régence, si accommodante qu'elle fût, ne plaisantait pas avec les larrons de haut vol. Le duc d'Orléans apparait alors comme un justicier et un sauveur[3]. On

---

1. Recueil de Clairambault-Maurepas, t. I : *Chansonnier historique du XVIIIe siècle*, publié par E. Raunié, 1879. — 2. Henri Martin, *Ibid.*
3.   Orléans va venir
       Tout prêt à faire plaisir
           Au peuple.

ne lui demande pas moins qu'un miracle pour débuter

> L'esprit de Dieu fit tout de rien
> D'un souffle puissant et suprême.
> Hélas ! nous souhaiterions bien
> Que le Régent en fit de même,
> Et que son souffle intelligent
> Créât beaucoup d'or et d'argent.

Law arrivait à propos pour accomplir ce miracle avec son *système*, qui va faire sortir de terre, par une sorte d'enchantement magique, les millions et les milliards, jusqu'à ce que le tout s'en aille en fumée.

Cependant les merveilleuses opérations du grand prestidigitateur avaient éveillé plus d'un doute et d'une inquiétude pour l'avenir. Au milieu de l'engouement universel, quelques-uns trouvaient cette nouvelle invention de la *pierre philosophale* trop étourdissante, et songeaient aux conséquences :

> Qui l'eût pu croire ? O chose étrange !
> Aujourd'hui, par les soins de Law,
> Comme dans les mains de Midas [1],
> Dans ses mains tout en or se change.
> Que chacun prenne garde à soi !
> Après avoir chanté merveilles,
> Il pourrait bien, comme à ce roi,
> Nous venir de longues oreilles [2].

La prédiction s'accomplit. Nombre d'oreilles ou de nez s'allongèrent, quand vint l'heure de la débâcle.

Cette entreprise audacieuse de Law est en somme le grand événement de la Régence. Elle en exprime parfaitement l'esprit et le caractère : un certain mélange d'idées sérieuses, de légèretés et de folies ; le goût effréné du bien-être, de la vie facile et amusante ; une soif insatiable des plaisirs et des jouissances que l'argent peut donner. En même temps, l'esprit de critique, comprimé par la discipline de l'âge précédent, se donne libre carrière. Voltaire, qui en usait largement pour sa part, nous dit à ce sujet : « Tout se

---

1. La rime nous fixe ici sur la vraie prononciation de *Law*. — 2. Recueil de Clairambault-Maurepas, t. I.

tournait en gaieté et en plaisanterie dans la régence du duc d'Orléans : c'était le même esprit que du temps de la Fronde, à la guerre civile près. Ce caractère de la nation, le régent l'avait fait renaître après la sévère tristesse des dernières années de Louis XIV[1]. »

Il se vit exposé tout le premier aux abus de cette licence, dont il donnait lui-même l'exemple dans sa conduite. On se contenta d'abord de l'égratigner légèrement, comme dans ces vers sur les *Bienfaits de la Régence* :

> Qu'il est doux de voir régir
> Prince qui sait obéir[2] !

Sans doute en faisant casser par le parlement le testament du feu roi. Les *Noëls* du temps répétés partout, dans les soupers fins, dans les guinguettes, sont d'une audace et d'une crudité sans bornes, mettant en scène le régent, ses filles, ses maîtresses, ses confidents intimes. Le dévergondage des esprits égale celui des mœurs.

Philippe d'Orléans, ainsi que son homonyme de Macédoine, se trouve en butte à de nouvelles *Philippiques*. Mais les invectives cyniques de Lagrange-Chancel n'ont rien de commun que le nom avec les ardeurs patriotiques de Démosthène. Il y a entre elles toute la distance qui sépare le cabaret de Ramponneau et la Tribune aux harangues. Ces prétendues *Odes satiriques*, vomies par une « bouche d'Enfer », dépassent en violence les hyperboles de Juvénal. Sans parler des imputations abominables dirigées contre le régent et sa fille la duchesse de Berry, l'auteur, se faisant l'instrument des rancunes et des ambitions déçues que nourrissaient le duc et la duchesse du Maine, accuse hautement l'oncle de préméditer la mort du roi, son neveu.

> Royal enfant, jeune monarque,
> Ce coup[3] a réglé ton destin :
> Par lui l'inévitable Parque
> Ne lâchera plus son butin.

Philippe opposa une indifférence dédaigneuse à ces mauvais bruits, les uns absurdes, les autres restés douteux pour

---

1. Voltaire, *Précis du Siècle de Louis XV*, chap. III. — 2. Recueil Clairambault-Maurepas, t. I, p. 117. — 3. La garde du roi enlevée au duc du Maine.

l'histoire, et ne se donna même pas la peine de les démentir. Il fit plus, il accorda à Lagrange-Chancel un pardon qu'il ne méritait guère.

Pourtant ce prince si clément, si libéral, a aussi ses jours de mauvaise humeur et de caprice arbitraire. Après avoir rendu au parlement le droit de remontrances, il l'exile à Pontoise pour avoir résisté à l'édit fiscal « des quatre sous par livre ». De là, grande rumeur et doléances chez les chansonniers parlementaires du temps :

> Parisiens, pleurez amèrement !
> Dieu le permet, notre perte est certaine.
> L'on nous ravit notre bon parlement :
> Las ! il s'en va courir la pretantaine [1].

Le parlement, très égoïste au fond, n'en prétend pas moins au titre de protecteur du peuple : c'est un rôle que les partis politiques s'arrogent volontiers dans tous les temps. Le timide et prudent d'Aguesseau se trouve un moment transformé en martyr de la Loi, comme le bonhomme Broussel à l'époque de la Fronde :

> Cher d'Aguesseau, c'est enfin votre tour,
> Votre vertu pesait trop à vos maîtres.
> Dieu ! gardez-vous que l'ennui du séjour,
> Pour revenir, fasse de vous des traîtres.

Mais cette fois le peuple ne bougea pas : le parlement rentra bientôt, dompté, maté et docile, tel qu'on le souhaitait.

Dubois, l'agent et promoteur des édits bursaux, eut naturellement sa bonne part dans les malédictions et les satires, qui ne le touchaient guère plus que son maître. De longue date, le valet-ministre s'était cuirassé contre le mépris public, qu'il bravait effrontément. On lui faisait dire dans un quatrain :

> Je suis du bois dont on fait les cuistres,
>   Et cuistre je fus autrefois.
>   Mais à présent je suis Dubois,
>   Dont on fait les ministres.

---

1. *Noëls de la Régence.* Bibl. de l'Arsenal, 7074.

II

Dans cette pantalonnade satirique de la Régence, où pullulent nombre de rimeurs anonymes et oubliés à juste titre, figure un écolier qui attire de bonne heure les regards et les sévérités du pouvoir. C'est le fils d'un bourgeois parisien, un petit démon d'esprit et de gentillesse, malin comme un singe, admis, malgré son jeune âge, aux soupers du Temple, fêté, choyé, par le vieux Chaulieu et par la bonne Ninon de Lenclos, qui l'inscrira sur son testament. Malgré l'opposition tenace de son père, qui voulait faire de lui un magistrat, le jeune Arouet, non moins entêté, s'était jeté dans la carrière des lettres, avec une vocation enragée, abdiquant son nom de famille pour prendre un nom de passe ou de guerre, qu'il allait immortaliser. Deux pièces outrageuses contre le régent et sa fille, pièces qu'il a d'ailleurs toujours désavouées, bien qu'elles aient été insérées par Beuchot dans l'édition complète de ses *Œuvres*, lui valurent un exil anodin à Sully-sur-Loire, puis à Saint-Ange, auprès de M. de Caumartin, un ami de son père. C'était là, du reste, une simple villégiature qui le mettait à l'abri des séductions et des périls de la capitale. Mais il s'en lassa bientôt. Une épître câline et charmante, comme il savait les écrire, désarma le prince offensé.

Néanmoins la police avait toujours l'œil ouvert sur lui. Ses indiscrétions et ses bravades allaient le compromettre encore une fois, à propos de la pièce anonyme des *J'ai vu*. Bien qu'elle ne fût pas son œuvre, elle le conduisit à la Bastille. On ne prête qu'aux riches, dit le proverbe, et dès cette époque Arouet devint la victime de sa réputation, trop méritée, d'enfant terrible et de frondeur universel. Par un beau jour de printemps, le prince, rencontrant le jeune poète au Palais-Royal, l'accosta et lui dit avec une pointe de malice et par allusion aux *J'ai vu* :

« Monsieur Arouet, je gage vous faire voir une chose que vous n'avez point vue. — Quoi ? demanda celui-ci. — La Bastille. — Ah ! Monseigneur, je la tiens pour vue. » Le lendemain, le duc d'Orléans écrivait à M. de la Vrillière :

« L'intention de S. A. R. est que le sieur Arouet fils

« soit arrêté et conduit à la Bastille. Ce 16 mai 1717. »

Qu'étaient-ce donc que ces terribles *J'ai vu*? Cette pièce, imprimée deux ans auparavant, était moins une attaque contre le régent qu'une lamentation ou une malédiction sur les misères et les rigueurs du grand règne à son déclin. Elle avait pour auteur véritable un certain Lebrun, pauvre librettiste, faiseur d'opéras, qui n'avait pu trouver un musicien. L'œuvre inspirée par la passion, et la meilleure sans doute qu'ait jamais écrite l'auteur, ne manquait ni de trait ni de verve, et ne paraissait point indigne de la plume qui venait d'écrire *le Bourbier* [1]. Grâce au nom de Voltaire et à cette paternité hypothétique, elle a survécu et mérite aujourd'hui l'honneur d'une citation. On pourrait même y voir une sorte d'imprécation plus ou moins patriotique :

> Tristes et lugubres objets,
> J'ai vu la Bastille et Vincennes.
> Le Châtelet, Bicêtre, et mille prisons pleines
> De braves citoyens, de fidèles sujets.
> J'ai vu la Liberté ravie,
> De la droite raison la règle peu suivie :
> J'ai vu le peuple gémissant
> Dans un rigoureux esclavage.
> J'ai vu le soldat rugissant
> Crever de faim, de soif, de dépit et de rage.
> . . . .
> J'ai vu ces maux sous le règne funeste
> D'un prince que jadis la colère céleste
> Accorda, par vengeance, à nos désirs ardents :
> J'ai vu ces maux, et je n'ai pas vingt ans [2].

Ce furent ces vingt ans qui appelèrent sur Arouet l'attention de la police.

A vrai dire, le régent, qui n'avait guère à se louer du feu roi, devait-il se montrer si blessé de l'injure faite à sa mémoire? N'y avait-il pas une autre raison? On a cru la trouver dans une pièce anonyme, le *Puero regnante*, abominable satire, rappelant par le ton la *Prose d'un clerc de Paris* contre la duchesse de Montpensier, au temps de la Ligue. Voltaire, qui avait remporté, au collège de Clermont, les

---

1. *Satire de Voltaire contre Lamotte et l'abbé Jarry*, son rival heureux au concours de poésie. — 2. Recueil de Clairambault-Maurepas, t. I, p. 3.

premiers prix de discours et de vers latins, était parfaitement capable de médire dans les deux langues, en usant du droit qu'a le latin de braver *l'honnêteté*. Quant aux désaveux, il en usa de bonne heure comme d'une échappatoire légitime. « Dès qu'il y aura le moindre danger, écrira-t-il à d'Alembert au sujet du *Dictionnaire philosophique*, je vous demande en grâce de m'avertir, afin que je désavoue l'ouvrage dans tous les papiers publics, avec ma candeur et mon innocence ordinaires. » Mais il a sa terrible langue, qui l'entraîne encore à bien des imprudences, en compagnie de gens chargés de le faire parler.

En arrivant à la Bastille, Voltaire avait un autre bagage littéraire que les *satires* et les *épîtres*, auxquelles il devait jusque-là sa réputation de bel esprit redoutable et charmant tour à tour : il portait dans sa tête deux œuvres maîtresses, qui allaient le placer hors de pair entre les poètes contemporains : une tragédie et une épopée, *Œdipe* et *la Henriade*. La première de ces œuvres était achevée déjà et remise aux comédiens : la seconde ébauchée et bientôt reprise dans les loisirs forcés de la prison, où il allait rester onze mois, qu'il sut mettre à profit. La représentation et le succès de l'*Œdipe*, en même temps qu'ils lui ouvraient les portes de la Bastille, faisaient de lui l'idole du public, l'homme à la mode, devenu le coryphée du parti philosophique, depuis ces vers fameux répétés de tous côtés :

> Nos prêtres ne sont pas ce qu'un vain peuple pense;
> Notre crédulité fait toute leur science.

Du premier coup, il était entré en lutte avec Corneille et en sortait, disait-on, vainqueur : l'écolier avait surpassé le maître : tel était du moins l'avis des connaisseurs d'alors.

Mais cette gloire ne lui suffisait pas : il en rêvait une autre plus grande encore. Il voulait donner à la France ce que ni Ronsard, ni Chapelain n'avaient pu lui procurer, ce que l'Angleterre possédait avec Milton, l'Italie avec le Tasse, l'Espagne avec son *Romancero du Cid*, le Portugal avec les *Lusiades* de Camoëns : une épopée nationale, *la Henriade*. C'est par elle qu'il apparaît tout d'abord comme le plus brillant, le plus illustre représentant de la poésie patriotique en France au xviiie siècle.

III

Ici se présente une double objection. Voltaire est-il vraiment poète? Est-il vraiment patriote? Ses contemporains n'en doutaient pas, lorsqu'ils lui décernaient, quelques années plus tard, les honneurs civiques du Panthéon. Il faut dire aussi qu'à certaines heures d'ivresse et d'enthousiasme on croit à tout, même à la vertu et au patriotisme de Marat.

Poète, Voltaire a prétendu, a voulu et a cru l'être. Il s'indigne contre les beaux esprits de l'âge nouveau, qui déclarent la poésie morte avec son dernier pontife Boileau ; qui pensent, à la façon de Lamotte et de Fontenelle, que le meilleur langage poétique est celui qui se rapproche le plus de la bonne prose :

> Loin d'ici ce discours vulgaire
> Que l'art pour jamais dégénère,
> Que tout s'éclipse, tout finit.
> La nature est inépuisable,
> Et le génie infatigable
> Est le Dieu qui la rajeunit.

Poète, ne l'a-t-il pas été dès le collège, où il faisait des vers à onze ans, semblable à ces petits *pifferari* qui jouent du violon dès le berceau? Ses maîtres et ses condisciples voyaient déjà en lui un fils d'Apollon, l'enfant prodige qui devait, comme plus tard Victor Hugo, étonner le monde jusques à quatre-vingts ans, en lui donnant son *Irène*. Certes le critique, l'historien, le philosophe, le polémiste finiront par dominer chez lui l'homme d'imagination : le prosateur surpasse infiniment le poète. Mais est-ce une raison pour lui refuser complètement ce dernier titre ? Nous ne le pensons pas.

Poète, il l'a été, en partie du moins, par la conviction, la sympathie, le sentiment du grand, du beau, une exaltation de tête plutôt que de cœur, par l'élévation des idées à certains moments, après avoir lu Pope et Newton, et surtout par les grâces et les saillies de son esprit. Enfin il possède la souplesse, la dextérité du versificateur habile à manier la langue et le rythme, avec le prestige d'un adroit enlumineur. Aussi fait-il illusion à ses contemporains, qui saluent en lui l'émule de Virgile et d'Homère dans *la Henriade*, le rival de Corneille et de Racine dans la tragédie. Depuis, il a fallu descendre de ces sommets. Avouons cependant que, dans la poésie légère, il ne le cède ni à Marot, ni à La Fontaine, par l'enjouement et le naturel. Mais il n'a jamais connu cette lave, ce débordement poétique qui s'épanche de l'âme d'un Lamartine, d'un Victor Hugo et d'un Musset. La prose reste sa vraie langue, son principal instrument de propagande et de combat : il y est maître et souverain. Le vers n'est pour lui qu'un auxiliaire, comme le théâtre une tribune, d'où il adresse au parterre ses harangues ou ses homélies politiques et philosophiques.

On a contesté de même son patriotisme, en rappelant ses flatteries à l'égard de Frédéric II, le Salomon du Nord, qu'il encense si volontiers ; ses plaisanteries moqueuses sur les *Welches* ses compatriotes ; sa correspondance avec Catherine II, ses railleries impitoyables contre la Pologne catholique, notre vieille et fidèle alliée, qu'il voit démembrer en riant. Enfin l'injure faite à la Pucelle est restée le gros et principal grief contre Voltaire. Nous ne chercherons pas à l'excuser sur ce point.

Mais n'a-t-il pas en partie racheté ses fautes et ses défauts incontestables par des qualités sérieuses, par des services éminents rendus à la France et à l'humanité ? N'a-t-il pas été le plus étincelant, le plus populaire, le plus universel représentant de l'esprit français au dedans et au dehors, répandant nos idées et notre influence dans le monde entier ? Ne s'est-il pas fait l'apôtre de la tolérance, de la liberté ; le défenseur de Calas, de Lally-Tollendal, de Sirven, de La Barre, contre l'iniquité des parlements ; le précurseur de cette Révolution dont nous recueillons aujourd'hui les fruits, en fils souvent ingrats et oublieux ?

Avant ce malheureux péché de *la Pucelle*, n'avait-il pas conçu tout d'abord ce grand poème national de *la Henriade* ? N'a-t-il pas réveillé le souvenir de nos gloires françaises dans *Zaïre* et *Adélaïde Du Guesclin* ? N'a-t-il pas célébré en vers plus ou moins heureux la victoire de Fontenoy, les campagnes de Flandre et d'Italie, la prise de Mahon et presque tous les événements mémorables du jour. En même temps, il trace d'une main magistrale le tableau du *Siècle de Louis XIV*, et le *Précis du Siècle de Louis XV*, où le patriotisme a sa large part.

Faire de Voltaire, comme on l'a tenté dans ces derniers temps, une espèce de « Bourgeois Gentilhomme » en littérature, un « M. Jourdain » vaniteux, bouffi de sa personnalité, aspirant avant tout à porter sur le dos sa clef de chambellan prussien, c'est méconnaître son caractère, son rôle et son génie. C'est en esquisser la caricature et non le portrait. De fait, Voltaire n'est point un homme tout d'une pièce, mais une nature ondoyante, capricieuse et diverse, pleine de contrastes ou de contradictions, réunissant en lui un bizarre mélange de fierté républicaine et de courtisanerie monarchique. Tour à tour homme d'opposition et flatteur du pouvoir, de la même plume qui écrit la préface et la tragédie de *Brutus*, il adresse une épître au régent, dont il vante les vertus, et à cet immonde cardinal Dubois, dont il admire le génie, sans en penser un mot.

Par un contraste aussi étrange, cette époque de la Régence, la plus dissolue, la plus railleuse, la plus sceptique de notre histoire, voit apparaître, avec *la Henriade*, une œuvre de foi monarchique et nationale, en apparence tout au moins. Car, en réalité, cette prétendue épopée est un manifeste philosophique contre le fanatisme et la superstition, une revanche sur la *révocation de l'édit de Nantes*, un appel à la liberté des consciences, en attendant les autres libertés. Par cela seul, l'œuvre éveille les soupçons de l'autorité civile et religieuse, et ne plaît guère davantage au roi qu'au pape. Ce poème, aujourd'hui si démodé, si inoffensif, met l'opinion publique en émoi et la police sur les dents. Depuis le *Télémaque* de Fénelon, cet autre livre à scandale, ou, comme on dirait de nos jours, *à sensation*, nul écrit peut-être n'a soulevé tant d'orages. Il en est de *la Henriade* de Voltaire comme de ses tragédies : pour en comprendre l'effet prodigieux, le caractère militant et agressif, il faut se reporter à l'époque où elles ont paru. Autrement tout cela semble froid et languissant. La publication seule de *la Henriade* est déjà une aventure pleine de péripéties amusantes. Voltaire y déploie un génie de tacticien consommé, digne de son héros et ami Frédéric II. Il fait imprimer son œuvre clandestinement à Rouen (1723), et s'entend avec Thieriot pour ouvrir à son Henri IV les portes de Paris, dont une nouvelle Ligue voudrait lui barrer le chemin. Mathieu Marais, un de ses fanatiques admirateurs, écrit à ce sujet :

« Le poème de *la Ligue* (c'était le titre primitif), par Arouet, dont on a tant parlé, se vend en secret. Je l'ai lu : c'est un ouvrage merveilleux, un chef-d'œuvre d'esprit, beau comme Virgile, et voilà notre langue en possession d'un poème épique[1]. »

Mais, si l'on rendait généralement hommage au talent du poète, ses intentions paraissaient moins pures que son style. On continuait à se défier de lui. L'auteur fut bien étonné d'apprendre que son œuvre répandait les erreurs des semi-pélagiens, dont il s'était fort peu inquiété. Le nonce du pape, Maffei, le signalait à Rome comme un livre dangereux et bon pour l'Index : les jésuites de Trévoux déclaraient le neuvième chant entaché d'hérésie jansénienne. Voltaire janséniste ! l'accusation est plaisante, et presque bouffonne. Les courtisans, unis aux dévots, lui reprochaient ses impertinences envers la royauté et l'idée monarchique, dont il parlait assez cavalièrement, tout en semblant la défendre ; enfin l'éloge factieux et indécent d'un rebelle, tel que Coligny, et d'une reine hérétique, telle qu'Elisabeth d'Angleterre. Le poète écrivait à M. Cambiagne, à Londres, en 1723 :

« J'ai trop recommandé dans mon poème l'esprit de paix et de tolérance, en matière de religion ; j'ai trop dit de vérités à la cour de Rome ; j'ai répandu trop peu de fiel contre les réformés, pour espérer qu'on me permette d'imprimer, dans ma patrie, un poème composé à la louange du plus grand roi que ma patrie ait jamais eu. »

Voltaire avait fondé sur son œuvre les plus magnifiques espérances : il la voyait déjà confiée aux presses de l'Imprimerie royale, et avait fait composer, à cette intention, de superbes dessins par les meilleurs artistes du temps, Coypel, Galloche, Detroi, etc. Il avait écrit en l'honneur du

---

1. *Journal et Mémoires*, t. III.

jeune souverain une ample dédicace où il parlait, il est vrai, moins en courtisan qu'en citoyen, et qu'on refusa d'accepter. Même refus quand il s'agit du privilège. Le projet d'une souscription ouverte à la Haye, en Hollande, avait été entravé par l'opposition du gouvernement français. Il se tourna vers l'Angleterre, un pays libre dont il était devenu l'hôte et l'ami, et profita de son séjour à Londres, en 1726, pour préparer une nouvelle édition de luxe, qui fut à la fois un triomphe et une excellente affaire. Il en tira 50 000 francs, chiffre considérable alors. Jamais le chantre de l'*Iliade* et de l'*Odyssée* n'avait trouvé pareils trésors au fond de sa besace. Ce fut pour Voltaire, le futur seigneur de Ferney, le commencement de son immense fortune, en gloire et en numéraire. Bientôt la *Henriade* était traduite dans toutes les langues de l'Europe, même en patois auvergnat. Le prince Frédéric de Prusse, qui rejetait dehors avec dédain le vieux poème national des *Niebelungen*, annonçait l'intention de faire imprimer la *Henriade* avec des caractères d'argent. Devenu roi, il oubliait sa promesse, mais s'acquittait du moins en écrivant une préface enthousiaste : véritable apothéose de l'auteur, tellement outrée, qu'on pouvait se demander si elle était sincère. Voltaire affecta d'y croire, et se donna la satisfaction de la publier en tête de son livre, après sa brouille avec le roi de Prusse.

IV

Il y a deux parts à faire dans la *Henriade*. D'un côté le manifeste philosophique, la protestation du bon sens et du patriotisme contre les fureurs ultramontaines de la Ligue, contre l'ambition d'une puissance que la France libérale n'a cessé de repousser et de combattre, depuis saint Louis jusqu'à nos jours, avec une éternelle et profonde antipathie. Cette partie est évidemment celle qui a fait le succès de *Henriade*. C'est à ce titre que Michelet l'appelle « un pauvre poème et une grande action ». On lui sait gré de faire parler ainsi la *Politique* du Vatican :

Je ne suis plus, dit-elle, en ces temps bienheureux
Où les peuples séduits me présentaient leurs vœux,

> Où la crédule Europe, à mon pouvoir soumise,
> Confondait dans mes lois les lois de son Église.
> Je parlais; et soudain les rois humiliés
> Du trône, en frémissant, descendaient à mes pieds.
> Sur la terre, à mon gré, ma voix soufflait les guerres;
> Du haut du Vatican je lançais les tonnerres;
> Je tenais dans mes mains la vie et le trépas;
> Je donnais, j'enlevais, je rendais les États;
> Cet heureux temps n'est plus [1].

Du reste, l'auteur ne se déclare pas l'ennemi de la religion : comme le Cléante du *Tartufe,* il distingue entre la fausse et la vraie :

> L'humble religion se cache en des déserts :
> . . . .
> Souffrir est son destin, bénir est son partage,
> Elle prie en secret pour l'ingrat qui l'outrage.

Voltaire se montre ici surtout patriote, gallican parlementaire et monarchique. Lui, qui a si fort maltraité les parlements et leurs prétentions ridicules, leur accorde cette fois une place d'honneur.

> Il était dans ce temple un sénat vénérable,
> Propice à l'innocence, au crime redoutable.
> . . . .
> Il hait la tyrannie et la rébellion;
> Toujours plein de respect, toujours plein de courage,
> De la soumission distingue l'esclavage;
> Et pour nos libertés toujours prêt à s'armer,
> Connaît Rome, l'honore, et la sait réprimer [2].

Telle est la note politique, philosophique et religieuse de *la Henriade,* l'idée maîtresse qui inspire et anime le poème tout entier.

D'un autre côté, il y a l'œuvre littéraire taillée, calquée plus ou moins fidèlement sur le modèle des épopées classiques. Voltaire raconte qu'en commençant sa *Henriade* il ignorait les règles du poème épique. Nous trouverions volontiers qu'il les connaît trop. En effet, nous allons voir reparaître tout le vieux cérémonial avec ses ressorts et ses épisodes consacrés : tempêtes, oracles, voyage au Ciel et aux Enfers,

---

1. *Henriade,* chant v. — 2. *Ibid.*

sous forme de rêve ; vision anticipée de l'avenir, etc. — Le captif entrant à la Bastille, sans trop savoir quand il en sortirait, avait emporté avec lui, outre sa garde-robe complète, ses bonnets de nuit, son flacon d'essence de girofle, un Homère grec et latin et un Virgile. « Ces deux auteurs, écrit-il à Thieriot, sont mes dieux domestiques, sans lesquels je ne devrais point voyager. » Pourtant, il faut en convenir, ce n'est ni à l'*Iliade*, ni à l'*Odyssée*, ni à l'*Énéide* même qu'on peut comparer *la Henriade*. Sans doute l'écolier fait plus d'un emprunt à son maître Virgile : la conversation de Henri IV avec la reine Élisabeth rappelle un peu celle d'Énée avec Didon, mais la passion s'arrête à la galanterie, sans conséquences. Le récit implexe, comme dans le poème latin, nous ramène en arrière ; d'autres parties sont plus ou moins imitées. En somme, la distance est grande entre les deux œuvres et les deux poètes.

Si nous voulons trouver un point de comparaison, il vaut mieux choisir la *Pharsale* de Lucain et les *Tragiques* de d'Aubigné, qui sont, ainsi que *la Henriade*, des poèmes héroïques découpés sur le canevas de l'histoire, avec des reflets et des couleurs épiques, sans être de véritables épopées. La *Pharsale*, malgré l'invocation adressée à Néron, est la dernière protestation du stoïcisme républicain contre le despotisme des Césars. Les *Tragiques* sont le cri vengeur de la Némésis protestante contre le triomphe du catholicisme, l'écho des rancunes et des indignations qui couvent au fond des cœurs ulcérés. De ces trois œuvres, véritables manifestes de secte, d'école et de parti, la moins poétique est sans contredit *la Henriade*. C'est aussi la plus régulière, la plus contenue et la plus modérée. Il faut tenir compte du caractère et du tempérament des trois poètes.

Voltaire n'éprouve pas les mélancoliques regrets de Lucain, ni les rancunes amères de d'Aubigné. C'est un libre penseur ami de la tolérance, de la concorde et de la paix, bien que sa vie se passe à guerroyer de tous côtés. Malgré la fièvre d'action et de production qui le possède, son tempérament poétique est du genre moyen : il n'aura ni les ardeurs, ni les éclats, ni l'intempérance folle et parfois désordonnée de l'auteur des *Tragiques*. Mathieu Marais, à l'éloge enthousiaste déjà cité, ajoute :

« Ce qui surprend, c'est que tout y est sage, réglé, plein de mesure. On n'y voit ni vivacité, ni brillant ; et ce n'est partout qu'élégance, correction, tours ingénieux, déclamations simples et grandes, qui sentent le génie d'un homme consommé, et nullement le jeune homme. Fuyez, Lamotte, Fontenelle, et vous autres poètes et gens de nouveau style, Sénèques et Lucains du temps, apprenez à écrire et à penser dans ce poème merveilleux, qui fait la gloire de notre nation et votre honte. »

Les éloges mêmes de Marais nous font craindre que Voltaire n'ait pas en lui toutes les vraies qualités du poète épique. Rappelant un mot de M. de Malézieux, « que le Français n'a point la tête épique » (ce qui est vrai pour le Français du xviiie siècle et non pour celui du moyen âge), l'auteur de *la Henriade* nous explique pourquoi la fable tient moins de place, dans son poème, que l'histoire.

« C'est pour me conformer, dit-il, à ce génie sage et exact, que j'ai choisi un héros véritable, au lieu d'un héros fabuleux ; que j'ai décrit des guerres réelles, et non des batailles chimériques ; que je n'ai employé aucune fiction qui ne soit une image sensible de la vérité. »

Au début de son poème, c'est la Vérité qu'il invoque tout d'abord :

> Descends du haut des cieux, auguste Vérité !
> Répands sur mes écrits ta force et ta clarté.

C'est elle encore qui viendra clore le poème. Le roi de Prusse, dans son « Avant-Propos », félicite l'auteur d'avoir fait si bien que son merveilleux n'offre rien qui puisse choquer le lecteur sensé : « Tout y est ramené au vraisemblable par le système de la religion ». En d'autres termes le merveilleux l'est aussi peu que possible. « Comment Voltaire, dit avec raison Chateaubriand, aurait-il fait un usage heureux du merveilleux du Christianisme, lui dont les efforts tendaient sans cesse à détruire ce merveilleux[1] ? » Tant qu'il reste dans les régions d'un déisme vague et philosophique, il peut encore, avec le souvenir des belles

---

1. *Génie du Christianisme*, livre I, chap. v.

découvertes de Newton, nous tracer un tableau grandiose des mondes célestes.

> Dans le centre éclatant de ces orbes immenses,
> Qui n'ont pu nous cacher leur marche et leurs distances,
> Luit cet astre du jour, par Dieu même allumé,
> Qui tourne autour de soi sur son axe enflammé.
> De lui partent sans fin des torrents de lumière ;
> Il donne, en se montrant, la vie à la matière,
> Et dispense les jours, les saisons et les ans,
> A des mondes divers autour de lui flottants.
> . . . .
> Par delà tous ces cieux le Dieu des cieux réside [1].

Haute et vaste conception d'un physicien déiste, plutôt que d'un poète chrétien. Mais quand il s'agit de nous peindre les grandes perspectives du paradis avec ses milices célestes, ses anges, ses chérubins, ses martyrs ; quand il s'agit de faire comprendre l'essence et la majesté divines, Voltaire se noie tant qu'il peut dans les nuages de l'immensité.

Son Dieu ressemble fort au *Dieu des bonnes gens* de Béranger. Il regarde avec le même œil de clémence placide et de pitié charitable, le prêtre chrétien, le bonze indien, le derviche mahométan, et aussi le libre penseur :

> Du haut de l'Empyrée il entend nos clameurs ;
> Il regarde en pitié ce long amas d'erreurs,
> Ces portraits insensés que l'humaine ignorance
> Fait, avec piété, de sa sagesse immense.

Lui-même engage les mortels à ne pas tenter de pénétrer ses secrets :

> Dieu t'a fait pour l'aimer, et non pour le comprendre ;
> Invisible à tes yeux, qu'il règne dans ton cœur !

A défaut des Anges et des Diables, qu'il n'ose plus mettre en scène, Voltaire emploie des personnages allégoriques comme la *Discorde*, la *Politique*, le *Fanatisme*, etc. ; abstractions réalisées, mais auxquelles manquent le mouvement et le coloris ; êtres impalpables et invisibles qui restent à

---

[1] Chant VII.

l'état de métaphores. Il a beau faire siffler les serpents de la *Discorde*, nous montrer l'œil louche du *Fanatisme*, il n'en fait pas des êtres vivants. La *Politique* et sa famille n'ont guère plus de réalité :

> Au fond du Vatican régnait la *Politique*,
> Fille de l'*Intérêt* et de l'*Ambition*,
> Dont naquirent la *Fraude* et la *Séduction*.

L'écrivain ne s'aperçoit pas qu'avec ces entités allégoriques il revient au moyen âge, au jardin de *Bel-Accueil*, de *Nature* et de *Faux-Semblant*. Comme Lucain, il substitue au merveilleux mythologique le merveilleux fantastique, les ombres et les apparitions. Le *Fanatisme* prenant les traits du duc de Guise assassiné, pour venir remettre à Jacques Clément le fer vengeur qui doit frapper Henri III, nous rappelle l'ombre de Julie apparaissant à Pompée durant son sommeil. Cependant la vision est encore moins naturelle dans Voltaire, et d'ailleurs nous entendons dans la coulisse le poète libre penseur s'écrier :

> Le crime a ses héros ; l'erreur a ses martyrs [1].

Une note de l'auteur nous indique même que les confrères de Jacques Clément auraient bien pu monter cette comédie de l'apparition, et abuser de sa simplicité. L'effet du merveilleux est compromis.

Une autre scène, sinon plus dramatique, au moins plus imposante, celle de saint Louis paraissant au milieu des nues, et arrêtant son petit-fils devant les murs de Paris, renouvelle une fois de plus l'image de la *Patrie* se dressant devant César aux bords du Rubicon. Le poète se souvient encore de Virgile, quand il nous montre Henri IV essayant vainement d'embrasser cette ombre chérie, comme Énée celle d'Anchise :

> Trois fois il tend les bras à cette ombre sacrée,
> *Ter conatus ibi collo dare brachia circum* [2].

Mais, chose grave, ce n'est pas, ainsi qu'Énée, dans un voyage fantastique aux Enfers, c'est en plein jour que

---

1. Chant v. — 2. *Énéide*, liv. VI.

Henri IV a cette vision si peu vraisemblable. D'ailleurs songeait-il beaucoup à saint Louis, au moment de faire le *saut périlleux*?

V

Jusqu'ici nous avons vu surtout les parties auxiliaires ou accessoires du poème : il nous faut arriver à ce qui en constitue le fond, la matière, et le corps principal, c'est-à-dire l'élément historique. Le poète tire de l'histoire des portraits, des narrations et des harangues.

Les portraits sont, aux yeux des contemporains, le côté le plus brillant et le plus intéressant de l'œuvre, aussi était-ce celui que la cour de Rome eût désiré voir effacer ou corriger. Et pourtant, disons-le, ces portraits sont plutôt des analyses morales que des êtres réels. Détachés de l'action, ils y figurent comme dans une galerie de tableaux. Ainsi le portrait de Guise par Henri IV, celui de Sixte-Quint par Élisabeth, sont des morceaux de chevalet qui rappellent les croquis rapides dessinés par Célimène dans la scène de la conversation, ou bien encore l'anatomie morale d'un caractère, telle que peut la faire un historien; mais non point des personnages vivants, agissants, comme nous les voyons avec Argant, Renaud, Tancrède dans *la Jérusalem délivrée*.

Ces réserves faites, nous avouerons que les portraits de Guise et de Sixte-Quint, en tant qu'études académiques, ne manquent ni de finesse, ni de force, ni de précision. C'est Élisabeth qui peint ici le pontife :

> Le pâtre de Montalte est le rival des rois;
> Dans Paris comme à Rome, il veut donner des lois;
> Sous le pompeux éclat d'un triple diadème,
> Il pense asservir tout, jusqu'à Philippe même.
> Violent, mais adroit, dissimulé, trompeur,
> Ennemi des puissants, des faibles oppresseur,
> Dans Londres, dans ma cour, il a formé des brigues,
> Et l'univers, qu'il trompe, est plein de ses intrigues [1].

Ce fut là sans doute une des peintures dont Rome eût souhaité la suppression. Une reine hérétique se permettant

---

1. Chant III.

d'attacher ainsi un Pape au pilori de l'histoire, quel scandale !

Un autre portrait fameux est celui de Philippe de Mornay, le compagnon fidèle et le Mentor de Henri IV, le sage et le docteur de la Réforme.

> Le grand Mornay le suit, toujours calme et serein.
> . . . .
> De son roi seulement son âme est occupée :
> Pour sa défense seule il a tiré l'épée ;
> Et son rare courage, ennemi des combats,
> Sait affronter la mort, et ne la donne pas [1].

A propos de Mornay, rappelons que ce nom fut substitué à celui de Sully, après l'injure que Voltaire avait reçue, chez le duc de Sully, dans une pique avec le chevalier de Rohan-Chabot. Le poète se vengea de l'indifférence de son hôte, en supprimant le souvenir du glorieux aïeul. Cette petite anecdote nous montre quelle part Voltaire réserve à sa passion individuelle dans cette œuvre nationale. Le *distributeur des renommées* fait du silence le complice de ses rancunes.

Quelques-unes de ces peintures trahissent l'indécision d'une main qui efface, atténue, au lieu d'accuser fortement les contours : par exemple les portraits de Charles IX et de Henri III : les termes généraux, les mots abstraits remplacent trop souvent la vigueur du trait et l'éclat du coloris. Ainsi, parlant du vainqueur de Moncontour :

> Tel brille au second rang qui s'éclipse au premier :
> Il devint lâche roi d'intrépide guerrier :
> Endormi sur le trône au sein de la mollesse,
> Le poids de sa couronne accablait sa faiblesse [2].

Opposez à cette mince esquisse l'image du « roi des mignons » chez d'Aubigné :

> Avoir ras le menton, garder la face pâle,
> Le geste efféminé, l'air d'un Sardanapale [3].

De tous ces portraits à la détrempe ou au fusain, aujourd'hui fanés et ternis par le temps, un seul a survécu dans la mémoire comme dans le cœur du peuple, celui du

---

1. Chant VIII. — 2. Chant I. — 3. Voy. *la Satire en France au* XVIe *siècle*, liv. III, chap. V.

Béarnais. Durant tout le xviie siècle, Henri IV avait été à peu près oublié, éclipsé par l'éclat du Roi-Soleil. Si l'on excepte une lettre intime de Bossuet rappelant à Louis XIV les vertus de son aïeul, et la chanson du *Misanthrope* où il est question du roi Henri, on ne parle guère de lui. Grâce à Voltaire, il a repris son rang comme chef de la dynastie, avec son visage souriant, sa gaillardise héroïque, ses traits paternels, que lui donnait déjà Collé dans sa *Partie de chasse de Henri IV*, et aussi avec les hautes vues politiques d'un Auguste bienfaisant et pacificateur, assurant le bonheur de la nation. C'est à Saint-Ange, dans ses conversations avec M. de Caumartin, vieillard agréable et conteur, qu'il a entendu, pour la première fois, parler de celui que ses contemporains avaient honoré, à juste titre, du nom de Henri le Grand. Le jeune homme s'était pris d'admiration pour ce monarque libéral, qui avait donné à ses peuples les garanties précieuses de l'édit de Nantes, maladroitement révoqué par son petit-fils. Dès lors, il s'était dit qu'il lui consacrerait un souvenir durable : il tint parole. Henri IV lui dut, plus d'un siècle après sa mort, un regain de popularité, que le poème a perdu, mais que le héros a conservé. Nos légitimistes sont bien ingrats envers Voltaire, quand ils le maudissent. Ils oublient que le jour où l'on rétablissait sur le terre-plein du Pont-Neuf la statue de Henri IV, on déposait dans le ventre du cheval un exemplaire de *la Henriade*, associant ainsi la gloire du poète et celle du souverain. En effet l'une et l'autre sont inséparables.

Aux portraits s'ajoutent les récits. La narration historique est sans contredit un des triomphes de Voltaire comme prosateur : il a l'élan, la rapidité, le mouvement et même le coloris. Témoin son *Charles XII*. Mais dans les récits épiques, il se trouve gêné par de fausses idées de noblesse et d'élégance, par la difficulté d'associer le réel et le merveilleux. Les pages sur la Saint-Barthélemy, sur la mort de Coligny, sur les batailles de Coutras et d'Ivry, sont des morceaux plus ou moins célèbres avec des parties brillantes, sans doute, mais aussi avec d'autres qui semblent bien faibles et bien ternes. Ainsi à l'approche de la bataille d'Ivry, il nous peint la frayeur des paysans:

Les bergers, pleins d'effroi, dans les bois se cachèrent;

> Et leurs tristes moitiés, compagnes de leurs pas,
> Emportent leurs enfants gémissants dans leurs bras [1].

Combien d'Aubigné est plus expressif en nous montrant :

> . . . . les pitoyables mères
> Pressant à l'estomac leurs enfants éperdus,
> Quand les tambours français sont au loin entendus.

Il imite Virgile, mais qui s'en douterait ?

> *Et trepidæ matres pressere ad pectora natos.*

Dans la trame du récit, Voltaire intercale les épisodes dramatiques, comme la mort du jeune d'Ailly tué par son père qui le reconnaît trop tard ; le combat de Henri IV et d'Egmont trop semblable à celui d'Énée et de Turnus.

Les tableaux d'ensemble ne manquent pas non plus. Le septième chant, imité du sixième livre de l'*Énéide*, se déroule à la façon d'une immense fresque historique, où saint Louis fait voir à Henri IV sa postérité et les grands hommes que la France doit produire. Le décalque virgilien est complet, sans en excepter le *Tu Marcellus eris*, appliqué au duc de Bourgogne, l'élève chéri de Fénelon et l'espoir de la France.

> Grand Dieu, ne faites-vous que montrer aux humains
> Cette fleur passagère, ouvrage de vos mains ?
>
> *Ostendent terris hunc tantum fata* [2].

Aux graves peintures de l'histoire, l'auteur associe les descriptions dans le goût d'Ovide et de Saint-Lambert : celle du temple d'Amour à Chypre, des jardins d'Anet, ces nouveaux bosquets d'Armide, où Bourbon s'oublie un moment entre les bras de la belle Gabrielle. Puis, comme contraste à cette image voluptueuse digne de l'Albane, il oppose le tableau navrant de la famine dans Paris, l'épisode épouvantable de la mère réduite à manger son enfant. Voltaire use et abuse ici du pathétique. C'est la légende d'Ugolin renouvelée sous une autre forme, moitié atroce, moitié ridicule. Le poète a trop oublié le précepte d'Horace :

> *Ne pueros coram populo Medea trucidet.*

---

1. Chant VIII. — 2. *Énéide*, livre VI.

Il a beau nous dire que cette anecdote est répétée dans tous les *Mémoires* du temps : il fallait l'y laisser, et se rappeler ce vers si juste de Boileau :

> Le vrai peut quelquefois n'être pas vraisemblable.

Cette malheureuse histoire a du moins l'avantage de fournir à Henri IV l'occasion de montrer sa clémence et son humanité. Saisi de pitié, il fait passer des vivres à ses sujets rebelles, et offre ce rare exemple d'assiégés nourris par des assiégeants.

Nous arrivons au dénouement. Mais là se présente un point difficile et délicat : la conversion du Béarnais, qui n'a rien d'héroïque, on doit le reconnaître. Comment donner à ce dernier pas de la « danse de Saint-Denis », dont il parle si gaiement à Gabrielle, une forme décente et poétique? Cette fois le merveilleux lui vient en aide. Saint Louis s'interpose auprès du Père Éternel, pour lui demander d'éclairer l'âme hésitante du monarque. Le Saint-Esprit aurait pu se présenter comme dans le miracle de la sainte Ampoule : mais le Saint-Esprit est fort démodé et mal vu des libres penseurs. C'est à une messagère laïque, la *Vérité*, que Dieu confie cette mission :

> Soudain la Vérité, si longtemps attendue,
> Toujours chère aux humains, mais souvent inconnue,
> Dans les tentes du roi descend du haut des cieux.

Le poète n'est guère moins embarrassé que son héros, quand vient l'heure du dénouement, et s'en tire par une échappatoire.

> Il avoue, avec foi, que la religion
> Est au-dessus de l'homme, et confond la raison.
> . . . .
> Son cœur obéissant se soumet, s'abandonne
> A ces mystères saints dont son esprit s'étonne.

Cette conversion a le tort de ressembler beaucoup à celle du maréchal d'Hocquincourt, si plaisamment racontée par Saint-Évremond. Mais le poète et le roi pouvaient-ils faire autrement? Saint Louis, un précieux auxiliaire qui a rendu déjà bien des services, vient, l'olivier à la main, ouvrir à son petit-fils les portes de Paris.

> Tout le peuple, changé dans ce jour salutaire,
> Reconnaît son vrai roi, son vainqueur, et son père.

Ainsi finit la comédie ou l'épopée, selon qu'on voudra l'appeler. Avouons que la chute en est assez faible, malgré tout l'esprit et le talent incontestable de l'auteur.

La Henriade, sans être un chef-d'œuvre, n'en est pas moins le grand événement littéraire de la Régence, comme la banque de Law, ce *Panama* du temps, en est le grand événement financier.

CHAPITRE II

Mort du régent (1723). — Ministère de Fleury (1724-1743). — Campagne d'Italie (1734) : poème de Gentil Bernard : chansons des soldats. — Paix de Vienne (1736) : Ode de Voltaire. — Guerre de la succession d'Autriche (1740). — Tirage de la milice à Paris (1743). — Maladie du roi : Vers à sa louange (1744). — Bataille et poème de Fontenoy (1745). — Paix d'Aix-la-Chapelle (1748). — Expulsion de Charles-Édouard : mécontentement général. — La noblesse militaire (1750). — Tombeau du maréchal de Saxe.

I

Quand le duc d'Orléans, débarrassé enfin de Dubois, son mauvais génie, mourut subitement d'apoplexie, à quarante-neuf ans, « entre les bras de son confesseur ordinaire, » c'est-à-dire de sa maîtresse, il avait tout usé : sa réputation, sa fortune, ses talents (car il en eut), comme sa santé. Il s'en allait, laissant ses projets de réforme avortés, ses promesses sans résultat, insolvable de toute façon. Aussi ne fut-il guère plus regretté que Louis XIV, dont il était si différent par la bonhomie, la rondeur et l'amour de la popularité. Au lieu d'un *De Profundis*, sa mort fut honorée d'un *Te Deum* en chansons :

> Entendez-vous ce carillon,
> Qui dans les airs s'élance ?
> C'est pour chanter le *Te Deum*
> De la réjouissance [1].

C'est ainsi que la France salue ses rois et ses régents, les plus populaires jadis, — à leur départ.

Le ministère, confié au duc de Bourbon, ne fut qu'un

[1]. Recueil Clairambault-Maurepas, t. IV.

intérim préparé par ce sage et cauteleux vieillard qui allait diriger les affaires de France durant un quart de siècle, le cardinal de Fleury, précepteur du jeune roi. Successeur de Dubois dans cette charge de premier ministre, il y apporte des mœurs et un caractère tout opposés. Le malheureux duc de Bourbon, déjà compromis sous la Régence, achève de se discréditer par son incapacité et sa faiblesse, en face des exigences tyranniques et des gaspillages de Mme de Prie, sa maîtresse. Ce couple néfaste et impudent ne fit qu'une chose morale, sans le savoir ni le vouloir, le mariage de Louis XV avec la fille du roi détrôné de Pologne, Marie Leczinska. Il introduisait une honnête femme dans cette cour avilie et corrompue.

Avec Fleury, la France va se trouver soumise à un nouveau régime, de diète et de convalescence, modéré et tempéré, comme l'étaient l'esprit et la santé du ministre. A ce quart d'heure de fièvre, de jeu effréné et de plaisirs étourdissants, qui a personnifié la Régence, succède une période d'accalmie et d'assoupissement. L'alliance anglaise, conclue d'abord par les calculs égoïstes des deux branches cadettes d'Orléans et de Hanovre, affermie par la pension de cent mille livres que servait George Ier au cardinal Dubois pour ses complaisances, se maintient par l'accord de Walpole et de Fleury, les deux ministres d'Angleterre et de France, et devient un gage de paix pour l'Europe. Voltaire, qui n'aime guère Fleury et n'en est guère aimé, rend du moins justice à ce ministère réparateur, dans son *Épître à Boileau* :

> Le ciel nous envoya, dans ces temps corrompus,
> Le sage et doux pasteur des brebis de Fréjus,
> Économe, sensé, renfermé dans lui-même,
> Et qui n'affecta rien que le pouvoir suprême.
> La France était blessée : il laissa ce grand corps
> Reprendre un nouveau sang, raffermir ses ressorts,
> Se rétablir lui-même en vivant de régime.
> Mais si Fleury fut sage, il n'eut rien de sublime ;
> Il fut loin d'égaler la gloire des Colberts,
> Il négligeait les arts, il aimait peu les vers.

Il n'aspirait pas au grandiose, mais au solide : ce qui valait mieux alors.

Néanmoins, ce système de tempérance sage et discrète semblait tant soit peu monotone et ennuyeux, quand on le comparait aux splendeurs et aux distractions d'autrefois. Sous tous les régimes et à toutes les époques, le présent, si prospère qu'il soit, a toujours contre lui les louangeurs du passé ramenant le chapitre des regrets. Ce mécontentement se trahit dans une pièce intitulée l'*État de la France en 1731* :

> Qu'elle était triomphante
> Notre vieille cour !
> Sous la même tente
> La gloire et l'amour,
> Conquêtes brillantes
> Ou fêtes galantes
> Marquaient chaque jour [1].

On oubliait un peu trop que les conquêtes brillantes et les fêtes galantes avaient abouti à la défaite et à la banqueroute. Fleury tenait bon, et couvait sa paix comme un trésor.

Un jour pourtant, il se vit la main forcée par les instances de Chauvelin, ministre de la guerre et chef du parti belliqueux et patriote. Le père de la reine, Stanislas Leczinski, venait d'être élu pour la seconde fois roi de Pologne, et se trouvait aux prises avec Auguste III, le candidat préféré de la Russie et de l'Autriche. Bloqué dans les murs de Dantzig, Stanislas implorait et attendait le secours de la France, éternel espoir de la pauvre Pologne. Louis XV pouvait-il laisser écraser son beau-père aux yeux de l'Europe ? D'autre part, la Pologne était bien loin. Fleury louvoya, marchanda, envoya un secours dérisoire, une maigre flotte avec 1500 hommes, pour tenir tête à 20 000 Russes. Le comte de Plélo, un brave colonel breton, notre ambassadeur à Copenhague, voulut sauver du moins l'honneur de son pays par une mort héroïque et volontaire à l'assaut de Dantzig. Ne pouvant aller chercher les Russes au bord du Niémen, Fleury se décida, non sans peine, à reprendre la lutte traditionnelle contre la maison d'Autriche. L'Italie était un champ de bataille tout préparé. Un traité d'alliance

---

1. Recueil de Clairambault-Maurepas, t. V.

fut conclu avec l'Espagne et la Sardaigne, malgré les trahisons nombreuses des ducs de Savoie, ces portiers des Alpes, toujours sensibles aux pourboires de la diplomatie.

Après les immenses désastres qui avaient marqué la fin du règne précédent, après les désordres, les folies et la débâcle financière de la Régence, la France avait singulièrement perdu de son prestige. Pour bien des gens en Europe, elle n'existait plus comme puissance militaire ou maritime. C'était là, disait-on, une race finie, pouvant tout au plus fournir au monde des cuisiniers, des perruquiers, des maîtres de danse, des modistes et des femmes galantes. La génération nouvelle se trouvait en ligne avec les armées du prince Eugène, victorieuses des Turcs. Elle allait non seulement leur tenir tête, mais les battre, à la grande stupéfaction de tous. Cette joyeuse campagne d'Italie (1733-1734) a tout l'air d'un opéra héroï-comique, où le rire, les chansons, les scènes facétieuses et les aventures galantes se mêlent aux travaux sérieux et aux actions d'éclat. Quel est l'Homère de cette Iliade en miniature, moitié grave, moitié badine? Un ci-devant clerc de procureur devenu apprenti soldat, Gentil Bernard, le chantre des Grâces, l'auteur de *l'Art d'aimer*, attaché comme secrétaire à la personne du maréchal de Coigny. L'œuvre est dédiée à une femme, Mme la duchesse de Gontaut : le maréchal, ayant défendu à son secrétaire de faire des vers tant qu'il serait à son service, ne pouvait en accepter la dédicace.

Fidèle à son rôle de poète léger et mondain, Bernard a parfaitement compris qu'il n'était pas fait pour emboucher la trompette épique. Il veut avant tout échapper à la monotonie de l'alexandrin, que Voltaire lui-même n'a pu éviter dans *la Henriade*.

> Du retour éternel des rimes compassées
> Quand l'auguste Épopée appesantit ses airs,
> Rompons les mesures glacées,
> Parcourons des modes divers.
> J'abandonne au hasard ces rimes dispersées,
> Par chutes cadencées,
> Et donne l'essor à mes vers,
> Aussi libres que mes pensées.

Ce début est plein d'aisance et de facilité : à ce point que la pièce de Gentil Bernard a été, par erreur, attribuée à Voltaire dans certains recueils [1]. Rien de plus flatteur, du reste, pour l'auteur de *l'Art d'aimer*. — Le départ de la jeune noblesse française rend bien l'impression dont nous parlions plus haut :

> De la cour de Louis, l'éclatante jeunesse
> Part du sein des plaisirs, qu'elle aime et qu'elle a fui ;
> Voyageurs sans regrets, et guerriers sans faiblesse,
> Élevés comme Achille, ils passent, comme lui.
> Des lieux où dans les fleurs les berçait la mollesse,
> Aux périls où l'honneur les appelle aujourd'hui.

Le vieux Villars, malgré ses quatre-vingt-deux ans, avait voulu être de la fête, et, de ce ton superbe qu'il garda jusqu'au bout dans son langage comme dans ses *Mémoires*, faisant ses adieux au cardinal ministre devant toute la cour à Fontainebleau, il lui adressa ces dernières paroles : « Dites au roi qu'il peut disposer de l'Italie : je vais la lui conquérir ». Aussi le poète ne l'a-t-il pas oublié, et l'a crânement posé dans son tableau :

> Eugène est au conseil, Villars est au combat.
> Sous d'éternels lauriers blanchit sa tête altière :
>   Et du temps même respecté
> Le Nestor des héros, dans sa course guerrière,
> Met au rang des vaincus l'âge qu'il a dompté.

Cette composition, formée de strophes inégales et de rythmes différents, rappelle un peu celle de Jehan Marot sur *l'Entreprise de Venise*. Nous y trouvons aussi des sièges de villes, celui de Milan, dont l'auteur nous décrit le bombardement :

>   Là, jusqu'au fond des étoiles,
>   Montent ces globes roulants,
>   Dont les traits étincelants
>   De la nuit percent les voiles.

Mais la force, l'énergie, le coloris flamboyant, tel que nous le donnera Victor Hugo dans les *Orientales*, n'est pas chose

---

1. Notamment dans une édition abrégée de Voltaire publiée en 1821, chez Ménard et Desenne.

commune alors. Gentil Bernard est plutôt d'ailleurs un peintre dans le goût de l'Albane que dans celui de Salvator Rosa. Chez lui, comme chez ses héros, la galanterie se mêle aux travaux du siège :

> Occupés de guerre et d'amour,
> Cuirassés, masqués tour à tour,
> Passant de la sape aux ruelles,
> On les voit, partout aguerris,
> Tenter des conquêtes nouvelles,
> Et des rois venger les querelles,
> Et s'en faire avec les maris.

Pour la circonstance et sans y croire, alliant d'une façon bizarre le merveilleux chrétien aux images mythologiques, bien qu'il se défende d'aspirer aux grandeurs de l'épopée, il appelle saint Pierre et saint Paul au secours de l'armée française. Mais ce n'est là qu'une fiction ridicule. L'auteur est toujours, quoi qu'il fasse, le chantre des *Amours*. Il rentre dans son vrai monde, précieux et galant, lorsqu'il s'excuse d'attrister par ses peintures Mme de Gontaut, en étalant

> Ces lieux d'horreur, ces champs de funérailles,
> Ces flots de sang qui font pâlir le jour,
> A ces beaux yeux pleins de vie et d'amour,
> Qui n'ont connu que Cythère et Versailles.

Cythère et Versailles, tel est le milieu où s'épanouit la Muse de Bernard, un moment égarée dans les combats.

La frivolité, la malice, la belle humeur, sont d'ailleurs les traits saillants de toutes les chansons du temps. Michelet, dans une de ces pages étincelantes où respire l'âme de la France, s'est chargé de les justifier et de répondre aux Aristarques et aux Zoïles, qui nous reprocheraient d'introduire dans l'*Histoire de la poésie patriotique* les chants des soldats, voire même les couplets de La Palice ou de Malbrough, comme nous parlerons plus tard des *Ça ira* et même de *la Carmagnole*, à propos de la Révolution.

« La devise légère qu'un chevalier jadis portait sur son écu à travers les batailles : *Chant d'oiseau!* c'est celle que la France, parmi tant de misères, gardait le long de son histoire.... La France d'aujourd'hui, *qui pose et se croit grave*, ne comprend plus comment c'était chanté. Deux choses en font l'accent, qui ne sont pas vulgaires : c'est chant d'oiseau moqueur, risée de vieilleries. De plus, chant de l'oubli ; celui de l'alouette qui plane insouciante, se rit de la vie, de la mort.... Nos gens de Saint-Malo, fins officiers, corsaires, quand soufflait la tempête, lui sifflaient ces refrains. Nos soldats, tout à coup si brillants dans la guerre qu'ils n'avaient jamais vue, quand 1500 Français attaquaient 20 000 Russes, pour eau-de-vie, avaient ces petits chants moqueurs, qui font rentrer la mort dans les rangs de l'ennemi [1]. »

Avec de pareils états de service, la chanson peut braver les mépris de la critique chagrine ; elle peut, sans souci de la rime exacte et se contentant de l'assonance, comme aux premiers jours, répéter avec nos soldats au lendemain de la victoire de Parme :

> Pour divertir les dames,
> Aussi nos généraux,
> Sous la ville de Parmes,
> Ont joué des couteaux.
> Ah ! voyez donc comme on les mène,
> Les Allemands !
> Ah ! voyez donc comme on les mène
> Joliment [2] !

Ainsi qu'il arrive toujours quand la fortune sourit, le soldat exalte son général :

> Coigny, dans la bataille,
> Ressemblait à Villars.

Villars fatigué, malade, et surtout mécontent de voir ses plans entravés par le ministère, avait cédé le commandement à Coigny, et revenait mourir à Turin. Un nouvel émule, le maréchal de Broglie, partage les honneurs de la victoire :

> Et Broglie, tout coup vaille,
> En a sa bonne part.

Tant que le succès récompense les efforts, nul ne songe à maugréer contre les fatigues du métier :

> J'avons bien de la peine,
> Le roi le sait fort bien,

---

1. *Histoire de France*, t. XV. — 2. Ch. Nisard, *Chansons populaires*, section III.

> Mais la gloire nous mène,
> On ne se plaint de rien [1] !

Quand la fortune vient à changer, quand de Broglie s'est laissé surprendre dans son lit par les Allemands à Guastalla, la chanson railleuse ne l'épargne guère, malgré sa bravoure bien connue.

> Broglie, ce fameux général,
> Menace de tout prendre :
> Il se croit plus grand qu'Annibal,
> Plus guerrier qu'Alexandre.
> Il se moque de l'Allemand,
> Puisqu'au mois de septembre
> On voit qu'en pantoufle il l'attend,
> Même en robe de chambre.

Le maréchal devait bientôt racheter la surprise de Guastalla par une glorieuse victoire sur les Allemands, dans les mêmes lieux. La chanson, bonne fille mobile et changeante comme l'opinion, se chargea de réparer les blessures qu'elle avait faites.

> Que de nos fastes on retranche
> Un jour de sommeil et d'erreur !
> Mais non, d'un beau réveil il est l'avant-coureur ;
> Et dans le champ de Mars, une heureuse revanche
> Doit apprendre à nos ennemis
> Qu'ils ne vaincront jamais les Français qu'endormis [2].

La jactance nationale trouvait ici son compte. L'esprit de critique et de discussion s'introduit alors partout, même dans l'armée. Cette campagne d'Italie, si brillante par certains côtés, a ses incrédules qui réfléchissent aux conséquences, après tant d'expéditions sans profit. Témoin ce dialogue rustique et grivois entre Blaise et son compagnon :

> Oh! Blaise, pour ce coup voilà
> Les Allemands mis *à quia*.
> Que de leurs places j'ons déjà !
> *Alleluia!*
>
> Bientôt Tortose éboulera,
> Novare dit son *Libera*,
> Et Mantoue aussi le dira.

---

1. Ch. Nisard, *Chansons populaires*, section III. — 2. Recueil de Clairambault-Maurepas, t. VI.

> Quand j'aurons cor[1] ces châtiaux-là,
> Que ferons-je de tout cela ?
> — Oh ! Palsanguienne, on les rendra.
>
> Mais qui nous dédommagera
> De ce qu'il nous en coûtera ?
> — A Notre-Dame on chantera
>   *Alleluia.*

Les résultats furent moins stériles pourtant que ne le supposait le chansonnier. En vertu de la paix de Vienne (1736), le bon Stanislas, détrôné pour la seconde fois par les armes de la Russie et de l'Autriche, dut se résigner à échanger sa couronne imaginaire contre la possession réelle du Barrois et de la Lorraine, réversibles à la France après sa mort. Comme le dit avec raison Voltaire, de toutes les guerres d'Italie, ce fut la seule qui eût rapporté aux Français un succès solide, depuis Charlemagne :

« Ainsi la Lorraine fut réunie à la couronne *irrévocablement* : réunion tant de fois inutilement tentée. Il n'en coûta que quelque argent comptant et une pension de 3 500 000 francs payée au duc François de Lorraine, jusqu'à ce que la Toscane lui fût échue[2]. »

Voltaire composa une *Ode patriotique* pour célébrer le retour de la paix, dont il s'est fait, dès le premier jour, l'apôtre opiniâtre et convaincu, appelant les peuples à la fraternité universelle.

> De l'Inde aux bornes de la France,
> Le soleil, en son vaste tour,
> Ne voit qu'une famille immense
> Que devrait gouverner l'Amour.
> Mortels, vous êtes tous des frères ;
> Jetez ces armes mercenaires :
> Que cherchez-vous dans les combats ?
> Quels biens poursuit votre imprudence ?
> En aurez-vous la jouissance
> Dans la triste nuit du trépas[3] ?

En cela l'auteur partageait et secondait les vues du ministre Fleury. Pourtant le démon de la guerre allait se déchaîner sur le monde encore une fois.

---

1. Encore. — 2. *Précis du Siècle de Louis XV*, chap. IV. — 3. *Ode sur la paix de 1736* (*Œuvres* de Voltaire, t. XII).

II

La mort de l'empereur Charles VI, laissant aux mains d'une femme, Marie-Thérèse, le vaste héritage de la maison d'Autriche, mettait de nouveau en émoi toutes les ambitions princières, qui vont devenir l'occasion et le mobile de la plupart des guerres, jusqu'à l'époque de la Révolution. Une nouvelle puissance s'est élevée au Nord : la Prusse, l'ancien marquisat de Brandebourg érigé en royaume par l'empereur Léopold. Cette puissance est devenue assez forte pour menacer et dépouiller ceux qui l'ont tirée naguère du néant. Malgré les scrupules et les hésitations de son premier ministre, Louis XV, cédant aux instances des frères de Belle-Isle et aux promesses de Frédéric II, se laissait entraîner dans une impasse dont ses victoires mêmes ne purent le faire sortir. Au fond il ne rêvait aucune conquête et se contentait d'obliger ses alliés pour la gloire. Plus positif et plus pratique, son voisin Frédéric avait dit à notre ambassadeur, au moment de la bataille de Molwitz : « Je vais, je crois, jouer votre jeu : si les as me viennent, nous partagerons ». Louis XV put voir trop vite que l'habile partenaire garderait pour lui les atouts, et abandonnerait la France dès qu'il tiendrait le prix de l'enjeu, la Silésie, objet de sa convoitise. La consternation fut grande à Paris, si l'on en croit le *Journal* de Barbier, lorsqu'on apprit la trahison de la Prusse, une amie sur laquelle on comptait (1742). La *Chanson des Grenadiers* se fit l'interprète du mécontentement public.

> Le roi de Prusse a cru bien faire
> En s'alliant à la Hongrie ;
> Il nous a tourné le derrière,
> Afin d'avoir la Silésie.
> Qu'il ne s'en fasse pas une fête !
> Il n'y fera pas grand séjour.
> Chacun a son tour, luron lurette,
> Chacun a son tour [1].

La France, restée seule, sentit plus que jamais le besoin de renforcer son armée en appelant de nouvelles recrues. Un fait capital, le tirage de la milice à Paris, marqua

---

[1]. Recueil de Clairambault-Maurepas, t. VI.

l'année 1743. Sous l'ancien régime, les troupes françaises se recrutaient par engagements volontaires. Ce fut en 1688 seulement que Louis XIV imposa aux communes l'obligation de fournir un certain nombre de soldats. Une ordonnance de 1691 régla le recrutement de ces milices par la voie du sort, première forme de la conscription. Paris, jusqu'alors exempté de cet impôt du sang, dut le payer à son tour, et accepta bravement cette nouvelle charge, comme notre génération présente s'est résignée au service obligatoire pour tous. L'amour-propre des Parisiens s'y trouva même intéressé : on leur fit comprendre qu'il y allait de leur honneur :

> Choisir au village
> Des miliciens,
> Blessait le courage
> Des Parisiens.
> Mais cette injustice
> Va se réparer,
> Puisqu'à la milice
> L'on nous fait tirer.

« Le tirage de la milice eut lieu, dit Barbier dans son *Journal*, à l'Hôtel de Ville, à partir du 17 août. Cela s'est pratiqué chaque jour avec ordre et sans tumulte. Ceux qui ont des billets blancs (*exemptés*) s'en vont en courant et de bon cœur; ceux qui ont des billets noirs (*enrôlés*) prennent cela avec patience; et le tout boit de côté et d'autre au retour. Dans les rues on ne voit que des miliciens avec leur cocarde, qui ont bu. » Les uns sans doute pour se réjouir, les autres pour se consoler.

La crânerie est, dès le premier jour, le trait saillant du milicien, qui tient à se distinguer du pékin :

> Jadis mercenaires,
> Quittons le travail,
> Et des militaires
> Prenons l'attirail.
> Porter le tonnerre,
> Le noble métier !
> Pour mon nom de guerre
> Je prends *Sans-Quartier*[1].

---

1. Recueil de Clairambault-Maurepas, t. VII.

L'allégresse fut au comble lorsqu'on vit le roi lui-même donner l'exemple, et partir pour la Flandre, où il s'empara successivement de Courtrai, d'Ypres, de Mons (1744).

> Jamais le fer ni le plomb
> N'ont arrêté sa personne ;
> S'il ne craint point le canon,
> Je ne vois rien là qui m'étonne.
> Est-il possible, morbleu !
> Que le Soleil craigne le feu [1] ?

L'émotion devint plus vive encore, quand le monarque, allant au secours de l'Alsace menacée, tomba malade à Metz : la consternation fut générale. Le sentiment monarchique, si fortement ébranlé par les derniers revers et l'impopularité de Louis XIV à son déclin, sembla tout à coup se raviver, même chez les Parisiens, ces gouailleurs irrévérencieux de toute autorité.

> Lorsque la funeste nouvelle
> Se fut répandue à Paris
> Que la mort menaçait Louis,
> La douleur fut universelle.
> Chacun s'écria plein d'effroi :
> « Grand Dieu ! sauvez notre bon roi. »

L'annonce de sa convalescence fut saluée par un *Te Deum* à Notre-Dame et des réjouissances publiques. Voltaire, le grand maître du chœur dans l'art de louer sans platitude et sans bassesse, d'un ton demi-sérieux, demi-plaisant, apportait aussi son offrande dans une *Épître sur les événements de 1744*.

> Jadis Germanicus fit verser moins de larmes,
> L'univers éploré ressentit moins d'alarmes
> Et goûta moins l'excès de sa félicité,
> Lorsqu'Antonin mourant reparut en santé.
> . . . .
> Paris n'a jamais vu de transports si divers.
> Tant de feux d'artifice et tant de mauvais vers.

En parlant ainsi, songeait-il à cette fin d'un couplet de *Manon* :

> S'il était mort, quel chagrin !
> Ma foi ! j'étions tous orphelins....

---
[1]. Recueil de Clairambault-Maurepas, t. VII.

ou encore à cette autre pièce déposée devant le buste du roi :

> Doit-on mettre autour de son buste
> Louis le Grand ? Louis le Juste ?
> Ces noms qu'il a bien mérités
> D'autres déjà les ont portés.
> . . . .
> Qu'un titre nouveau le décore :
> Qu'il soit Louis *le Bien-Aimé*,
> Dans ce mot tout est renfermé [1].

Le roi, touché et tant soit peu surpris de ces témoignages de tendresse, s'écriait : « Ah ! qu'il est doux d'être aimé, et qu'ai-je fait pour le mériter ? » Il pouvait se le demander. Que ne mourût-il alors pour son bonheur et pour le nôtre ! Il aurait emporté dans la tombe et dans l'histoire ce surnom de *Bien-Aimé*, au lieu des malédictions et des huées qui accompagnèrent son cercueil. Voltaire, en courtisan habile qui sait n'abuser de rien, connaissant du reste les préventions que nourrissait le roi à l'égard de l'auteur de *Brutus*, s'impose, même dans l'éloge, la discrétion :

> O ma prose et mes vers, gardez-vous de paraître !
> Il est dur d'ennuyer son héros et son maître.

Cependant un jour vint où il crut devoir déployer toutes les ressources de son génie poétique pour retracer dignement une des pages les plus éclatantes de nos annales militaires, la plus glorieuse, selon lui, depuis Bouvines : la victoire de Fontenoy, gagnée par le maréchal de Saxe, sous les yeux du roi et du dauphin. L'auteur nous en a donné un double récit, l'un en vers dans le poème de *Fontenoy*, l'autre en prose dans le *Précis du Siècle de Louis XV*. Le premier est resté le plus célèbre, le second n'en demeure pas moins le meilleur. Si l'*Histoire de Charles XII* l'emporte sur *la Henriade* elle-même par le mouvement et l'intérêt, le récit de la bataille de Fontenoy est, dans son genre, un petit chef-d'œuvre de narration historique. Rien de plus vivant que cette prose alerte, pittoresque, semée de détails curieux, de traits caractéristiques dont le poète

---

[1]. Recueil de Clairambault-Maurepas, t. VII.

ne s'est pas toujours souvenu. Tel est cet échange de civilités entre les deux armées avant d'en venir aux mains :

« Les officiers anglais saluèrent les Français en ôtant leurs chapeaux : le comte de Chabannes, le duc de Biron qui s'étaient avancés, et tous les officiers des gardes leur rendirent leur salut. Milord Charles Hay, capitaine aux gardes anglaises, cria : « Messieurs des gardes françaises, tirez! » Le comte de Hauteroche, alors lieutenant des grenadiers et depuis capitaine, leur dit à voix haute : « Messieurs, nous ne tirons jamais les premiers, tirez vous-« mêmes ! »

Dix-neuf officiers de nos gardes tombèrent blessés à la première décharge. C'était payer cher sa courtoisie. Qu'on en pense ce qu'on voudra, le procédé nous semble plus héroïque et plus honorable, pour les deux nations, que cette guerre de sauvages où l'on se blottit dans l'ombre pour foudroyer, à 4000 mètres de distance, des vieillards, des femmes et des enfants.

Une voix maligne a dit, à propos de la bataille de Fontenoy : « Il n'y eut qu'un Français qui la perdit, et ce Français fut Voltaire ». Néanmoins le prestige des vers, la réputation de l'auteur, l'honneur, pour ceux qui s'y trouvaient désignés, de voir leur nom encadré dans un hémistiche, assurèrent au poème de *Fontenoy* une vogue et un retentissement bien supérieurs à tous les récits en prose. Les éditions se multiplièrent à l'infini : ce fut un succès comparable à celui de *la Henriade*.

L'auteur avait dédié son œuvre au roi avec cette épigraphe tirée d'un vers de Virgile :

Disce, puer, virtutem ex me,

allusion à la présence de Louis XV et du dauphin, tous deux assistant à la bataille, assez près pour voir tomber un boulet à leurs pieds. Voltaire, après sa dédicace, dans un de ces discours préliminaires où il aime à converser avec ses lecteurs, nous explique comment sa pièce, qui comprenait d'abord cent vers, est devenue, par des accroissements successifs, un poème qui en contient plus de trois cent cinquante. Un double souvenir l'obsède : celui du *Passage du Rhin*, dans l'*Épître au roi* de Boileau, et du poème d'Addison sur la bataille d'Hochstædt gagnée par Marlborough. Il n'a voulu imiter ni l'un ni l'autre, dit-il, laissant au premier son *Fleuve endormi sur son urne penchante et ses Naïades craintives*, pour s'en tenir tout simplement à l'histoire : au second, ses passions et ses antipathies nationales, pour n'observer que la justice envers un ennemi dont la bravoure est un honneur de plus, rejaillissant sur le vainqueur.

Cependant c'est à Boileau qu'il songe dès le début. Tout en se passant de son merveilleux, il ne s'interdit point les allégories pour chanter les exploits du roi :

> Venez le contempler aux champs de Fontenoy,
> O vous, Gloire, Vertu, déesses de mon roi.

On ne sait trop pourquoi Voltaire veut à tout prix faire de la vertu la compagne favorite de Louis XV, qui n'y tient pas tant. Déjà, dans son *Épître sur les événements de 1744*, il s'écriait :

> La Vertu sur le trône est dans son plus beau jour.

Singulière fiction poétique ! Les dieux de la mythologie païenne n'ont pas, non plus, complètement disparu :

> Redoutable Bellone et Minerve chérie,
> Passion des grands cœurs, *amour de la patrie*,
> Pour couronner Louis, prêtez-moi vos lauriers !

Comme Boileau, fidèle à la tradition monarchique, c'est au roi qu'il rapporte d'abord l'honneur de la victoire. Mais il ne saurait oublier son principal auxiliaire, le maréchal de Saxe, qui, tout malade qu'il était, pouvant à peine se tenir à cheval, n'en dirigea pas moins l'action avec un sang-froid et une intrépidité inébranlables.

> C'est là ce fier Saxon qu'on croit né parmi nous,
> Maurice, qui, touchant à l'infernale rive,
> Rappelle pour son roi son âme fugitive,
> Et qui demande à Mars, dont il a la valeur,
> De vivre encore un jour et de mourir vainqueur.

Au nom de Maurice, il ajoute ceux d'Harcourt, de Pons, de Boufflers, de Luxembourg, de Chabannes, de Colbert, de Choiseul, de Grammont, de Noailles, toute une génération de héros qu'il voue à l'immortalité. Parmi les incidents du combat, il n'a garde d'omettre la terrible colonne anglaise bientôt rompue par Richelieu.

> D'un pas ferme et pressé, d'un front toujours égal,
> S'avance vers nos rangs la profonde colonne
> Que la terreur devance, et la flamme environne,
> Comme un nuage épais qui sur l'aile des vents,
> Porte l'éclair, la foudre et la mort dans ses flancs.

Cette colonne anglaise est la même que nous retrouverons encore à Waterloo.

Dans la chaleur de l'action, le poète s'interrompt pour saluer ceux qui tombent atteints d'un plomb mortel, et Grammont, et Lutteaux, et Longammay, et Craon :

> Tu meurs, jeune Craon, que le ciel moins sévère
> Veille sur les destins de ton généreux frère !

Il rappelle avec émotion le boulet qui s'abat entre le roi et le dauphin :

> Louis craint pour son fils, le fils craint pour son père,
> Nos guerriers tout sanglants frémissent pour tous deux,
> Seul mouvement d'effroi dans ces cœurs généreux.

Puis vient l'épisode décisif où Richelieu entraîne à sa suite la maison du roi avec Soubise et Pecquigny :

> Maison du roi, marchez, assurez la victoire !

un tour que l'auteur a pris soin de signaler lui-même, dans sa préface, comme une beauté poétique, dont il est satisfait. — Boileau, dans son *Passage du Rhin*, avait osé appeler les cuirassiers par leur nom :

> Revel les suit de près : sous ce chef redouté
> Marche des *cuirassiers* l'escadron indompté.

Voltaire, moins hardi, a cru devoir employer une périphrase pour désigner les *carabiniers* [1], plus difficiles à introduire dans un vers :

> Paraissez, vieux soldats, dont les bras éprouvés
> Lancent de loin la mort, que de près vous bravez.

1. Artilleurs.

> Venez, vaillante élite, honneur de nos armées,
> Partez, flèches de feu, grenades enflammées,
> Phalanges de Louis, écrasez sous vos coups
> Ces combattants si fiers et si dignes de vous.

Louis XV reparaît encore une fois sous les traits d'un Jupiter calme et serein, foudroyant les Titans : nouveau retour, tant soit peu banal, aux souvenirs mythologiques.

Enfin la bataille est gagnée. Les Hollandais, les Belges et les Anglais ont pris la fuite. Les dragons achèvent la victoire en poursuivant les vaincus : ici encore une périphrase :

> Bientôt vole après eux ce corps fier et rapide
> Qui, semblable au dragon, qu'il eut jadis pour guide,
> Toujours prêt, toujours prompt, de pied ferme, en courant,
> Donne de deux combats[1] le spectacle effrayant.

Mais la vue du carnage ne saurait réjouir le poète :

> Ah ! c'est assez de sang, de meurtre, de ravage ;
> Sur des morts entassés c'est marcher trop longtemps :
> Noailles, ramenez vos soldats triomphants.

La fin du poème nous laisse entrevoir les conséquences de la journée : la prise de Tournay, de Gand, où l'ombre de Charles-Quint se dresse et gémit de ne pouvoir sauver sa ville natale. L'auteur, en terminant, invite les vainqueurs à revenir goûter les charmes de la paix au sein de leurs familles.

> Accourez, recevez, à votre heureux retour,
> Le prix de la Vertu par les mains de l'Amour.

Le joyeux Alexis Piron, l'ennemi juré de Voltaire, composait en même temps que lui un *Poème de Fontenoy*, première ébauche d'une épopée qui devait s'appeler *la Louisiade*. L'œuvre, encombrée de mythologie allégorique, fut loin d'obtenir le même succès que celle de son heureux rival. Vénus, la déesse favorite et protectrice de Louis XV, y joue le principal rôle. La *Ballade* dédiée au roi pour son

---

[1]. A pied et à cheval.

retour de la campagne de 1745, et les *Stances* en l'honneur du maréchal de Saxe, ne valent guère mieux. L'ami Binbin, supérieur à Voltaire dans la comédie, le vaudeville et la gaudriole, reste ici fort au-dessous de lui[1].

La paix, du reste, que Louis XV désirait et proposait depuis longtemps, ne fut pas le résultat immédiat de cette victoire. Il fallut y joindre encore les glorieuses étapes de Raucoux et de Lawfeld, puis la prise de Berg-op-Zoom, la plus forte place des Pays-Bas, pour vaincre l'obstination des alliés, et surtout de l'Angleterre, qui voyait dans la guerre un moyen de s'enrichir et d'agrandir ses colonies à nos dépens. Enfin les plénipotentiaires se réunirent à Aix-la-Chapelle (1748). Le marquis de Saint-Séverin, envoyé de Louis XV, déclara que son maître voulait faire la paix, non en marchand, mais en roi. Magnanime et désintéressé jusqu'à l'imprudence, il restitua toutes ses conquêtes, se contentant d'assurer le bonheur de ses alliés. L'Angleterre, plus positive, garda ce qu'elle avait pris, et obtint de Louis XV, par une clause secrète, l'engagement d'expulser de France le prétendant Charles-Édouard, un hôte et un voisin gênant, auquel il avait donné sa parole de ne point le renvoyer. Triste contraste avec la générosité chevaleresque et téméraire de Louis XIV envers Jacques II. Ajoutons de plus cette différence, que Charles-Édouard avait tous les dehors brillants d'un héros de roman : la bravoure, l'entrain, l'humeur galante, la prodigalité, tout ce qui provoque les sympathies populaires, tandis que Jacques II était un morne et indolent monarque de sacristie, un bonhomme capable, comme le disait l'archevêque de Reims, de perdre trois royaumes pour une messe[2].

L'opinion publique, froissée d'un désintéressement plus royal que patriotique à l'égard des ennemis, mécontente de voir tant de victoires sans profit, indignée d'un manque de foi et d'un abandon peu honorable envers Charles-Édouard, éclata en murmures contre cette paix qui répondait si mal à son attente :

---

1. Le père d'Alexis, Aimé Piron, pharmacien et poète, avait écrit jadis à la gloire de Louis XIV un poème héroïque en dialecte du cru : *le Borguignon Coutan*, 1690 : curieux morceau réédité par M. Durandeau en 1886. — 2. Voltaire, *Siècle de Louis XIV*, chap. xv.

> Peuple jadis si fier, aujourd'hui si servile [1],
> Des princes malheureux vous n'êtes plus l'asile ;
> Vos ennemis, vaincus aux champs de Fontenoy,
> A leur propre vainqueur ont imposé la loi ;
> Et cette indigne paix qu'Aragon [2] vous procure
> Est pour eux un triomphe, et pour nous une injure.
> . . . .
> Et toi [3], que les flatteurs ont paré d'un vain titre,
> De l'Europe aujourd'hui te diras-tu l'arbitre,
> Lorsque dans tes États tu ne peux conserver
> Un héros que le sort n'est point las d'éprouver ?

Finalement, le prince Édouard fut arrêté à sa sortie de l'Opéra par M. de Vaudreuil, sur l'ordre exprès du roi, garrotté, mis en prison, et conduit hors de France comme un malfaiteur. Tout Paris protesta contre cet acte de violence brutale envers un hôte, que le malheur devait rendre sacré. « C'est proprement à cette époque, lit-on dans la *Vie privée de Louis XV*, que commence à se manifester pour le souverain et sa maîtresse le mépris général qui ne fait que s'accroître jusqu'à la fin.... Mme de Pompadour ordonna les perquisitions les plus sévères des auteurs, colporteurs et distributeurs de ces pamphlets, et bientôt la Bastille fut remplie de prisonniers. »

Bien que Voltaire nous vante la prospérité inouïe dont jouirent la France et l'Europe entière depuis la paix d'Aix-la-Chapelle (1748) jusque vers l'an 1755, il se trouvait encore des mécontents pour déplorer l'état du royaume au milieu de cette accalmie universelle. Mme de Pompadour, qui ne pouvait aspirer à la gloire de la Pucelle, aurait pu être du moins une Agnès Sorel, comme l'avait été naguère la duchesse de Châteauroux, éveillant les instincts généreux de son royal amant, et l'entraînant dans sa campagne de Flandre. Elle n'en fit rien, et sembla prendre à tâche de l'endormir dans une apathique indifférence. Une pièce du temps exhale ces plaintes, qui finiront par devenir de véritables imprécations :

> Quel est le triste état des malheureux Français,
> Réduits à s'affliger dans les bras de la paix ?
> . . . .

---

1. Recueil de Clairambault-Maurepas, t. VII. — 2. Aragon de Saint-Séverin. — 3. Louis XV.

Tu n'es plus, belle Agnès, le fier Anglais nous dompte,
Tandis que Louis dort dans le sein de la honte,
Et d'une *femme obscure* indignement épris,
Il oublie en ses bras nos pleurs et nos mépris[1].

La femme obscure, c'est la fille du boucher Poisson : un morceau de roi, disait son père.

Pour se refaire une popularité qu'il sentait décliner de jour en jour, Louis XV eut l'idée de créer une nouvelle noblesse tirée de l'armée : « La noblesse militaire acquise de droit, non seulement par ceux qui seraient parvenus au grade d'officiers généraux dans ses troupes, mais encore à ceux qui le serviraient eux-mêmes en qualité de capitaines, et dont le père et l'aïeul l'auraient servi dans la même qualité[2]. » C'était là une mesure libérale et démocratique, ouvrant la porte aux parvenus de l'épée, et infusant dans les vieilles couches aristocratiques un sang plus jeune. Marmontel, le futur historiographe de France, adressait une épître au roi pour le féliciter d'avoir eu la belle pensée

D'illustrer à jamais des héros citoyens,
Nés dans le rang obscur de simples plébéiens.

Idée reprise plus tard par Napoléon 1er, greffant sur le tronc vermoulu de l'ancienne noblesse, qu'avait fauchée la Révolution, une noblesse toute neuve; élevant ses généraux sortis de l'atelier ou de la charrue aux titres de comtes, de barons, et même de rois : il n'y eut que les marquis, ridiculisés par Molière, qu'il n'osa point ressusciter.

La pièce de Marmontel, sans avoir rien d'éclatant, en restant dans les teintes grises de l'auteur des *Incas*, contient quelques vers assez bien tournés, qui devaient flatter le souverain.

Image de ce Dieu dont tu tiens la puissance,
Des siècles reculés tu franchis la distance,
Tu sembles pénétrer dans la nuit du chaos;
Tu dis à l'avenir : « Enfante des héros ! »
. . . .
Défenseurs de l'État, leur grandeur et la sienne
Ne seront qu'un rayon émané de la tienne.

---

1. Recueil de Clairambault-Maurepas, t. VII. — 2. *Journal historique*, 1er novembre 1750.

L'exemple de Catinat, de Chevert, soldats de fortune arrivés avec peine aux grades supérieurs, celui de Villars lui-même, petit-fils de notaire, prouvait assez que, des couches plébéiennes, pouvaient sortir de vigoureux rejetons. Quelques années plus tard, la Révolution en tirait Hoche et Marceau. Louis XV, si imbu qu'il fût de préjugés aristocratiques, comprenait le besoin de rajeunir et de raviver ce fonds épuisé qui, après avoir donné à la France des Condé et des Turenne, ne lui offrait plus que des Villeroi et des Soubise. L'étranger lui avait prêté Maurice de Saxe, un Allemand devenu Français; le comte de Lowendahl, un Danois, le vainqueur de Berg-op-Zoom, maréchal de France et membre associé de l'Académie des sciences. Mais c'étaient là des bonnes fortunes inespérées, des emprunts difficiles à renouveler.

L'année même où paraissait l'édit royal sur la noblesse militaire (1750), Maurice expirait dans son château de Chambord, dont le roi lui avait fait cadeau, en y joignant une rente de 40 000 livres et le titre de maréchal général, que Turenne et Villars avaient seuls porté avant lui. Sa mort fut un deuil national pour la France qui l'avait adopté, et pleurait en lui le plus capable et le plus vaillant défenseur de la patrie. C'est à ce titre que Marmontel a cru devoir lui consacrer une épitaphe comme témoignage de la reconnaissance publique. En quatre vers, il accumule sur lui tous les mérites réunis de Fabius, d'Annibal, de Turenne et de Condé. La pièce a du moins le mérite de la concision.

> A Courtrai Fabius, Annibal à Bruxelles,
> Sur la Meuse Condé, Turenne sur le Rhin,
> Au Léopard [1] farouche il imposa le frein,
> Et de l'Aigle [2] rapide il abattit les ailes.

Tous les rimeurs se mirent à l'œuvre : l'Académie des sciences rivalisa elle-même avec l'Académie française. D'Alembert, déjà célèbre géomètre, mais n'aspirant point encore au bel esprit, apporta aussi son quatrain. « Quoiqu'assez médiocre, dit l'historien de la *Vie privée de Louis XV*, il eut assez de vogue, et le nom de l'auteur l'a fait conserver. »

---

1. L'Angleterre. — 2. L'Autriche.

> Rome eut dans Fabius un guerrier politique,
> Dans Annibal Carthage eut un chef héroïque,
> La France, plus heureuse, eut dans ce fier Saxon
> La tête du premier et le bras du second [1].

Dans ce nombre infini d'épitaphes et d'épigrammes, qui tombent ainsi qu'une pluie de fleurs, plus ou moins poétiques, sur le cercueil du héros, il en est de toutes les provenances et de tous les goûts, quelquefois tant soit peu risqués. Les souvenirs galants s'y mêlent aux souvenirs guerriers :

> Ci-gît de qui la Renommée
> Publia les exploits au delà du tombeau :
> Il brillait à Cythère, il brillait à l'armée ;
> Et Vénus mille fois lui prêta son fourreau,
> Pour réparer le mal que faisait son épée [2].

De ce commerce intime, s'il faut en croire la légende, naîtra un jour, par filiation, l'auteur de *Lélia*, George Sand. La bagatelle associée au sérieux des funérailles est un trait qui convient bien au XVIIIe siècle.

---

1. Recueil de Clairambault-Maurepas, t. VII. — 2. *Ibid.*

CHAPITRE III

GUERRE DE SEPT ANS (1756-1763)

État de l'Europe. — Prise de Port-Mahon : Chants populaires ; Vers de Voltaire et de Malfilâtre. — Défaites de Rosbach, de Minden et de Crevelt. — *Les Soubisades*. — Revanche patriotique : Chevert et d'Assas. — Richelieu et le pavillon de Hanovre. — La bataille de M. de Conflans : *les Plongeons de la Vilaine*. — Impopularité croissante de Louis XV et de Mme de Pompadour. — Un poète lyrique et satirique : Lebrun-Pindare.

I

Au lendemain de la paix d'Aix-la-Chapelle, l'état de l'Europe offrait une analogie frappante avec celui de notre temps. « Toutes les puissances, dit Voltaire [1], restèrent armées ; et on espéra un repos durable par la crainte même que les deux moitiés de l'Europe semblaient avoir inspirée l'une à l'autre. Louis XIV avait le premier entretenu ces nombreuses armées qui forcèrent les autres princes à faire les mêmes efforts : de sorte qu'après la paix d'Aix-la-Chapelle, en 1748, les puissances chrétiennes de l'Europe eurent environ un million d'hommes sous les armes, au détriment des arts et des professions nécessaires, surtout de l'agriculture : on se flatta que de longtemps il n'y aurait aucun agresseur, parceque tous les États étaient armés pour se défendre : mais on se flatta en vain. »

On avait compté sans les passions humaines et sans les taquineries de l'Angleterre, qui nous cherchait noise au Canada et dans l'Inde, comme elle le fait encore aujour-

---

1. *Précis du Siècle de Louis XV*, chap. xxx.

d'hui à Terre-Neuve, à Madagascar et ailleurs. Voltaire, profitant de la paix, était allé voir à Potsdam son ami Frédéric. En traversant les champs de Fontenoy, de Raucoux et de Lawfeld, il les voyait couverts des plus beaux blés du monde, les Flamands et les Flamandes dansant comme si de rien n'eût été, et s'écriait dans une lettre à sa nièce, Mme Denis :

> Régnez, belle Cérès, où triompha Bellone.
> Campagnes, qu'engraissa le sang de nos guerriers,
> J'aime mieux vos moissons que celles des lauriers ;
> La vanité les cueille et le hasard les donne.
> Oh! que de grands projets par le sort démentis!
> O victoires sans fruit! O meurtres inutiles!
> Français, Anglais, Germains, aujourd'hui si tranquilles,
> Fallait-il s'égorger pour être bons amis [1]?

Et il s'en allait philosopher à Sans-Souci avec le nouveau Salomon, qu'il appelait déjà Frédéric le Grand.

Mais ces sages leçons sur les avantages de la paix, sur le bonheur de l'humanité, devaient être perdues encore une fois. La guerre se ralluma entre la France et l'Angleterre. Par un de ces coups de main hardis et inespérés qui enlèvent l'admiration des peuples, le duc de Richelieu s'empara de Port-Mahon, ce second Gibraltar réputé imprenable (1756), et devint l'idole de la cour et de la ville, des maris, et surtout des femmes. L'allégresse publique éclata en vaudevilles et couplets de toutes sortes, odes, rondeaux, épîtres ; ce fut un véritable déluge. On narguait avec plaisir la *superbe* britannique, qui revendiquait l'empire des mers :

> Trop orgueilleux insulaires,
> Abandonnez Port-Mahon,
> Et retournez en Albion.
>
> . . . .
> Prétendus maîtres de l'onde,
> Vous passerez dans le monde,
> Quoiqu'il vous en coûte cher,
> Vous passerez dans le monde
> Pour des écumeurs de mer [2].

---

1. *Épîtres.* Œuvres de Voltaire, t. XIII, éd. Beuchot. — 2. Recueil Clairambault-Maurepas, t. VII.

Les Anglais ne purent se résigner à cette humiliation et s'en vengèrent sur l'amiral Byng, qui s'était laissé battre par La Galissonnière. Traduit devant une cour martiale, Byng fut condamné à mort, malgré la déclaration justificative envoyée par Richelieu, auquel il adressa des remerciements.

Une autre chanson, du vaudevilliste Charles Collé, parut sous ce titre : *Aux railleurs d'Angleterre*. Pour en comprendre le sens, il faut savoir que les Anglais, au commencement de cette guerre, avaient, dans leurs papiers publics, donné un état plaisant de la marine française, où ils faisaient entrer les coches de Corbeil, d'Auxerre, de Melun, la galiote de Saint-Cloud et le bac d'Asnières. Cette chanson, répétée partout, à la cour et dans les rues, valut du roi Louis XV à son auteur une pension de 500 livres. Son principal mérite était dans l'à-propos, et peut-être dans la musique ; car le style et les idées n'ont rien de bien original ni de bien relevé.

   Ces braves insulaires,
 Qui font, qui font sur mer les corsaires,
   Ailleurs ne tiennent guères.
   Le Port-Mahon est pris,
Il est pris, il est pris, il est pris, il est pris.
. . . .
   Beaux railleurs d'Angleterre,
 Melun, Nogent, le coche d'Auxerre,
   Ont, pendant tout l'été,
 Résisté, résisté, résisté, résisté.

A quoi bon franchement être un homme d'esprit comme Collé, un des maîtres du Caveau, pour enfanter de si pauvres couplets! Une pension de 500 livres, plus que n'avait rapporté à Corneille son *Cinna*, à Racine son *Athalie*, dépassait les bornes de la générosité. Collé prend soin de nous avertir que le dernier couplet, contenant l'éloge de Richelieu, n'est pas de lui. « Il est sans doute, dit-il, du garçon imprimeur qui a fait graver la chanson. Il ne se peut rien faire de plus mauvais. » Collé nous semble bien sévère pour son collaborateur anonyme. « D'ailleurs, ajoute-t-il, l'idée de louer le maréchal de Richelieu ne pouvait me passer par la tête, à moi l'ennemi de toutes ces *fadasseries* :

je suis également éloigné de la satire et de l'éloge. » Le bonhomme, volontiers lunatique et grondeur dans son indépendance bourgeoise, était d'autant moins disposé à se faire le louangeur du maréchal, qu'un autre écrivain, le grand trompette de la renommée, Voltaire, qu'il n'aimait pas, allait s'en charger.

Celui-ci en effet se montre moins chiche d'éloges dans l'*Épître* adressée à son héros de prédilection, son compère en finesse et en coquetterie devant l'opinion publique.

> Depuis plus de quarante années
> Vous avez été mon héros ;
> J'ai présagé vos destinées.
> Ainsi quand Achille à Scyros
> Paraissait se livrer en proie
> Aux jeux, aux amours, au repos,
> Il devait un jour, sur les flots,
> Porter la flamme devant Troie.

L'*Épître* se termine par un parallèle flatteur entre les deux Richelieu.

> Le cardinal fut plus puissant,
> Et même un peu trop redoutable ;
> Vous me paraissez bien plus grand,
> Puisque vous êtes plus aimable [1].

Il faut avouer que les *fadasseries* de Voltaire valent mieux que les rebuffades de Collé.

Dans une autre *Épître à M. Desmahis*, il parle d'un grand poème qu'il prépare sur ce sujet.

> Mais je médite un gros ouvrage
> Pour le vainqueur de Port-Mahon,
> Je veux peindre à ma nation
> Ce jour d'éternelle mémoire.
> Je dirai, moi qui sais l'histoire,
> Qu'un géant nommé Gérion
> Fut pris autrefois par Alcide
> Dans la même île, au même lieu,
> Où notre brillant Richelieu
> A vaincu l'Anglais intrépide.

---

[1]. Œuvres de Voltaire, t. XIII. *Épîtres*.

> Je dirai qu'ainsi que Paphos
> Minorque à Vénus fut soumise;
> Vous voyez bien que mon héros
> Avait double droit à sa prise.

Le galant et le guerrier sont encore les deux traits mis en relief dans une chanson intitulée *les Talents de Richelieu* :

> Richelieu,
> En tout lieu,
> Se signale
> Pour le myrte et le laurier.
> Bon amant, bon guerrier,
> Son ardeur est égale;
> Tour à tour
> En amour,
> A la guerre,
> Ville, maîtresse, ennemis,
> Par lui d'abord sont mis
> Par terre [1].

Une autre pièce d'un ton plus grave et presque religieux, œuvre d'un poète qui mourut plus tard de misère, nous rappelle le nom de Malfilâtre :

> La faim mit au tombeau Malfilâtre ignoré :
> S'il n'eût été qu'un sot, il aurait prospéré.

Ce morceau lyrique, assez faible d'ailleurs, avait été honoré d'une double couronne aux *Palinods* de Caen et de Rouen. La prise de Mahon était le sujet du jour, et Richelieu, le héros à la mode, célébré dans tous les concours poétiques.

> Ils volent avec assurance
> Sous les drapeaux de Richelieu;
> Il sera l'ange de la France
> Comme Louis en est le Dieu.

Un ange qui ressemble fort au diable. Ce fut pour cela que l'Empereur demanda son renvoi de l'ambassade de Vienne, où il avait causé bien des ravages dans les cœurs féminins.

> Allez, troupe illustre et chérie,
> Venger l'honneur de la patrie

---

1. Recueil Clairambault-Maurepas, t. VII.

> Sous les auspices de mon roi.
> Il enchaînera la fortune
> Sur les campagnes de Neptune
> Comme aux plaines de Fontenoy.

D'après la règle des *Palinods*, les pièces présentées au concours devaient contenir un éloge de l'Immaculée Conception, ou tout au moins de la sainte Vierge, ce qui explique comment la pièce se termine par la strophe suivante :

> O Vierge, c'est à la Victoire
> Que je consacre mes accents.
> . . . .
> Le cœur auguste de Marie
> A triomphé de la furie
> Et des puissances de l'Enfer [1].

Singulier amalgame de style guerrier et religieux, où le duc de Richelieu, le grand coureur de pretantaines, devient un ange protégé par la sainte Vierge. Lui-même dut en rire de bon cœur.

II

La guerre, rallumée par l'Angleterre, s'étendit bientôt au reste de l'Europe. Par un chassé-croisé subit, les amis de la veille étaient devenus les ennemis du lendemain. Quelques paroles flatteuses de Marie-Thérèse à l'adresse de Mme de Pompadour, quelques propos railleurs de Frédéric II sur le *règne du Cotillon* à Versailles et sur les vers du ministre Bernis [2], avaient suffi pour faire de la France l'alliée de la maison d'Autriche, son éternelle rivale, contre la Prusse, sa partenaire dans la guerre précédente. Frédéric avait bien triché un peu, en tirant son épingle du jeu, et nous laissant dans le guêpier : mais ce n'était là qu'une infidélité d'amant volage, trop soucieux de ses intérêts. Voltaire, malgré son titre et ses sentiments de Français, n'en reste pas moins l'admirateur passionné du grand homme, qu'il

---

[1]. Œuvres de Malfilâtre, t. I. *Ode sur la Prise du fort Saint-Philippe* (Port-Mahon), 1756.

[2]. Évitez de Bernis la stérile abondance.

compare tour à tour à Salomon et à César. Un simple électeur de Brandebourg, tenant tête à la maison d'Autriche, à la Russie et à la France coalisées, lui paraissait un prodige inouï, un miracle. L'enthousiasme durera jusqu'à l'heure du désenchantement final, quand le vieux maître s'apercevra que son royal disciple s'est moqué de lui comme de tout le monde, et se prépare *à jeter l'orange, après en avoir exprimé le jus*. Pour le moment, il est dans l'extase et le ravissement devant tant de sang-froid uni à tant de génie.

Cependant, après des merveilles de tactique, le héros se trouvait acculé à Rosbach, cerné par trois armées ennemies, désespérant lui-même de sa fortune, et s'apprêtait à mourir en roi, rimant pour son ami Voltaire une dernière épître où il lui recommandait sa renommée. Tout semblait perdu : tout fut sauvé, grâce à l'ineptie du général français. Le prince de Soubise, favori de Louis XV et de Mme de Pompadour, avait supplanté le comte d'Estrées dans le commandement de l'armée. Ce général improvisé ne parut que pour se faire battre et rouler en un tour de main, comme un écolier. « Ce ne fut pas une bataille, dit Voltaire, ce fut une armée entière qui se présenta au combat, et qui s'en alla. L'histoire n'a guère d'exemple d'une pareille journée. » (7 décembre 1757.) Une fois le mouvement donné, ce fut une série noire continue : aux trois victoires de Fontenoy, de Raucoux, de Lawfeld, correspondent les trois défaites de Rosbach, de Minden et de Crevelt. On oublia que le duc de Broglie avait repris l'avantage à Bergen, à Johannisberg, pour ne se souvenir que de nos désastres.

Du reste, Paris avait l'air d'en prendre gaiement son parti, et se consolait en chansonnant le malheureux Soubise. Jadis, au temps de la Fronde, on avait eu les *Mazarinades*; on eut les *Soubisades*. Villeroi lui-même avait été moins blasonné.

> Frédéric combattant et d'estoc et de taille.
> Quelqu'un, au fort de la bataille,
> Vint lui dire : « Nous avons pris....
> — Qui donc ? — Le général Soubise.
> — Oh ! morbleu, dit le roi, tant pis !
> Qu'on le relâche sans remise. »

L'ignorance, la maladresse et l'indécision du commandant en chef étaient un objet de risée pour l'ennemi et pour ses propres soldats.

> Le prince dit, la lanterne à la main :
> « J'ai beau chercher ! où diable est mon armée ?
> Elle était là pourtant, hier matin :
> Me l'a-t-on prise, ou l'aurais-je égarée ?
> Prodige heureux ! la voilà ! la voilà !
> O ciel ! que mon âme est ravie !
> Mais non, qu'est-ce donc cela ?
> Ma foi, c'est l'armée ennemie [1]. »

La mauvaise humeur des Parisiens retomba sur la cour et sur la maîtresse du roi, protectrice ardente de Soubise, et voulant le sauver à tout prix.

> Soubise vient d'être battu,
> Et s'est de désespoir, la tête la première,
> Précipité dans la rivière ;
> Mais les *poissons* l'ont soutenu.

Méchant jeu de mots sur le nom de famille de Mme de Pompadour, née *Poisson*. En dépit de cette haute protection, le pauvre Soubise était mis en pièces tous les matins, et offert en holocauste à la gloire de Frédéric.

> En vain vous vous flattez, obligeante marquise,
> De mettre en beaux draps blancs le général Soubise ;
> Vous ne pouvez laver, à force de crédit,
> La tache qu'à son front imprime la disgrâce ;
> Et, quoi que votre faveur fasse,
> En tout temps on dira ce qu'à présent on dit :
> Que si Pompadour le blanchit,
> Le roi de Prusse le repasse.

Frédéric avait mis les rieurs et les atouts de son côté. Il possédait mieux encore, les sympathies secrètes ou même avouées de l'opinion, qui saluait en lui le roi libre penseur, l'ami des philosophes. On n'avait point conçu alors, contre la Prusse, cette haine mortelle qu'ont éveillée depuis les misères de l'invasion. Le prince héréditaire de Brunswick,

---

1. Recueil Clairambault-Maurepas, t. VII.

un nom devenu plus tard odieux à la France, traitait et soignait comme un frère le comte de Gisors, son prisonnier, blessé à la bataille de Crevelt. Frédéric II comptait de chauds partisans même parmi nous, grâce à Voltaire.

On n'eut jamais, à coup sûr, plus d'esprit qu'à cette époque pour se consoler de la fortune adverse. Mais comment expliquer cette gaieté folle en présence des désastres publics? Il ne faudrait pas s'y tromper : la raillerie est parfois une des formes de la colère et de l'indignation. Intérieurement on était honteux, révolté, exaspéré de l'incapacité de Soubise, de la stupide confiance de la cour; mais on mettait une sorte d'amour-propre national à ne pas trop afficher sa mauvaise humeur. Et puis, ainsi que le fait observer Voltaire, cette guerre avait porté atteinte à l'honneur et au crédit de la France plus qu'à son existence matérielle. La guerre s'était faite jusque-là en Allemagne, en Flandre, en Italie. Nos frontières n'avaient guère été menacées. Nous n'avions pas eu à subir, comme au temps de la guerre de *Cent Ans*, et plus tard au XVIe siècle, l'épreuve terrible et douloureuse de l'invasion. Or le patriotisme ne se révèle vraiment chez un peuple que lorsqu'il sent peser sur lui le talon de l'étranger. L'Allemagne nous l'a prouvé en 1813, et nous l'avons ressenti nous-mêmes en 1870.

Au milieu de toutes ces humiliations, la France, pour se réconforter, avait à inscrire dans ses Annales quelques noms et quelques actes héroïques, ceux de Chevert, de d'Assas, portant en eux l'honneur de la race et de la nation. Chevert, officier de fortune, orphelin dès l'enfance, engagé à onze ans, avait gagné tous ses grades par des actions d'éclat. Il était monté le premier à l'assaut de Prague et à celui de Château-Dauphin. Nommé lieutenant général en 1755, il se signalait encore dans la guerre de Sept Ans et, par d'habiles manœuvres, assurait les deux victoires d'Hastenberg et de Luzelberg (1758), dont Soubise prétendit lui ravir l'honneur. Mais l'opinion des soldats était faite à ce sujet, s'il faut en croire ce dialogue de Joli-Cœur et de La Ramée.

JOLI-COEUR.

Quel Dieu prend notre défense,
Après deux ans de revers?

LA RAMÉE.

C'est un héros de la France.
A ce trait, connais Chevert.

JOLI-COEUR.

Bon Chevert, quelle méprise !
Notre gazetier français
A l'altesse de Soubise
Fait honneur de vos succès.

LA RAMÉE.

Joli-Cœur, tu peux m'en croire
Comme oculaire témoin,
Quand Chevert eut la victoire,
Soubise n'était pas loin[1].

Soubise se trouvait assez près pour ramasser le bâton de maréchal, ce qui ne manqua point de soulever un *tolle* universel et de raviver la malice des rimeurs.

> Pourquoi le bâton à Soubise,
> Tandis que Chevert est vainqueur ?
> C'est de la cour une méprise,
> Ou c'est l'abus de la faveur.
> — Je ne vois rien là qui m'étonne,
> Répond aussitôt un railleur ;
> C'est à l'aveugle que l'on donne
> Et non pas à son conducteur.

Un autre fait éclatant relevait l'honneur de nos armes aux yeux même de l'ennemi : l'héroïsme du chevalier d'Assas, capitaine au régiment d'Auvergne, pris dans une embuscade à Clostercamp par les grenadiers de Brunswick. Ceux-ci, lui présentant la baïonnette, le préviennent que s'il fait le moindre bruit il est mort. D'Assas se recueille un moment pour mieux renforcer sa voix, et crie : « A moi Auvergne ! Voilà les ennemis ! » Et il tombe aussitôt percé de coups. « Ce dévouement digne des anciens Romains, écrit Voltaire, aurait été immortalisé par eux : on dressait des statues à de pareils hommes : de nos jours, ils sont oubliés[2]. » Pourtant, à défaut de statue, Louis XV récom-

---

1. Recueil Clairambault-Maurepas, t. VII. — 2. *Précis du Siècle de Louis XV*, chap. XXI.

pensa, par une pension de mille livres à perpétuité, tous les aînés du nom : supprimée par la Révolution, cette pension fut rétablie en 1810 par Napoléon Ier.

Néanmoins la lassitude, la fatigue et le dégoût de cette guerre sans gloire et sans profit avaient gagné toute la France, qui n'avait plus confiance ni dans son roi, ni dans ses généraux. L'abbé de Bernis, l'auteur du traité de Versailles, était voué à la malédiction publique : on l'accusait d'avoir rompu les traditions de la politique française, en se faisant l'allié de la maison d'Autriche (1759).

> Des nœuds par la prudence et l'intérêt tissus,
> Un système garant du repos de la terre,
> Vingt traités achetés par deux siècles de guerre,
> Sans pudeur, sans motif, en un instant rompus ;
> Aux injustes complots d'une race ennemie
> Nos plus chers intérêts, nos alliés vendus ;
>   Pour cimenter sa tyrannie,
> Nos trésors, notre sang, vainement répandus,
> Les droits des nations incertains, confondus,
> L'Empire déplorant la liberté trahie ;
> Sans but, sans succès, sans honneur,
> Contre le Brandebourg l'Europe réunie ;
> De l'Elbe jusqu'au Rhin le Français en horreur,
> Nos rivaux triomphants, notre gloire flétrie,
>   Notre marine anéantie,
> Nos villes sans défense et nos ports saccagés,
> Le crédit épuisé, les peuples surchargés,
> Voilà le digne fruit de vos conseils sublimes :
>   Trois cent mille hommes égorgés,
>   Bernis, est-ce assez de victimes ?
> Et les mépris d'un roi pour vos petites rimes
>   Vous semblent-ils assez vengés[1] ?

Le réquisitoire est complet et corsé, on peut le dire. Bernis ahuri, consterné de ces attaques et de ces revers dont on le rendait responsable, avait compris la nécessité de conclure la paix. Mais Mme de Pompadour s'entêtait à soutenir Marie-Thérèse et à poursuivre la guerre : le ministre fut sacrifié et remplacé par Choiseul.

L'opinion publique n'en continua pas moins à blâmer

---

1. *Résultats du Traité de Versailles.* Recueil Clairambault-Maurepas, t. VII.

cette lutte inutile, où les chefs semblaient faire assaut d'incapacité.

> Français, ne guerroyez donc plus,
> Vos efforts seront superflus ;
> Vos bras sont redoutables,
>   Eh bien !
> Vos têtes pitoyables,
> Vous m'entendez bien [1].

Rien de plus désastreux, de plus désolant pour une nation, que ce mépris jeté sur ceux qui sont investis du commandement. C'est le grand mal de la France au xviiie siècle. Le duc de Richelieu lui-même, le héros de Port-Mahon, l'ancienne idole, était devenu suspect : on l'accusait d'avoir reçu de l'argent des Anglais, pour conclure avec eux la capitulation de Closter-Seven. Le pavillon de Hanovre, qu'il fit construire à son retour, sur les remparts, en face de la chaussée d'Antin, et dont le peuple cassa un jour les vitres, était, disait-on, le produit de ce marché.

> Hanovre, vous avez grand tort
> D'appréhender pour votre sort.
>   Au lieu de vous détruire,
>   Il voulait vous construire.

Richelieu, que ses soldats avaient surnommé le *Père la Maraude*, leur avait donné l'exemple, en faisant ses affaires mieux encore que celles du roi.

Un autre scandale acheva de porter au comble l'indignation publique. Une flotte avait été équipée à Brest sous les ordres du maréchal de Conflans, pour une descente en Angleterre, un des rêves favoris de Choiseul. A peine sorti du port, le maréchal se vit arrêter par l'amiral anglais Hawke : en digne émule de Soubise, au lieu de combattre, il donna le signal de la retraite, et vint s'échouer sur le rivage avec la plus grande partie de ses vaisseaux, laissant écraser son arrière-garde par les ennemis. Cette déroute ridicule, qui fut pour notre marine ce qu'avait été Rosbach pour l'armée de terre, reçut par ironie le nom de *bataille de M. de Conflans*. Une pièce satirique parut sous le titre

---

1. Recueil Clairambault-Maurepas, t. VII.

des *Plongeons de la Vilaine*, par allusion sans doute à l'embouchure de cette rivière, témoin de notre déconfiture. Cette pièce n'est du reste qu'un pastiche ou une parodie assez plate du *Passage du Rhin* par Boileau :

> La Vilaine dormant sur son urne fangeuse
> A l'Océan joignait une onde limoneuse,
> Quand un bruit tout à coup réveille ses esprits,
> Le résonnant écho lui rapporte des cris.

Ce sont les mêmes expressions et les mêmes rimes qui reviennent ici. La Vilaine, effrayée de voir paraître des monstres marins, qui sont tout simplement les gros vaisseaux de guerre, vient exprimer ses craintes à Téthys. Celle-ci la rassure en lui apprenant que ces monstres n'ont rien de redoutable :

> On les voit se cacher comme l'oiseau timide,
> Qui devant le chasseur plonge sa tête humide.

Cette comparaison avec les poules d'eau était peu flatteuse pour les héritiers de Jean Bart et de Duguay-Trouin.

Le flot du mépris s'élevait comme une marée montante, sous laquelle s'affaissait de plus en plus la monarchie. Le souverain lui-même, par les désordres de sa vie privée, par les scandales du Parc-aux-Cerfs, dont Mme de Pompadour s'était faite la pourvoyeuse et l'intendante, achevait de ruiner, dans l'esprit des peuples, le respect de l'autorité légitime.

III

A ces voix accusatrices il nous en faut ajouter une bien autrement puissante, malgré le silence dont elle crut devoir s'envelopper d'abord, celle du poète Lebrun. Lebrun-Pindare, nom que lui donnent ses admirateurs et ses ennemis, en y attachant un sens tout différent, est un des grands instrumentistes, un des cuivres retentissants dans la symphonie plus ou moins discordante du xviiie siècle. Si l'on s'en rapporte au témoignage de sa femme, avec laquelle il plaida pendant dix ans, de sa mère et de sa sœur, Lebrun était un assez vilain homme, difficile, hargneux, emporté, vindicatif. Parmi ses confrères d'Académie, qu'il criblait de ses épigrammes, il n'y en eut peut-être pas un qui ne regardât sa mort comme un soulagement. Nature hautaine, sèche et dure, cœur de bronze, mais enfin poète, et c'est du poète qu'il s'agit ici avant tout. Le caractère antipathique de Lebrun ne nous empêche pas de reconnaître en lui un talent incontestable. Chateaubriand, qui n'était ni un crédule ni un naïf, a dit en parlant de lui : « Lebrun a toutes les qualités du lyrique (*toutes* est trop dire, *certaines* serait peut-être plus juste) : ses yeux sont âpres, ses tempes chauves, sa taille élevée. Il est maigre, pâle, et quand il récite son *Exegi monumentum*, on croirait entendre Pindare aux jeux Olympiques [1]. »

Poète lyrique et satirique à la fois, il a l'envergure de l'aigle et son essor hardi par moments; il en a aussi les serres aiguës, le bec crochu qui s'enfonce dans la chair de ses ennemis ou de ses victimes. Il y a chez lui de l'oiseau de proie, du vautour plus encore que de l'aigle, par sa tête chauve et son cou pelé. Rien de plus terrible que ses épigrammes qui emportent la pièce. Ses élégies sont parfois mortelles et envenimées; l'ode même, après avoir touché presque au sublime, devient atroce et sanguinaire.

Avec des aspirations modernes, qui l'entraînent dans le mouvement politique et littéraire du temps, il est encombré et obsédé de souvenirs mythologiques, dont il ne peut se débarrasser. Tout cet attirail des anciens est une friperie héréditaire, dont il affuble les événements et les personnages contemporains. Par respect de l'art, par dédain du bas et du vulgaire, avec sa prétention de ne poser que sur les hautes cimes, il s'est fait une fausse idée de noblesse en matière de style.

Fils d'un valet de chambre du prince de Conti, devenu secrétaire de ce prince après de brillantes études au collège Mazarin, Lebrun est un de ces serviteurs qui peuvent en remontrer à leurs maîtres, et qui ont, comme Figaro, le sentiment de leur supériorité. Le collégien nourri des souvenirs de l'antiquité grecque et romaine, ce virus dont le bon Rollin venait d'infecter innocemment la jeunesse française, avait senti de bonne heure s'éveiller en lui la flamme

---

1. *Essais sur la Révolution.*

républicaine. Le *Brutus* de Voltaire l'avait ravi et transporté. En face de cette société qui s'en va, au milieu de la mollesse et de l'abaissement des caractères, de la perte des mœurs publiques, de cette décadence trop visible qui atteint la monarchie, son âme de citoyen s'exalte, gémit, se révolte en secret contre les malheurs du temps. Il déplore, en strophes amères et indignées, la complaisance des ministres et des magistrats, qui trahissent la loi ; la lâcheté de la nation, qui s'abandonne elle-même ; la honte des défaites subies et non réparées ; l'apathie du vieux monarque, allant cacher dans son harem mystérieux ses dernières faiblesses et son égoïsme indifférent. Le voile mythologique dont l'auteur enveloppe ses personnages est facile à percer.

> Les Anténors vendent l'empire,
> Thaïs l'achète d'un sourire,
> L'or paye, absout les attentats :
> Partout à la cour, à l'armée,
> Règne un dédain de renommée
> Qui fait la chute des États.
> . . . .
> O nation vile et flétrie,
> Tu ne connais plus la patrie,
> Comment saurais-tu la venger ?...
> . . . .
> Mars a rougi de tes outrages,
> Mars a vu les faibles courages
> Trahir les destins de Francus !
> Tes héros, voués à la fuite,
> Tombent sous les coups de Thersite,
> Surpris de les avoir vaincus !

Frédéric II se fût montré sans doute peu flatté de la comparaison : son ami Voltaire avait plus d'égards pour lui. — Puis vient cette allusion directe à l'adresse de Louis XV :

> Plus faible que l'amant d'OEnone [1],
> C'est Priam, c'est un roi qui donne
> Le sceptre aux filles de Vénus.

Ces poésies restèrent sans doute prudemment enfermées en portefeuille : elles eussent conduit leur auteur à la

---

1. Paris.

Bastille. Quoi qu'il en soit, ces doléances et ces colères patriotiques, même épanchées en secret, n'en ont pas moins leur date et leur opportunité.

Après tant de hontes et de désastres accumulés, quand d'autres se contentent de rire et de chansonner Soubise et Mme de Pompadour, quand d'autres trouvent des paroles d'admiration et de flatterie pour le vainqueur de nos armes, Lebrun prend sa lyre et y ajoute une corde d'airain, pour rappeler que tout n'est pas perdu chez un peuple décidé à se défendre.

> O Messène! frémis : Sparte n'est point domptée :
> Il lui reste ma lyre ; elle enflamme les cœurs !
> Tu le disais : Ta lyre, ô sublime Tyrtée !
>   Enfanta des vainqueurs.
>
> Français, ressaisissez le char de la victoire,
> Aux armes, citoyens [1] ! Il faut tenter le sort.
> Il n'est que deux sentiers dans le champ de la gloire :
>   Le triomphe ou la mort.

Mais que faire avec des généraux comme les Soubise, les Clermont, les Contades, héros du cotillon, favoris de la favorite? Le poète ressuscite les grandes figures du passé :

> S'il vous manque des chefs, du fond des rives sombres
> Évoquons Luxembourg, ou Turenne, ou Villars :
> Héros de nos aïeux, marchez, augustes ombres,
>   Devant nos étendards [2]!

On comprend avec quelle joie Lebrun dut accueillir les premières victoires de la République. Son tort est de ne pas savoir se contenir, se limiter : d'éparpiller ou d'égarer dans des strophes sans fin sa veine poétique.

Quand la paix de 1763 sera venue mettre un terme à tant de fureurs et de menaces inutiles, Lebrun en saluera le retour :

> O Paix ! divine Paix, si longtemps implorée,
> Prends du haut de l'Olympe un favorable essor !
> Et sur le front sanglant de l'Europe éplorée
>   Fixe tes ailes d'or!

---

1. C'est déjà le cri de la *Marseillaise*, bientôt répété par Rouget de Lisle. —
2. *Aux Français*, livre IV.

il lui demande en même temps de réaliser un vœu qu'avait exprimé Montesquieu sur la traite des nègres, lorsqu'il écrivait[1] :

« On ne peut se mettre dans l'esprit que Dieu, qui est un être très sage, ait mis une âme, surtout une âme bonne, dans un corps tout noir. Ne viendra-t-il pas dans la tête des princes d'Europe, qui font entre eux tant de conventions inutiles, d'en faire une générale en faveur de la miséricorde et de la pitié? »

Lebrun, l'un des fervents admirateurs de Montesquieu, ne fait que traduire ici la même pensée en vers :

> Des enfants du Niger affranchis le rivage ;
> De la Nature enfin ose venger les droits :
> Fais que l'Humanité, rompant leur esclavage,
>   Signe aux traités des rois !

Belle idée philanthropique, conforme à l'esprit du XVIIIe siècle, de songer à inscrire dans les traités de paix, conclus par l'ambition des rois, quelques clauses supplémentaires en faveur des faibles et des opprimés. La question de l'esclavage n'est pas encore résolue aujourd'hui. Elle vient de perdre un de ses plus illustres et de ses plus vaillants champions, dans la personne du cardinal Lavigerie. Le Niger fournit encore aux marchands de chair humaine son abominable tribut. Sachons gré du moins à Lebrun d'avoir uni sa voix à celle de Montesquieu, pour adresser cet appel à l'Europe chrétienne et civilisée.

1. *Esprit des Lois,* livre XV, chap. v.

CHAPITRE IV

MINISTÈRE DE CHOISEUL

Le pacte de famille. — La colonie de Cayenne. — Le Théâtre patriotique au xviiie siècle. — Le *Brutus* de Voltaire ; *Zaïre*; *Adélaïde Du Guesclin*. — La tragédie nationale : *le Siège de Calais*, par De Belloy.

I

Après une guerre malheureuse et une paix chèrement achetée (traité de Paris, 1763), la France semblait descendre la pente fatale qui devait la conduire aux abîmes. Cependant l'heureuse influence d'un ministre libéral et honnête homme ramena une lueur d'espoir, en justifiant ce mot du poète

> . . . . . *Si forte virum quem Aspexere*[1].

Choiseul parut un moment galvaniser ce vieux corps malade et pourri de la monarchie. Obligé de subir les conséquences d'une lutte désastreuse, follement engagée par son prédécesseur, l'abbé de Bernis ; réduit à satisfaire les exigences et les rancunes opiniâtres de Mme de Pompadour contre Frédéric II ; il s'efforce de réparer les fautes commises, en assurant à la France un nouveau point d'appui par le rapprochement de toutes les branches de la maison de Bourbon, dans le *Pacte de famille* : quelque chose d'analogue à ce qu'on a nommé, depuis, la Fédération des races

---

1. Virgile, *Énéide*, livre II.

néo-latines, autre combinaison déjouée par le coup fourré de la Triple Alliance.

Malgré ses fautes, ses erreurs et ses défauts de caractère, Choiseul a du moins un mérite aux yeux de la nation, c'est l'être et de rester avant tout un ministre patriote. Lorrain d'origine, né dans le pays de Jeanne d'Arc, il a senti l'instinct que le principal auteur de nos maux, l'instigateur et le boute-feu de toutes nos guerres, n'était ni l'Italien, ni l'Espagnol, ni l'Allemand, mais l'Anglais enrichi de nos pertes. Sans doute il se faisait illusion lorsqu'il écrivait : « Si j'étais le maître, nous serions vis-à-vis de l'Angleterre comme l'Espagne vis-à-vis des Maures ; si l'on prenait ce parti, l'Angleterre serait détruite d'ici à trente ans[1]. » L'entêtement de Pitt à repousser toutes les propositions de paix révélait le secret et le but de la politique anglaise : ruiner la marine et le commerce français, empêcher leur relèvement à tout prix.

Or c'est ce relèvement qui va devenir la grande préoccupation de Choiseul. Pour compenser nos pertes dans l'Inde, au Canada et l'abandon récent de la Louisiane, cette dernière douleur de la France, le ministre actif, infatigable, chargé tour à tour de la guerre, de la marine, des affaires étrangères, avait conçu un grand projet d'expansion coloniale à la Guyane. L'histoire de la Compagnie du Mississipi et de ses prétendus trésors, au temps de Law, était demeurée dans toutes les mémoires comme un sinistre avertissement. Malgré les affiches et les promesses alléchantes adressées aux amateurs de colonisation, l'opinion publique restait tiède et défiante, à demi railleuse, ainsi que l'atteste ce petit boniment :

> Dans la rue de Richelieu,
> En belle demeure,
> Pas tout à fait au milieu,
> Venez à toute heure :
> Dans l'île Cayenne allez,
> Vous aurez, si vous passez,
> Du pain et du beurre assez,
> Du pain et du beurre.

1. Lettre à l'ambassadeur de France en Espagne. Avril 1762.

Le pain et le beurre n'abondèrent pas autant qu'on l'avait annoncé. Sur la foi des réclames, bien des gens comptaient trouver là-bas un vrai pays de Cocagne, où l'on n'aurait qu'à jouir et à bien vivre, en laissant aux esclaves le soin de travailler :

> Dans ce superbe pays
> Voyez quelle aisance !
> Les cœurs y seront unis
> Comme ils sont en France.
> S'ils produisent des garçons,
> Chacun du roi ils auront
> Grande récompense[1].

Nombre d'oisifs, de déclassés, s'abattirent sur la colonie comme sur une proie à se partager.

« J'ai vu, dit un témoin oculaire, ces déserts aussi fréquentés que le Palais-Royal. Des dames en robes traînantes, des messieurs en plumets, marchaient d'un pas léger jusqu'à l'Anse ; et Kourou offrit pendant un mois le coup d'œil le plus galant et le plus magnifique. On y avait amené jusqu'à des filles de joie. Mais ces brillants débuts ne furent pas de longue durée. Les circonstances et le local avaient été mal choisis, les mesures furent plus mal prises encore. Sur ces plages désertes et impraticables, pendant la saison des pluies, les subsistances, altérées par la chaleur, l'humidité et le transport, causèrent l'épidémie et la mortalité. Les inondations achevèrent de détruire ceux qu'avait épargnés la maladie[2]. »

Il en coûta dix mille hommes et 30 millions à l'État pour cette entreprise avortée. Choiseul, plus heureux en Europe, avait la gloire de réunir définitivement à la France la Lorraine et l'île de Corse, où allait naître bientôt Napoléon.

Le sentiment national ravivé et raffermi, tel est le principal résultat du ministère de Choiseul. Une pièce de théâtre qui eut alors un immense retentissement, *le Siège de Calais*, par De Belloy, représentée en 1765, vint à propos seconder les vues de l'homme d'État. Mais il nous faut rappeler la part qui revient à Voltaire dans ce mouvement dramatique.

---

1. Recueil de Clairambault-Maurepas, t. VII. — 2. *Vie privée de Louis XV*, par Moufle d'Angerville.

II

De tous les genres littéraires, le théâtre est sans contredit celui qui exerce le plus d'action sur le public du XVIIIe siècle. On peut affirmer que la bourgeoisie d'alors, celle qui devait diriger le grand élan de 89, a fait surtout son éducation au théâtre de la Foire et à la Comédie-Française. Voltaire, qui donne l'impulsion en tous sens, avec son activité dévorante et tant soit peu brouillonne, a transformé la scène tragique en tribune aux harangues, et déclare, dans la *Vision de Babouk*, les poètes dramatiques les meilleurs prédicateurs de l'empire. *Œdipe* a donné la note philosophique, *Brutus* la note républicaine :

> L'ennemi du Sénat connaîtra qui nous sommes,
> Et l'esclave d'un roi va voir enfin des hommes.

Puis vient la note démocratique avec *Mérope* :

> Le premier qui fut roi fut un soldat heureux ;
> Qui sert bien son pays n'a pas besoin d'aïeux.

Quoique *Brutus* (1730) soit une tragédie romaine plutôt que nationale, on peut, jusqu'à un certain point, voir en elle une œuvre patriotique. Moins faite encore pour être représentée que pour être lue, d'un style plus fort, plus soigné que les autres pièces de l'auteur, si l'on en croit son propre témoignage, elle séduit surtout les esprits par la hardiesse des idées, par ces maximes de liberté que Voltaire rapporte d'Angleterre, et qui passeront à la tribune de la *Constituante* et de la *Convention*. L'effet du *Brutus* avait éveillé les soupçons de l'autorité. Quand vint *la Mort de César*, imitée de Shakespeare, on n'en permit pas l'impression. Le *virus* républicain s'y montrait encore trop visible. Le poète allait triompher de toutes les rivalités, et emporter tous les suffrages avec une œuvre pathétique et nationale, en donnant *Zaïre* (1732).

Zaïre est restée la plus populaire, la plus fameuse de toutes les tragédies de Voltaire, celle qui réussit le mieux, encore aujourd'hui, auprès du public moderne. C'est qu'elle offre un double intérêt, dramatique et français à la fois. Sans doute, malgré les souvenirs de la croisade qui s'associent à la fable tragique, l'œuvre est moins historique que romanesque. Et pourtant ces noms de Bouvines, de Taillebourg, de saint Louis, de Godefroy de Bouillon, de Lusignan, de Châtillon, de Montmorency, résonnent comme une glorieuse fanfare agréable aux oreilles françaises. La vérité, la vraisemblance même, ne se trouve guère ni dans les personnages, ni dans les faits. L'auteur en convient dans le *Temple du Goût* :

> Donnez plus d'intrigue à Brutus,
> Plus de vraisemblance à Zaïre.

Zaïre, cette chrétienne par la naissance, élevée dans le sérail d'Orosmane, a disserté avec Mme du Châtelet et Mme du Deffand sur le chapitre des religions. Ce n'est pas elle, c'est Voltaire qui parle, lorsqu'elle dit :

> Je le vois trop, les soins qu'on prend de notre enfance
> Forment nos sentiments, nos mœurs, notre croyance.
> J'eusse été près du Gange esclave des faux dieux,
> Chrétienne dans Paris, musulmane en ces lieux [1].

Orosmane est un Turc habillé à la française, plus encore que Bajazet, avec ses idées de tolérance, d'humanité, d'égards pour la femme, de galanterie presque raffinée :

> Vertueuse Zaïre..., *etc.*

jusqu'au moment où, se souvenant de Shakespeare, il se transforme en Othello.

Rien de plus bizarre que cet accouplement de la foi chrétienne, chez le vieux Lusignan, avec le scepticisme tout moderne de Zaïre et d'Orosmane. Il est vrai que la scène de la reconnaissance entre le père et les enfants, ce procédé recommandé par Aristote comme un des moyens dramatiques les plus puissants, produit encore sur nous son effet, malgré l'invraisemblance. La tirade fameuse de Lusignan :

> Mon Dieu, j'ai combattu soixante ans pour ta gloire, *etc.* [2],

---

1. Acte I, sc. i. — 2. Acte II, sc. iii.

nous enlève, à la représentation, quoi qu'on fasse, autant que certains morceaux d'opéra d'un élan irrésistible.

Et cependant, il faut bien en convenir, ce brillant scénario de *Zaïre*, improvisé en vingt-deux jours, se ressent de la hâte et de la précipitation. La forme en est souvent molle et négligée. Collé, qui n'était pas l'ami de Voltaire, admire néanmoins la magie de son style poétique, une magie qui nous échappe aujourd'hui en grande partie, gâtés que nous sommes par le coloris éclatant de l'école romantique. Chateaubriand et Victor Hugo nous ont habitués aux feux de Bengale flamboyants : Voltaire ne nous donne qu'un clair de lune.

A *Zaïre* succède une autre pièce également française par les souvenirs : *Adélaïde Du Guesclin*. Le patriotisme y a sa part, sans doute, mais une part secondaire, accessoire. Le grand nom de Du Guesclin est placé là en guise de fanal ou de panache destiné à illustrer le drame. Adélaïde l'invoque en répondant à Coucy, qui vient lui offrir la main de Vendôme :

> Ici, du haut des cieux, Du Guesclin me contemple :
> De la fidélité ce héros fut l'exemple :
> Je trahirais le sang qu'il versa pour nos lois,
> Si j'acceptais la main du vainqueur de nos rois [1].

Ce roi Charles VII, dont il est question en passant, n'est encore qu'une ombre vague et indécise, représentant un principe, celui de la royauté légitime, et rien de plus. Vendôme, comme la plupart des barons français d'alors, se croit en droit de rompre avec son suzerain et de passer dans les rangs de l'étranger, ainsi que le fera encore Condé lui-même, au xviie siècle. Pourtant il éprouve un demi-remords, et s'avoue presque coupable de trahison lorsque, parlant du trouble dont il a été saisi dans le combat, en face d'un personnage masqué sous son casque et qui n'est autre que son frère Nemours, il s'écrie :

> Soit plutôt que la voix de ma triste patrie
> Parle encore en secret au cœur qui l'a trahie ;
> Qu'elle condamne encor mes funestes succès,
> Et ce bras qui n'est teint que du sang des Français.

[1]. Acte I, sc. ii.

Coucy, l'intègre et loyal gentilhomme qui s'est attaché à ses pas, essaye de ranimer en lui cet instinct natif :

> Je vois que de l'Anglais la race est peu chérie,
> Que leur joug est pesant, qu'on aime la patrie,
> Que le sang des Capets est toujours adoré.
> Tôt ou tard il faudra que de ce tronc sacré
> Les rameaux divisés et courbés par l'orage,
> Plus unis et plus beaux, soient notre unique ombrage[1].

Malgré les sympathies de l'auteur pour les idées et les libertés anglaises, malgré la longue période de calme dont avaient joui les deux nations sous le double ministère pacifique de Walpole et de Fleury, la sortie contre l'Angleterre réussit toujours plus ou moins auprès d'un public français. L'intention de Voltaire n'était pas douteuse : il avait voulu plaire : au roi en célébrant le *sang des Capets*; à la noblesse, en rappelant les noms de quelques grandes familles; au peuple, en flattant l'amour-propre national. Néanmoins il n'obtint qu'un demi-succès. Un spectateur du parterre se fit l'interprète de l'opinion générale, lorsqu'à cette question de Vendôme :

> Es-tu content, Coucy ?

il répondit : « *Couci, Couci!* » un de ces mots terribles comme celui qui avait fait tomber *Marianne* sous cette plaisanterie : « *La reine boit!* »

La tragédie vraiment nationale, au moins en apparence, calquée sur l'histoire, avec un petit grain d'amour indispensable, et saluée d'un enthousiasme universel, sembla une nouveauté, quand parut *le Siège de Calais*, par De Belloy, un inconnu la veille, un illustre le lendemain.

III

De Belloy n'est à coup sûr ni un poète ni un écrivain, ni même un dramaturge puissant, tel que l'a été parfois Crébillon. Il n'en a pas moins sa place dans les annales de notre théâtre ainsi qu'au foyer de la Comédie-Française, où il ne fait pas trop mauvaise figure. Une bonne fortune,

---

1. Acte II, sc. I.

un succès inouï, prodigieux, lui valut l'honneur d'être proclamé le créateur d'un genre nouveau, le père de la tragédie nationale.

Malgré la particule dont il se gratifie, De Belloy est par sa naissance un simple bourgeois, dont le nom de famille était Buirette. Élevé chez son oncle, avocat au parlement, qui lui réservait sa charge, la passion du théâtre lui fit quitter Barthole et Cujas, et l'entraîna en Hollande avec une troupe de comédiens français. Là encore, réclamé par son oncle, et craignant d'être livré à la police française, il s'en alla jusqu'à Saint-Pétersbourg. Il y joua la comédie : mais le regret de la patrie absente le ramena en France, et lui inspira ce vers, qu'il plaçait plus tard dans la bouche du coupable Geoffroy d'Harcourt :

Plus je vis l'étranger, plus j'aimai ma patrie.

L'amour du théâtre et l'amour de la France ont été deux passions natives et naïves chez De Belloy : elles ont fait de lui tour à tour un acteur et un auteur, avec tout ce qui peut se mêler d'emphase, d'ambition présomptueuse, d'enthousiasme ingénu et déclamatoire chez un homme habitué à l'action et aux poses théâtrales plus encore qu'à l'art d'écrire et de composer. Ses débuts d'écrivain ne furent pas heureux. Son *Titus*, tragédie imitée de Métastase, obtint du commencement à la fin un succès de fou rire, que le poète n'avait point cherché. Une seconde tragédie, *Zulmire*, fut mieux accueillie, bien que Grimm déclare la pièce bonne à être jouée devant des enfants, tant elle lui semble niaise et puérile.

Le Siège de Calais (1765) portait tout d'un coup De Belloy au faîte de la gloire. Collé déclare qu'il n'a pas vu de succès pareil depuis *Inès de Castro*[1]. Disons mieux, ni Corneille, ni Racine, ni Voltaire, dans leurs plus beaux jours, ne se virent comblés de tant d'honneurs. Le roi fit à l'auteur un présent de mille écus, et lui décerna le grand prix de l'art dramatique : une médaille portant d'un côté le portrait du souverain, de l'autre un Apollon qui tenait une couronne de lauriers, où étaient inscrits les noms de Corneille,

---

1. Pièce de Lamotte.

Molière, Racine, et ces mots latins : *Et qui nascentur ab illis*, avec permission à De Belloy de faire graver son propre nom dans la place vide, en rappelant *qu'il était le premier ayant remporté ce prix*. Collé s'étonne à bon droit que cette médaille, frappée depuis deux ou trois ans par les gentilshommes de la chambre, n'ait pas été décernée à Voltaire. Louis XV, qui gardait toujours un peu rancune à l'auteur de *Brutus*, n'était pas fâché de lui causer ce petit désagrément. La cour avait trouvé son poète, et la nation l'appuyait. Une députation des bourgeois de Calais vint offrir à l'auteur le titre de citoyen, et, ne pouvant prétendre à l'honneur de posséder sa personne, lui demanda la permission de placer son portrait dans une des salles de leur hôtel de ville, où il est encore aujourd'hui. « Je n'ai point souvenir, dit Collé, que depuis le triomphe du Tasse, et même auparavant, aucun poète ait jamais joui de pareils honneurs. »

Ces exagérations mêmes prouvent que le patriotisme n'était pas aussi éteint au xviiie siècle qu'on l'a prétendu. Par une autre distinction non moins insigne et non moins neuve alors, les comédiens reçurent l'ordre de donner la pièce gratis. Grimm, qui s'amuse à cribler de ses épigrammes la gloire et l'œuvre du trop heureux De Belloy, nous montre les dames de la Halle venant se placer aux premières loges; la corporation des charbonniers arrivant tambours et drapeau en tête; Mlle Clairon offrant, pendant les entr'actes, des rafraîchissements à ce public d'élite : puis l'assistance, ivre d'enthousiasme, poussant à la fin du spectale le cri de : *Vive le roi! Vive Monseigneur De Belloy!* L'auteur dut se présenter lui-même sur la scène, pour répondre aux vœux de la foule avide de le contempler. On eut un moment l'idée d'amener en corps au théâtre les élèves de l'École militaire : mais quelqu'un fit observer que les jeunes gentilshommes n'avaient pas besoin de cet exemple pour apprendre à servir leur roi et leur pays. La tragédie fut représentée dans les principales villes de garnison, avec la même ferveur patriotique et les mêmes applaudissements.

L'enthousiasme littéraire n'était évidemment pour rien ou pour peu de chose dans le succès ! L'œuvre avait surtout le mérite de l'à-propos. Au lendemain de la guerre de Sept Ans, après les hontes de Rosbach, de Minden et de Crevelt, après la perte de nos colonies passées aux mains de l'Angleterre, la nation prenait sa revanche au théâtre en attendant que d'Estaing, d'Orvilliers, La Motte-Piquet, lui en offrissent d'autres plus solides et plus éclatantes. Elle se plaisait à entendre Eustache de Saint-Pierre donner cette leçon aux cœurs froids et sceptiques, qui désespéraient de la patrie, ou l'abaissaient devant l'étranger, comme nous l'avons vu chez nous en 1870.

> Malheur aux nations qui, cédant à l'orage,
> Laissent par les revers avilir leur courage ;
> N'osent braver le sort qui vient les opprimer,
> Et, pour dernier affront, cessent de s'estimer [1].

C'était là une pièce de consolation ainsi que l'ont été pour nous *la Fille de Roland* et *Rome sauvée*. L'art y court bien quelque danger : mais n'est-ce rien, après tout, que de raviver et de raffermir le cœur d'un peuple affligé ? Si ce n'est point un chef-d'œuvre, c'est du moins un service : regrettons seulement que De Belloy ne l'ait pas rendu en meilleurs vers.

Imbu d'un esprit profondément monarchique et national, *le Siège de Calais* contrastait avec les tragédies républicaines et philosophiques qui avaient si longtemps occupé la scène française. Le roi et le peuple y trouvaient leur compte. La cour ne manquait pas d'applaudir ces mots :

> Nous mourrons pour le roi par qui nous vivons tous.

Et les bourgeois, de leur côté, étaient ravis d'entendre un des leurs dire au roi d'Angleterre :

> Vous me forcez, seigneur, d'être plus grand que vous.

L'honnête et loyal chevalier Mauny félicitait Eustache de Saint-Pierre sur son patriotisme :

> Je hais ces cœurs glacés et morts pour leur pays,
> Qui, voyant ses malheurs dans une paix profonde,
> S'honorent du grand nom de citoyens du monde [2].

---

1. Acte I, sc. I. — 2. Acte IV, sc. I.

Le cosmopolitisme philosophique est ici condamné comme une honteuse indifférence, et un oubli des devoirs du citoyen français. Trait à l'adresse de ceux qui battent des mains aux victoires du roi libre penseur, Frédéric de Prusse.

En retour, l'auteur oppose ce témoignage, rendu, par notre ennemi Édouard, à la France, à son roi et à son peuple, dont il vante la fidélité monarchique.

> Mais que voyais-je en France? Un roi, maître suprême,
> En qui vous révérez la divinité même ;
> Des grands, que son pouvoir seul a rendus puissants,
> Du bras qui les soutient appuis reconnaissants ;
> Un peuple doux, sensible, une famille immense,
> A qui le seul amour dicte l'obéissance [1].

Douce musique pour l'oreille de Louis XV, qui ne demande qu'à se laisser tromper. Ne l'avait-on pas surnommé le Bien-Aimé? Édouard juge le pouvoir monarchique bien autrement difficile à conserver dans son pays :

> . . . . . . Je sortais de mon île orageuse,
> Climat toujours sanglant, par la nécessité
> Des querelles du trône et de la liberté ;
> Où le peuple, rival et tyran de son maître,
> Veut qu'il le rende heureux et refuse de l'être.

Grimm, un Allemand établi en France, raille et blâme, comme autant de mensonges historiques, les flagorneries à l'adresse du souverain et de la nation, qui montre, dit-il, une patience infatigable à s'entendre louer ainsi tous les soirs. Il rappelle le mot d'un magistrat de Limoges [2] disant, à propos de la pièce, « que c'était là du *patriotisme d'antichambre* ». Si mêlé qu'il fût d'adulation, il n'en était pas moins français. Ce fut par là qu'il enleva tant d'âmes plus sensibles à la noblesse des sentiments qu'à la faiblesse et à l'impropriété de l'expression. Le succès de l'œuvre devint, suivant La Harpe, non plus une affaire de goût, mais une affaire d'État, d'honneur et de sympathie monarchique et nationale.

Du reste, en dépit de l'engouement universel, *le Siège de Calais* avait rencontré des tièdes, des incrédules et des

---

1. Acte III, sc. II. — 2. Turgot.

railleurs même à la cour, où l'on s'exposait à mécontenter le roi. Louis XV s'étonnant de voir le duc d'Ayen si froid pour cette œuvre tant vantée, et lui reprochant de n'être pas bon Français : « Plût à Dieu, Sire, répondit-il, que les vers de l'auteur fussent aussi bons Français que moi ! »

Malgré ces défauts et les arrêts sévères de la critique, le parterre tint bon dans son admiration. Quatre ans plus tard, en 1769, au moment de la reprise, Collé écrivait encore : « Cette pièce a été suivie avec fureur : on ne pouvait y trouver de place à trois heures, et toutes les loges ont toujours été louées. » Peu de chefs-d'œuvre ont obtenu un succès si éclatant et si durable. Que faut-il en penser maintenant ? L'auteur revendique dans sa préface un double mérite : 1° d'avoir créé chez nous la tragédie nationale ; 2° d'avoir reproduit exactement les faits et les personnages de l'histoire. « Voici peut-être, dit-il, la première tragédie française où l'on ait procuré à la nation le plaisir de s'intéresser pour elle-même. »

La longue dissertation historique dont il accompagne sa pièce semble prouver qu'il a du moins étudié le sujet. Il y répond aux doutes exprimés par le philosophe anglais David Hume, sur la légende d'Eustache de Saint-Pierre, contestée déjà par Voltaire dans son *Essai sur les mœurs*. Mais De Belloy est-il resté aussi fidèle à l'histoire qu'il le prétend ? Nous avons tous présent à la mémoire, je ne dis pas le simple et naïf, car il est un peu arrangé et enluminé, mais le dramatique et touchant récit de Froissart : ces six bourgeois qui viennent nu-pieds, en chemise, la corde au cou, s'offrir en victimes pour le salut de leurs concitoyens. Certes, il y avait une sorte de hardiesse généreuse à mettre en scène l'héroïsme bourgeois sur ce théâtre tragique, où n'ont guère figuré jusqu'alors que des rois et des princes. Voltaire lui-même n'a fait paraître que des chevaliers comme Lusignan, Châtillon, Coucy, Vendôme, Nemours, Tancrède, etc. Mais pourquoi n'avoir pas laissé à ces bourgeois la médiocrité et la simplicité de leur langage et de leur état ? Pourquoi en avoir fait des gentilshommes portant l'épée au côté ? Pourquoi leur avoir prêté un style pompeux, solennel, chargé de circonlocutions savantes et de périphrases empanachées? Ainsi, parlant des canons anglais, Eustache dira :

> J'entends toujours gronder ces foudres mugissants.

Si le langage naturel devait rentrer dans la tragédie, c'était, ce semble, avec les bourgeois. Mais De Belloy préfère le *style à moustaches*, ainsi que le disait plaisamment Chamfort, les airs crânes, qui font de ses personnages, les plus sympathiques et les plus modestes, de véritables capitans.

Dès la première scène, Eustache, causant avec son compère et voisin Amblétuse exhale un souffle guerrier, qui doit paraître étrange chez un bourgeois du xiv° siècle. Ailleurs, haranguant les notables, il enfle sa voix d'un ton superbe et emphatique, comme s'il songeait à faire un discours d'ouverture ou d'apparat :

> Défenseurs de Calais, chefs d'un peuple fidèle,
> Vous, de nos chevaliers l'envie et le modèle,
> Faudra-t-il pour un temps voir les fiers léopards
> A nos lis usurpés s'unir sur nos remparts?

La scène du dévouement, si pathétique d'elle-même, est en partie gâtée par l'affectation et la solennité du langage.

> Je sens qu'avec justice on craint l'ignominie
> De livrer des Français à qui l'honneur nous lie ;
> Mais, pour fuir cette honte, il est un choix permis ;
> Je livre le premier... *moi-même*.

> AURÈLE (son fils), *s'avançant*.
> Et votre fils ?...

> EUSTACHE.
> — Oui, tu dois partager la *gloire* de ton père !

Tous deux remettent leur épée au bon chevalier Mauny. Au moment où les chefs des bourgeois s'apprêtent à se dévouer comme lui, Eustache s'écrie :

> Que vois-je, mes amis? A ce concours jaloux
> Il semble qu'au triomphe on vous appelle tous [1].

1. Acte II, sc. v.

Comme le remarque très justement Diderot, c'est à nous spectateurs de sentir et de penser ainsi devant cet acte sublime ; mais ce n'est point à Eustache de le dire. Combien nous préférons encore le récit de Froissart : ces hommes et ces femmes accourant tout éperdus au son de la cloche, sur la place du Marché, où les convoque le gouverneur Jean de Vienne, pour leur exposer les conditions du vainqueur. Au lieu de cette foule attendrie et pleurante qu'il n'a osé introduire sur la scène, De Belloy nous donne l'exclamation enthousiaste et emphatique du bourgeois Amblétuse :

> Patrie ! Ah ! tombe aux pieds de ton libérateur !

Eustache, dans Froissart, ne songe qu'à la miséricorde divine en échange de son sacrifice. Chez De Belloy, il a des pensées de gloire et d'immortalité terrestre :

> Les rayons de la gloire entourent mon tombeau,
> Je vois ce noble éclat, étendu sur la France,
> Des siècles reculés franchir l'espace immense,
> Et Calais recevant de vingt peuples jaloux
> Un hommage immortel qu'il ne devra qu'à nous [1].

Le héros bourgeois semble ici trop amoureux de gloriole : si la situation était moins grave, moins poignante, il nous ferait penser à M. Jourdain et à M. Prudhomme.

Nous retrouvons là encore le défaut capital de notre langue tragique : l'abus des termes généraux, le manque de précision, de naturel, la déclamation commune à tous les personnages. Tous sont bien empruntés à l'histoire, sauf Aliénor, la fille du gouverneur, et Aurèle, le fils d'Eustache : mais en entrant dans la tragédie, ils bouffent, se gonflent et pérorent à qui mieux mieux. Le roi Édouard, ce terrible ennemi de la France, passant tour à tour de la fureur et des menaces aux câlineries et aux compliments admiratifs pour Aliénor, qu'il espère attirer à sa cause en lui offrant la main de Geoffroy d'Harcourt et l'espoir d'une couronne ; discutant avec elle sur la loi salique ; comparant les deux gouvernements de France et d'Angleterre et enviant à Philippe de Valois sa paisible jouissance d'une monarchie absolue, bien préférable aux ennuis d'une

[1]. Acte IV, sc. viii.

royauté constitutionnelle; Édouard ainsi présenté joue un rôle passablement ridicule, et surtout plein de contradictions dans ses colères comme dans sa clémence. Ce vainqueur furieux finit par recevoir des leçons de tout le monde, d'Aliénor, d'Eustache, et de son confident Mauny, qui prend la défense des vaincus.

Dans Froissart, le monarque anglais est moins patient : il grince des dents aux paroles de miséricorde que fait entendre Mauny, et ordonne d'appeler le *Coupe-têtes* en s'écriant : « Ceux de Calais ont fait mourir tant de mes hommes qu'il convient ceux-ci mourir aussi ». A cette heure suprême, l'intervention de la reine d'Angleterre alors enceinte, tombant à genoux et pleurant aux pieds de son époux, est seule capable de sauver les malheureux bourgeois. De Belloy a supprimé cet épisode et le rôle de la reine, ne sachant, dit-il, comment les rattacher à l'action. A la scène pathétique de Froissart il a substitué un coup de théâtre assez dramatique, malgré tout ce qu'il peut avoir d'invraisemblable et d'artificiel. Il suppose que les bourgeois, délivrés par un généreux subterfuge de Geoffroy d'Harcourt, reviennent d'eux-mêmes se rendre au roi d'Angleterre. Ce retour héroïque et les paroles d'Aurèle, rappelant à Édouard la fin tragique du roi son père, ramènent la pitié dans le cœur du monarque irrité. Une voix intérieure s'éveille en lui :

. . . . Où suis-je ? et quel murmure,
Quels cris attendrissants jette en moi la *nature*!

ALIÉNOR.

— Ah! seigneur, gardez-vous d'en étouffer la voix :
Le monde est trop heureux quand elle parle aux rois[1].

La *nature* est fort à la mode au xviiie siècle. — En veine de générosité, Édouard ne s'arrête plus, et déclare qu'il renonce en faveur de Philippe à tous ses droits sur la couronne de France. Pour le coup, c'est trop : et l'auteur, cette fois encore, sort de la vérité historique qu'il a la prétention de respecter.

Après le succès du *Siège de Calais*, De Belloy, sur l'avis

---

1. Acte V, sc. x.

du roi, crut devoir consacrer à nos gloires nationales son talent pour le théâtre. Il devint plus que jamais le poète-citoyen de la scène française. Ce fut à ce titre qu'il composa successivement une tragédie de *Gaston et Bayard*, une autre de *Pierre le Cruel*, où figurait Du Guesclin. Malheureusement l'intention valait mieux que l'exécution. Ces braves chevaliers nous reviennent avec leurs casques, leurs armures, leur lance au poing : ils rentrent dans l'exactitude et la vérité des costumes. Mais celle des sentiments, des idées, du langage, la retrouvons-nous? Hélas ! non. La moindre page du *Loyal Serviteur* nous en dit plus que ces longues périphrases et ces lieux communs déclamatoires, où se perdent les traits originaux de chaque personnage.

Bayard n'eut qu'un succès contesté ; *Pierre le Cruel* tomba sous les sifflets, dont il se releva plus tard : mais l'auteur n'était plus là pour recueillir les applaudissements posthumes. Il eut du moins la consolation de voir s'ouvrir devant lui les portes de l'Académie française, où il succédait en 1772 à M. de Clermont, une gloire facile à remplacer.

Une dernière œuvre, également empruntée au moyen âge et au monde de la chevalerie, plus voisine encore du mélodrame que de la tragédie, *Gabrielle de Vergy*, lui ramena un instant la faveur publique. Mais ses beaux jours étaient passés. De Belloy avait pu se croire naïvement un grand homme : il vécut assez pour mourir désabusé.

CHAPITRE V

Ministère réparateur de Choiseul; sa chute (1771) : vers de Voltaire, etc. — Le parlement Maupeou. — Mort de Louis XV (1774). — Le nouveau roi : espérances renaissantes : vers de Saurin et de Collé. — Panégyrique de Louis XVI. — Arrivée de Turgot au ministère : *la Poule au pot*. — Retour des parlements : éloge de Malesherbes. — Le comte de Saint-Germain à la guerre. — Édits de Turgot : suppression des corvées, des maîtrises et des jurandes. — Chute du ministre réformateur. — Le nouveau code militaire de Saint-Germain : Requête à la reine. — Arrivée de Necker : projets de réformes. — Révolution d'Amérique : Épître aux Bostoniens (1777). — La Fayette et Rochambeau. — Traité d'alliance avec les États-Unis. — Bataille maritime d'Ouessant (1778) : Ode de Gilbert. — Capitulation de York-Town (1781). — Naissance du dauphin : joie universelle.

I

A l'heure même où Choiseul, tout entier à son œuvre de réparation universelle, s'efforçait de refaire un corps et de rendre une âme à cette France épuisée, un complot se tramait contre lui entre Maupeou, Terray et d'Aiguillon, sous les auspices de la nouvelle maîtresse royale, Mme du Barry. Le règne du cotillon se prolongeait cette fois avec le concours du clergé, disposé à voir dans la courtisane éhontée une autre Esther, faite pour fléchir le cœur d'Assuérus, en faveur des jésuites proscrits par le ministre libre penseur. Mais la camarilla victorieuse souleva contre elle la voix publique favorable à Choiseul. En dépit de ses brusqueries et de ses travers, alliant les formes charmantes et légères de l'homme du monde au ton sec, hautain, cassant d'un ministre dominateur, qui effrayait même le roi à certains moments, Choiseul avait eu l'art de conquérir et de maîtriser l'opinion, à une époque où elle était devenue une véritable puissance. Il gagnait : les parlements, en expulsant les jésuites ; les philosophes, en faisant réhabiliter Calas ; les économistes, en permettant la libre circulation des grains ; les amis de la liberté, en provoquant de petites réunions de notables, ombre innocente des états généraux. Son antipathie même contre les Anglais, ses menaces d'un débarquement futur, étaient un titre auprès de la foule. Nul peut-être ne fut plus habile à caresser la fibre nationale. Nul non plus, tout en usant de la publicité, ne parut dédaigner davantage les louanges et les critiques. Il semble planer au-dessus avec l'orgueil de sa supériorité.

Aussi Voltaire, qui l'admire franchement, se garde-t-il bien de lui offrir un encens vulgaire, comme celui qu'il servait en riant au cardinal Dubois ; il le célèbre dans une ode qu'il dédie à la *Vérité* (1766).

> Imitons les mœurs héroïques
> De ce ministre des combats,
> Qui, de nos chevaliers antiques
> A le cœur, la tête et le bras,
> Qui pense et parle avec courage,
> Qui de la Fortune volage
> Dédaigne les dons passagers,
> Qui foule aux pieds la calomnie,
> Et qui sait mépriser l'envie,
> Comme il méprise les dangers [1].

Dans une dédicace allégorique, placée en tête de sa tragédie des *Scythes*, il enveloppe d'un commun éloge Choiseul et son cousin Praslin, un collaborateur dur et bourru, en les désignant sous le double anagramme de *Elocheris* et du satrape *Nalsrip*. « Il ne fallait pas les louer en face : *recalcitrabant undique tuti*. C'était la coutume autrefois ; mais c'était une mauvaise coutume, qui exposait l'encenseur et l'encensé aux méchantes langues (1769). »

Voilà pourquoi, sans doute, il adresse à cette bonne et gracieuse duchesse de Choiseul, adorée de tous, une

---

1. Œuvres de Voltaire, t. XII.

épître allégorique, après la disgrâce de son mari (1771). Le titre en est singulier : *Benaldaki à Caramouflée, femme de Giafar le Barmécide*. C'est abuser un peu du travestissement pour cacher ce qui saute aux yeux :

> Je vis hier, sur les bords de l'Euphrate,
> Gens de tout âge et de tous les pays ;
> Je leur disais : « Qui vous a réunis ?
> *C'est Barmécide.* — Et toi, quel dieu propice
> T'a relevé du fond du précipice ?
> *C'est Barmécide.* — Et qui t'a décoré
> De ce cordon dont je te vois paré ?
> Toi, mon ami, de qui tiens-tu ta place,
> Ta pension ? Qui t'a fait cette grâce ?
> *C'est Barmécide.* — Il répandait le bien
> De son Calife, et prodiguait le sien.
> Et les enfants répétaient : *Barmécide* [1] !

Bel hommage, qui fait de Choiseul le ministre providence, le grand dispensateur des grâces et des bienfaits.

Michelet s'est montré beaucoup plus sévère pour l'homme politique, auquel il reproche d'avoir été trop dévoué à la maison d'Autriche. Son ressentiment contre l'Angleterre, son peu de confiance dans la Prusse, et ses origines lorraines expliquent en partie cette prédilection, qui l'amène à conclure le mariage du dauphin avec Marie-Antoinette, la fille de Marie-Thérèse. Mais faut-il le rendre responsable des conséquences de cette malheureuse union, des légèretés et des trahisons inconscientes de la reine, des faiblesses déplorables du roi, dans un avenir qu'il n'a pu prévoir ni conjurer ? Henri Martin, justifiant Choiseul à propos du gaspillage des finances, dit positivement : « Ce ministre si fastueux et si peu ménager de sa propre fortune fit, le plus souvent, un emploi judicieux des deniers de l'État ». Et il rappelle à ce sujet les économies considérables réalisées au ministère des affaires étrangères.

En somme, la chute de Choiseul apparut comme un malheur public. Une pièce de vers anonyme attribuée au chevalier de Boufflers, et digne de sa verve aimable et facile, invitait Mme du Barry à ne pas se faire la complice

---

1. Œuvres de Voltaire, t. XIII.

de cette trame ourdie contre un ministre si cher à la France.

> Déesse des plaisirs, tendre mère des Grâces,
> Pourquoi veux-tu mêler aux fêtes de Paphos
> Les noirs soupçons, les honteuses disgrâces?
> Ah! pourquoi méditer la perte d'un héros?
>   Ulysse est cher à la patrie,
>   Il est l'appui d'Agamemnon;
> Sa politique active et son vaste génie
> Enchaînent la valeur de la fière Ilion.

Lisez *Albion*. Mais la Salomé espiègle et vindicative avait rendu son arrêt, en jouant avec ses oranges : *Saute Choiseul! Saute Praslin!* Une lettre de cachet invita le ministre à se retirer en exil sur sa terre de Chanteloup.

Jamais retraite ne fut plus entourée de tumulte et de manifestations sympathiques : elle eut presque l'éclat d'un triomphe. « Il n'y a pas d'exemple, dit Mme du Deffand, depuis qu'on renvoie des ministres, que le public ait marqué autant de regrets et même d'indignation. La cabale ennemie est en horreur [1]. » Un vaudeville courut *Sur les affaires du temps* :

> Que le ministre que l'on chasse
> Ne reprenne jamais sa place,
>   Je le crois bien.
> Mais que celui qui l'a chassé
> Ne soit pas fort embarrassé,
>   Je n'en crois rien [2].

Sur un ton plus grave, un admirateur sincère de Choiseul se faisait l'interprète de la douleur commune :

> Ta grandeur est à toi, nul ne peut la ravir.
> Le jour de ton exil, le plus beau de ta vie,
> Met le comble à ta gloire, et c'est pour nous punir
> Que l'aveugle destin fait triompher l'envie.
> Entre Mars et Minerve on placera Choiseul,
> Et Clio, de nos pleurs interprète chérie,
> Prenant tout à la fois le burin et le deuil,
> Gravera sur l'airain les pleurs de la Patrie [3].

---

1. *Correspondance de* Mme *du Deffand*, 1771. — 2. Recueil Clairambault-Maurepas, t. VIII. — 3. *Ibid*.

Choiseul a laissé le souvenir d'un ministre énergique, dévoué à la France, jaloux de son honneur et du rang qu'elle doit occuper dans le monde. Plus tard, apprenant le démembrement de la Pologne, dont Marie-Thérèse avait pieusement pris sa part en gémissant, Louis XV laissait échapper cet aveu : « Si Choiseul avait été là, cela ne se serait pas fait ».

Cependant le ministère d'Aiguillon-Maupeou tentait de se relever dans l'opinion publique, en supprimant la vénalité des charges et déclarant la justice gratuite : mesure hardie qui trouva plus d'un approbateur, Voltaire et Turgot au premier rang. Le patriarche de Ferney applaudissait au coup porté contre les juges de Sirven et de Calas. La défaite des parlements était présentée comme une victoire pour le peuple et pour le roi.

> Tous se diront : Il fut un chancelier en France
> Qui, sachant réprimer l'altière indépendance,
> Écarta le péril qui menaçait nos lois,
> Fut le sauveur du peuple et le vengeur des rois[1].

Deux titres ambitieux, qui ne seront confirmés ni par les contemporains ni par la postérité. Le nouveau parlement organisé par Maupeou manquait de prestige, et devait succomber plus tard sous les railleries de Beaumarchais. L'autorité royale semble communiquer à ses ministres et à ses agents une part du discrédit et du mépris dont elle est frappée elle-même dans la personne de Louis XV, avili et dégradé par sa honteuse conduite. Le crapuleux monarque se décida enfin à mourir en 1774.

« Ses funérailles précipitées de Versailles à Saint-Denis, pendant la nuit, ressemblèrent plus au transport d'un fardeau qu'aux derniers devoirs rendus à un souverain respecté. Une vingtaine de pages et cinquante palefreniers à cheval portant des torches, sans être vêtus de noir, formaient l'escorte, qui partit au grand trot à huit heures du soir, et arrivait à Saint-Denis à onze heures du matin[2]. »

Sur le passage, les réflexions gouailleuses, les huées, les sifflets accueillirent le cortège. Les épigrammes s'abat-

---

1. Recueil Clairambault-Maurepas, t. VIII. — 2. *Vie privée de Louis XV*.

tirent, en guise d'eau bénite, sur ce cercueil maudit, rappelant au pays tant de misères.

> Ici gît un roi tout-puissant :
> D'abord à son peuple, en naissant,
> Il donna papier pour argent,
> Plus d'une guerre en grandissant,
> Puis la famine en vieillissant,
> Puis enfin la peste en mourant.
> Priez pour ce roi bienfaisant !

On voit quelle affection et quels regrets Louis XV laissait après lui.

II

Et pourtant la France qui, avec son bon cœur et sa crédulité naïve, a toujours compté sur les dauphins, s'était remise à espérer encore une fois. Tandis qu'on enfouissait à la hâte et sans pompe le cadavre et la mémoire du feu roi dans les caveaux de Saint-Denis, le jeune couple royal de Louis XVI et Marie-Antoinette éveillait toutes les sympathies qu'inspirent la grâce, la vertu et la bonté. Jamais lune de miel ne fut plus radieuse pour une monarchie animée des meilleures intentions : peuple et roi semblaient d'accord pour assurer le bonheur du pays. C'est un concert d'éloges, un chant d'harmonie universelle. Saurin, de l'Académie française, publie une pièce intitulée *le Nouveau Règne* :

> France, lève la tête, et vois ton maître auguste
>   Qui s'annonce par des bienfaits,
> Et jure entre tes mains d'être économe et juste.
> . . . .
> Si jeune sur le trône, et commandant à tous,
>   Qu'il est beau de savoir commander à soi-même!

Le matin du jour où il fut proclamé roi, Louis XVI écrivait à l'abbé Terray, contrôleur général des finances : « Je vous prie de faire distribuer 200 000 livres aux pauvres des paroisses de Paris, pour prier pour le roi. Si vous trouvez que ce soit trop cher, vu les besoins de l'État, vous les retiendrez sur ma pension et sur celle de Madame la dauphine. » La pièce de Saurin, faisant allusion à cet acte de bienfaisance, se termine par ces vers :

> Poursuis, et sur nos cœurs exerce un doux empire,
> La France a dans son sein vingt millions d'enfants ;
> Quelle gloire pour toi, si bientôt tu peux dire :
> « Je les rends tous heureux, et je n'ai que vingt ans. »

A la jeunesse, à la bonté, ces deux moyens de séduction naturelle, le souverain joignait un mérite rare à la cour : un grand fonds d'honnêteté. L'éducation qu'il avait reçue de son gouverneur La Vauguyon lui avait inspiré une certaine sévérité de mœurs, poussée jusqu'à la sauvagerie. Le jeune Télémaque allait prendre le rôle d'un Mentor réformateur. Collé l'amphigouriste, l'auteur des gaudrioles, partisan déclaré des vertus bourgeoises, trouvait l'occasion de faire sur ce thème : *Un Roi de vingt ans*, un éloge délicat du souverain, en même temps qu'une piquante satire de la cour et du temps.

> Or écoutez, petits et grands,
> L'histoire d'un roi de vingt ans,
> Qui va nous ramener en France
> Les bonnes mœurs et l'abondance.
> D'après ce plan, que deviendront
> Et les catins et les fripons ?

La probité, la dignité et la décence mises à la mode par le monarque, exigées des grands seigneurs, des magistrats et des évêques eux-mêmes, après tant de scandales et de corruptions éhontées, apparaissaient comme une nouveauté réconfortante.

> Tout s'ennoblit, tout s'épure,
> Tout s'agrandit sous ses lois ;
> Au vice il rend sa roture,
> A l'honneur il rend ses droits.

La vieille bonhomie gauloise, au visage souriant, semblait revenir avec la franchise et la simplicité d'autrefois.

> Viens, déité de la France,
> Gaîté de nos bons aïeux,
> Non celle dont la Régence
> Arma les caustiques jeux ;

> Mais toi, dont fut le modèle
> Le bien-aimé de Paris,
> Qui tutoyait Gabrielle
> Et jurait Ventre saint-gris !

Le *Vert Galant* n'était peut-être pas sur ce point un exemple à suivre pour le jeune souverain. Mais, à distance, cet amour avait changé d'aspect. Et puis on songe avant tout au Béarnais de *la Henriade*, le roi libéral et populaire.

Les gens défiants pouvaient s'inquiéter, il est vrai, de voir rentrer à Versailles le vieux comte de Maurepas, qui s'était glissé comme une ombre du passé dans la nouvelle cour, sous forme de ministre confident, sans portefeuille. Mais l'opinion se rassurait, en voyant l'intègre et résolu Turgot appelé à la direction des affaires. Rien de plus beau, de plus touchant que l'entrevue du jeune monarque avec son ministre ; c'est l'épanchement de deux cœurs honnêtes, unis dans un amour commun du bien public. Le nouveau contrôleur général, dans la lettre qu'il adressait au roi, résumait en quelques mots l'esprit de son administration : « Ni surcharge d'impôts, ni banqueroute, ni emprunt : la seule économie et la production augmentée, pour remettre la France à flot. » Celle-ci ne demandait qu'à reprendre, avec le travail, le courage et l'espoir. L'avenir redevenait rose encore une fois :

> Ainsi notre jeune monarque,
> En véritable Télémaque,
> A pris le bon sens pour Mentor ;
> Et pour conseil l'expérience,
> La probité, la prévoyance :
> L'économie est son trésor [1].

La France avait tant souffert des folles prodigalités de ses maîtres que, dans ce pays de largesses, l'économie était devenue une vertu royale, malgré le vieux dicton : « Thésauriser est fait de vilain ». La parcimonie d'un Louis XII semblait bien préférable aux magnificences d'un Louis XIV. Le rêve de la *Poule au pot*, cette aimable gasconnade du Béarnais, conservée comme une pieuse légende chère à la

---

[1]. Recueil Clairambault-Maurepas, t. IX.

foule et accréditée par Voltaire, hantait de rechef les imaginations des petites gens.

> La poule au pot
> Depuis longtemps était promise,
> La poule au pot
> Attendait dès longtemps Turgot.
> Terray n'est plus ; la nappe est mise,
> L'on va bientôt mettre à sa guise
> La poule au pot[1].

Une main amie inscrivait en gros caractères au pied de la statue de Henri IV : *Resurrexit*. A quoi un sceptique faisait la réponse suivante :

> D'Henri ressuscité j'adopte le bon mot,
> Mais, pour me décider, j'attends la poule au pot.

L'attente et la confiance n'en persistaient pas moins. Il faut se rappeler les ivresses de la première heure pour comprendre les déceptions, le mécontentement, la fureur des masses affamées qui vont se ruer bientôt sur Versailles, ne trouvant plus, non seulement la poule au pot, mais un morceau de pain à se mettre sous la dent.

Turgot du reste ne se dissimulait pas les obstacles qu'il allait rencontrer. D'abord sa réputation de novateur, de libre esprit, ami des réformes, le rendait suspect au parti dévot, qui alarma la conscience du monarque en le représentant comme un allié des encyclopédistes et des économistes, ennemis de la religion. Heureusement Maurepas, vieux sceptique indifférent, leva les scrupules du roi. Une pièce du temps nous offre un assez curieux dialogue à ce sujet (1774).

LE ROI.

Mon contrôleur Turgot, dites-moi, quel homme est-ce ?

MAUREPAS.

Sire, il a l'esprit juste et le *cœur citoyen*,
Il respecte les lois, les mœurs.

LE ROI.

C'est fort bien,
Mais jamais il n'entend la messe.

---

1. Recueil Clairambault-Maurepas, t. IX.

MAUREPAS.

Sire, je n'en sais rien, on tient tant de discours !
L'abbé Terray, dit-on, l'entendait tous les jours.

Ce qui ne l'avait pas empêché de gaspiller les finances du royaume avec ou sans l'assistance du Saint-Esprit.

Maurepas, jaloux d'assurer à son jeune maître et à lui-même les douceurs de la popularité, réservait à l'opinion une autre surprise, en provoquant le retour des parlements exilés par Maupeou. Un vieux regain de la faveur publique parut s'attacher encore à cette institution surannée. Un nom populaire surtout en relevait l'éclat, celui du vertueux Malesherbes, le magistrat libéral, ami des philosophes, auquel on attribuait l'honneur d'avoir corrigé les épreuves de l'*Émile*, et dont Turgot allait faire son auxiliaire le plus précieux. Collé, l'homme des bonnes gens, le vaudevilliste moral à son heure, composait à ce propos la chanson des *Revenants*.

> Sur ces ombres patriotiques
> Et de leurs couronnes civiques
>   Tout rayonnants,
> Planc le Romain Malesherbes,
> L'un des plus grands, des moins superbes
>   Des revenants.

Nommé malgré lui ministre de la maison du roi, il n'accepte que par amitié pour Turgot cette position nouvelle. Mme du Deffand écrivait à son ami Walpole : « Voilà notre gouvernement rempli par les philosophes; c'est le règne de la vertu, du désintéressement, de l'amour du bien public et de la liberté. » Le retour de Malesherbes, triomphant de la cabale hostile, était comparé à celui de Cicéron :

> Jadis l'orateur qu'on renomme,
> De l'exil revenant à Rome,
>   Eut même accueil :
> Mais le Cicéron de la France
> De l'autre a toute l'éloquence,
>   Sans son orgueil.

Pour compléter ce ministère exceptionnel par la re-

---

1. Recueil Clairambault-Maurepas, t. IX.

nommée et la popularité, Maurepas appelait aux affaires militaires le vieux comte de Saint-Germain, qui, durant la guerre de Sept Ans, avait soutenu avec Chevert l'honneur des armes françaises, si tristement compromis par les Soubise et les Noailles. Après avoir quitté la France, mécontent de voir ses plans mal accueillis, il était allé organiser l'armée danoise; puis s'était retiré en Alsace, où il vivait dans un modeste domaine près de Lauterbach, quand on vint lui offrir le ministère de la guerre. Le nouveau Cincinnatus quitta la charrue pour reprendre l'épée, et reparut à Fontainebleau en 1775. Son retour, comme celui de Malesherbes, fut salué par l'enthousiasme public : tout le monde avait confiance en lui.

> Saint-Germain,
> Dès demain,
> Je m'engage.
> De la gloire de l'État,
> Du bonheur du soldat,
> Ton nom seul est le gage.
> Autrefois,
> A ta voix,
> La Victoire
> Sur nos pas eût accouru,
> Si l'on avait voulu
> Te croire [1].

Le roi recueillait le bénéfice de ces heureux choix approuvés par l'opinion, et se voyait placé au-dessus de son bisaïeul et de son aïeul, deux Louis d'une valeur inégale :

> Ton bisaïeul si renommé
> Fut un Louis, où beaucoup d'alliage
> Avec l'or pur était amalgamé.
> Ton aïeul (ce fut grand dommage)
> Autre Louis, soumis au trébuchet,
> Aurait éprouvé du déchet.
> Nous possédons Louis seizième ;
> Grâce au ciel, ainsi qu'à ce Nestor [2],
> Digne sujet d'un roi qu'on aime,
> Nous avons le vrai Louis d'or [3].

1. Clairambault-Maurepas, t. IX. — 2. Maurepas. — 3. *Ibid.*

Une large part des bénédictions revenait à Turgot, à ce ministre acclamé comme ne l'avaient jamais été ni les Sully ni les Colbert. D'une main large et hardie, dans ce monde restreint, étouffé, comprimé par les prohibitions, il avait ouvert les écluses à toutes les libertés et à tous les progrès : liberté du commerce, de l'industrie, du travail; suppression des corvées, des maîtrises et des jurandes. Toutes les vieilles barrières tombaient par enchantement. L'artisan, le paysan allaient pouvoir disposer de leur temps, de leur personne, de leurs bras et de leurs produits :

> Je n'irons plus aux chemins,
>   Comme à la galère,
> Travailler soir et matin,
>   Sans aucun salaire.
> Le roi, je ne mentons pas,
> A mis la corvée à bas :
>   Oh ! la bonne affaire,
>   O gué!
>   Oh! la bonne affaire.
>
> Il ne tient qu'à nous demain,
>   En toute franchise,
> D'aller vendre bière et vin
>   Tout à notre guise ;
> Chacun peut, de son métier,
> Vivre aujourd'hui sans payer
>   Jurés ni maîtrise,
>   O gué !
>   Jurés ni maîtrise.

Servitudes, droits de péage, d'aubaine, d'achat, de vente, de circulation, tout cet enchevêtrement de la fiscalité féodale et monarchique, qui arrêtait l'essor de l'industrie et du commerce, allait disparaître. Les charges allégées pour les petits retombaient sur les riches et les puissants.

Mais les réformes libérales de Turgot avaient naturellement soulevé contre lui tous les intérêts lésés, tous les privilèges atteints, tous les préjugés bravés : une redoutable coalition se forma contre le ministre perturbateur des traditions et des droits acquis. La cour, la ville, le parlement, le clergé s'unirent, ayant à leur tête le comte de Provence frère du roi, et la reine Marie-Antoinette, un sournois et un étourdie. L'acte d'accusation fut bientôt dressé. On reprochait au contrôleur général d'avoir tout compromis, tout bouleversé par ses folles innovations; d'avoir avili et ruiné le commerce et l'industrie, en supprimant les maîtrises et les jurandes; d'avoir écrasé la terre, en faisant retomber sur la grande propriété le fardeau que portait jadis le *Pauvre commun* avec les corvées; d'avoir affamé le peuple et provoqué les honteuses spéculations du *Pacte de famine*, en autorisant la libre circulation des grains et leur sortie du pays ou de la province qu'ils devaient alimenter. L'égoïste Maurepas, qui l'avait soutenu jusque-là dans son propre intérêt, l'abandonnait. Devant ce débordement de rancunes aveugles et féroces, le grand ministre se retira navré, indigné, ou plutôt il ne se retira pas, il fut renvoyé, congédié, le 2 mai 1776, comme un serviteur dont on paye le dévouement par la plus noire ingratitude. La lettre d'adieu qu'il écrivit au roi est un modèle de dignité éloquente et contenue : elle se termine par ces mots prophétiques que l'avenir se chargeait de justifier : « Tout mon désir est que vous puissiez toujours croire que j'avais mal vu, que je vous montrais des dangers chimériques. Je souhaite que le temps ne me justifie pas. »

Malesherbes suivit son ami dans sa retraite, abandonnant volontiers un pouvoir qu'il n'avait jamais désiré. Tous deux emportaient l'estime et les regrets de la nation. Tandis que les salons aristocratiques célébraient bruyamment leur victoire, tandis que l'archevêque d'Aix attribuait aux prières du jubilé l'heureux renvoi des deux ministres, un rondeau les vengeait dignement, en leur rendant un public hommage sous ce titre : *Deux gens de bien* (1776).

> Deux gens de bien
> Se trouvaient à Versaille;
> Deux à la fois, c'était grande trouvaille;
> Aussi chacun était émerveillé.
> Mais tout fripon craint d'être surveillé :
> Des parlements la vénale canaille,
> Des financiers la basse valetaille,
> D'Ogny[1], Sartine, et la fourbe prêtraille,

---

1. Directeur des postes.

Ont si bien fait que l'on a renvoyé
  Deux gens de bien.

En apprenant la chute de Turgot, Voltaire pleura. « Je l'ai vu, dit Condorcet, se précipiter sur ses mains, les baiser malgré ses efforts, et s'écriant d'une voix entrecoupée : « Laissez-moi baiser cette main qui a signé le salut du peu- « ple [1]. » Quoi qu'en pensent ses détracteurs, le vieux philosophe était sincère dans l'expression de son enthousiasme pour le grand ministre vraiment digne de ce nom. Avant de mourir, il retrouvait une de ses plus nobles inspirations pour écrire son *Épître à un homme.*

Philosophe indulgent, ministre citoyen,
Qui ne cherchas le vrai que pour faire le bien ;
Qui d'un peuple léger, et trop ingrat peut-être,
Préparais le bonheur et celui de son maître,
Ce qu'on nomme disgrâce a payé tes bienfaits.
. . . .
A d'éternels travaux tu t'étais dévoué,
Pour servir ton pays, non pour être loué.
Caton, dans tous les temps gardant son caractère,
Mourut pour les Romains sans prétendre à leur plaire.
La sublime vertu n'a point de vanité [2].

A la double retraite de Turgot et de Malesherbes s'en ajoutait bientôt une troisième, celle du comte de Saint-Germain. Le nouveau ministre de la guerre n'avait point réalisé les espérances fondées sur lui. Esprit systématique et violent, excellent soldat et médiocre organisateur, il avait eu la malencontreuse idée de vouloir introduire la discipline prussienne dans l'armée française, avec accompagnement de la *schlague* et des coups de plat de sabre, acceptés volontiers de l'autre côté du Rhin. La fierté gauloise ne s'accommodait guère d'un pareil régime. Quand on lut devant les troupes l'ordonnance annonçant que les coups de plat de sabre remplaceraient désormais la prison, un grenadier gascon de la garnison de Strasbourg s'écria: « Sandis! nous aimerions mieux le tranchant. » C'était le cri de l'honneur militaire révolté.

Une épître en vers alexandrins, rédigée sans doute par

---

1. *Vie de Voltaire.* — 2. Œuvres de Voltaire, t. X.

un homme de lettres qui s'est fait l'interprète des soldats, fut adressée à la reine, pour réclamer son intervention.

> Quoi ! ces mêmes héros, enfants de la Victoire,
> Que Bayard conduisit dans les champs de la gloire,
> Ces soldats qui jadis, élevant leurs pavois,
> Jouissaient du pouvoir de se créer des rois,
> D'un déshonneur public éprouvent l'infamie!
> . . . .
> Et c'est toi, Saint-Germain! Ah! quand sous nos drapeaux
> Tu fixais la victoire et guidais nos travaux,
> Tu n'as pas employé la voix de la menace.
> . . . .
> Le temple de l'Honneur par nous te fut ouvert,
> Rougis-tu des lauriers dont nous t'avons couvert?

Intéressant la reine elle-même à l'injure qui leur est faite, ils la supplient de présenter leur requête au roi.

> Songez qu'en flétrissant les vrais soutiens du trône
> La honte du soldat jaillit sur la couronne.
> Du sort qui nous menace épargnez la rigueur,
> Et rendez-nous la vie en nous rendant l'honneur [1].

Saint-Germain disparut sans laisser de regrets, même à ses anciens compagnons d'armes.

III

L'indigne successeur de Turgot, Cloigny, intendant général de Bordeaux, ne parut aux finances que pour détruire l'œuvre de son prédécesseur, rétablir les maîtrises, les jurandes, les corvées et tous les abus de l'ancien régime. « Son ministère, dit Marmontel dans ses *Mémoires*, se résume en quatre ou plutôt en cinq mois de pillage, dont le roi seul ne savait rien. »

Maurepas, qui, à défaut de génie personnel, excellait du moins à employer le talent des autres, eut la bonne fortune de trouver un nouvel opérateur financier d'une habileté consommée, et fécond en ressources. C'était le banquier genevois Necker, jouissant d'une grande fortune et d'une

---

1. Recueil de Clairambault-Maurepas, t. IX.

haute considération, aspirant à l'honneur de servir gratuitement la France. Après avoir attaqué les plans de Turgot, il s'engageait à remettre les finances en équilibre par un système tout différent. Son air grave, réservé, prudent, tant soit peu sentencieux, n'ayant rien du papillotage éblouissant de Law ni de l'élan impétueux de Turgot, enfin sa réputation de probité bien établie, inspiraient la confiance. Le salon de Mme Necker et de sa fille, plus tard Mme de Staël, était le rendez-vous des philosophes et des écrivains en renom : point d'appui important pour un homme politique. Mais son titre de protestant était une tare aux yeux du clergé. Le grand aumônier de la cour, M. de la Roche Aymon, crut devoir adresser au roi des observations à ce sujet. Maurepas passa outre, et l'opinion l'approuva.

> De ton choix, ô Necker, le dévot alarmé
>   Crie en vain : Quel scandale énorme !
> Pour régir son trésor, quoi ! Louis a nommé
> Un enfant de Genève, un maudit réformé !
> — C'est qu'il s'entend à la réforme.

Les réformes, n'était-ce pas là ce qu'on réclamait de tous côtés? La France, qui voulait et se sentait revivre, avait plus que jamais besoin de refaire ses finances, surtout à la veille d'une guerre possible avec l'Angleterre.

Une révolution venait d'éclater en Amérique : les représentants des États-Unis, rassemblés à Boston, avaient lancé ce manifeste qui s'appelait la *Déclaration des droits*. Un vent de liberté soufflait du Nouveau Monde. Les *Insurgents*, c'était le nom qu'on leur donnait alors, éveillaient en France une sympathie générale. La ville et la cour répétaient un vaudeville politico-grivois, où le badinage se mêle au sérieux, sur le *Continent d'Amérique*. Une *Épître aux Bostoniens* (1777), d'un ton plaisant, laissait entendre que la vieille Europe pourrait bien porter envie à la jeune république émancipée.

> Se peut-il qu'au siècle où nous sommes,
>   Du monde troublant l'unisson,
> Vous vous donniez des airs d'être hommes !
> . . . .

> Pour moi, je vous vois avec peine
> Afficher, malgré les plaisants,
> Cette brutalité romaine,
> Qui vous vieillit de deux mille ans.
> Quel droit avez-vous plus que nous
> A cette Liberté chérie,
> Dont vous paraissez si jaloux?
> D'un pied léger la tyrannie
> Vole, parcourant l'univers ;
> Ce monstre, sous des noms divers,
> Écrase l'Europe asservie :
> Et vous, peuple ingrat et mutin,
> Sans pape, sans rois et sans reines,
> Vous danseriez au bruit des chaînes
> Qui pèsent sur le genre humain [1] !

Le virus républicain s'infiltrait ainsi par une sorte de contagion sympathique dans la société française.

Peu de temps après, la France offrait à l'Amérique mieux que des couplets et des épîtres : l'épée de La Fayette et de Rochambeau, les 25 000 fusils de Beaumarchais, en attendant les flottes de d'Estaing et d'Orvilliers. Voltaire, avant sa mort, avait eu le temps de bénir le petit-fils de Franklin, en prononçant ces deux mots : *God and Liberty*. Gage d'union et de fraternité entre les deux peuples. Il en fut alors de l'alliance franco-américaine comme de l'alliance franco-russe de nos jours. Les deux nations la portaient dans le cœur avant que les gouvernements l'eussent signée. Louis XVI hésitait à rompre avec l'Angleterre : il finit par céder au mouvement irrésistible de l'opinion, surexcitée plus que jamais par la capitulation de Saratoga. Un cri d'enthousiasme avait accueilli cette nouvelle :

> Bravo, messieurs les *Insurgents !*
> Vainqueurs dans une juste guerre,
> Vous donnez par vos sentiments
> Un peuple de plus à la terre [2].

Ce nouveau peuple était solennellement reconnu par un traité de commerce, et bientôt d'alliance ouverte, entre la France et l'Amérique. L'Angleterre devait s'en venger plus tard en organisant contre la monarchie française et la

---

1. Recueil Clairambault-Maurepas, t. IX. — 2. *Ibid.*

famille de Louis XVI une abominable guerre de complots et de calomnies.

Le premier coup de canon, tant redouté du pacifique monarque, fut tiré le 17 juin 1778 à la hauteur d'Ouessant, par la *Belle-Poule*, qui désempara la frégate anglaise l'*Aréthuse* dans une escarmouche préliminaire. Le comte d'Orvilliers avait en face de lui un marin éprouvé, l'amiral anglais Keppel, et lui tint dignement tête. Après une série de passes et de manœuvres, où la marine française surprit ses adversaires par des progrès inattendus, la bataille resta indécise : les deux flottes se retirèrent à la nuit. Mais le fait seul d'avoir mis en péril un ennemi jusque-là supérieur fut regardé comme un succès. On illuminait à Paris, on s'attristait à Londres. La journée d'Ouessant rachetait la piteuse déroute du maréchal de Conflans à la Vilaine. Un jeune poète, l'émule de Malfilâtre en talent et en misère, Gilbert, composait à ce propos une *Ode patriotique*, où la haine de l'Angleterre s'associe à l'amitié pour la jeune république américaine. En usant du privilège des rimeurs, il exagère un peu notre victoire, lorsqu'il dit :

> Il a fui devant nous, pour retarder sa perte,
> Ce peuple usurpateur de l'empire des eaux ;
> A peine pour combattre ont paru nos vaisseaux,
>   Il laisse au loin la mer déserte.
>
> Tu disais cependant, anarchique insulaire :
> « Environné de mers, seul je suis né leur roi
> L'orgueil des nations s'abaisse avec effroi
>   Sous mon trident héréditaire.
>
> Les Français sont ma proie : ils n'affranchiront pas
> Les humbles pavillons que mon mépris leur laisse,
>   Déjà vaincus de leur mollesse
> Et du seul souvenir de nos derniers combats. »

La Harpe, si difficile qu'il soit, déclare la strophe fort belle de pensée et d'expression. L'Amérique a sa part dans ce triomphe :

> O vous qu'ils opprimaient, fils des mêmes ancêtres,
> Racontez leurs revers, enhardissez vos coups,
> Colons républicains, par la victoire absous
>   D'avoir banni d'injustes maîtres ;

> *Français par l'amitié,* depuis ce jour vengeur
> Où Vergennes[1], du monde assurant le bonheur,
>   Consacra votre indépendance,
> Et défit Albion par un traité vainqueur.

Malgré quelques froissements et quelques nuages, qui inquiétèrent La Fayette lui-même[2], l'union entre les deux peuples se maintenait, cimentée par des victoires et des épreuves communes, et aussi grâce à la sagesse de Washington et à l'habileté diplomatique de Franklin, resté en France, où il veille au grain, dirigeant l'opinion et déjouant toutes les influences contraires. Tandis que nos flottes avec d'Estaing, d'Orvilliers, de Grasse, sillonnaient les mers en tous sens, le 5 juillet 1779, on célébrait l'anniversaire de l'*Indépendance américaine* dans la maison de Franklin, à Passy. La salle, où se trouvaient réunis quarante convives, était ornée d'un beau portrait de Washington, que La Fayette avait rapporté récemment d'Amérique. L'éloge du roi y était associé à celui du chef de la nouvelle république.

> Indépendance! Indépendance!
>   Divinité des mortels courageux!
> Tu peux seule remplir leur plus douce espérance,
> Et des Américains combler les justes vœux.
> Accorde tes faveurs à leur haute vaillance,
> A leurs mâles vertus, à leur persévérance;
>   Viens seconder les efforts généreux
> D'un prince bienfaisant, le bonheur de la France[3].

La fortune, un moment douteuse, se prononçait pour les insurgents. Le général de l'armée anglaise, lord Cornwallis, bloqué dans York-Town par les troupes de Washington, de La Fayette, de Rochambeau, et par l'escadre du comte de Grasse, était forcé de capituler après un siège de vingt jours, le 19 octobre 1781. Paris fêta ce triomphe comme une victoire nationale par des illuminations et des feux

---

1. Ministre des affaires étrangères. — 2. Voy. dans la *Correspondance secrète* une pièce dirigée contre le ton rogue et pédantesque des Quakers :

> J'ai vu le Quaker pacifique,
>   Dont l'orgueil perçait le manteau.

3. Recueil de Clairambault-Maurepas, t. IX.

FÊTE DE L'INDÉPENDANCE AMÉRICAINE.

de joie. On reprit en son honneur le vieux refrain de *Biribi à la façon de Barbari*. Ces couplets sentent la négligence et la rudesse populaire, mais n'en sont pas moins l'écho de l'opinion.

> Cornwallis, ce brave guerrier,
>   Soutien de l'Angleterre,
> Est battu et fait prisonnier
>   De la belle manière.
> Les Anglais vont baisser le ton,
> La faridondaine, la faridondon,
> Et redeviendront nos amis
>   Biribi,
>   A la façon de Barbari
>   Tartari !

Un autre événement capital mettait le comble à l'allégresse publique : un dauphin était né.

> Notre dauphin a précédé
>   Cette heureuse victoire ;
> C'est un signe bien décidé
>   De sa future gloire.
> Anglais, craignez tous ce luron,
> La faridondaine, la faridondon,
> Il aura du poil au... sourcil,
>   Biribi,
>   Et fera de vous des moutons.
>   Sacré nom !

Le pauvre enfant, voué à la mort et au martyre, ne devait faire trembler personne. Mais on était alors dans toute l'effusion de la joie. Les corps d'états avec leurs insignes et attributs se rendirent à Versailles. Le roi les reçut sur son balcon : les fossoyeurs eux-mêmes voulurent être de la fête, mais on les congédia comme oiseaux de mauvais augure. Les dames de la Halle vinrent réciter à la reine un compliment rédigé par M. de la Harpe, un beau diseur. Le soir, au bal donné par les gardes du corps dans la grande salle de l'Opéra de Versailles, la jeune souveraine ouvrit la fête en dansant avec un simple garde, qui reçut bientôt après le bâton d'exempt.

Dans ce pêle-mêle démocratique, à côté de la prose académique de La Harpe, le style poissard avait aussi sa place.

Un émule de Vadé retrouvait le langage de la *Grenouillère* pour faire parler à ces dames leur patois naturel :

> Si l'roi z'est not'pèr' à tous,
> La rein'z'est aussi not'mère,
>   Mes gas, réjouissons-nous ;
> A viant d'nous bailler un p'tit frère [1].

Jamais l'accord ne parut plus complet entre le peuple et la royauté. Nous assistons ici à la dernière heure de cette idylle monarchique. L'horizon s'assombrit, quand on apprend la retraite de Necker, le ministre sauveur.

---

1. Recueil Clairambault-Maurepas, t. X.

CHAPITRE VI

PRÉLUDES DE LA RÉVOLUTION. — SON INFLUENCE SUR LES MŒURS, LES IDÉES ET LA POÉSIE.

Necker remplacé par Calonne. — Défaite du comte de Grasse. — L'hiver de 1784. — Embarras financiers. — Pot-pourri sur l'Assemblée des notables. — Calonne remplacé par Loménie de Brienne. — Plaintes d'un patriote contre le ministre (1788). — Disgrâce de Brienne et de Lamoignon. — Retour des parlements et de Necker : Chants de joie et d'espoir. — Nouvelle Assemblée des notables. — Appel aux états généraux (1789) : Ode de Ginguené. — *La Grandeur du tiers état.* — *Déclaration des Droits de l'homme.* — Société et poésie nouvelles. — Le lyrisme révolutionnaire : ses caractères et formes diverses.

I

Le départ du Mentor financier, dont on espérait tant, avait causé une douloureuse émotion. Comme Choiseul, comme Turgot, Necker tombait devant une coalition d'intérêts et de rancunes égoïstes, ayant contre lui les princes frères du roi et la reine gênés dans leurs dépenses, et les parlements atteints dans leurs privilèges. Sa retraite se transforma en triomphe : on se rendit à Saint-Ouen de même qu'on s'était rendu jadis à Chanteloup, auprès de Choiseul. A aucune époque on n'avait vu les ministres devenir ainsi populaires par l'effet de la disgrâce royale. Ce prix accordé aux services et à l'intégrité provoqua les plus amères réflexions.

Faites le bien, et vous serez chassé,
Faites le mal, vous resterez en place.

Ainsi se termine une pièce de vers, écrite par le comte de Schouvalow, un ami dévoué de la France.

Enfin, nouveau sujet de douleur et de mécontentement, le comte de Grasse, qui avait si heureusement contribué à la capitulation de York-Town, se faisait battre à la Jamaïque par l'amiral anglais Rodney, le « Lion des mers », comme on l'appelait. Après un combat acharné de dix heures, et des efforts désespérés, il avait dû abaisser son pavillon et se constituer prisonnier devant ce terrible adversaire. Les Anglais d'ailleurs rendaient hommage à sa valeur. Les Français, moins équitables, chansonnaient sans pitié le malheureux chef qui réclamait des juges : il sortit indemne du conseil de guerre, mais resta exclu de tout commandement. Le nom de Grasse servit de refrain et de jeu de mots à un de ces vaudevilles moqueurs qui ternissent parfois injustement un homme et une réputation.

> Notre amiral s'est rendu
> De la meilleure grâce.
> C'est gagné plus que perdu,
> Français, de quoi te plains-tu ?
> De grâce, de grâce, de grâce !

Apostrophant les Anglais, le chansonnier les invite à ne pas trop s'enorgueillir de leur triomphe :

> Ne soyez pas glorieux
> Que Rodney nous surpasse ;
> Nous n'en sommes pas honteux :
> Vous êtes victorieux,
> Par grâce, par grâce, par grâce [1].

L'esprit venait une fois de plus au secours de l'amour-propre national humilié : c'était une mince consolation.

Cependant, malgré les mauvais bruits répandus en tous sens, l'affection pour le roi et pour la reine subsistait encore dans une partie de la nation : elle parut se raviver devant les témoignages de bienfaisance donnés par les souverains dans le rude hiver de 1784. Le peuple avait élevé en leur honneur des monuments de neige, qui de-

---

1. Recueil de Clairambault-Maurepas, t. IX.

vaient fondre, hélas! comme la reconnaissance dont ils étaient l'image, en dépit des promesses contraires :

> Reine, dont la bonté surpasse les appas,
> Près d'un roi bienfaisant occupe ici ta place
> Si ce monument frêle est de neige et de glace,
>   Nos cœurs pour toi ne le sont pas [1].

Mais c'était là le dernier feu d'un zèle qui s'éteignait de jour en jour. Les fautes, les scandales s'accumulaient pour miner cette malheureuse royauté convaincue d'impuissance, et perdant le bénéfice de la guerre d'Amérique au dedans aussi bien qu'au dehors. La triste affaire et le *procès du Collier*, la banqueroute du prince de Guémenée, les abominables calomnies semées contre la reine et son entourage, la fantasmagorie financière et politique des ministres hâbleurs et favoris, tels qu'un Calonne, un Loménie de Brienne ; enfin les mesures rétrogrades qui, au mépris de la loi de 1750, réservaient les hauts emplois militaires à l'aristocratie, et refoulaient la bourgeoisie dans les rangs inférieurs, provoquaient un mécontentement général.

Incapable de rien trouver par lui-même, Calonne se rattacha aux idées de Turgot, en les appliquant à sa façon, c'est-à-dire sans franchise et sans loyauté. Sa prétendue *Assemblée des notables* n'était qu'un trompe-l'œil effronté, à l'aide duquel il espérait duper l'opinion publique. Personne ne la prit au sérieux. On en fit un pot-pourri, où figuraient, sur des airs connus, le roi, son ministre et les divers ordres de l'État. Louis XVI présente à la réunion son ministre réparateur.

> Sénateurs vénérables,
> Écoutez, écoutez bien, notables,
>   Les projets admirables
>   De mon cher contrôleur.

Celui-ci entonne la complainte usuelle et dolente de tous les ministres des finances dans l'embarras :

> L'État est à la gêne,
> Que mon cœur, que mon cœur a de peine !

---

[1]. Recueil de Clairambault-Maurepas, t. IX.

> Pour alléger la chaîne,
> On vous imposera.

Dans cette assemblée, on s'aperçut bientôt que les représentants de la noblesse et du clergé, tirant la nappe de leur côté, s'entendaient entre eux pour reporter sur le tiers état la meilleure part du fardeau. C'est toujours la vieille histoire, la plainte accoutumée de *Labeur* et de *Sotte Commune* :

> Enfin, je paie toujours l'écot.

Une autre pièce de la même époque dénonce les intrigues des mandataires, et invite le roi à ne consulter que son bon cœur.

> O mon bon roi ! mon bienfaisant monarque !
> D'abus honteux tu veux nous dégager :
> Prends l'aviron, et conduis *seul* ta barque,
> Tous les méchants veulent la submerger [1].

Mais pour conduire la barque, au milieu d'une pareille tempête, il eût fallu la main d'un pilote énergique et expérimenté : or tel n'était pas le cas de ce pauvre Louis XVI. L'Assemblée des notables eut du moins pour conséquence d'amener la chute du contrôleur Calonne. Honteux de sa mésaventure, il s'enfuit en Angleterre, d'où il adressait un Mémoire justificatif en réponse aux critiques dirigées par Necker contre son administration. L'opinion publique accueillit ce Mémoire par des railleries, en lui reprochant sa fuite peu triomphante dans une île étrangère.

Le mécontentement s'accrut encore lorsque le nouveau ministre des finances, Loménie de Brienne, prétendit imposer au parlement l'obligation d'enregistrer un autre impôt de 420 millions. L'arrestation des conseillers d'Éprémenil et Goislard acheva de mettre le feu aux poudres. On se croirait déjà en pleine révolution, quand on lit une pièce en vers de 1788 intitulée *Réflexions d'un patriote*. L'auteur de cette *Ode patriotique*, car c'est le nom qu'il lui donne, se déclare franchement républicain. On

---

[1]. Recueil de Clairambault-Maurepas, t. IX.

sent que l'orage est proche : le style déclamatoire des Brutus modernes s'y étale naïvement.

> Amour sacré de la Patrie,
> Toi qui péris dans tous les cœurs,
> N'abandonne pas mon génie,
> Donne-lui tes saintes fureurs !
>
> . . . .
>
> Oui, par toi les âmes sublimes
> Conçoivent toutes les vertus ;
> Tant qu'on a suivi tes maximes,
> L'on a vu naître des Brutus ;
> L'on a vu tomber de leur trône
> Ces tyrans qu'on nomme des rois ;
> L'on a vu, brisant leur couronne,
> Le peuple reprendre ses droits.
>
> Dans les annales historiques
> Si l'on cherche la vérité,
> Ce n'est qu'au sein des républiques
> Qu'on trouve la félicité.
> Au milieu des peuples antiques,
> Voyez les Grecs et les Romains,
> Et parmi nous les Helvétiques :
> Ils sont les plus grands des humains [1].

A partir de ce moment, on peut dire que c'en est fait de la royauté. Le renvoi de Brienne et de Lamoignon était pour elle une défaite, et en même temps une victoire pour l'opinion, qui impose ses volontés au pouvoir.

Après les émeutes et les troubles qui accompagnèrent le départ des deux ministres maudits, le retour de Necker, subi plutôt que désiré par le roi, semble ramener un quart d'heure d'accalmie, et d'espérance bientôt déçue. Le fameux vaisseau de l'État, autrefois chanté par Horace, revient sous forme de métaphore, comme un vieux cliché poétique, dans toutes les pièces du temps :

> Ne désespérons plus d'échapper au naufrage ;
> Dégageons le vaisseau par un commun effort,
> Et, malgré les écueils, il va rentrer au port.

Avec Necker, le ciel est redevenu bleu :

> Le peuple a retrouvé son ministre chéri,
> Et Sully de retour nous ramène Henri.

---

1. Recueil de Clairambault-Maurepas, t. IX.

Le parlement lui-même eut sa part de triomphe : d'Espréménil et Goislard rencontrèrent un rimeur assez complaisant pour les comparer sans façon à Démosthène et à Cicéron.

> Les lauriers du patriotisme
> A vos portes sont suspendus,

s'écrie le chantre enthousiaste, qui paraît être un disciple de Jean-Baptiste Rousseau, nourri d'hallucinations et de transports lyriques plus ou moins artificiels, et conformes à la tradition classique.

> Quelle divinité brillante
> Descend de la voûte des cieux !
> Quelle lumière étincelante
> Me frappe et fait baisser mes yeux !
> Un génie auguste s'avance,
> M'appelle, et du sort de la France
> Sa voix m'annonce la grandeur :
> A ces mots je saisis ma lyre,
> Je m'émeus, je cède au délire
> D'une prophétique fureur [1].

En Deus, ecce Deus ! Et pourquoi ? pour nous montrer Necker, le pilote providentiel.

Financier incomparable, mais assez médiocre politique, Necker provoque une nouvelle Assemblée de notables, sorte de communion blanche ou d'exercice préparatoire, pour fixer la manière dont on devait convoquer les états généraux. Une fois encore, les intérêts de chaque ordre se trouvèrent en lutte avec les vœux de la nation. Une chanson poissarde exprime, par la bouche de Mme Engueule et de Mme Saumon, deux harengères des Halles, le mécontentement populaire.

> Les grands n'voulont rien payer,
> Parce qui z'ont ruiné la France.
> Faut, ben suer, ben travailler
> Pour engraisser leux Excellences ;
> Pour eux j'faisons v'nir le pain,
> Et pour nous i font v'nir la faim [2].

La chanson était accompagnée d'une lettre adressée à

---

1. Recueil de Clairambault-Maurepas, t. IX. — 2. *Ibid.*

Necker également en style poissard : c'est ainsi que nous nous acheminons tout doucement vers la langue des sans-culottes et du « Père Duchesne », qui fera bientôt concurrence au langage académique. — La famine était la grande plaie, le grand épouvantail du jour. Sur ce point Michelet rend un hommage éclatant à Necker. Après l'avoir traité un peu dédaigneusement comme politique timide, vaniteux et ridicule, il ajoute :

« Mais, dans l'affaire des subsistances, il fut administrateur infatigable, ingénieux, plein d'industrie et de ressources. Il s'y montra, ce qui est bien plus, plein de cœur, bon et sensible : personne ne voulant prêter à l'État, il emprunta en son nom, et engagea son crédit jusqu'à deux millions, la moitié de sa fortune. Pour tout dire, s'il ne sut pas gouverner, il nourrit le peuple, et le nourrit de son argent[1]. »

C'est là une belle page dans la vie de Necker, et un noble exemple offert aux hommes politiques et aux financiers de tous les temps.

Cependant le parlement, appelé de son côté à se prononcer sur la convocation des états généraux, demande qu'ils soient réunis selon les formes aristocratiques qui avaient présidé aux états de 1614, avec le vote par classe, assurant l'avantage aux ordres privilégiés. Cette décision suffit pour indisposer l'opinion publique. En un jour, le parlement avait perdu son reste de popularité, et se voyait destiné au naufrage commun de l'ancienne société.

II

Tout s'en va, tout croule à la fois : mais tout semble renaître aussi. La réunion des états généraux apparaît comme le remède souverain, qui doit mettre fin à tous les maux. La joie populaire éclate en gais refrains d'*Alleluia*, ce cri de fête et de résurrection, sur l'air connu : *O filii et filiæ !*

> O fils et filles, tour à tour
> Réjouissez-vous dans ce jour !
> A vos cris le ciel n'est plus sourd.
>   Alleluia[2] !

1. Michelet, *Histoire de la Révolution française*, t. I, p. 170. — 2. Recueil de Clairambault-Maurepas, t. X.

La poésie sérieuse, et même académique, fait entendre aussi sa voix dans ce concert universel. Ginguené, un lettré, un savant de profession, entraîné dans le mouvement libéral, composait pour la circonstance une ode solennelle avec tous les ingrédients lyriques que comporte le genre.

> Lyre de Pindare et d'Alcée,
> Des héros noble volupté,
> Tu languis muette et glacée
> Au fond d'un envieux Léthé!

L'auteur se flatte de la réveiller. Mais c'est toujours le vieux luth de Malherbe, de Jean-Baptiste Rousseau et de Lebrun, qu'il a repris pour exprimer des idées nouvelles, sous une forme trop souvent surannée. Nous retrouvons là le *Vainqueur d'Olympie*, le *Cygne de Dircé*, l'*Etna dévasté par Vulcain;* puis Cybèle, Neptune et l'inévitable dieu Mars. Cependant les passions du temps percent à travers la vieille enveloppe : la noblesse y est assez maltraitée : on voit que l'écrivain appartient au tiers état.

> Laissez la noblesse vénale,
> Fille récente de Plutus,
> Défendre cet or qu'elle étale
> Au lieu de gloire et de vertus.

Le roi est pourtant encore l'espoir de la nation :

> O Louis, ô roi populaire,
> Français, tombez à ses genoux!
> Il brise le sceptre arbitraire.
> Il ne règne plus que pour vous.
> Son nom, surpris par la vengeance,
> Ne livrera plus l'innocence
> Aux fers dont s'indignait Thémis.

Périphrase qui veut dire : suppression des lettres de cachet. Au règne du caprice succédera celui de la loi :

> La loi punira tous les crimes,
> La loi seule aura des victimes;
> Louis ne veut que des amis.

Ce triomphe absolu de la loi est la grande idée mère de la Révolution. « Je définis la Révolution, dit Michelet, l'avènement de la loi, la résurrection du droit, la réaction de la justice[1]. »

Pour le moment, nous assistons à l'épanouissement du tiers état. La fameuse brochure de Sieyès : « Qu'est-ce que le tiers état ? — Tout. — Qu'a-t-il été jusqu'ici ? — Rien. — Que veut-il être ? — Quelque chose ! » — se trouve reproduite en vers, sous toutes les formes. Une pièce du jour a pour titre peu modeste, mais significatif, la *Grandeur du tiers état*. C'est la glorification de l'élément bourgeois, qui finira par imposer ses volontés aux deux ordres privilégiés.

> Utiles plébéiens ! vous seuls dans la patrie
> Ne vivez point d'abus ;
> Vous aimez votre prince, et votre âme se fie
> Sans peine à ses vertus.
> En vous il a placé sa plus chère espérance
> Du peuple il est ami.
> Il sait que plusieurs fois le trône de la France
> Ébranlé par les grands, par vous fut affermi.
> Quand le roi Jean revint des bords de la Tamise,
> En vain cherchant sa cour,
> Il n'apprit qu'il régnait sur la France soumise
> Qu'aux cris de votre amour.

Amour traversé, il est vrai, par la dictature d'Étienne Marcel et les intrigues du roi de Navarre ; mais enfin la royauté n'en sortit pas moins triomphante avec Charles V.

Un autre souvenir, que De Belloy avait ravivé dans sa tragédie du *Siège de Calais*, est encore invoqué ici :

> Les héros de Calais, ces modèles sublimes,
> N'étaient que des bourgeois ;
> Ces bourgeois généreux, en s'offrant pour victimes,
> Vengèrent d'Albion l'infortuné Valois.

Pauvres bourgeois ! si maltraités aujourd'hui par nos socialistes et nos anarchistes modernes : dénoncés, maudits, voués à la haine, plus que ne l'ont été jamais les aristocrates du temps passé. Peut-être quelques-uns d'entre eux ont-ils

---

1. *Histoire de la Révolution*, t. I.

trop oublié leur origine démocratique. Ils s'en souvenaient du moins alors. — La mémoire de Jeanne d'Arc, l'humble fille des champs, revient aussi dans quelques vers assez faibles :

> On a vu d'Orléans l'étonnante héroïne,
> Par sa seule valeur,
> Et sans le vain secours d'une illustre origine,
> Triompher du malheur.

On engage évidemment le roi à s'appuyer sur son peuple. Il eût fallu sacrifier la noblesse et le clergé, les jeter en pâture à la Révolution. Louis XVI ne l'osa pas : ce fut chez lui conscience et timidité. En se faisant le défenseur des ordres privilégiés, il se perdit avec eux.

Cependant l'auteur, malgré ses préférences plébéiennes bien marquées, termine par un appel à la concorde entre les trois ordres. Il ne semble pas soulever la question du vote par ordre ou par tête, et sur ce point accepte la tradition consacrée :

> Par ordre divisés, selon l'antique usage,
> Mais par le zèle unis,
> Que l'intérêt, l'orgueil, avides de ravage,
> Loin de nous soient bannis !
> Que le peuple français montre à l'Europe entière
> Le spectacle imposant
> D'une nation ferme, indépendante et fière,
> *Comblant de ses bienfaits un roi reconnaissant* [1].

Ce dernier vers est significatif : les bienfaits viennent de la nation, la reconnaissance du roi : les rôles évidemment sont changés.

Le jour où les *états généraux* sont devenus l'*Assemblée nationale*, une grande révolution s'accomplit dans les croyances et dans les esprits. La souveraineté s'est déplacée : elle passe du roi au peuple. Le patriotisme, qui jusqu'alors s'est confondu, identifié avec la foi monarchique, va s'en séparer. Les royalistes, par l'émigration forcée ou volontaire, deviennent les alliés de l'étranger

---

1. Recueil de Clairambault-Maurepas, t. X.

contre la mère patrie. La nation, sortie de tutelle, prend elle-même la direction de ses destinées.

> Si le clergé, si la noblesse,
> Mes bons amis,
> Nous traitent avec tant de rudesse
> Et de mépris,
> Laissons-les tous s'en faire accroire,
> Perdre l'État :
> En attendant nous allons boire
> Au tiers état [1].

Un moment on put supposer que le roi, entraîné par son ministre Necker, se prononçait en faveur du tiers dans le débat soulevé entre les trois ordres. Une chanson nouvelle salue cet heureux augure (1789).

> Le mystère est donc éclairci,
> Le roi, du Tiers prend le parti :
> Admirons ce sentiment-là,
> Alleluia [2] !

L'ouverture des états généraux apparaît comme la réalisation d'un long rêve. Un obscur rimeur, nommé De la Place et s'intitulant lui-même doyen des gens de lettres en France, associe le culte du roi au bonheur de la nation.

> Si longtemps désiré, si digne de nos vœux,
> Il luit enfin ce jour, jour à jamais heureux,
> Où le meilleur des rois qu'ait célébré la France
> En régnant sur les cœurs, en guerre comme en paix,
> Pour prix de ses vertus et de sa bienfaisance,
> Comptera des soldats autant que de sujets [3].

Mais ce mot de « sujets » a pris un sens nouveau dans le langage du temps, si l'on en croit cette ode patriotique intitulée *le Cri du sage* acclamant la *Déclaration des Droits de l'homme* (1789).

> La vérité se fait entendre,
> Elle éclaire tous les esprits.
> Les mortels vont enfin reprendre
> Tous les droits qu'on leur a ravis.

---

1. Recueil de Clairambault-Maurepas, t. X. — 2. *Pièces sur la Révolution*, Bibl. nat., Y. E. 3034. Réserve. — 3. *Ibid.*

> Despotes, vous allez connaître
> Que tout homme est son propre maître,
> Qu'il est né pour la liberté ;
> Et que votre injuste puissance
> Ne vient que de notre patience,
> Et non de la divinité [1].

Le droit divin est donc mort, bien mort en France. Ceux qui essayeront plus tard de le ressusciter perdront leurs peines.

Une transformation complète s'opère dans les allures, les mœurs, les idées et le langage de la société nouvelle. Le comte de Ségur, arrivant de Saint-Pétersbourg, où il était notre ambassadeur, témoigne dans une page très curieuse de ses *Mémoires* l'étonnement qu'il ressentit en face de cette métamorphose :

« Sur ma route même et avant de parler à personne, j'éprouvai une vive surprise, car tout présentait à mes regards un spectacle imprévu : les bourgeois, les paysans, les femmes même me montraient dans leur maintien, dans leurs gestes et dans leurs traits quelque chose de vif, de fier, d'indépendant et d'animé que je ne leur avais pas connu.

« Un mouvement extraordinaire régnait partout : j'apercevais dans les rues, sur les places, des groupes d'hommes qui se parlaient avec vivacité. Le bruit du tambour frappait mes oreilles au milieu des villages, et les bourgs m'étonnaient par le grand nombre d'hommes armés que j'y rencontrais.

« Si j'interrogeais quelques individus des classes inférieures, ils me répondaient avec un regard fier, un ton hardi : partout je voyais l'empreinte de ces sentiments d'égalité, de liberté, devenus alors des passions si violentes. Enfin, à mon départ de France, j'avais quitté un peuple paisible et courbé par habitude sous le joug d'un long assujettissement : à mon retour, je le retrouvais redressé, indépendant, et *trop ardent peut-être pour jouir avec sagesse d'une liberté nouvelle.* »

En même temps que le progrès, il signale le danger,

---

1. *Pièces sur la Révolution*, Bibl. nat., Y. E. 3034. Réserve.

l'heure où, par suite du débordement de la démocratie, les ânes eux-mêmes, selon le mot de Platon, refusent de céder le pas ou la place aux hommes.

Taine, si dur et parfois si injuste pour la Révolution, est bien forcé de reconnaître le changement notable qui se manifeste alors chez le citoyen français :

« L'homme, dit-il, se transfigure : on voit subitement apparaître le dieu et le démon latents, qui tous les deux habitent en lui. Dès 1789, ils ont apparu tous les deux ensemble : à partir de cette date, dit un témoin (Mme de Rémusat), et pendant un quart de siècle, pour le plus grand nombre des Français, dans quelque classe que ce fût, l'objet de la vie s'est déplacé ; chacun l'a mis hors de soi : désormais, pour chacun l'essentiel fut d'avoir vécu ou sinon d'avoir pu mourir pour quelque chose, pour une idée. L'homme a été le serviteur de son idée, il s'est donné à elle ; par suite, il a éprouvé le plaisir intense de se croire un être noble, d'essence supérieure, le premier entre les premiers, et de se voir reconnu, proclamé, glorifié comme tel. Ce plaisir délicieux, profond et puissant, les Français l'ont goûté pour la première fois en écoutant la *Déclaration des Droits de l'homme* : là-dessus et de très bonne foi, ils se sont sentis citoyens, philosophes, détachés des préjugés et des abus, zélateurs de la vérité, de la liberté, de l'égalité ; puis, avec la guerre en 1792, défenseurs de la patrie, missionnaires et propagateurs de tous les grands principes[1]. »

Ce sont là des titres assez glorieux pour flatter l'amour-propre d'un peuple capable de se sacrifier ainsi au triomphe d'une idée, qu'il s'agisse d'une croisade ou d'une révolution. Ces feuillants, ces girondins, ces jacobins n'étaient donc pas tant à mépriser. Il doit bien être sorti de là aussi quelque souffle nouveau pour la poésie.

III

Cette révolution prête à la littérature des idées, des émotions, des sentiments ignorés ou comprimés jusque-là :

---

1. Taine, *le Régime moderne*, livre IV, chap. ii.

elle vient retremper les esprits, fortifier les âmes par l'épreuve de la lutte et de la souffrance, par l'enthousiasme comme par l'indignation. Sur ce point nous invoquerons encore le témoignage de Chateaubriand, dans ses *Mélanges politiques*[1].

« Certes, dit-il, nous avons beaucoup perdu par la Révolution, mais n'avons-nous rien gagné? N'est-ce rien que vingt années de victoires? N'est-ce rien que tant d'actions héroïques, tant de dévouements généreux? Il y a encore chez nous des gens qui pleurent au récit d'une bonne action, des cœurs qui palpitent au nom de patrie. »

« Il est certain que nous sommes moins frivoles, plus naturels, plus simples, que chacun est plus soi, moins ressemblant à son voisin. Nos jeunes gens, nourris dans les camps ou dans la solitude, ont quelque chose de mâle et d'original qu'ils n'avaient pas autrefois. Nous ne voulons peut-être pas nous l'avouer, mais au fond ne sentons-nous pas que les Français sont plus hommes qu'ils ne l'étaient il y a trente ou quarante ans. »

Marie-Joseph Chénier l'expliquait à sa façon dans le *Chant du Départ*, en disant :

> Les républicains sont des hommes,
> Les esclaves sont des enfants.

C'était bien quelque chose que de se sentir homme et de substituer à l'idéal du courtisan celui du citoyen.

La Révolution a rendu à notre caractère comme à notre poésie et à notre art national la virilité, en y ajoutant, il est vrai, une trop large part d'emphase et de déclamation. Aux mièvreries, aux bergères coquettes et aux abbés galants de Boucher, succèdent les Romains de David; aux fadeurs des Gentil Bernard et des Dorat, les mâles accents des Lebrun, des Chénier, des Rouget de Lisle. Nous ne sommes plus au temps où Gresset avait le droit de s'écrier :

> Tout est colifichet, pompon et parodie.

Quel a été le défaut capital de la société française au XVIIIe siècle? La frivolité, l'étourderie mêlées aux hardiesses

---

1. Tome Ier.

les plus risquées de l'esprit philosophique. Jamais société ne courut plus follement vers l'abîme. On dirait une descente de la Courtille qui aboutit à la place de la Révolution, où va se passer, selon la fatidique et terrible image de Joseph de Maistre, le double drame de l'expiation et de la régénération des âmes, purifiées par le martyre. Tout cela sera tour à tour horrible, hideux, grandiose, ignoble, sublime, mais ouvrira un plus vaste champ à la réflexion et à la sensibilité.

Mme de Staël, écrivant à quelque temps de là ses *Considérations sur la littérature*, pense que c'en est fait de la poésie d'imagination sous le régime démocratique. « Quant à la poésie d'imagination, elle ne doit plus faire de progrès en France. L'esprit humain est arrivé dans notre siècle à ce degré qui ne permet plus ni l'illusion ni l'enthousiasme. Maintenant on ne peut ajouter aux effets de la poésie qu'en exprimant, dans un beau langage, les pensées nouvelles dont le temps doit nous enrichir. » Mais ces pensées ne peuvent-elles pas devenir pour la poésie elle-même une source de rajeunissement ? C'est là précisément l'idée qu'émet André Chénier :

Sur des pensers nouveaux faisons des vers antiques :

nouveaux par le souffle et l'inspiration, antiques par la perfection et la beauté.

Le lyrisme révolutionnaire n'est point un mot vide de sens comme on pourrait le croire, mais une réalité. Il se manifeste sous une double forme : l'une savante, artificielle, taillée sur le modèle de Pindare, d'Horace, de Ronsard ou de Malherbe, mêlée de symboles mythologiques, telle enfin que nous la retrouvons chez Lebrun, Ginguené, les deux Chénier, malgré les différences qui les séparent ; l'autre forme, spontanée, hâtive, violente, sublime ou brutale, avec les *Ça ira*, la *Marseillaise*, la *Carmagnole*, etc., toutes productions plus ou moins lyriques, si bizarre que semble l'assimilation.

Qu'est-ce que le lyrisme, en effet? Un état de l'âme ravie et transportée hors d'elle-même par un élan impétueux du sentiment ou de la passion. Le délire sacré des Bacchantes et des Corybantes, tel que l'a décrit Platon, est l'image la plus vive et la plus vraie de l'enthousiasme poétique. Naturel ou artificiel, le ravissement est la condition même du lyrisme. Les premiers hymnes au soleil, expression de l'amour et de la reconnaissance, sortent spontanément de l'âme des poètes religieux, comme les premiers cris de la passion brûlante s'échappent des lèvres de Sapho.

Il est des temps plus ou moins propices à ce genre de poésie. Depuis les croisades, si fécondes en chants épiques et lyriques, bien qu'on les ait oubliés plus tard, nulle époque peut-être ne semble, par l'état mental et moral, plus favorable que la Révolution à cette explosion du lyrisme. L'ivresse des âmes et des intelligences en face des horizons nouveaux, une sorte de transport divin qui se confond avec l'amour du progrès et l'enthousiasme des réformes, l'apostolat de la liberté auprès des peuples voisins, le relèvement de la France et la joie de la résurrection, les dangers de la patrie et la haine de l'envahisseur, les indignations et les colères nationales, sont autant d'éléments jetés dans cette fournaise ardente, d'où sortiront sous une forme plus ou moins noble, plus ou moins vulgaire, l'ode, la cantate, le dithyrambe, la chanson ou le vaudeville patriotiques.

Malheureusement nous sommes arrivés au temps où la poésie épuisée traine à sa suite un vieux fonds de magasin classique, dont elle n'a pu se débarrasser. Joignez-y le nombre des profanes qui s'avisent de parler le langage sacré, des mains lourdes et novices qui s'emparent du luth patriotique, et vous comprendrez tout ce qu'il entre, dans ce lyrisme improvisé, de prosaïsme et de déclamation banale, que nous ne cherchons point à nier. Les citoyens français d'alors ne sont pas tous des Athéniens à l'oreille délicate et difficile. D'ailleurs les chants de Tyrtée eux-mêmes ont-ils toujours été des chefs-d'œuvre poétiques? Non certes. Les fragments conservés en sont la preuve. N'oublions pas non plus que la musique vient fort à propos soutenir et réchauffer de son feu ces strophes parfois languissantes et surannées; Méhul, Gossec, Dalayrac, Lesueur, Chérubini et tous les grands compositeurs deviennent les auxiliaires des poètes plus ou moins bien inspirés.

Avec la Révolution, l'ode va reprendre un instant ses splendeurs passées ; elle ne se contente pas de la musique, elle y ajoute le décor, la mise en scène, telle que nous l'offraient jadis, chez les Grecs, la strophe et l'antistrophe accompagnées de la danse. Les chœurs des chanteurs se groupent, se divisent, coupés çà et là par des *soli* comme dans le *Camp de Grandpré*, dans le *Chant du Départ*, où l'on voit se succéder les laboureurs, les soldats, les femmes, les vieillards et les enfants. Les trois éléments du lyrisme, chant, musique et danse, vont se retrouver dans les rondes échevelées et furieuses de la *Carmagnole*.

Pour comprendre le double caractère de cette poésie vieillotte de forme, jeune d'idées et de sentiments, pleine de réminiscences classiques et d'aspirations vers un ordre nouveau, il faut se reporter au temps si plein de contrastes et d'alliances bizarres, à cette éloquence de la tribune sincère et déclamatoire, à ces fêtes nationales où la naïveté enfantine de la foule s'associe au pédantisme réfléchi des savants et des lettrés. On croirait voir des comédiens jouant ingénûment leurs rôles, et prenant au sérieux les allégories et les emblèmes dont ils s'enveloppent : Robespierre, tout le premier, préside, avec la majesté d'un pontife, la fête de l'Être Suprême. Il y a dans ces solennités, dans ces chants, auxquels se mêle la pantomime à certains moments, sous l'emphase et l'artifice trop apparents, une part de sincérité et, si l'on veut, de cette crédulité populaire que la foule apportait jadis dans les *Théories* et les *Thesmophories* d'Athènes, comme dans les processions religieuses du moyen âge, aux *Fêtes de l'Ane et des Innocents*. Depuis, on a tenté de nous rendre ces pompes majestueuses de la République à ses débuts : nous les avons vues défiler dans notre Paris moderne avec intérêt, mais en amateurs, en *dilettanti*, qui font de l'image du passé un divertissement. La flamme et la foi n'y étaient plus. C'est ce qui nous manque aujourd'hui pour comprendre l'effet de certaines pièces, très médiocres sans doute, mais auxquelles la musique et la passion du jour prêtaient un élan et un prestige qu'elles ont perdu.

L'imagination est la grande enchanteresse qui préside aux jeux des peuples ainsi qu'à ceux des enfants. Elle a son rôle plus qu'on ne pense dans les actes mêmes de la Révolution. C'est par elle que l'héroïsme et la poésie se trouvent associés à tant d'horreurs et à tant de crimes, sous lesquels l'humanité eût succombé vaincue et déshonorée, si un idéal supérieur n'était venu la relever à ses propres yeux. Cet idéal cherché, entrevu plutôt que réalisé, est l'objet de la poésie.

CHAPITRE VII

LES POÈTES DE LA RÉVOLUTION : LEBRUN-PINDARE, ANDRÉ ET MARIE-JOSEPH CHÉNIER.

Un vieux maître : Lebrun, coryphée de la muse républicaine. Son droit d'aînesse : rêve du Panthéon : les caveaux de Saint-Denis : ascension démagogique. — Les deux Chénier : leur talent et leur destinée. — André et son œuvre littéraire. — L'artiste mêlé à la politique. — Voyage d'Italie : souvenirs républicains. — Idylle de la *Liberté*; *Hymne à la France*; *le Jeu de paume*; *la France libre*; *les Suisses révoltés du régiment de Châteauvieux*; *le 10 Août*. — Retraite d'André à Versailles : strophes lyriques. — Marie-Joseph Chénier : l'écolier précoce, disciple de Voltaire. — La tragédie de *Charles IX* : pièce de circonstance. L'histoire et l'actualité.

I

Le vieux Lebrun-Pindare est encore le coryphée et le pontife attitré de la poésie lyrique, devant lequel s'incline respectueusement Marie-Joseph Chénier :

> O Lebrun ! sous tes doigts tout Pindare respire :
> Émule de Rousseau, peut-être son vainqueur,
> A peine mes regards mesurent ta hauteur.

A l'époque où éclate la Révolution, il avait soixante ans, et semblait avoir dit à la Muse un suprême adieu dans son *Exegi monumentum*. Mais cette Révolution, en réveillant chez lui de vieilles ardeurs républicaines étouffées ou dissimulées sous la monarchie, lui inspira de nouvelles ambitions littéraires. Il se souvint et ne manqua pas de rappeler à tous qu'il avait le premier, dans son poème du *Génie de l'homme*, dénoncé

> L'insecte usurpateur qu'on nomme Majesté,

et dont il acceptait une pension de deux mille livres. Si l'on songe que cet insecte s'est appelé un jour saint Louis, Charles V et Henri IV, on peut être tenté de trouver qu'il a été bon parfois à quelque chose. Le faible Louis XVI, malheureusement, n'était guère propre à lui rendre sa splendeur et son prestige. Pourtant Lebrun l'encensait quelques années auparavant, lorsqu'il écrivait sur les rives de la Seine :

>....Tant que son onde charmée
>Baignera l'empire des lis,
>De ma tardive renommée
>Ses fastes seront embellis.
>Elle entendra ma lyre encore
>D'un roi généreux, qui l'honore,
>Chanter les augustes bienfaits.

Mais la mémoire du poète, fragile et oublieuse, ne devait pas survivre à l'infortune, dès que l'empire des lis fut près de crouler.

Un moment les caresses du ministre Calonne et surtout l'annonce d'une pension sans retenue, c'est-à-dire sans que le trésorier royal en gardât la moitié, firent de lui la dupe ou le complice de ce Mascarille politique, qui offrait à la France le mirage trompeur d'une *Assemblée des notables*. Dans une épître aussi longue que déclamatoire, le ministre hâbleur semble donner au poète la note et le ton pour une future cantate.

« Assez d'autres ont chanté les sanglants exploits des vainqueurs de la terre. Lebrun, tu dois chanter les utiles vertus d'un roi bienfaisant : c'est aux pères des peuples, et non aux conquérants destructeurs, que tu dois consacrer la lyre héroïque.... Divin patriotisme, tu seras la Muse de mon Pindare, tu échaufferas son génie, tu lui inspireras les sublimes accents. »

Si un ministre du roi déclamait de la sorte dans une lettre écrite à un particulier, faut-il s'étonner d'entendre les poètes républicains enfler leur voix outre mesure ? Lebrun répondit à cet appel direct par un *Discours en vers* où, le payant de la même monnaie, il comparait bravement Calonne à Sully. C'était pousser un peu loin l'hyperbole poétique. On le lui reprochera plus tard, et Lebrun s'en justifiera par un quatrain :

> Esprits faux et malins, n'accusez point mes vers :
> Non, je n'ai point flatté Calonne ni la France,
> Après avoir peint nos revers,
> A défaut du bonheur, j'ai chanté l'espérance.

Une fois la Révolution déchaînée, Lebrun se jette dans le mouvement avec la fougue, la passion, la versatilité d'un poète vénal qui suit l'impulsion du jour, et met sa lyre au service de toutes les causes triomphantes, chantant tour à tour Calonne, Robespierre et Bonaparte. Dans la première heure d'ivresse et de joie commune, il s'était trouvé d'accord avec les deux Chénier, les Trudaine, le chevalier de Pange, mais il les eut bientôt dépassés. Lebrun, qui aimait les cimes, vint se poser, à titre d'aigle, sur le sommet de la Montagne. Après avoir été l'espoir et le chantre des royalistes libéraux, il devint le poète officiel de la Convention, qui lui donna un logement au Louvre, et le chargea de composer des odes, cantates, dithyrambes, dans toutes les circonstances solennelles. Il tient surtout à maintenir son droit d'aînesse comme prophète de la Révolution.

> C'est depuis longtemps que ma lyre,
> Amante de l'Égalité,
> Préludait à la Liberté
> Dans son prophétique délire.
> Ces jours prédits à nos neveux
> Devancent et comblent mes vœux ;
> Ma lyre n'est point mensongère.
> Le *Souverain* reprend ses droits,
> Et leur couronne passagère
> Expire sur le front des rois [1].

En même temps, se faisant l'instituteur du peuple dont il se croit le libérateur, il lui dit :

> Français, dont j'éveillai les langues léthargiques,
> Souverain, trop longtemps par les rois détrôné,
> Non, tu ne craindras pas mes accents énergiques,
> Tu prêteras l'oreille à qui t'a couronné.

1. *Ode patriotique sur les événements de 1792.*

> *Tu règnes, tu peux tout.* Crains ce pouvoir extrême,
> Crains surtout les flatteurs, ils enivrent l'orgueil.
> Ils ont perdu les rois : ils te perdront toi-même,
> C'est eux qui sous le trône ont creusé le cercueil.

Malgré ces sages conseils, n'est-il pas lui-même un de ces échansons qui versent l'ivresse au peuple, avec leur nectar frelaté ? *Tu peux tout*, mot imprudent à prononcer, qu'il s'agisse d'un peuple ou d'un roi. Le dogme de la souveraineté populaire, mal compris, est une des flagorneries les plus dangereuses qu'on ait débitées aux masses, dans ces derniers temps.

Cependant Lebrun prend au sérieux son rôle de Mentor ou de pédagogue national. A l'heure où la République, entraînée fatalement dans les voies de l'intolérance et de la persécution, ferme les églises, proscrit les prêtres, il s'institue lui-même apôtre du déisme révolutionnaire et défenseur de l'Être Suprême.

> L'impie atteste en vain le néant et l'absence
> D'un Dieu que les remords révèlent aux forfaits :
> Et moi, j'ose attester l'invisible puissance
> D'un Dieu qu'à l'univers révèlent ses bienfaits.

Mais s'il prend la défense du Créateur contre les athées, il apostrophe durement son prétendu vicaire, le pontife romain :

> Tyran fourbe et sacré, fier d'une triple idole,
> Toi qui vendis le ciel si longtemps outragé ;
> Misérable imposteur, descends du Capitole :
> Le prêtre a disparu, l'Éternel est vengé.

L'*Ode à la Liberté* fait encore partie de ce rituel poétique, dont il est le desservant et le pourvoyeur officiel :

> Fils de la Liberté, fille du Dieu suprême,
> Que le monde par vous s'épure à son flambeau !
> Rendez républicains la terre et le ciel même :
> Que les jours, que les ans soient fiers d'un nom si beau !

Véritable païen d'imagination par son amour de la gloire et des symboles mythologiques, il ne reconnaît, il n'admire qu'un temple, le Panthéon, ce *Campo Santo* des grands hommes, où reposent déjà Mirabeau et Voltaire, où vont entrer Beaurepaire et Désilles, ces deux martyrs du devoir, en attendant Marat. Avec cet orgueil immense que nul n'égala peut-être, pas même Victor Hugo, Lebrun réclame sa place dans ce sanctuaire de la patrie reconnaissante :

> Que les chantres et les guerriers
> Y ceignent les mêmes lauriers !
> Et toi, dont je fus l'interprète,
> Déesse aux accents belliqueux,
> Liberté, fais que ton poète
> Y repose un jour avec eux !

Ces vœux ne furent point exaucés. La postérité oublieuse, ou plutôt se souvenant trop des palinodies impériales, qui succédèrent aux odes républicaines, n'a point songé à lui conférer les honneurs du Panthéon. D'ailleurs pouvait-il espérer pour ses cendres plus de respect qu'il n'en professait lui-même pour les sépultures royales de Saint-Denis, lorsqu'il s'écriait :

> Purgeons le sol des patriotes
> Par des rois encore infecté ;
> La terre de la Liberté
> Rejette les os des despotes.
> De ces monstres divinisés
> Que tous les cercueils soient brisés !
> Que leur mémoire soit flétrie,
> Et qu'avec leurs mânes errants
> Sortent du sein de la patrie
> Les cadavres de ces tyrans !

A mesure que nous avançons, le poète, tournant à l'énergumène, redouble de zèle et de violence, comme emporté dans un tourbillon. Bon nombre de ces pièces ont disparu ou sont difficiles à trouver. Ginguené n'a pas cru devoir les faire entrer toutes dans son édition des œuvres de Lebrun. Peut-être les a-t-il omises avec intention. En effet, c'eût été pour lui une bonne fortune que d'en pouvoir effacer le souvenir. Si l'on en excepte l'ode fameuse sur le *Vengeur*, dont nous parlerons plus tard au chapitre des *Victoires et Conquêtes*, presque toutes ces pièces révolutionnaires, triste fruit d'une vieillesse chagrine et grondeuse, n'ont rien ajouté à sa gloire, et ont compromis son honneur. Nous en citerons quelques-unes en parlant de la poésie sous la Terreur, où Lebrun a sa part, et outrage à la fois les vivants et les morts.

Malgré le rang qu'il occupe alors dans l'opinion publique, comme Pindare français, il est distancé et surpassé plus d'une fois par deux jeunes émules dont il fut un instant l'ami, le maître et presque le guide, André et Marie-Joseph Chénier.

II

Leur nom se présente naturellement associé aux débuts de la Révolution. Tous deux unis par le sang et par le cœur, quoi qu'on ait pu dire, diffèrent profondément par le caractère et le talent. L'un studieux, méditatif, amant solitaire et silencieux de la beauté, qu'il essaye de reproduire dans ses œuvres ; l'autre avide d'action, de bruit, de mouvement, courant après la renommée : l'un ayant recueilli tardivement une gloire posthume, qui luit seulement sur sa tombe ; l'autre jouissant d'une gloire viagère, qui semble s'éteindre avec lui.

Bien que son bilan poétique soit resté en partie méconnu, ignoré du gros public, André Chénier est le véritable homme de génie, le chercheur, le créateur, ou tout au moins le précurseur, qui ouvre à la muse française une nouvelle voie. Dégagé de toute ambition personnelle, laissant à son plus jeune frère Marie-Joseph les honneurs de la popularité, il n'a que deux passions au cœur, l'amour de la poésie et celui de la France. La Révolution trouva en lui un de ses premiers et le plus grand de ses poètes, avant d'en faire un de ses martyrs les plus purs et les plus innocents. L'abeille attique était dans sa ruche occupée à pétrir son miel, quand les premiers bruits de la liberté naissante vinrent retentir à son oreille. Comme son frère Marie-Joseph, comme son vieux maître Lebrun, comme ses amis les Lameth, les Pange, les Trudaine, il tressaillit, s'émut, s'enflamma à ce brasier ardent, qui échauffait toutes les âmes. Il pressentit qu'une ère de rénovation s'ouvrait pour la poésie en même temps que pour la société.

Nous n'avons point à nous occuper ici de ce qui forme

la partie la plus connue, la plus exquise et la plus parfaite de ses œuvres : de cette anthologie rustique et pastorale, où il est tour à tour l'élève et le rival de Théocrite, de Virgile, de Sannazar. C'est aux pièces politiques surtout qu'il convient de nous arrêter. Maudite politique ! a-t-on dit, qui l'a ravi à ses douces études, à ses divines contemplations, pour le jeter dans l'arène sanglante des partis. Que n'est-il resté enfermé dans sa ruche poétique, sourd et insensible à tout ce qui se passait autour de lui ! — Nous ne saurions conseiller ni souhaiter au poète cette *ataraxie* philosophique dans les heures d'orages et de dangers publics, quand souffle ce terrible cyclone de 89, qui doit tout emporter avec lui. Loin de blâmer, nous félicitons Chénier d'avoir courageusement pris part aux luttes de son temps, d'y avoir apporté, non seulement son talent d'écrivain, mais son cœur de citoyen; non seulement ses vers, mais sa propre vie, si précieuse qu'elle fût. Tout en maudissant les barbares qui sont venus rompre cette destinée si pleine de promesses, ne regrettons pas trop de l'avoir vu quitter ses bergeries pour se mêler à cette grande bataille, dont il fut une des plus nobles victimes; pas plus que nous n'avons regretté de voir Ronsard dérober aux *Amours*, aux *Odes pindariques*, et même à la *Franciade*, les instants consacrés aux *Discours sur les misères du temps présent*; pas plus que nous ne regretterons de voir Victor Hugo s'associer, dans ses *Orientales*, au généreux mouvement de l'Indépendance grecque; dans ses *Châtiments*, aux colères et aux protestations du droit outragé; dans *l'Année terrible*, aux douleurs et aux ressentiments de la patrie vaincue et mutilée.

Nous sommes de ceux qui rêvent pour le poète un autre rôle que celui d'un jeu d'orgues harmonieux, destiné à l'agrément de la société. Demandez à André Chénier lui-même ce qu'il pense, dans ses *Cyclopes littéraires*, du virtuose métromane, qui

> A toute heure est poète, et n'est rien que poète.

Si nos jeunes Parnassiens, trop épris de sons de guitare et de rimes riches pour l'oreille plutôt que pour le cœur, se sont relevés à nos yeux, c'est justement à l'heure où ils ont pris leur part des épreuves, des douleurs et des espérances communes.

Ce rôle d'homme et de citoyen, André Chénier l'a rempli sans motif intéressé, sans vaine gloriole, pour obéir aux mouvements d'une âme généreuse, honnête et libérale, sensible à tout ce qui lui semblait grand, juste et vrai. Il est plutôt spectateur et témoin qu'acteur, tout en fournissant sa large part de sacrifice et de dévouement. Bien qu'il s'en tienne à l'idéal d'une monarchie constitutionnelle, il a senti de bonne heure bouillonner en lui un vieux ferment républicain. Dans une de ses *Élégies*, la cinquante et unième, ébauchée pendant un voyage d'Italie, rappelant les noms de l'ancienne Rome, Cincinnatus, Caton, Gracchus, Brutus, Thraséas, Soranus, il écrit : « Si j'avais vécu dans ces temps-là, je n'aurais point fait des *Arts d'aimer*, des poésies molles, amoureuses....

> J'aurais, jeune Romain, au sénat, aux combats,
> Usé pour la patrie et ma voix et mon bras ;
> Et si du grand César l'invincible génie
> A Pharsale eût fait vaincre enfin la tyrannie,
> J'aurais su, finissant comme j'aurais vécu,
> Sur les bords africains, défait et non vaincu,
> Fils de la Liberté, parmi ses funérailles,
> D'un poignard vertueux déchiré mes entrailles. »

André se souvient ici, évidemment, de Corneille et de Lucain. Eût-il été jusqu'au bout si farouche, eût-il refusé de visiter, de chanter Lesbie avec Catulle, qui n'était pas non plus un ami de César ? On peut en douter. Il y a deux courants chez André Chénier : l'un tendre, aimant, voluptueux, auprès de Camille et de Fanny ; l'autre grave, austère, héroïque, capable de s'immoler à une cause et à une idée, comme l'attestent ces vers de l'*Hermès* :

> Mais n'importe ; un grand homme, au milieu des supplices,
> Goûte de la vertu les augustes délices.
> Il le sait : les humains sont injustes, ingrats.
> Que leurs yeux un moment ne le connaissent pas,
> Qu'un jour entre eux et lui s'élève avec murmure
> D'insectes ennemis une nuée obscure ;

N'importe, il les instruit, il les aime pour eux.
Même ingrats, il est doux d'avoir fait des heureux[1].

A travers ses pastorales, tout en cherchant à nous rendre, avec un art industrieux, les grâces plus ou moins naïves et les élégances exquises de Théocrite, de Bion et de Moschus, il mêle aux inspirations de la Muse grecque les préoccupations contemporaines. Dans une admirable idylle intitulée *la Liberté* et composée en 1787, deux ans avant la Révolution, il mettait en présence le Chevrier maître de son troupeau, et le Berger mercenaire, n'ayant rien à lui. Là il exprimait les colères et les rancunes du prolétaire resté serf par l'indigence, et ses revendications jalouses, qui grondent encore aujourd'hui au fond des masses, travaillées par le socialisme et l'anarchie.

> Je suis *esclave!*

Tel est le cri de désespoir et de rage que pousse le Berger à plusieurs reprises. La liberté est le grand remède à tous les maux : le paysan, devenu propriétaire par la Révolution, en trouvant l'indépendance, cessera de maudire la société.

> Protège-moi toujours, ô Liberté chérie !
> O mère des vertus ! mère de la patrie !

s'écrie déjà le Chevrier heureux et bienveillant.

C'est en cette même année 1787, que le poète compose une pièce d'imitation savante et de foi patriotique, avec ce titre : *A la France* : prémices d'un jeune talent qui associe les souvenirs de Virgile à l'amour du sol natal :

> France ! ô belle contrée, ô terre généreuse,
> Que les dieux complaisants formaient pour être heureuse !

Le genre descriptif si usé, si démodé avec Saint-Lambert et Delille, se rajeunit sous son pinceau. La géographie même devient poétique :

> Ajoutez cet amas de fleuves tortueux,
> L'indomptable Garonne aux vagues insensées,
> Le Rhône impétueux, fils des Alpes glacées,

---

1. *Hermès*, chant III, *la Politique*.

> La Seine au flot royal, la Loire dans son sein
> Incertaine, et la Saône, et mille autres enfin.

Aux beautés de la nature s'ajoutent, comme dans Virgile, les travaux de l'homme, le canal du Languedoc creusé par les Trudaine, nom cher au cœur du poète, nom béni, auquel il unit celui des ministres libéraux que la France regrette :

> Malesherbes, Turgot, ô vous en qui la France
> Vit luire, hélas ! en vain, sa dernière espérance.

Il songe à ce peuple dont le génie, les ressources et les besoins ont été si mal compris par l'incurie, la négligence ou l'égoïsme des gouvernements.

> Ton peuple industrieux est né pour les combats.
> Le glaive, le mousquet n'accablent point ses bras.
> Il s'élance aux assauts, et son fer intrépide
> Chassa l'impie Anglais, usurpateur avide.
> Le ciel les fit humains, hospitaliers et bons,
> Amis des doux plaisirs, des festins, des chansons;
> Mais faibles, opprimés, la tristesse inquiète
> Glace ces chants joyeux sur leur bouche muette,
> Pour les jeux, pour la danse, appesantit leurs pas,
> Renverse devant eux les tables des repas,
> Flétrit de longs soucis, empreinte douloureuse,
> Et leur front et leur âme. Ô France ! trop heureuse,
> Si tu voyais tes biens, si tu profitais mieux
> Des dons que tu reçus de la bonté des cieux !

Parti en Angleterre avec le marquis de la Luzerne, notre ambassadeur, dont il est devenu le secrétaire, Chénier suit avidement, de l'autre côté du détroit, les progrès naissants de la Révolution. Sa correspondance avec son père, dans les années 1789-1790, exprime ses inquiétudes et ses impatiences patriotiques. Il lui parle des nouvelles alarmantes, « exagérées non seulement par la mauvaise volonté des Anglais, mais par la plupart des Français (les émigrés) qui sont ici, dit-il, et qui ne voient pas que leur odieuse animosité envers leur patrie les rend méprisables et ridicules ». André Chénier ne peut contenir son indignation, et fait appel à l'honneur national, au saint amour de la patrie :

> Français, nous périssons, si vous n'aimez la France.
> . . . .
> Que la France partout du jeune homme pieux
> Occupe à tout moment et le cœur et les yeux ;
> Qu'il la voie et lui parle, et l'écoute sans cesse ;
> Qu'elle soit son trésor, son ami, sa maîtresse ;
> Que même au sein des nuits, d'un beau songe charmé,
> Il serre dans ses bras ce simulacre aimé[1].

Revenu en France, André se révélait pour la première fois au public comme poète national, en faisant paraître sa pièce du *Jeu de Paume* : grand morceau lyrique aux vastes proportions un peu confuses, mais d'un élan fier et hardi. L'œuvre était dédiée à Louis David, dont le pinceau devait immortaliser cette mémorable scène de la Révolution. Le poète et l'artiste étaient unis alors par le double lien de l'enthousiasme et de l'amitié. L'essor en est vraiment superbe :

> Reprends ta robe d'or, ceins ton riche bandeau,
>   Jeune et divine Poésie ;
> Quoique ces temps d'orage éclipsent ton flambeau,
> Aux lèvres de David, roi du savant pinceau,
>   Porte la coupe d'ambroisie.

Plus tard André regrettera et désavouera ces éloges accordés à David. Mais nous sommes encore dans la joie du premier moment. Au souffle puissant de la liberté, l'art et la société vont se rajeunir et se transformer, briser les vieilles lisières qui les embarrassent. S'adressant à la poésie, André lui dit :

> Toi-même, belle vierge à la touchante voix,
>   Nymphe ailée, aimable Sirène,
> Ta langue s'amollit dans le palais des rois ;
> Ta hauteur se rabaisse, et d'enfantines lois
>   Oppriment ta marche incertaine.

Aussi laisse-t-il couler la strophe à pleins bords, au hasard, sans entraves, l'étendant jusqu'à dix-neuf vers.

---

1. Édition Gabriel de Chénier. *Poésies diverses*, t. II, p. 219.

M. Egger a jugé sévèrement cette pièce, véritable début d'André Chénier, dans le genre pindarique, où il n'est encore qu'un écolier. « Ce début, dit-il, est malheureux. On y reconnaît beaucoup plus l'ami d'Écouchard-Lebrun que le vrai disciple de Pindare : ce rythme haché, cette froide abondance de métaphores, cette vaine emphase d'expressions, semblent d'un commençant qui cherche encore sa voie[1]. » Sans contester précisément la justesse de cette critique, on peut la trouver bien rigoureuse. Ce qu'il y a de vrai ici, c'est que Chénier cherche en effet une route et une forme nouvelles. Malgré la prédiction d'Horace sur les imitateurs de Pindare, et suivant en cela l'exemple de Ronsard plutôt que de Lebrun, il s'efforçait de donner au lyrisme une allure plus libre et plus aventureuse. Que les strophes, dans leur marche indécise et tourmentée, dépassent la mesure ordinaire, et possible peut-être, à l'ode française, elles n'en sont pas moins un effort généreux pour égaler les larges proportions de l'ode pindarique.

A travers ces heurts, ces coupes brusques et violentes, éclatent parfois des traits vigoureux et étincelants. On n'a pas la flamme complète, mais d'admirables éclairs. La pièce du *Jeu de Paume* porte la trace de l'improvisation : ce n'est pas là une de ces œuvres taillées, ciselées avec amour comme la *Jeune Tarentine* ou l'*Aveugle*. C'est un flot tumultueux qui envahit l'âme du poète, et se répand en audacieux dithyrambes, *per audaces dithyrambos*, dont le mouvement inégal, saccadé, brisé, rappelle le torrent de Pindare, mais entravé par les troncs d'arbres et les rochers qu'il roule dans son cours.

L'effet n'en est pas moins très remarquable. A l'intérêt littéraire s'ajoute encore l'intérêt historique. Nulle page ne résume et n'exprime d'une façon plus vive les émotions diverses du temps : l'enthousiasme, les espérances, les oppositions, les rancunes et les craintes qu'éveille la Révolution. D'un côté, la France épuisée, mourante, abandonnée de ceux qui devraient la protéger, réduite et décidée à se sauver elle-même. De l'autre, les incrédules,

---

1. *L'Hellénisme en France*, t. II.

les railleurs, qui ne croient pas à la vertu ni au patriotisme de la nation.

> A ton seul nom pétille un rire âcre et jaloux.
> Ils n'ont pas vu sans effroi, sans courroux,
> Ces élus plébéiens [1],

les députés du tiers état, qu'on espère décourager à force d'avanies et d'impertinences. On les chasse d'abord de la salle des *Menus Plaisirs*. L'Assemblée, condamnée ainsi que Latone à une existence errante, va trouver enfin dans le *Jeu de Paume* une autre Délos :

> . . . O murs! temple à jamais fameux!
> Berceau des Lois! *sainte masure* [2]!
> . . . .
> O jour! jour triomphant! jour saint! jour immortel!
> Jour le plus beau qu'ait fait luire le ciel,
> Depuis qu'au fier Clovis Bellone fut propice!

Est-ce Bellone qu'il fallait dire? Encore un souvenir de la phraséologie classique employée par Lebrun. Les strophes marchent comme les événements, tonnent, foudroient, éclatent comme eux. Des ruines de la Bastille s'élève la radieuse image de la Liberté. Par une sorte d'explosion hardie, l'enjambement saute non seulement d'un vers, mais d'une strophe à l'autre.

XI

> L'enfer de la Bastille à tous les vents jeté
> Vole, débris infâme, et cendre inanimée,
> Et de ces grands tombeaux la belle Liberté
>   Altière, étincelante, armée,

XII

> *Sort*. Comme un triple foudre éclate au haut des cieux,
>   Trois couleurs dans sa main agile
> Flottent en long drapeau. Son cri victorieux
> *Tonne*.

Cependant au milieu de la joie du triomphe, le poète ne peut oublier que le sang a coulé, et s'adressant aux conducteurs

---

1. vᵉ strophe. — 2. viᵉ strophe.

du peuple, de ce peuple si mobile et si promptement entraîné au bien comme au mal :

> Ah! ne le laissez pas, dans la sanglante rage
> D'un ressentiment inhumain,
> Souiller sa cause et votre ouvrage.
> Ah! ne le laissez pas sans conseil et sans frein,
> Armant, pour soutenir des droits si légitimes,
> La torche incendiaire et le fer assassin,
> Venger la raison par des crimes.

Ces sages conseils, il les répétait dans son *Avis aux Français sur leurs véritables ennemis,* éloquent manifeste en prose qui fut lu de toute l'Europe.

C'est dans cette pensée et dans l'espoir d'un avenir meilleur, qu'André Chénier ébauchait le poème de la *France libre* en l'honneur de la nouvelle constitution, qui devait assurer la paix et la réconciliation du peuple avec son roi (1791).

> Roi, l'amour des Français, l'honneur du diadème!
> Compagne de sa gloire et de son rang suprême,
> Reine, couple chéri, contemplez vos bienfaits :
> Par vous la Liberté naît au sein de la paix.

Il est bien forcé pourtant de reconnaître que ce ciel d'azur n'est pas sans nuages, que :

> La Liberté naissante élève quelqu'orage,
> Et le peuple, agité dans ses fougueux efforts,
> Souvent à quelqu'excès égare ses transports.
> Mais la Concorde enfin, et l'ordre et l'harmonie
> Amènent près de vous la France réunie ;
> Et le calme et la paix sont préparés pour vous,
> Dans le port que vos mains ont ouvert devant nous.

Le port allait devenir bientôt une mer tempétueuse. André Chénier nous montre ainsi, par ses écrits en vers et en prose, toutes les oscillations et les souffrances d'une âme honnête et généreuse, qui voit peu à peu s'évanouir ses espérances et ses illusions. L'ignoble ovation décernée par la Commune de Paris, sur la proposition de Collot d'Herbois, aux

Suisses révoltés du régiment de Châteauvieux, assassins et voleurs, lui arrache un cri de vertueuse indignation :

> Salut, divin triomphe ! entre dans nos murailles !
> Rends-nous ces guerriers illustrés
> Par le sang de Désille et par les funérailles
> De tant de Français massacrés.
>
> . . . .

André Chénier engage ici une partie dont sa tête est l'enjeu. Il le sait, et ne s'en intimide point.

« Il est bon, écrit-il dans le *Journal de Paris*, il est honorable, il est doux de se présenter par des vertus sévères à la haine des despotes insolents, qui tyrannisent la liberté au nom de la liberté même. »

Jadis il a ressenti la fièvre généreuse de la liberté : on dirait maintenant qu'il éprouve la sainte exaltation du martyre, qu'il s'offre d'avance en holocauste :

« C'est maintenant, quand les sacrifices qu'il faut faire à la vérité, à la liberté, à la patrie sont dangereux et difficiles, qu'ils sont accompagnés aussi d'inappréciables délices. C'est au milieu des délations, des outrages, des proscriptions, c'est dans les cachots, c'est sur les échafauds que la vertu, la probité, la constance savourent la volupté d'une conscience orgueilleuse et pure. »

Après le 10 Août, l'invasion des Tuileries et le massacre des Suisses, André voyant la royauté déchue, la constitution violée, et le parti des modérés vaincu, lance ses ïambes irrités à la face des assassins, de cette populace hébétée et ivre de sang :

> O gardes de Louis, sous les voûtes royales,
> Par nos Ménades déchirés,
> Vos têtes sur un fer ont, pour nos bacchanales,
> Orné nos portes triomphales,
> Et ces bronzes hideux nos monuments sacrés.
>
> Tout ce peuple hébété, que nul remords ne touche,
> Cruel, même dans son repos,
> Vient sourire aux succès de sa rage farouche,
> Et, la soif encore à la bouche,
> Ruminer tout le sang dont il a bu les flots.

Le style d'André Chénier si doux, si limpide, quand il

chante *Mnaïs* ou *Myrto*, se hérisse, se gonfle, se tord et s'obscurcit parfois, en exprimant les colères et les dégoûts d'une vertu révoltée. On sent qu'il a oublié Théocrite et Virgile pour Archiloque et Juvénal.

Un instant, écœuré, découragé, il semble renoncer à cette lutte inutile contre des fous et des furieux. Wieland, le poète allemand, ayant écrit à un ami commun pour s'informer du sort d'André, et de ce qu'il faisait dans la Révolution :

« Ce que je fais dans la Révolution, répondait André, rien, grâces au ciel, absolument rien. C'est ce que je m'étais bien promis dès le commencement, sachant déjà que le moment des révolutions n'est jamais celui des hommes droits et invariables dans leurs principes, qui ne veulent ni mener ni suivre des partis, et qui abhorrent toute intrigue. »

Et il s'était remis à ses chères études, demandant qu'on lui envoyât d'Allemagne des livres savants *cum notis variorum*.

Le procès du roi vint ouvrir un nouveau champ à ses indignations et à ses imprudences héroïques. MM. de Malesherbes, de Sèze et Tronchet furent heureux de s'adjoindre cette plume vaillante pour la défense de Louis XVI. André prit-il l'initiative de cette démarche, comme l'ont raconté MM. de la Touche et le bibliophile Jacob? M. Gabriel de Chénier les contredit formellement sur ce point. Ce fut, d'après lui, M. de Malesherbes, oncle de M. de la Luzerne, qui demanda au poète son concours. André répondit généreusement à cette sollicitation. Il rédigea un mémoire et un projet de lettre, que Louis XVI devait lire à la Convention, et dans laquelle il réclamait l'appel au peuple. La lettre ne fut pas lue, ni même connue du roi. Cette noble intervention ne faisait que rendre André plus suspect et plus odieux à ses ennemis. La mort du roi, le règne de la Terreur ajoutaient à ses dangers. Sur les instances de Marie-Joseph et de toute sa famille, il se décida enfin à quitter Paris. Après un court séjour à Rouen, il vint s'établir à Versailles, dont son frère était le député. Il y retrouvait l'étude, la paix, les bois et la poésie. L'aspect de cette solitude royale lui inspire quelques belles strophes

lyriques, dernier écho de ses impressions d'artiste songeur
et mélancolique.

> O Versaille! ô bois! ô portiques!
> Marbres vivants, berceaux antiques,
> Par les dieux et les rois Élysée embelli,
> A ton aspect, dans ma pensée,
> Comme sur l'herbe aride une fraîche rosée,
> Coule un peu de calme et d'oubli.

Non loin de là, il découvre Louveciennes, où habite Fanny :
il revient la voir en rêvant sous de triples cintres d'ormeaux.
La nature et l'amour l'ont ressaisi : c'est assez pour le
bonheur.

> J'aime, je vis. Heureux rivage!

Mais son cœur s'émeut à la pensée des victimes, que Paris
voit chaque jour défiler dans ses rues, sur la charrette fatale.
Cette sombre vision vient rembrunir et gâter tout à coup
le charme du paysage.

> Mais souvent tes vallons tranquilles,
> Tes sommets verts, tes frais asiles,
> Tout à coup à mes yeux s'enveloppent de deuil.
> J'y vois errer l'ombre livide
> D'un peuple d'innocents, qu'un tribunal perfide
> Précipite dans le cercueil.

Ici s'arrête ce que j'appellerais volontiers la première période des chants politiques d'André Chénier : la seconde est plus lugubre encore, plus émouvante et plus tragique par la conclusion ; nous la reverrons au chapitre de la *Terreur*.

III

Cependant que devenait et que faisait son frère cadet,
Marie-Joseph, emporté par un courant littéraire et politique
tout différent? Autant André est enfermé, discret, modeste,
bien que hardi au fond, dans son œuvre de rénovation
poétique; autant Marie-Joseph est bruyant, tumultueux,
impatient de prendre place et d'occuper le monde de sa
personne et de sa gloire. Avant la fin de sa rhétorique, il
s'échappe des bancs du collège pour courir au théâtre, et

bientôt à la tribune. Cette fougue précipitée lui sera reprochée un jour par le malin critique Geoffroy, son ancien professeur à Mazarin. Celui-ci ne peut pardonner au jeune présomptueux d'avoir osé escalader, avant l'âge, les degrés de la Renommée; et, pour avoir voulu faire l'homme à l'école, il le condamne à rester toute sa vie un écolier. Malgré le talent incontestable de Marie-Joseph, il y a du vrai dans ce jugement. Si audacieux, si violent même qu'il soit dans ses opinions politiques, marchant de l'avant avec son vieux maître Lebrun, il n'en est pas moins littérairement un attardé. Sa poétique, comme sa philosophie, est de tout point celle de Voltaire. Il s'en tient aux préceptes de Malherbe sur la césure et l'enjambement, dont André s'affranchit si librement; il croit à la règle des trois unités. Baour-Lormian et Lemercier sont des *oseurs*, des téméraires à côté de lui. Gardien sévère des traditions classiques, il déclare tout d'abord la guerre au romantisme naissant dans la personne de Chateaubriand, l'auteur d'*Atala* et des *Martyrs*.

A l'exemple de son idole et modèle Voltaire, il débute, ou à peu près[1] par une tragédie qui fit autant et plus de bruit encore qu'*Œdipe*. *Charles IX*, représenté quelque temps après la prise de la Bastille, éclate à la façon d'une bombe ou d'un explosif littéraire, qui achève d'ébranler la vieille monarchie. Cette fois, ce n'est plus seulement le fanatisme, c'est l'autorité royale aussi bien que l'Eglise, qui se trouve bravée, honnie, traînée au pilori de l'opinion publique, sous les traits de Charles IX, de Catherine de Médicis, du cardinal de Lorraine, dans cette sinistre nuit de la Saint-Barthélemy, si cruellement expiée.

Orateur et tribun plutôt encore que poète, Marie-Joseph Chénier déclame dans son théâtre, autant que dans ses odes et ses cantates. La tragédie devient pour lui, ainsi que pour Voltaire, une véritable prédication. C'est par là qu'elle réussit auprès d'un public moins épris de l'art que de ses idées et de ses passions. C'est par là aussi qu'elle alarme d'autant plus l'autorité chancelante d'un pouvoir incapable

---

[1]. Nous ne parlons ici ni du *Page supposé* (1785), ni de la tragédie d'*Azémire* (1786), œuvres d'écolier qui obtinrent un échec mérité.

de se défendre contre un mouvement irrésistible. Cette tragédie, qui nous intéresse médiocrement aujourd'hui comme œuvre littéraire, n'en est pas moins un événement capital dans l'histoire du théâtre, par les orages, les émotions, les manifestes et les disputes qu'elle souleva. Il faut remonter jusqu'au *Mariage de Figaro* pour trouver une pareille agitation. La pièce avait été reçue depuis six mois par les acteurs : mais la censure opposait son *veto*. A ce propos s'engage entre le jeune auteur tout bouillant d'impatience et le caustique censeur académicien Suard une spirituelle partie d'escrime, où Danton, Fabre d'Églantine, Collot d'Herbois apportent le concours de leur influence et celui de la cabale, d'accord avec le parterre insurgé, pour réclamer la tragédie nouvelle. Le maire de Paris, Bailly, craignant les conséquences possibles, renvoyait à l'Assemblée nationale la responsabilité d'une autorisation périlleuse.

La pièce de *Charles IX* fut enfin livrée au public le 4 novembre 1789, le jour de la fête de saint Charles, singulière coïncidence. Mirabeau assistait à la première représentation : il y fut l'objet d'une ovation enthousiaste : c'était lui le vrai roi du jour. Un autre roi, de théâtre, s'y révélait : Talma, chargé du rôle de Charles IX, par suite d'un caprice du chef d'emploi Saint-Paul, qui préféra le personnage secondaire, mais plus sympathique de Henri de Navarre. Ce jour-là, Lekain était remplacé et bientôt éclipsé.

Les passions, déjà éveillées par les escarmouches de plume et les discussions antérieures, devinrent encore plus ardentes à la représentation. Danton, se frottant les mains, s'écriait : « *Figaro* a tué la noblesse; *Charles IX* tuera la royauté ». Camille Desmoulins répétait en plein parterre : « Cette pièce avance plus nos affaires que les journées d'Octobre ». On comprend en retour la mauvaise humeur et l'effroi des monarchistes. Les grands seigneurs, qui avaient applaudi étourdiment aux saillies de Figaro, commençaient à s'inquiéter. « On ne m'ôtera pas de l'idée, écrit un anonyme, que l'Enfer s'est rendu chez M. de Chénier, que Pluton dictait, et qu'un diable tenait l'écritoire. »

Après les grandes batailles de la salle, vinrent celles de

la critique, partagée, comme le public, en deux camps. La Harpe, cachant mal son dépit contre l'heureux téméraire qui venait ainsi ravir la palme tragique à l'auteur de *Menzikof*, voit dans cette pièce le comble de l'impuissance. Grimm, sans la priser beaucoup, y reconnaît une marche plus sage que dramatique, quelques beaux vers et bon nombre de lieux communs; enfin une scène vraiment théâtrale au quatrième acte, celle de la bénédiction des poignards, transportée depuis par Scribe dans l'opéra des *Huguenots*. Il avoue que, malgré ses imperfections, cette œuvre attire un concours de monde prodigieux. « On le croirait même au-dessus de celui qu'attira le *Mariage de Figaro* : c'est tout dire. » Outre les passions du jour, la pompe du spectacle, la vérité des costumes et le jeu des acteurs contribuèrent largement, selon lui, au succès. A un demi-siècle de distance, Charles Labitte, jugeant l'effet de cette tragédie, écrit : « Ce que la prise de la Bastille avait été dans l'ordre politique, la représentation de *Charles IX* le fut dans l'ordre littéraire. » — Avec cette différence pourtant, que la prise de la Bastille annonçait la chute d'un système gouvernemental, et que la tragédie de *Charles IX* était loin de rompre les traditions dramatiques du passé.

A quoi tient donc l'émotion générale? Est-ce à l'avènement d'un art nouveau, comme jadis pour *le Cid*, pour *Andromaque*, et plus tard pour l'*Hernani* de Victor Hugo ? Non. L'auteur se fait sans doute quelque illusion à cet égard, si l'on en juge par le discours préliminaire placé en tête de sa pièce. Chaque écrivain dramatique, chaque philosophe, se croit volontiers l'inventeur d'un système : il est si doux et si flatteur d'avoir découvert son Amérique ! Les critiques mêmes, de nos jours, n'ont-ils pas la prétention d'avoir trouvé une nouvelle manière de comprendre et d'interpréter les chefs-d'œuvre ? Et ils y croient naïvement. Marie-Joseph Chénier se vante d'avoir, le premier, donné à la France une tragédie vraiment nationale. Aussi est-ce à la nation qu'il la dédie : « Français, mes concitoyens, acceptez l'hommage de cette tragédie patriotique. Je dédie l'ouvrage d'un homme libre à une nation devenue libre. » — Le roi a bien aussi son grain d'encens, mais après le peuple : « O Louis XVI, roi plein de justice et de bonté, vous êtes digne d'être le chef des Français ; mais des méchants veulent toujours établir un mur de séparation entre votre peuple et vous. » Depuis la prise de la Bastille, le peuple a plus de courtisans que le roi.

De Belloy avait déjà revendiqué, comme poète national, l'honneur que réclame ici Chénier. Celui-ci le prend de haut avec son devancier, auquel il reproche d'avoir substitué aux grands intérêts publics des niaiseries chevaleresques et des rodomontades militaires, en un mot d'avoir fait des tragédies antinationales. Que devait en penser la municipalité de Calais, si fière de compter De Belloy parmi ses citoyens ? Tout plein de cette maxime d'Aristote, que la tragédie est plus philosophique et plus instructive que l'histoire, Chénier prétend en faire l'école des peuples et des rois. Il a donc entrepris d'opposer à la tragédie galante et romanesque du passé la tragédie historique largement assaisonnée de philosophie. Aussi engage-t-il les pères de famille à conduire leurs enfants au théâtre, pour y apprendre l'histoire moderne, si mal enseignée dans les collèges. La galanterie que s'imposait jadis Voltaire, même dans l'*OEdipe*, lui semble un fléau de notre théâtre et un amusement puéril.

L'amour est un tyran, j'ai dû briser ses chaînes.

Apostrophant les poètes tragiques français, il leur crie en langage de tribun : « Connaissez bien le siècle où le sort vous a placés, et songez, en observant le peuple qui nous environne, qu'il est temps d'écrire pour des hommes, et que les enfants ne sont plus. » Visant à l'utile et au sérieux, il se félicite d'avoir supprimé les confidents, personnages insipides et parasites, attachés aux pas des héros comme des courtisans ou des valets besogneux. De même, pour certaines appellations solennelles, celle de *Seigneur*, par exemple, si mal appliquée aux Grecs et aux Romains, il substitue les mots de *Sire* et de *Monsieur*, plus conformes à la vérité.

Toutes ces réformes ne constituent en somme rien de bien original ni de bien hardi. Chénier conserve le vieux moule tragique sans y rien changer. La Révolution a pu renverser les tours et les murs de la Bastille : elle n'a point ébranlé la base des unités dramatiques. Le complot va s'exécuter dans l'espace consacré des vingt-quatre heures; et le récit de L'Hôpital nous dispense d'aller au logis de Coligny ou sur le parvis de Saint-Germain-l'Auxerrois. Le tiers état, qui triomphe sur les bancs de l'Assemblée nationale, le peuple qui siège dans les conseils de la Commune, ne trouvent guère place dans la tragédie de Chénier. L'âme d'une société nouvelle, démocratique et révolutionnaire, demeure à demi étouffée sous l'enveloppe et les entraves d'une forme aristocratique et surannée. Et ce libérateur des consciences et des esprits oublie de briser les chaînes de la Muse tragique, les servitudes que lui ont imposées jadis Chapelain et Richelieu. Shakespeare eût autrement compris cette introduction de l'histoire et de l'élément populaire dans le drame : son *Coriolan*, son *Jules César* le prouvent assez. Mais Chénier n'a que du mépris pour les *absurdités dégoûtantes* du théâtre anglais, et pour les *niaiseries burlesques* du théâtre allemand. Shakespeare et Schiller sont bons tout au plus pour les tréteaux des boulevards, mais indignes de la scène française.

En dépit de ses prétentions à la vérité historique, dominé par les préoccupations du jour, il songe moins encore à peindre le passé que le présent. Tous les personnages de la pièce sont des contemporains, et parlent le langage du xviiie siècle. Le faible et indécis Charles IX, partagé entre les hésitations de sa conscience chancelante et les perfides conseils de sa mère et des Guises, a plus d'un trait commun avec Louis XVI, flottant entre les deux courants contraires qui le poussent, l'un vers le despotisme, l'autre vers la liberté. Catherine de Médicis, avec sa tortuosité, ses correspondances mystérieuses, ses idées de vengeance et de représailles, fait penser déjà aux mauvais bruits répandus contre Marie-Antoinette, bientôt chansonnée sous le nom de *Madame Veto*. Le cardinal de Lorraine personnifie à lui seul tout un parti, l'esprit théocratique, le favoritisme et l'ambition ultramontaine : peut-être aussi cet archevêque de Toulouse, Loménie de Brienne, qui s'était flatté un instant de mettre aux fers les parlements. Le duc de Guise, fanfaron d'autorité et de coups d'État, a les allures tranchantes du comte d'Artois. L'Hôpital, de l'aveu même de l'auteur, est un ancêtre du ministre libéral et protestant Necker, l'ami du tiers état d'où il est sorti. Henri de Navarre et Coligny nous représentent l'un Philippe d'Orléans, l'autre La Fayette.

Jamais on n'a plus largement ou plus audacieusement usé des allusions et de l'actualité. Cette tragédie de *Charles IX* est vraiment une pièce de circonstance : aussi, suivant la remarque de Charles Labitte, réussit-elle toujours la veille ou le lendemain des révolutions. Le bruit du tocsin produit son effet, mieux encore que le fameux coup de canon dans *Adélaïde Du Guesclin*; mieux surtout que les vers souvent faibles, traînants et négligés de Marie-Joseph Chénier, vers d'*impresario* hâtif plutôt que de poète recueilli.

Néanmoins il était posé comme le chantre tragique et patriote de la Révolution au théâtre : son succès même devint pour lui un fardeau écrasant. « Quoi que fasse Chénier, écrivait Ginguené, on dira toujours de lui : l'auteur de *Charles IX*. » Cependant il a d'autres titres à notre attention. Il partage avec Lebrun le rôle de poète lyrique officiel au service de la République, dans les fêtes nationales et religieuses, ou dans ces hymnes guerriers qui vont conduire nos soldats à la victoire. L'auteur de *Charles IX* est aussi celui du *Chant du Départ* : ne l'oublions pas. Nous y viendrons bientôt, après avoir parlé du *Ça ira*, de la *Marseillaise*, de la *Carmagnole*, et autres chants qui l'ont précédé.

CHAPITRE VIII

CHANTS POPULAIRES DE LA RÉVOLUTION

Le *Ça ira* (1790). — Le *Salut de la France* (1791). — La *Marseillaise* (1792). — La *Carmagnole* (1792). — Chants de guerre et de victoire : Appel aux peuples. — Le vaudeville. — Chants réactionnaires.

I

Le *chant* est à toutes les époques et chez tous les peuples, mais surtout dans notre France, le plus actif instrument de propagande et de ralliement, pour les foules et pour les armées, pour les sectes et les partis. Les appels des troubadours et des trouvères au temps des croisades, les psaumes et les cantiques de la Réforme, les vaudevilles de la Fronde et de la Régence, les *Ça ira*, les *Marseillaise* et les *Carmagnole* de la Révolution, attestent le pouvoir de la chanson. L'histoire littéraire, si grave qu'elle soit, ne saurait les omettre, si elle veut rendre compte du mouvement de l'opinion tour à tour exaltée, séduite, égayée, entraînée au paroxysme de l'enthousiasme et de la colère, de l'amour ou de la haine, de l'admiration ou du rire moqueur. Que d'actions héroïques, que de crimes affreux se trouvent associés à ces souvenirs!

Chacun de ces chants marque, pour ainsi dire, une étape de la Révolution. Le *Ça ira* correspond à la fête de la Fédération (1790); le *Salut de la France*, à la déclaration de Pilnitz (1791); la *Marseillaise*, au début de la guerre contre les puissances coalisées (avril 1792); la *Carmagnole*, à la journée du 10 août 1792; le *Chant du Départ*, à la période de victoires et conquêtes, couronnée par la bataille de Fleurus (1794).

Le *Ça ira* est le premier cri national du « Coq Gaulois » annonçant l'aurore d'un jour nouveau. C'est une histoire curieuse que celle de ce refrain, entonné d'abord comme chant de concorde et de paix, avant de tourner en chant de haine et de guerre civile. Paris se préparait à célébrer, le 14 juillet 1790, en mémoire de la prise de la Bastille, la fête de la Fédération, au Champ de Mars. La capitale allait fraterniser avec la province : la France, dans le débordement de ses sympathies, conviait à cette fête l'Europe entière, ainsi qu'elle devait le faire plus tard à ses Expositions universelles. Il s'agissait d'adopter un chant de ralliement : ce ne fut, à vrai dire, ni Pierre, ni Jacques, mais la nation elle-même qui se chargea de le créer, ou tout au moins de le compléter et de le transformer au hasard des événements.

La musique était toute trouvée : un air de contredanse fort à la mode, intitulé le *Carillon national*, par Bécourt. Véritable carillon, en effet, destiné à exprimer toutes les notes du sentiment populaire, depuis le rire jovial et bon enfant jusqu'à la fureur atroce et sanguinaire. La reine Marie-Antoinette raffolait de cet air, qu'elle se plaisait à jouer sur son clavecin, ne se doutant pas qu'elle l'entendrait un jour hurlé par des milliers de voix furieuses, quand elle s'en irait, sur la lugubre charrette, à la place de la Révolution.

Pour les paroles, ou plutôt le refrain, qui est toute la chanson, car les paroles varient à l'infini, le *Ça ira* était sorti d'une bouche pacifique entre toutes : celle du sage Franklin. A chaque dépêche arrivée d'Amérique, annonçant une nouvelle victoire des *Insurgents*, le bon docteur s'écriait : *Ça ira, ça ira*. La Fayette engagea un chanteur des rues, Ladré, à faire de ces paroles un refrain populaire. Ladré y appliqua l'air de la contredanse fameuse, et bientôt les travailleurs du Champ de Mars répétaient en chœur : *Ça ira, ça ira*, qui exprimait bien les espérances des amis de la Révolution. — La ville de Paris avait d'abord enrôlé pour les travaux de terrassements des ouvriers payés, qui s'acquittaient de leur tâche un peu comme nos travailleurs des ateliers nationaux en 1848. Il eût fallu des mois pour en finir. La population parisienne s'impatienta et, avec cette fièvre qu'elle apporte à construire ou à démolir dans certains jours, elle se mit elle-même à l'œuvre. Toutes les classes de la société, bourgeois, artisans, prêtres, magistrats, soldats, femmes, enfants, tout le monde tint à honneur de rouler la brouette patriotique, en s'animant au chant du *Ça ira*. Les premiers couplets n'ont rien de menaçant :

> Ah ! ça ira, ça ira, ça ira ;
> Pierrot et Margot chantent à la guinguette,
> Ah ! ça ira. . . . .
> Réjouissons-nous, le bon temps reviendra.

Les noms du roi et de la reine y sont associés un moment à celui de La Fayette, l'homme populaire par excellence à cette époque.

> Le roi et la cour, tout s'y trouvera,
> Le grand La Fayette on admirera :
> D'un chant joyeux,
> Dieu sait comme toujours on répétera :
> Ah ! ça ira. . . . .

Les députations de province, en s'acheminant vers Paris, reprenaient ce refrain comme un viatique réconfortant, le long de la route, à la façon de ces cantiques que redisaient jadis les croisés marchant vers Jérusalem, sous la conduite de Pierre l'Ermite et de Gauthier *Sans Avoir*. N'était-ce pas une autre Jérusalem qu'ils allaient chercher à leur tour ? Cette foi des masses est au fond toujours la même, sous des formes différentes.

Cependant les idées révolutionnaires finissent aussi par s'infiltrer dans ces couplets d'abord innocents, surtout en face des oppositions, du mauvais vouloir et de la froideur manifeste de certaines gens. La noblesse, le haut clergé, la bourgeoisie opulente, faisaient plus ou moins grise mine à ce refrain égalitaire. Alors la chanson, joyeuse au début, s'assombrit, s'envenime, et aboutit à ce cri menaçant, qui deviendra un arrêt de mort :

> Ah ! ça ira, ça ira, ça ira,
> Les aristocrat' à la lanterne !
> Ah ! ça ira . . . . . .
> Les aristocrat', on les pendra.

De Paris, le *Ça ira* eut bientôt passé dans les camps, joué par les musiques militaires, et répété en chœur par les soldats. C'est lui qui les conduit à Valmy contre les bataillons prussiens. Avant que la *Marseillaise* soit venue le détrôner, c'est encore par lui que la France se flatte d'apporter la liberté à tous les peuples.

> Ah! ça ira, ça ira, ça ira;
> C'est le refrain de toute la France.
> Ah! ça ira . . . .
> Amis, disons mieux, disons que ça va.
> . . . .
> Du Rhin au Var nous triomphons déjà,
> Ah! ça ira . . . .
>
> De Bruxelle aux rives du Volga,
> De Francfort aux bords de la Plata,
> Aujourd'hui j'ai l'espérance
> Que partout on chantera :
> Ah! ça ira, ...[1].

Tandis que la France adressait aux peuples un appel cordial et fraternel, les rois lui renvoyaient la *Déclaration de Pilnitz* (7 août 1791), en l'invitant à rétablir Louis XVI dans ses droits et privilèges, et à rentrer sous le joug de la monarchie légitime. Cette sommation injurieuse méritait une réponse : le ministère girondin s'en chargea, en forçant Louis XVI à déclarer la guerre à ses amis trop zélés. La formation d'un camp sous Paris enflammait l'éloquence de Vergniaud. En même temps, le défi jeté au peuple par les coalisés de Pilnitz inspirait à un rimeur obscur, S. Boy, une chanson intitulée *le Salut de la France*, sur un air tiré de *Renaud d'Ast*, opéra de Dalayrac. Si l'auteur fut vite oublié, les paroles et la musique eurent la singulière fortune de survivre à la plupart des airs révolutionnaires, et même à la République. Cette faveur, il la dut surtout à son début :

> Veillons au salut de l'empire !

Le chansonnier, en écrivant ce vers, ne songeait pas du tout au futur empire improvisé par Bonaparte treize ans plus tard.

---

1. *Recueil de chansons et facéties.* Bibl. nat., 3105.

Mais le gouvernement impérial, profitant de l'amphibologie, ressuscita, ou plutôt maintint le vieil air parmi les chants nationaux. Les vers qui suivent nous prouvent assez que la pièce n'a rien de monarchique, et atteste déjà un esprit tout républicain :

> Veillons au maintien de nos droits !
> Si le despotisme conspire,
> Conspirons la perte des rois !

La France a conscience alors du rôle libérateur qu'elle joue dans le monde : elle croit déjà à sa mission providentielle.

> Du salut de notre patrie
> Dépend celui de l'univers :
> Si jamais elle est asservie,
> Tous les peuples sont dans les fers.

Nous remarquerons plus tard des sentiments analogues exprimés dans les vers de Laprade et de Victor Hugo, en 1870-1871. Mais la musique de Dalayrac, si gracieuse, si charmante qu'elle fût, n'avait pas plus que le *Ça ira*, l'ampleur et la majesté d'un chant national. Ce chant souhaité, désiré de tous les patriotes, la France allait le trouver enfin dans la *Marseillaise* de Rouget de Lisle. Cette fois il ne s'agit plus d'un ravaudage musical, où les paroles viennent se greffer, tant bien que mal, sur un air connu : le poète et le musicien se confondent dans le même homme, la double flamme sort du même foyer.

II

Admiré et redouté tout à la fois pour sa puissance et son action sur les esprits, compromis par les violences et les désordres dont on l'a rendu complice, proscrit et mis à l'index par les divers gouvernements qui se succèdent en France : par le premier et le second empires, qui regardent comme séditieuse la strophe sur la *Liberté*; par la Restauration, qui déclare l'air tout entier impie et sanguinaire ; par la dynastie de Juillet, qui en avait largement usé au début, tout en lui opposant la *Parisienne* ; ce chant a reconquis, de nos jours, le rang et la place que lui avait attribués la Convention, en le proclamant *Hymne national*. Reconnu comme tel par le gouvernement français, accepté par toutes les puissances étrangères; par le tsar, qui l'écoute la tête découverte au même titre que l'*Hymne russe*; par la reine d'Angleterre, qui ne craint pas de le voir associé au *God save the Queen*; par le pape, qui en permet aux Pères Blancs d'Algérie, sinon les paroles, du moins la musique; il a aujourd'hui, non seulement une existence légale, mais une consécration solennelle. Il mérite donc bien, et plus que jamais, de nous arrêter un instant.

L'auteur, Rouget de Lisle [1], dont le nom était resté longtemps presque oublié ou négligé, tandis que ses vers et sa musique vivaient dans toutes les mémoires, a maintenant sa biographie en règle, complétée par M. Tiersot, et sa statue à Choisy-le-Roi, où il repose. A vrai dire, Rouget n'est ni un poète, ni un écrivain de profession dans le genre de Lebrun, de Marie-Joseph et d'André Chénier. Officier du génie, homme de guerre et d'action par métier, c'est un amateur de vers et de musique, qui compose à ses heures; un Tyrtée de hasard et d'occasion, qui a rencontré une fois le sublime sur son chemin. « L'esprit souffle où il veut », a dit saint Paul; il a passé sur lui comme jadis sur ce Tinnychus, qui n'a fait qu'un chant, mais un chant immortel, le *Péan*. L'âme de la France républicaine s'est incarnée un jour dans ce jeune officier : jour unique pour lui. Tout ce qu'il a fait avant ou après, est oublié et mérite à peu près de l'être. La *Marseillaise* est son vrai, son seul titre à l'immortalité, et le place hors de pair entre tous les chantres de la Révolution.

On sait dans quelles circonstances l'œuvre fut composée. L'auteur était alors en garnison à Strasbourg, accueilli sur le pied d'intimité dans la maison du maire de cette ville, le baron de Dietrich, savant naturaliste et musicien distingué, en même temps que patriote libéral et monarchiste constitutionnel. La communauté de goûts et d'opinion acheva de les rapprocher. Tout à coup on apprit la

---

1. Né à Montaigu, petit village voisin de Lons-le-Saunier, le 10 mai 1760.

déclaration de guerre contre l'Autriche, le 20 avril 1792. Dietrich adressait aux habitants de Strasbourg une éloquente proclamation, appelant aux armes les enfants de la patrie. A cette occasion, il donnait un grand dîner d'adieu, où se trouvaient réunis les généraux Victor de Broglie, Achille du Châtelet et d'Aiguillon, les capitaines Rouget de Lisle et Caffarelli du Falga, tué plus tard au siège de Saint-Jean d'Acre, les lieutenants Masclet et Desaix, le héros futur de Marengo. La guerre prochaine fut naturellement l'objet de la conversation : on parlait des chants patriotiques. Dietrich jugeait le *Ça ira* peu digne d'une grande nation, plutôt fait, avec son air de contredanse, pour conduire des baladins que des soldats au combat. Et se retournant alors vers Rouget, qui avait déjà composé un *Hymne à la Liberté* : « Mais vous, monsieur de Lisle, vous qui parlez le langage des dieux, vous qui maniez la harpe d'Orphée, pourquoi ne tenteriez-vous pas cela ? Trouvez-nous un beau chant pour ce peuple soldat, qui surgit de toutes parts à l'appel de la Patrie en danger, et vous aurez bien mérité de la nation ! » Ébranlé, troublé par cette apostrophe directe, le jeune officier promit d'y songer. Après ces appels et ces exhortations renouvelées par tous les convives, il s'en revint chez lui bouillant, enfiévré, dans un état d'exaltation accrue encore par l'influence capiteuse du champagne, dont il avait bu, dit-il lui-même, à pleines rasades. Que le plus français de nos vins ait contribué à inspirer le plus français de nos chants, rien d'étonnant. En rentrant dans sa chambre, Rouget, saisi d'une sorte d'enthousiasme sacré, s'empara de son violon et laissa échapper les premiers mots et les premières notes :

> Allons, enfants de la Patrie !

Musique et paroles, tout débordait à la fois.

Le lendemain, dès le matin, il revenait chez Dietrich et lui annonçait que son chant était né pendant la nuit. Le maire, ravi d'admiration, invitait encore une fois ses convives de la veille, pour leur faire entendre ce prodige. Mme Dietrich, artiste, elle aussi, s'était chargée de transposer la musique du violon sur son clavecin :

et ce fut l'amphitryon, avec sa belle voix de ténor, qui entonna cet hymne désormais immortel. La scène a été bien des fois racontée, embellie, enluminée, et par Lamartine dans ses *Girondins*, et par Michelet dans son *Histoire de la Révolution*, et par Pils dans son tableau que nous avons vu à l'exposition des Champs-Élysées. Le saisissement fut universel. On n'avait jamais rien entendu de pareil. Le *Ça ira* n'était plus que de la musique de foire. Quatre jours après la composition de l'œuvre, le dimanche 29 avril, eut lieu la première audition publique du nouveau chant, exécuté par la musique de la garde nationale. Un frisson courut dans toutes les âmes. « Ce diable d'air a des moustaches ! » s'écriait un grenadier gascon. Son effet fut tel que, le lendemain, le nombre des volontaires de Strasbourg s'était accru d'un tiers à l'inscription.

L'auteur avait d'abord intitulé son œuvre : *Chant de guerre de l'armée du Rhin*. Ce fut sous ce titre qu'il l'envoya au vieux général Lückner, commandant en Flandre, et à son maître Grétry. Plus tard il apprit qu'à son insu, et sans le consulter, on l'avait débaptisé pour l'appeler d'abord *Marche des Marseillais*, puis tout simplement *Marseillaise*. Pourquoi et comment ? La chose est assez curieuse. Transporté, dit-on, par des commis-voyageurs ou par des copies, sous le chaud soleil de la Provence, ce refrain s'embrasa de toutes les ardeurs du Midi. Les bandes de Marseillais qui se dirigeaient vers la capitale au secours de la Révolution, le colportèrent en tous lieux, avec le concours de leur verve enragée et de leurs voix retentissantes. Deux villes, Marseille et Strasbourg, ont donc pu se disputer l'honneur d'avoir acclamé et propagé notre chant national : mais n'oublions pas que Strasbourg a été son véritable berceau. La première, de toutes nos cités, elle a entendu ces strophes enflammées, ce cantique sacré de la Patrie en danger. Elle le murmure encore au fond du cœur, quoi qu'on ait fait pour la germaniser.

Qu'y a-t-il donc de si remuant, de si troublant, de si diabolique ou de si divin, dans cette Némésis chantante ? Les paroles, dit-on, en sont banales et vulgaires : elles reproduisent en partie les termes de la proclamation affichée par le maire de Strasbourg : *Aux armes, citoyens !* Le nom même d'*enfants de la Patrie* est appliqué déjà aux volontaires alsaciens. Enfin le beau mouvement du début : *Allons, enfants de la Patrie*, rappelle le Chant des Grecs à Salamine, tel qu'il se trouve dans les *Perses* d'Eschyle :

>Ὦ παῖδες Ἑλλήνων, ἴτε.

Tant qu'on voudra ! Ce chant n'en est pas moins une œuvre originale, puissante, *sui generis*, unique dans son genre. Par cela seul qu'il est un produit du milieu ambiant, il sort des entrailles mêmes de la nation. Ces strophes où les paroles se fondent avec la musique, dégagent un fluide électrique qui fait courir du vif-argent dans les veines, qui saisit les cœurs et monte à la tête comme un philtre enivrant.

Certains petits ergoteurs de la critique à la glace, qui analyse tout et ne sent rien, ont déchiqueté ce robuste morceau de poésie populaire, comme s'il s'agissait d'un bouquet à Chloris. Pour éteindre l'enthousiasme, ils se sont d'abord attaqués au style ; ils ont raillé ce *sang impur abreuvant les sillons*, qui leur a paru d'un rouge outré et de mauvais goût. La musique elle-même, qui l'emporte, nous l'avouons, sur les paroles, et dont il est difficile de nier la puissance, a été contestée, ramenée aux proportions d'un ancien chant d'église ou d'une romance moderne de Loïsa Puget, l'air de *la Grâce de Dieu*. A ces beaux fils dédaigneux nous ne rappellerons qu'une chose : c'est qu'un jour la France se trouva seule contre l'Europe coalisée, sans alliés, sans finances, sans armée régulière et presque sans chefs pour la conduire ; et que, dans cette détresse suprême, un chant sublime s'éleva comme une flamme échauffant les âmes, fit sortir du sol quatorze armées improvisées ; et que l'Europe recula épouvantée, et qu'à son tour elle se vit envahie non seulement par nos armes, mais par nos idées. Ce miracle, ce fut la *Marseillaise* qui l'opéra.

Le témoignage des contemporains, même des ennemis, est unanime pour attester l'effet prestigieux de ce chant, auquel rien ne résiste. Il fait partie désormais des munitions de guerre. En septembre 1792, la Convention nationale en fait tirer cent mille exemplaires, pour les distribuer aux quatorze armées qu'elle vient de mettre sur pied. Elle décide en même temps que la *Marseillaise* remplacera le *Te Deum* pour célébrer la victoire[1]. Un général écrivait à la Convention : « J'ai vaincu l'ennemi : la *Marseillaise* commandait avec moi. » — Un autre général disait : « Sans la *Marseillaise*, je puis combattre un contre deux ; avec la *Marseillaise*, un contre quatre. » — A Jemmapes, Dumouriez, voyant ses troupes plier un moment, entonne de sa voix grêle la *Marseillaise* ; tous les soldats répètent en chœur : *Aux armes, citoyens!* et les bataillons ennemis sont enfoncés. « Le lendemain, dit le prince de Ligne dans ses *Mémoires*, Dumouriez, entrant à Mons, se rendit tout de suite à la salle des États, pour y chanter religieusement la *Marseillaise*. » Des artistes de l'Opéra furent envoyés partout en Belgique, à Liège, à Bruxelles, à Gand, à Tournay, pour répandre, avec l'hymne national, le souffle de la Révolution. En 1793, après quelques échecs en Hollande, Dumouriez, pour relever le moral de ses soldats, leur dit dans une proclamation : « Serrez vos bataillons, baissez vos baïonnettes, entonnez l'*Hymne des Marseillais*, et vous vaincrez[2] ». La bataille de Nerwinde, un moment perdue, est en partie gagnée par la *Marseillaise*. A Wissembourg avec Hoche, à Wattignies avec Carnot, c'est elle encore qui décide la victoire. Plus tard Bonaparte, au passage du mont Saint-Bernard, la fait jouer par les musiques militaires, comme stimulant, dans les endroits difficiles. Postérieurement encore, Pélissier en usera de même au siège de Sébastopol.

Le grand poète allemand Klopstock, l'auteur de la *Messiade*, rencontrant Rouget de Lisle en 1797, lui dit : « Vous êtes un homme redoutable : vous avez renversé plus de cinquante mille Allemands[3] ». Kotzebue maudit ce chant homicide en l'apostrophant ainsi : « Cruel ! barbare ! combien de nos frères n'as-tu pas fait périr ! » Gœthe appelle la *Marseillaise* un *Te Deum révolutionnaire*, et lui consacre une page dans sa relation du siège de Mayence. Ainsi que l'a dit Michelet, la *Marseillaise* n'est point

---

1. Lhomme, *Chants nationaux*. — 2. *Mémoires* de Dumouriez. — 3. Weckerlin, *la Chanson populaire*, p. 162.

seulement un chant de haine contre les tyrans, mais un chant de fraternité à l'adresse des autres peuples. Au cri de guerre s'ajoute aussi un cri de pitié :

> Français, en guerriers magnanimes,
> Portez ou retenez vos coups;
> Épargnez ces tristes victimes
> A regret s'armant contre nous.

« Oui, votons, » disait le vaillant Merlin de Thionville dans la séance mémorable du 20 avril 1792, « votons la guerre aux rois, et la paix aux nations ! »

Cet appel fraternel avait de l'écho chez nos voisins. « Tandis que les armées prussiennes et autrichiennes avançaient jusqu'à Valmy, une armée française entrait en Savoie et arrivait jusqu'à Chambéry. Une députation de cette ville vint au-devant de nos soldats: plusieurs milliers de paysans lui faisaient cortège en chantant la *Marseillaise*. On raconte qu'au couplet : *Liberté, liberté chérie!* ils tombèrent à genoux, et fondant en larmes répétèrent la strophe sacrée. Les Français répondirent par un couplet retrouvé dans le livre d'un vieux maître de musique :

> Savoisien, peuple paisible,
> Va, ne crains rien de nos guerriers.
> Le Français est fier, mais sensible,
> Il joint l'olive à ses lauriers.
> *Guerre aux châteaux, paix aux chaumières*,
> Voilà désormais nos traités ;
> Loin de conquérir des cités,
> Nous cherchons des amis, des frères [1]. »

Tel est en effet le caractère nouveau de la guerre libératrice qu'annonce et inaugure la *Marseillaise*. Elle est un appel pour le présent et pour l'avenir.

Transportée sur la scène et mise en action par Gardel, maître des ballets de l'Opéra, avec le concours de Gossec, le compositeur, elle devient l'âme et le centre d'un scénario intitulé *Offrande à la Liberté*. Le fameux ténor Lays était chargé de chanter les grands morceaux. Au début, on reprend les couplets populaires :

> Veillons au salut de l'empire !

---

1. Tiersot, *Rouget de Lisle*.

La foule s'attroupe : les jeunes gens s'engagent à défendre la Liberté, la seule divinité que la France révère alors. Puis éclate, comme un tonnerre, la *Marseillaise*, avec les beaux accompagnements dont Gossec l'a entourée. Au sixième couplet, des enfants vêtus de blanc s'avancent auprès de la statue de la Liberté, et brûlent des parfums devant elle. Ici se place le couplet supplémentaire ajouté à l'œuvre primitive, dans la fête du 14 octobre 1792 :

> Nous entrerons dans la carrière,
> Quand nos aînés n'y seront plus.

Ce couplet, faussement attribué à Marie-Joseph Chénier, a été réclamé tour à tour par un journaliste qui devint préfet sous l'empire, Jean-Baptiste Dubois, et par un professeur du collège de Vienne-en Dauphiné, l'abbé Pessonneaux, qui lui dut, un jour, d'échapper au tribunal révolutionnaire. Ce n'était là du reste qu'une imitation du *Chant des Jeunes Spartiates*, cité par Plutarque dans sa *Vie de Lycurgue* :

> Nous sommes tous dignes de vous,
> N'en doutez pas, éprouvez-nous.

Après un solo de clarinette exécuté sur un ton grave et religieux, un chœur de cinq voix, dans une sorte de recueillement, chantait lentement :

> Amour sacré de la Patrie!

A peine ce couplet était-il achevé qu'un grand mouvement se manifestait tout à coup. Des soldats accouraient brandissant leurs armes, le tocsin sonnait, les tambours battaient, le canon d'alarme retentissait par trois fois, et un chœur immense entonnait ce refrain :

> Aux armes! citoyens [1].

On juge de l'effet que devait produire une telle représentation sur des âmes échauffées par le patriotisme. Elle se renouvela jusqu'en 1799.

Tant que vécut Rouget de Lisle, nul ne songea à lui contester la paternité de son œuvre, confirmée par lui-

---

[1]. Tiersot, *Rouget de Lisle*.

même dans sa correspondance, par le témoignage de la famille Dietrich, de son ennemi politique Schneider, qui la traduisit en allemand, et de son maître Grétry, auquel on attribuait la musique et qui en reportait tout l'honneur sur l'unique et véritable auteur. Mais depuis, l'Allemagne, qui ne s'est point gênée pour nous disputer notre *Chanson de Roland*, et qui trouvait des critiques français pour lui donner raison, s'avisa de réclamer notre *Marseillaise*, au même titre qu'elle a réclamé l'Alsace-Lorraine, comme son bien. En 1842, un journal de Carlsrhue exprimait un premier doute sur la foi d'un passage de la *Chronique de Paris* de 1792, disant : « L'air a été composé par Allemand pour l'armée de Biron », d'où cette conclusion qu'il faut lire : *un Allemand*. En 1848, la *Gazette universelle de Leipzig* a découvert non plus un, mais deux auteurs allemands, le poète Forster et le musicien Richard, deux personnages hypothétiques. Malgré la réfutation triomphante de Kastner, l'historien de la musique, Alsacien d'origine et ferré sur la question, les savants d'outre-Rhin n'en reviennent pas moins à la charge avec un aplomb superbe. Un professeur de musique wurtembergeois, nommé Hamma, et un facétieux critique de Berlin, M. Wilhelm Tappert, se liguent pour démontrer que le thème de la *Marseillaise* est tiré du *Credo* d'une messe composée en 1776 par Holtzmann, maître de chapelle de l'église paroissiale de Meersbourg. Ces plaisanteries teutonnes, faites pour agacer les nerfs des Français, rencontrèrent, comme toujours chez nous, des gens disposés à les prendre au sérieux.

Castil-Blaze, plus soucieux de nouveautés que de vérités, s'en tient sur ce point à de simples commérages de coulisses, qu'il accepte, sans preuves à l'appui. Un autre historien de la musique, Fétis, sous prétexte qu'il a connu Rouget de Lisle et la faiblesse de son éducation musicale, partage les mêmes doutes, jusqu'à ce qu'il se rende enfin à l'argumentation victorieuse de Kastner. Tout récemment, en 1886, un autre sceptique, M. Arthur Loth, a soutenu cette opinion, que l'air de la *Marseillaise* serait tiré d'un *Oratorio* de Grivois sur *Esther*, antérieur à la Révolution. M. Tiersot, dans son récent ouvrage, a passé en revue et réduit à néant toutes ces hypothèses invraisemblables.

C'est à lui que nous renverrons le lecteur pour tout ce qui concerne la vie et les œuvres de Rouget de Lisle ; notamment pour ce *Chant de Roland*, dont le refrain emprunté par Alexandre Dumas dans le *Chevalier de Maison-Rouge* et adapté au *Chant des Girondins*, deviendra le précurseur d'une nouvelle révolution, en 1848. Rouget de Lisle, qui semble ainsi porter en lui le virus révolutionnaire, n'en est pas moins un modéré, un monarchiste constitutionnel et libéral, comme son ami Dietrich, comme son oncle Bailly, tous deux morts sur l'échafaud où il faillit les suivre. Devenu suspect après le 10 Août, qu'il désapprouve, dénoncé, destitué, il se voit réduit à fuir et à se cacher, tandis que ses couplets répétés de tous côtés conduisaient nos soldats à la victoire.

III

Bien que la *Marseillaise*, associée désormais à tous les actes glorieux ou terribles de la Révolution, eût entraîné la foule à l'assaut des Tuileries dans la journée du 10 Août, cet hymne, grandiose et généreux au fond, ne répondait point à toutes les haines et à toutes les passions qui bouillonnaient dans les âmes. De cette immense et sanglante cohue, qui fut réellement le dernier jour de la royauté, sortit un chant nouveau, la *Carmagnole*, faite à l'image et à l'usage des gens qui la chantaient. Les paroles et la musique ne suffisent plus : il faut y joindre la danse. La Furie enragée promène ses immenses farandoles sur les places, autour des arbres de liberté, des autels de la Patrie, emportant dans son cercle vertigineux toutes les classes de la société : peuple, bourgeois, magistrats, soldats, prêtres assermentés, représentants de la nation, etc., etc. Qui oserait résister à cette trombe étourdissante, hurlant à tue-tête :

> Dansons la carmagnole,
> Vive le son ! vive le son !
> Dansons la carmagnole,
> Vive le son du canon !

D'où vint d'abord ce nom de *Carmagnole* ? — Dumersan, dans son recueil de *Chansons populaires*, semble le rapporter à l'entrée triomphale des troupes françaises en Piémont, dont Carmagnole est une ville forte. Mais cette place ne fut prise qu'en 1796 : l'hypothèse est donc invraisemblable. Une autre explication plus admissible se présente. La chanson ayant été entonnée tout d'abord et en partie improvisée par les Marseillais, a pris le nom de cette espèce de veste courte, encore en usage dans le Midi et appelée carmagnole. Elle devenait, avec le bonnet rouge, l'insigne préféré des sans-culottes. Que ce vêtement lui-même ait tiré son nom de la ville de Carmagnole, d'où il était originaire : rien d'impossible.

La *Carmagnole*, composée après le 10 Août et l'arrestation de Louis XVI, enfermé au Temple, n'est plus, comme le *Ça ira* au début, un chant d'espoir et de concorde, mais un chant de colère et de menace contre le roi et la reine, désignés sous le nom de *Monsieur et Madame Veto*. On y parle avec horreur des projets homicides formés contre la nation, grâce au concours des aristocrates et de l'étranger. N'oublions pas qu'une partie de la noblesse a émigré pour aller rejoindre à Coblentz le comte d'Artois, avec la pensée de revenir bientôt châtier le peuple coupable. On l'espérait, disait-on, aux Tuileries :

> Madam'Veto avait promis
> De faire égorger tout Paris;
> Mais son coup a manqué
> Grâce à nos canonnié.

C'est-à-dire aux artilleurs des sections, qui pointèrent leurs pièces contre les Tuileries. La pauvreté du style et de la rime s'accorde ici parfaitement avec la bassesse et la grossièreté des sentiments.

> Monsieur Veto avait promis
> D'être fidèle à sa patrie ;
> Mais il y a manqué,
> Ne fesons plus cartié.

De là au jugement du 17 Janvier exécuté le 21, il n'y a qu'un pas. C'est la première fois que Louis XVI se voit accusé formellement de mensonge et de trahison. Sur cette pente, on comprend la fièvre de sang et de vengeance qui aura bientôt emporté les esprits. Ajoutons que le foudroyant discours de Vergniaud [1], la plus éloquente *Philippique* peut-être, la plus fortement serrée qui ait été prononcée depuis Démosthène, avait pu y contribuer. Le pauvre Louis XVI, soupçonné et convaincu de duplicité, ne réussit point à se relever de ce terrible coup porté à sa réputation d'honnête homme.

De qui étaient les paroles et la musique de la *Carmagnole*? On l'ignore. Cet air véritablement infernal (était-ce une contredanse provençale, comme l'a supposé Castil-Blaze?), mêlé à tant de violences et de massacres, est resté teint de sang, et a été sévèrement jugé par la critique littéraire et artistique. L'un l'appelle un *chant de panthère* altérée de carnage; l'autre une *obscénité musicale*. Est-ce à ce titre que la *Carmagnole* séduisait la foule, par une sorte de dévergondage conforme aux passions brutales dont elle était l'interprète?

Pourtant cet air de la *Carmagnole*, introduit dans la musique militaire, va prendre un autre caractère au milieu des camps, où semble s'être réfugié l'honneur français. Tandis que les ci-devant massacreurs de Septembre poursuivent leur œuvre sinistre en hurlant la *Carmagnole*, le même air inspire la chanson de la *Gamelle*, qui eut une vogue immense dans les armées. La « Gamelle », c'est l'emblème de la fraternité républicaine et militaire.

> Ah! s'ils avaient le sens commun,
> Tous les peuples n'en feraient qu'un.
>   Loin de s'entr'égorger,
>   Ils viendraient tous manger
>   A la même gamelle.
>   Vive le son, etc.

Bonaparte, devenu premier consul, n'en fit pas moins rayer la *Carmagnole* du répertoire musical de l'armée et des scènes lyriques, en attendant qu'il supprimât le *Ça ira*, puis la *Marseillaise* elle-même.

IV

Les chants guerriers, comme les exploits militaires, de la Révolution, sont en réalité la part la meilleure de son

---

[1]. Voy. Michelet, *Histoire de la Révolution*, t. III, p. 509.

histoire et de sa poésie, si mêlée qu'elle soit de bon et de mauvais. C'est là surtout que se rencontrent les élans généreux, les gloires nobles et pures avec Hoche, Marceau, Desaix, Kléber, sans compter les héros martyrs, Beaurepaire et Désilles. La guerre prend un caractère nouveau, en s'associant avec l'apostolat international. Aux guerres d'ambition et de conquêtes, telles que les ont pratiquées jusqu'alors les rois, succèdent les guerres de principes et d'idées, au nom et au profit des peuples. Illusion d'un jour, mais illusion magnanime et honorable pour la génération capable de l'avoir conçue. Béranger, un enfant de la Révolution, s'en souvenait encore, lorsqu'il s'écriait dans sa chanson du *Vieux Sergent* :

> Les nations, libres par nos conquêtes,
> Ceignaient de fleurs le front de nos soldats.

Le vieux Lückner disait : « Je n'ai qu'à passer le Rhin pour y trouver des amis ». On chantait la *Marseillaise* sur les deux rives. Depuis les croisades, la France n'a jamais tant remué les âmes et les imaginations, dans le monde entier. La *Déclaration des Droits de l'homme* ne s'adresse pas seulement au peuple français, mais à tous les peuples. C'est par là que la Révolution répond, dès la première heure, à la ligue des rois conjurés.

Avant même que les armées de la république et de l'empire aient promené à travers l'Europe, avec le drapeau tricolore, les principes de 1789, la chanson avait déjà lancé à tous les vents ses refrains vagabonds et populaires. Elle disait aux Belges, nos frères de langue et de cœur :

> Belges, dont la main défriche
> Le champ de la Liberté,
> Aux yeux de l'aveugle Autriche
> Faites briller la clarté ;
> Et que l'aigle Germanique,
> Cachant son double hochet,
> Pour sceptre porte une pique
> Et pour couronne un bonnet [1] !

---

[1]. *Chants de la Révolution.* Bibl. nat. : Fonds Labédoyère, 1218-1223. *Le chansonnier patriote.*

Le bonnet phrygien, dont Henri II avait usé jadis en l'associant au poignard de Brutus, pour menacer l'aigle impériale de Charles-Quint. C'est le chant du réveil :

> Sortez d'une nuit profonde,
> Peuples esclaves des rois,
> La France aux deux bouts du monde
> Vient de proclamer vos droits.
> Brisez vos vieilles idoles
> Et leur culte détesté,
> Et plantons, sur les deux pôles,
> L'arbre de la Liberté [1].

Dumouriez, qui fut un jour l'homme du mouvement avant d'éveiller des soupçons trop mérités, entreprenait de transporter la Révolution en Belgique, et devenait l'objet d'un enthousiasme et d'une admiration générale. Les villes belges ouvraient leurs portes comme au temps de la guerre de Louis XIV dans les Pays-Bas : mais cette fois pour fraterniser avec nous. Après la prise de Mons, on chante :

> Dumouriez vous mène ça
> Comme on mène une pucelle ;
> Dumouriez vous mène ça
> En homm', qui veut en venir là.
> Du train dont le gaillard va,
> Tout'les vill'qu'il attaqu'ra
> Ne feront pas les cruelles
> Plus qu'une vierge d'Opéra.

La gaieté, l'entrain, la raillerie gaillarde et facétieuse, sans grand souci de la rime et de la césure, ce *chant d'oiseau* que Michelet se plaisait à signaler chez nos jeunes soldats dans la campagne d'Italie en 1734, se retrouve encore ici, mais avec d'autres accents plus mâles, plus graves et plus sérieux. Le patriote français plaisante et plaint le pauvre Autrichien, victime de son ignorance et de sa crédulité. Telle est cette *chanson grenadière*, œuvre d'un Girondin, Honoré Riouffe, mort baron et préfet de l'empire :

> Ah ! ventrebleu ! quel dommage !
> Pauvre dupe d'Autrichien,
> Que n'as-tu dans ton bagage
> *Les Droits de l'homme*, le tien !

---

[1]. *Chants de la Révolution*. Bibl. nat. : Fonds Labédoyère, 1218-1223. *Le Chansonnier patriote.*

> Pourquoi veux-tu que je rentre
> Sous un régime maudit?
> Faut-il donc t'ouvrir le ventre,
> Pour t'ouvrir un peu l'esprit [1]?

On nargue les Prussiens, qui sont venus faire en France une cure au raisin, en s'abattant sur les vignes, et qui en éprouvent tous les effets. On se moque de leur roi, de leur terrible général Brunswick et de son insolent manifeste :

> Le grand Frédéric [2] s'échappe
> Prenant le plus court chemin,
> Mais Dumouriez le rattrape
> Et lui chante ce refrain :
> « N'allez plus mordre à la grappe
> Dans la vigne du voisin. »

Cependant la guerre, même victorieuse, est toujours un fléau pour les nations, et se fait à leurs dépens. Aussi la République indique-t-elle le moyen d'en finir promptement :

> Sachez, peuples de la terre,
> Que de vous dépend la paix.
> Si vous le voulez, la guerre
> Ne vous troublera jamais.
> Faites descendre du trône
> Ces assassins conquérants :
> Plus de rois, plus de couronne,
> Vous n'aurez plus de tyrans [3].

C'est le conseil que donnera plus tard Victor Hugo aux deux peuples français et allemand, dans sa pièce du *Cirque*, où le Lion dit à l'Ours son frère :

> Mais je pense, et je dis que nous sommes des bêtes
> De nous entre-tuer avec tant de fureur,
> Et que nous ferions mieux de manger l'empereur [4].

Au milieu des jours les plus sombres de la Révolution, le vaudeville, ce joyeux fils de l'esprit français, revendiquait

---

1. *Chants de la Révolution*. Bibl. nat. : Fonds Labéboyère, 1218-1223. *Le Chansonnier patriote.* — 2. Frédéric-Guillaume II. — 3. *Noëls républicains*, Bibl. nat. Y°, 11 286. *La Grande Bible des Noëls et des cantiques en l'honneur de la Liberté.* — 4. *L'Année terrible :* Dans le Cirque, IX, p. 113.

sa place par la bouche du chevalier de Piis, l'un des fondateurs et présidents du *Caveau moderne* :

> Or écoutez le Vaudeville,
> Il va parler avec candeur.
> On m'avait peint comme inutile,
> Inutile moi ! quelle erreur !
> Quand j'ai, du sceau du ridicule,
> Marqué les vices protégés,
> Et quand de tous les préjugés
> Grâce à moi la haine circule.
>
> Français républicains,
> Mes chants seraient-ils vains ?
> Non, non, non, non,
> La Liberté s'accroît par mes refrains [1].

Après avoir composé un certain nombre de comédies avec Barré, après avoir présenté au roi Louis XVI son poème sur l'*Harmonie imitative de la langue française*, de Piis, bien vu en cour, comme il le sera encore sous l'empire et la Restauration, avait cru devoir se faire chansonnier républicain, au service de la Convention. On lui commande des couplets patriotiques, qui sont chantés à la section des Tuileries et au théâtre du Vaudeville, dont il devient le pourvoyeur attitré. Avec plus de facilité que de conviction, quitte à s'en repentir plus tard, il célèbre tous les sujets à la mode du jour, tels que l'*Inutilité des prêtres*, la *Mort de la sainte Ampoule*, la *Fonte des cloches* décrétée par l'Assemblée nationale en 1790, l'*Amitié républicaine*, la *Liberté des Nègres*, etc. Toute cette poésie de pacotille n'a pas grande valeur, mais indique l'état des esprits. De Piis a la prétention de faire du Vaudeville une école de patriotisme et de morale. Il traite même en passant la question religieuse, et devient l'enfant de chœur du grand pontife Robespierre, défenseur de l'*Être suprême*. Témoin cette stance contre l'athéisme chantée sur le théâtre du Vaudeville :

> Incrédules, qui voudriez
> Voir l'Être suprême et l'entendre :
> Avec des mœurs vous le pourriez,
> Mais aux champs il faudrait vous rendre

---

1. *Chansons patriotiques*, par le citoyen de Piis. Bibl. nat. Y^e, 11 287.

> Tête à tête avec une fleur :
> C'est là qu'au bord d'une onde pure,
> On entend un Dieu dans son cœur,
> Comme on le voit dans la nature.

Ce roucoulement de colombe, religieuse et sentimentale, forme un singulier contraste avec les refrains sanguinaires du *Ça ira* et de la *Carmagnole*.

Les recueils de chansons nous offrent alors une des pages les plus curieuses de l'histoire littéraire contemporaine. Le *Chansonnier patriote* de 1793 contient cet avertissement de l'éditeur sur sa parfaite orthodoxie républicaine : « Nous avons été extrêmement sévères pour les principes. Quoique beaucoup de ces chansons aient été faites en 90, en 91 et même en 89, rien n'y blessera les oreilles républicaines les plus austères. On n'y chante que la haine et le mépris des rois ; on n'y verse le ridicule que sur leurs partisans, sur les traîtres et sur les faux patriotes. » En tête figurent la *Marche des Marseillais*, puis le chant civique : *Veillons au salut de l'empire*. Les noms de Rouget de Lisle, de Boy, de Bazire, de Rignon, de Riouffe, de Dugazon, de Th. Rousseau, politiciens, journalistes, acteurs, hommes de lettres, rimeurs d'aventure, se trouvent réunis dans ce recueil.

Le *Chansonnier de la République pour l'an III*[1] paraissait orné des portraits de Brutus, de Mucius Scævola, de Guillaume Tell et de Jean-Jacques Rousseau, avec cette épigraphe :

> En des temps différents, pour sauver la Patrie,
> Brutus immole un fils, et Tell venge le sien ;
> Scævola dans les fers brave la tyrannie ;
> Par Rousseau l'homme est libre et règne en citoyen.

Puis vient cet avis du libraire : « Une nation qui a combattu à la fois tous les préjugés, qui a fait retentir l'Europe du bruit de ses exploits et de ses chants de victoire, et qui a prouvé à l'univers que l'héroïsme peut s'allier à la gaieté, est un spectacle attendrissant pour la philosophie ».

Ajoutons que l'esprit et la malice sont chose commune aux ennemis comme aux amis de l'ordre nouveau. Rivarol,

---

1. Bibl. nat. Y⁵, 11 284.

Peltier, Champcenetz, ne le cèdent guère à Camille Desmoulins, à de Piis, à Rioufffe et autres pamphlétaires ou chansonniers de la Révolution. Sous le titre de *Prose patriotique*, les mécontents entonnent le *Dies iræ* de l'Assemblée nationale (1791) : les accusations, les spectres, rien n'y manque. C'est le moment où les députés vont se séparer, n'étant pas rééligibles, et dépouillés de leurs immunités parlementaires. L'heure de l'enquête ou du « Jugement dernier » va venir :

> Horrible jour ! combien tu vas
> Nous démasquer de scélérats,
> Et dévoiler d'assassinats !
> . . . .
> Par ces spectres ressuscités,
> Déjà nos pâles députés
> Pensent en Grève être cités [1].

Ailleurs c'est une réponse de l'Assemblée à ceux qui lui demandent des comptes :

> Français, que vous êtes plaisants,
> Quand vous demandez compte à vos représentants !
> Les souverains sont-ils donc des comptables ?
> Et peut-on supposer que nous soyons capables
> De nous approprier la fortune d'autrui ?
> Dussiez-vous exercer contre nous votre rage,
> Vous n'en recevrez point d'autre que celui-ci :
> *L'État devait beaucoup : il doit bien davantage* [2].

Le travail de diffamation et de calomnie est déjà l'arme dont use la contre-révolution, pour rendre les représentants suspects au peuple.

> Pauvre peuple, quel est ton sort ?
> Par quelle effroyable magie
> Te laisses-tu frapper à mort,
> Sans sortir de ta léthargie ?
> . . . .
> C'est pour gouverner sous ton nom
> Qu'ils ont appelé ton empire ;
> Ils ont égaré ta raison,
> Pour profiter de ton délire [3].

---

1. *Chants de la Révolution*, Bibl. nat. Y^e, 3160. — 2. *L'Antidote* ou recueil de pièces fugitives sur les affaires du temps, 1791. — 3. Bibl. nat. *Recueil de facéties*. t. III, 3162.

De toutes ces pièces réactionnaires une des plus curieuses a pour titre : *Oraison funèbre de la ci-devant soi-disant Commune de Paris, ou Étrennes d'un citoyen au conseil général de a Commune. De l'imprimerie de Qui dit tout, rue Saint-Jean Bouche d'Or, à la Vérité,* 1791. L'auteur raconte le trépas de la défunte commune, et termine par ce *De Profundis* :

> La Commune l'on enterra,
> Et sur sa tombe l'on posa
> Un marbre blanc, où l'on grava
> En lettres d'or ces huit vers-là :
> « Le désordre seul me créa,
> Le désordre m'alimenta,
> L'ordre vint et me réforma.
> Qui cette épitaphe lira,
> Sans sortir d'ici connaîtra
> Ce qu'il est et ce qu'il sera.
> S'il est sot, il se fâchera,
> S'il a de l'esprit, il rira. »
> *Requiescat in pace!*

CHAPITRE IX

POÈTES DE LA RÉVOLUTION (suite).

LA TERREUR. — LE 9 THERMIDOR.

Lebrun-Pindare : poésies Jacobines ; ode sur *le Vengeur*. — Marie-Joseph Chénier : Dithyrambe sur l'*Assemblée nationale* : *le Camp de Grand-Pré ; Chant du Départ*. — André Chénier : *Ode à Charlotte Corday*. — Apothéose de Marat. — Vers faits à Saint-Lazare : *la Jeune Captive* : Iambes. — La poésie sous la Terreur : *Chanson de la Guillotine*. — Delille : *Hymne à l'Immortalité de l'âme*. — Chute de Robespierre : Chants thermidoriens.

I

Nous touchons au terme suprême de la Révolution, à cette sombre époque de la Terreur, où nous allons rencontrer encore une fois trois poètes dont nous avons déjà parlé : Écouchard-Lebrun, Marie-Joseph et André Chénier. Le vieux Pindare républicain maintenait son prestige et son rang, en se faisant le complice et le complaisant des passions contemporaines. Portant tout à l'extrême, il allait avoir sa part dans ce triste et sanglant épisode, qui fut la plaie et qui devait rester longtemps, aux yeux de bien des gens, le péché originel de la République naissante. Les jours de Révolution ont ce malheur de mettre en relief les esprits mal équilibrés et les consciences peu solides, de les exposer aux plus étranges et aux plus honteuses contradictions. Tel fut le cas pour Lebrun. Lui qui avait été le louangeur, le panégyriste du roi et de la reine, se transformait le lendemain du 10 Août en accusateur public, partageant toutes les fureurs et les appétits sanguinaires de la populace forcenée. Le spectacle de l'infortuné Louis XVI enfermé au Temple, loin d'émouvoir sa pitié, le rend plus implacable dans son cri de *Væ Victis*[1].

> Venez voir, conseillers sinistres,
> Un roi sans peuple, sans amis !
> Vous seuls fûtes ses ennemis,
> Vils courtisans, lâches ministres !
> Où sont-ils vos secours vainqueurs ?
> Il pouvait régner sur les cœurs,
> Ce monarque faible et parjure.
> Il prétend régner sur des morts !
> Vainement la pitié murmure :
> Le ciel veut plus que des remords.

Que veut-il donc ? L'image lugubre de Charles Stuart va nous l'apprendre :

> Quelle est cette ombre épouvantée,
> Louis, qui frappe ton regard ?
> Malheureux ! reconnais Stuart
> A sa couronne ensanglantée.
> « Hélas ! trop égaux en revers,
> Victimes de conseils pervers,
> Notre faiblesse fut un crime.
> Vois-tu l'appareil menaçant !
> Viens ! viens ! » — Il dit, et dans l'abîme
> Stuart le plonge en l'embrassant.

Évoquer devant le prisonnier du Temple ce spectre de Charles Ier, n'était pas seulement un affreux cauchemar poétique, mais un appel à la vindicte populaire et à la sévérité des juges. Lebrun dut s'en repentir plus d'une fois, en revoyant passer dans son sommeil le fantôme du roi, dont il avait réclamé le supplice pour prix de ses bienfaits.

Un jour, il est vrai, le dégoût et la honte le saisirent devant cette mare de boue et de sang où il s'enfonçait. Le cri d'une conscience trop longtemps étouffée ou assoupie éclata dans le *Chant d'un Philanthrope*.

> Prends les ailes de la colombe,
> Prends, disais-je à mon âme, et fuis dans les déserts ;
> Ou que l'asile de la tombe
> Nous sépare enfin des pervers [2] !

---

1. *Ode patriotique sur les événements de l'an 1792, depuis le 10 août jusqu'au 13 novembre*. — 2. *Odes*, livre II.

Mais comment prendre les ailes de la colombe, quand on s'est habitué à vivre dans la société des vautours, quand on est devenu vautour soi-même? Grave leçon donnée à ceux qui se font les complices et les fauteurs des violences et des crimes, commis au nom de l'ambition ou de la raison d'État. Le retour au calme, à la sécurité d'une âme pure et sereine n'est pas si facile qu'on le croit.

Dans ce bilan littéraire, qui devient un fardeau plutôt qu'un honneur pour la mémoire de Lebrun, il nous faut cependant signaler une œuvre patriotique, qui fut saluée par un témoignage unanime d'enthousiasme et d'admiration : l'ode sur le vaisseau le *Vengeur*. Page héroïque de notre histoire militaire, qui égalait les plus beaux dévouements de l'Antiquité. Dans cette grande passe d'armes maritime, engagée en vue de Brest le 12 prairial 1794, entre l'amiral français Villaret-Joyeuse et l'amiral anglais Howe, le *Vengeur*, isolé du reste de la flotte et désemparé, avait mieux aimé sombrer et s'engloutir que de rendre son pavillon. Les vieux adorateurs de Lebrun (car il en eut dans son temps, aussi bien que Victor Hugo) crurent le retrouver tout entier comme aux beaux jours de son *Ode à Buffon*. Palissot lui écrivait : « J'ai relu trois fois de suite, et toujours avec une nouvelle admiration, votre ode sur le vaisseau le *Vengeur*. Cette ode, mon ami, me paraît un de vos chefs-d'œuvre; et si Horace l'avait lue, il n'eût pas dit qu'on ne peut égaler Pindare... C'est par vous que nous pouvons dire :

Cedite, Romani scriptores : cedite, Graii. »

Cet éloge est-il mérité ? Avouons qu'il est un peu outré, malgré le juste renom dont la pièce a joui longtemps. C'est encore là du lyrisme artificiel à grand fracas. Tout d'abord, le poète s'est mis en frais d'emblèmes et de symboles mythologiques, montant au sommet sacré du Rhodope, pour nous raconter un fait qui s'est passé entre les côtes de France et d'Angleterre. Que Ronsard, un marquis de Thrace par ses ancêtres hypothétiques, nous ramène à son aïeul Orphée, je le veux bien encore : mais quel besoin en a le républicain Lebrun? Toujours en quête de ce délire indispensable aux poètes lyriques, il se bat les flancs pour s'inoculer l'enthousiasme, en se comparant à l'Etna foudroyant les tyrans. Après huit strophes préliminaires, où il nous parle tour à tour d'Orphée, de Pindare, du navire Argo, d'Éole, des Pléiades et des Cyclades, il arrive enfin au véritable sujet :

> Mais des flots fût-il la victime,
> Ainsi que le *Vengeur* il est beau de périr ;
> Il est beau, quand le *sort vous plonge dans l'abîme*,
> De paraître le conquérir.

Une antithèse dont Lebrun et ses admirateurs étaient charmés sans doute, comme d'une hardiesse et d'une nouveauté, mais qui a le tort d'être obscure et prétentieuse. La fin est une sorte de branle-bas poétique, empreint d'un certain mouvement, bien que mêlé encore de mythologie.

> Voyez ce drapeau tricolore
> Qu'élève, en périssant, leur courage indompté.
> Sous le flot qui les couvre entendez-vous encore
> Ce cri : Vive la Liberté !

> Ce cri, c'est en vain qu'il expire
> Étouffé par la mort et par les flots jaloux ;
> Sans cesse il revivra répété par ma lyre :
> Siècles ! Il planera sur vous !

> Et vous, héros de Salamine,
> Dont Téthys vante encor les exploits glorieux,
> Non, vous n'égalez point cette auguste ruine,
> Ce naufrage victorieux !

Téthys n'a que faire ici : mais le *naufrage victorieux* termine bien, en nous rappelant la *fuite triomphante* du peuple hébreu dans Boileau. Après tout, nous comptons peu de morceaux semblables dans notre littérature classique, moins riche en ce genre que celle du moyen âge.

Lebrun restait en possession de ce fief lyrique et de son logement au Louvre, où l'aigle avait décidément posé son nid. Il s'y maintint sous le Directoire, sous le Consulat et sous l'Empire, payant de loin en loin son tribut aux puissances et aux gloires du jour, et vivant en grande partie sur son passé. Marie-Joseph Chénier, dans son *Tableau de la littérature*, où il n'osait introduire son frère

André, consacre à Lebrun ce public hommage : « Il devra surtout à ses *Odes* cette immortalité qu'il s'est promise, et, dût cette justice rendue à sa mémoire étonner quelques préventions contemporaines, il sera dans la postérité l'un des trois grands lyriques français ». Le nombre et le rang de nos lyriques se sont trouvés singulièrement augmentés et modifiés depuis que nous avons eu Lamartine, Alfred de Vigny, Victor Hugo, Alfred de Musset, sans compter Béranger, quoi qu'on en dise.

II

Marie-Joseph Chénier est l'élève et l'émule de Lebrun, un élève qui égale et parfois éclipse le maitre, tout en reconnaissant sa suprématie. Il en a l'esprit violent et enthousiaste, irascible, sarcastique, amer, avec plus de cœur et de probité cependant. En même temps que lui, il célèbre comme un triomphe cette journée du 10 Août, que Rouget de Lisle appelait une catastrophe : membre de la Convention, il vote la mort du roi, dont son frère André se constituait le défenseur impuissant et généreux. Le succès éclatant de son *Charles IX* avait fait de lui le porte-voix du parti républicain. Homme de tribune et de théâtre, il est le grand impresario des fêtes nationales, le pourvoyeur des chants guerriers, politiques et religieux, avec le concours de Méhul, de Gossec, qui fournissent la musique, du peintre David, qui règle et dispose l'ordonnance, les costumes et les décors. Qu'il s'agisse de la réunion des états généraux, des funérailles de Mirabeau, de la translation des cendres de Voltaire au Panthéon, de la fête de Jean-Jacques Rousseau ou de l'Être suprême, Marie-Joseph Chénier est toujours là : véritable maître Jacques poétique, prêt à improviser une cantate, un dithyrambe, une scène lyrique.

L'auteur a plus d'une fois arrangé, remanié ses pièces après coup : les variantes sont nombreuses. En général, nous préférons la première leçon, celle qui reflète le mieux l'impression du moment. Ainsi dans le dithyrambe sur l'*Assemblée constituante* (1789), nous retrouvons ces strophes hardies et belliqueuses, en partie supprimées depuis : le souvenir des Stuarts, repris plus tard par Lebrun, semble déjà un sinistre avertissement.

> Asservis comme nous, comme nous d'âge en âge,
> Sous un sceptre insolent les Anglais abattus
>   N'avaient qu'un stérile courage
>   Et d'insuffisantes vertus.
> Leurs destins ont voulu qu'un monarque imbécile[1]
> Au sein de nos remparts vint chercher un asile :
> La nation quittée a reconquis ses droits,
>   Et déjà, depuis cent années,
>   Dans ses campagnes fortunées,
> L'abondance a fleuri sous l'ombrage des lois.

La révolution d'Amérique est un exemple dont la France ne peut manquer de profiter :

> O Franklin ! Washington ! grands compagnons de gloire,
> O vous à qui la Grèce eût dressé des autels,
>   Vous à qui la sévère histoire
>   Paira des tributs immortels,
> Je ne m'enivre point d'un espoir chimérique ;
> La Liberté, qui luit aux champs de l'Amérique,
> Éclaire près de vous les regards des Français :
>   Et bientôt des récits fidèles
>   Vont annoncer à nos modèles
> Le fruit de leur exemple et nos heureux succès[2].

Marie-Joseph Chénier, poète tragique et orateur, donne volontiers à l'ode une forme dramatique. C'est ainsi qu'à la veille de Valmy il composa, sous le titre de *Divertissement lyrique*, le *Camp de Grand-Pré*, intermède bucolique et guerrier représenté sur le théâtre de l'Opéra. La pièce s'ouvre par un chœur solennel et religieux :

> Dieu du peuple et des rois, des cités, des campagnes,
> De Luther, de Calvin, des enfants d'Israël,
> Dieu que le Guèbre adore au pied de ses montagnes,
>   En invoquant l'astre du ciel !
> Ici sont rassemblés sous ton regard immense
> De l'empire français les fils et les soutiens,
> Célébrant devant toi leur bonheur qui commence,
>   Égaux à leurs yeux comme aux tiens.

---

1. Jacques II. — 2. Il est curieux d'opposer à cette strophe la lettre de Washington à La Fayette sur la Révolution française, qu'il désapprouve.

Ce début n'est autre que le *Chant du 14 Juillet*, composé en souvenir de la prise de la Bastille.

A la prière succède une ronde joyeuse de paysans, conduite par Thomas et Laurette :

> Si vous aimez la danse,
> Venez, accourez tous
> Boire du vin de France,
> Et danser avec nous.

L'appel s'adresse non seulement aux soldats français, mais à ceux de l'armée ennemie, qu'on invite à fraterniser. La haine n'a point encore aigri les cœurs. L'auteur, par la bouche du maire, fait entendre un sermon philanthropique aux volontaires de 92 :

> Épargnez le sang des humains,
> En conquérant la paix, sanctifiez la guerre :
> Les palmes sur le front, l'olive dans les mains,
> Délivrez et calmez la terre.

Il y eut en effet un quart d'heure d'ivresse incomparable même au dehors : celui où l'illustre philosophe Kant, sortant pour la première fois de Kœnigsberg, allait au-devant de l'Évangile nouveau ; où Gœthe lui-même, tout Allemand qu'il était, déclarait la journée de Valmy *une victoire pour l'humanité*. Marie-Joseph Chénier exprime ici toutes les idées nobles, généreuses et chimériques de la Révolution. Il rêve l'affranchissement universel pour tous les peuples voisins, dans cette ode sur la *Guerre de la Liberté*, comme il l'appelle (1792) :

> Mânes des Catons, des Brutus,
> Revendiquez Rome usurpée ;
> Ouvrez-vous, grands tombeaux, où dorment les Gracchus,
> Revivez, Émile et Pompée !

> Et vous, Germains, réveillez-vous ;
> Au nom de nos communs ancêtres,
> Redevenez des Francs, et brisez avec nous
> Le joug de vos orgueilleux maîtres !

Malheureusement les passions et les rivalités nationales vinrent compromettre ce noble rêve de la poésie et de la philosophie, associées dans un commun effort.

Un autre chant plus populaire et plus fameux allait balancer la vogue de la *Marseillaise*, et devait, comme elle, survivre à la Révolution : le *Chant du Départ*, ample et belle composition, appartenant encore à cette forme dramatique et musicale de l'ode à personnages. Méhul est au moins de moitié dans le succès. Cette œuvre, la plus durable et la plus connue de Marie-Joseph Chénier, est d'une facture large, ferme et raide, dans le goût de Lebrun, sans avoir l'élan fougueux et endiablé de la *Marseillaise*. On dirait moins encore un cri de guerre qu'une marche ou une procession solennelle et majestueuse :

> La Victoire, en chantant, nous ouvre la barrière,
> La Liberté guide nos pas :
> Et du Nord au Midi la trompette guerrière
> A sonné l'heure des combats.
> Tremblez, ennemis de la France !
> Rois ivres de sang et d'orgueil !
> Le peuple souverain s'avance :
> Tyrans, descendez au cercueil.
> La République nous appelle,
> Sachons vaincre ou sachons périr,
> Un Français doit vivre pour elle.
> Pour elle un Français doit mourir !

L'ode se déroule ainsi qu'une *théorie* grecque, où l'on voit défiler, strophe par strophe, les pères, les mères, les enfants, les guerriers, etc. Le scepticisme railleur de notre temps a pu se divertir de cette innocente mise en scène artificielle, renouvelée des *Embatéries*[1] de Tyrtée et du *Carmen seculare* d'Horace. Mais n'oublions pas que nos ancêtres y apportaient une naïveté, une conviction dont nul alors n'eût pu se moquer impunément. Les rieurs auraient couru risque d'être lapidés autour de l' « Autel de la Patrie ». On a pu dire depuis de Barra et de Viala, le petit tambour (ou plutôt hussard) et le petit mousse, victimes de leur dévouement et de leur foi patriotiques, que c'était là d'*héroïques polissons*[2], comme l'ont été quelquefois nos gamins de Paris :

---

1. Voy. sur les *Embatéries* de Tyrtée un passage du grammairien Pollux. Nageotte, *la Poésie lyrique grecque*. — 2. Arnault, *Souvenirs d'un sexagénaire*.

mais les contemporains étaient sincèrement émus lorsqu'une voix d'enfant ou d'adolescent répétait :

> De Barra, de Viala, le sort nous fait envie ;
> Ils sont morts, mais ils ont vaincu.
> Le lâche accablé d'ans n'a point connu la vie ;
> Qui meurt pour le peuple a vécu [1].

Tout cela, je le veux bien, est pompeux, outré, déclamatoire : on déclame partout naïvement et consciencieusement, à la tribune comme dans les chansons : mais on ne s'en tient pas aux paroles. Les actes viennent s'y joindre, et justifient l'orgueil du poète et de la nation. Le *Chant du Départ* fut entendu pour la première fois à Fleurus, le jour même de la victoire : ce fut là son baptême et sa consécration.

Bien qu'associé un moment à Robespierre, Marie-Joseph Chénier, avec Lebrun, finit par comprendre qu'on voulait l'entraîner trop loin, et recula devant l'abîme où la République radicale allait sombrer. Déjà, dans sa tragédie de *Caïus Gracchus* (1793), il avait laissé échapper ce mot courageux :

> Des lois, et non du sang [2] !

Sa pièce de *Timoléon* était frappée d'interdit, et l'auteur, devenu suspect à son tour, allait suivre son frère sur la

---

[1]. A ce propos, nous rappellerons un passage de Stendhal cité par Taine dans ses *Origines de la Révolution*, t. II, p. 470. « En 1794, notre sentiment intérieur et sérieux était tout renfermé dans cette idée : *être utile à la patrie*. Tout le reste, l'habit, la nourriture, l'avancement, était à nos yeux un misérable détail éphémère.... Nos seules réunions étaient des fêtes, des cérémonies touchantes, qui nourrissaient en nous l'amour de la patrie. Dans la rue, nos yeux se remplissaient de larmes en rencontrant une inscription en l'honneur du jeune tambour Barra. » Ces paroles sont une éloquente réponse aux apôtres du cosmopolitisme indifférent. Ajoutons que l'enfant Barra, dont la légende a fait un tambour, était attaché au général Desmares, commandant la division de Bressuire, qui l'avait monté et équipé en hussard. C'est là un fait démontré par M. Durandeau dans une préface placée en tête d'un drame historique du temps, intitulé : *Barra ou la Mère Républicaine*, et représenté à Dijon, le 2 germinal an II. Cette pièce, écrite en prose par la citoyenne Villiers, et la lettre du général Desmares à la Convention, sont des preuves irréfutables mises au jour par l'infatigable M. Durandeau. Voir *la Revue Bleue*, 15 décembre 1888.

[2]. A quoi un enragé, le conventionnel Albite, ripostait de l'amphithéâtre :

> Du sang, et non des lois !

route fatale, si le 9 Thermidor n'était arrivé à propos pour le sauver. Il achevait de se compromettre par une ode sur la *Situation de la République française* durant la démagogie de Robespierre et de ses complices, après l'abominable loi du 22 Prairial, qui livrait les accusés à l'arbitraire des juges et des bourreaux (juin 1794) :

> O de nos jours de sang quel opprobre éternel !
>   C'est Catilina qui dénonce ;
> Vergonte et Lentulus dictent l'arrêt mortel ;
>   Tullius est le criminel ;
> Céthégus est juge, et prononce !
>
> Le génie indigné traîne un front abattu
>   Sous l'ignorance qui l'opprime ;
> Du nom de Liberté le meurtre est revêtu ;
>   Et l'audace de la vertu
> Se tait devant celle du crime.

En même temps, il se rappelle avec la douleur d'un cœur désabusé ces beaux jours de la *Fédération* qu'il a chantés jadis :

> De la plaine de Mars où sont les jeux charmants ?
>   Où sont les fêtes solennelles
> Qui, dans la France entière, au milieu des serments,
>   Voyaient par mille embrassements
> S'unir nos cités fraternelles ?

Nous l'entendrons bientôt saluer comme une délivrance la chute du dictateur, dont il s'était fait l'admirateur et le complice. Mais il nous faut d'abord retrouver André. Que devenait-il tandis que son jeune frère, emporté par un autre courant, suivait le mouvement révolutionnaire, qui menaçait de l'ajouter lui-même au nombre des victimes ?

III

André, retiré à Versailles, n'avait pu s'y tenir longtemps tranquille et silencieux. Un événement mémorable le fit sortir de sa réserve prudente. Marat venait de tomber sous le poignard vengeur de Charlotte Corday. Le spectacle de cette vierge héroïque, calme et fière devant ses juges et ses bourreaux, exalta, enflamma le cœur du poète patriote. Il laissa échapper un cri d'admiration, une ode brûlante, qui était une sublime bravade, un noble défi jeté au tribunal révolutionnaire.

> Seule, tu fus un homme, et vengeas les humains !
> Et nous, eunuques vils, troupeau lâche et sans âme,
> Nous savons répéter quelques plaintes de femme ;
> Mais le fer pèserait à nos débiles mains !
>
> Un scélérat de moins rampe dans cette fange.
> La Vertu t'applaudit ; de sa mâle louange
> Entends, belle héroïne, entends l'auguste voix.
> O Vertu, le poignard, seul espoir de la terre,
> Est ton arme sacrée, alors que le tonnerre
> Laisse régner le crime, et te vend à ses lois !

Question complexe, moins embarrassante pourtant qu'on ne l'a cru ou affecté de le croire, à propos de l'abominable Marat. La conscience humaine ne s'y est jamais trompée, et a toujours distingué le libérateur de l'assassin. Elle n'a jamais confondu Charlotte Corday avec Jacques Clément et Ravaillac.

André eut un rival en poésie, le conventionnel Audoin, qui s'avisa de consacrer un hymne à l'apothéose de Marat. Celui-ci trouva un autre panégyriste, plus digne encore de lui, dans la personne du marquis de Sade, l'écrivain pornographe enfermé depuis à Charenton, par ordre de Bonaparte. L'auteur fangeux de *Julie* orna de ce quatrain le buste du tribun sanguinaire :

> Du vrai républicain unique et chère idole !
> De ta perte, Marat, ton image console ;
> Qui chérit un grand homme adopte ses vertus :
> Les cendres de Scévole ont fait naître Brutus [1].

Double outrage fait à deux noms fameux associés à celui d'un monstre, en faveur duquel on n'a pu invoquer d'autre excuse que la folie.

Marat n'en reçut pas moins des honneurs presque divins après sa mort : on lui éleva de tous côtés, sur les places publiques, des mausolées et des arcs de triomphe. Bientôt les portes du Panthéon s'ouvrirent pour le recevoir : il venait y prendre la place de Mirabeau, proscrit

---

1. *Revue de la Révolution*, t. I, 1887, art de M. Asse.

dans sa tombe et chassé du sanctuaire, comme indigne et traître à la république. Plus tard, il est vrai, les précieux restes de Marat étaient jetés à la voirie comme une charogne immonde. Exemple frappant des caprices de cette grande prostituée qui s'appelle la *Popularité*. André Chénier bondit d'indignation et revint à la charge, en flagellant de ses ïambes sanglants le héros et les organisateurs de ce honteux triomphe :

> Voûtes du Panthéon, quel mort illustre et rare
> S'ouvre vos dômes glorieux ?
> Pourquoi vois-je David qui larmoie et prépare
> Sa palette, qui fait des dieux[1] ?

Il a écrit au bas de sa pièce : Par le citoyen *Archiloque Mastigophore*[2].

Avec de pareilles audaces, il courait au-devant du supplice. Son arrestation à Passy, résultat d'un accident lors d'une visite faite à M. Piscatory, n'a rien qui doive étonner. On en lira l'histoire détaillée dans le récit très authentique de M. Gabriel de Chénier. André fut conduit à Saint-Lazare, où il fit un long séjour de plusieurs mois. Il y retrouva les frères Trudaine, ses amis d'enfance, le poète Roucher, l'auteur des *Mois*, le peintre Sauvée, qui nous a transmis les traits de l'écrivain. En prison comme aux champs, André, toujours poète, s'inspirant des lieux, des personnes, des émotions qui l'entourent, fera encore de ses vers les confidents de son cœur. C'est par eux que nous connaissons sa vie jusqu'au dernier jour. L'amour et la pitié l'ont saisi à la vue de la jeune Mlle de Coigny, une vierge, une colombe enfermée dans ce sombre repaire de Saint-Lazare. Il lui consacre une délicieuse élégie, dont l'accent rappelle la pièce sur *Myrto, la jeune Tarentine* :

> Blanche et douce colombe, aimable prisonnière !

Et aussi cet admirable chant de la *Jeune Captive* s'écriant avec *Iphigénie*, avec la *Fille de Jephté* :

> Je ne veux point mourir encore.

---

1. Œuvres d'André Chénier, édit. Gabriel de Chénier, t. III, p. 272. — 2. Porte-fouet.

Les dernières poésies d'André Chénier nous offrent une curieuse peinture de Saint-Lazare, de cet antre où le Cyclope populaire vient, chaque matin, chercher ses victimes. La grande boucherie humaine se dévoile à nos yeux :

> Quand au mouton bêlant la sombre boucherie
>   Ouvre ses cavernes de mort,
> Pâtres, chiens et moutons, toute la bergerie
>   Ne s'informe plus de son sort.

Malgré son courage et sa résignation, le poète a ses quarts d'heure d'abattement, où il se croit délaissé par ses amis. Il a connu cette douloureuse station du Calvaire au jardin des Oliviers, où le calice semble amer au Christ lui-même, abandonné de ses disciples :

>   Peut-être en de plus heureux temps,
> J'ai moi-même, à l'aspect des pleurs de l'infortune,
>   Détourné mes regards distraits ;
> A mon tour aujourd'hui, mon malheur importune :
>   Vivez, amis, vivez en paix.

Cependant, reprenant son énergie, il est assez maître de sa pensée pour nous décrire les scènes dont il est témoin, avec le sang-froid d'un observateur et d'un moraliste désintéressé. Telle cette pièce dont le début est représenté par une ligne de points :

> . . . .
> On vit. On vit infâme. Eh bien ! Il fallut l'être ;
>   L'infâme, après tout, mange et dort.
> Ici même en ces parcs où la mort nous fait paître.
>   Où la hache nous tire au sort,
> Beaux poulets sont écrits ; maris, amants sont dupes,
>   Caquetage, intrigues de sots.
> On y chante, on y joue ; on y lève des jupes ;
>   On y fait chansons et bons mots [1].

C'est là que M. Renan, dans un jour de gaillardise, est allé chercher son *Abbesse de Jouarre*, qui n'a rien de commun avec la tenace adversaire de Bossuet. — A ces propos folâtres, le poète oppose une brusque et terrible antithèse :

---

1. Édit. Gabriel de Chénier, t. III.

> Et sur les gonds de fer, soudain les portes crient.
> Des juges-tigres, nos seigneurs,
> Le pourvoyeur paraît. — Quelle sera la proie
> Que la hache appelle aujourd'hui ?
> Chacun frissonne, écoute ; et chacun avec joie
> Voit que ce n'est pas encor lui.
> Ce sera toi demain, insensible imbécile !

La frivolité, l'égoïsme, l'étourderie associés aux scènes lugubres, aux frissons de la mort, forment un singulier contraste. Nous ne connaissons pas de tableau plus dramatique que ces vingt et un vers, où revit pour nous la physionomie de Saint-Lazare dans les derniers jours de la Terreur. Il nous reste à rappeler la pièce suprême d'André Chénier, connue de tous :

> Comme un dernier rayon, comme un dernier zéphire
> Animent la fin d'un beau jour.
> . . . .

On sait quel effet mélodramatique avait tiré de cette pièce A. de la Touche dans son édition d'André Chénier, en la coupant brusquement après ce morceau :

> Avant que de ses deux moitiés
> Ce vers que je commence ait atteint la dernière,
> Peut-être en ces murs effrayés
> Le messager de mort, noir recruteur des ombres,
> Escorté d'infâmes soldats,
> Emplissant de mon nom ces longs corridors sombres....

De la Touche avait mis *remplira*, puis une ligne de points indiquant que l'auteur s'était trouvé arrêté juste à ce moment. M. Gabriel de Chénier, sacrifiant la légende et le coup de théâtre à la vérité, nous a donné le morceau complet en y ajoutant le fac-similé. Cette pièce est plus longue, plus fougueuse, plus passionnée, exprimant tous les sentiments contraires qui agitent l'âme du poète. Ce n'est pas la résignation de l'agneau, mais le regret du lutteur qui voudrait livrer encore une dernière bataille, comme Henri Regnault voulait brûler sa dernière cartouche à Buzenval.

> Vienne, vienne la mort ! Que la mort me délivre !
>   Ainsi donc mon cœur abattu
> Cède au poids de ses maux ! — Non, non, puissé-je vivre !
>   Ma vie importe à la vertu.
>   . . . .
> Justice, vérité,...
>   Sauvez-moi. Conservez un bras
> Qui lance votre foudre, un amant qui vous venge.
>   Mourir sans vider mon carquois !
> Sans percer, sans fouler, sans pétrir dans leur fange
>   Ces bourreaux barbouilleurs de lois !

André Chénier est resté homme jusqu'au bout, par ses larmes et ses malédictions. Il n'a point eu cette parole de mansuétude divine tombée des lèvres du Christ : « Mon Père, pardonnez-leur, car ils ne savent ce qu'ils font ». Il regrette de mourir, non pour le prix qu'il attache à la vie ; mais il voudrait vivre pour clouer au pilori de l'histoire les scélérats qu'il voue à l'exécration.

> Pour cracher sur leurs noms, pour chanter leur supplice !
>   Allons, étouffe les clameurs ;
> Souffre. O cœur gros de haine, affamé de justice,
>   Toi, Vertu, pleure, si je meurs.

La vertu et la poésie, en effet, porteront éternellement le deuil de celui qui fut André Chénier.

IV

Cette sombre et tragique époque de la Terreur a-t-elle glacé toutes les âmes, étouffé tous les esprits, comme le prétend La Harpe ? « Les Français, dit-il, ont cessé de chanter pendant le règne de la Terreur. » C'est là une assertion fausse, démentie par le témoignage d'André Chénier et par les faits, ainsi que l'a démontré M. E. Asse dans un intéressant article de la *Revue de la Révolution*[1].

On chante donc encore en France. Ces chants, il est vrai, sont de nature très diverse. Il en est d'atroces, de furibonds, empreints des passions violentes et brutales du jour : on dirait un rugissement de ménagerie, ou un chœur de cannibales, les hurlements des égorgeurs ivres de sang et de vin. Il est d'autres voix plaintives et touchantes ; il en est

---

1. Tome I, 1887. Article sur la *Poésie au temps de la Terreur*.

même de railleuses, narguant la guillotine comme un jeu de société. La gaieté française reprend ses droits, même en face de l'échafaud. Ces couplets badins datent des premiers jours de 1794 :

> La guillotine est un bijou,
> Qui devient des plus à la mode ;
> J'en veux une en bois d'acajou
> Que je mettrai sur ma commode.
>
> Je l'essaierai soir et matin,
> Pour ne pas paraître novice,
> Si par malheur, le lendemain,
> A mon tour j'étais de service.

Nous ne parlerons ici, ni des *Muses sans-culottides*, ni du *Décadaire républicain*, ni du *Chansonnier de la Montagne*. Ce serait faire trop d'honneur à des productions souvent ineptes et grossières. Laissant même de côté une pièce ridicule où La Harpe, cet Aristarque de la République des lettres, nous fait l'effet d'un Ragotin transformé en Tyrtée, prêchant la charge à la baïonnette, nous rappellerons une belle ode de Jacques Delille sur l'*Immortalité de l'âme*. Ce fut à la demande de Robespierre que le poète composa cette pièce pour la fête de l'Être Suprême, malgré le peu de sympathie que lui inspirait le sinistre dictateur. Mais comment opposer un refus formel ? Quelque temps auparavant, Delille, coiffé en abbé, avec sa tonsure, avait été accosté dans la rue Saint-Jacques par un inconnu, qui lui dit : « Monsieur Delille, supprimez ce rond-là. Par le temps qui court, cela pourrait vous compromettre. Celui qui vous donne ce conseil est Chaumette, le procureur de la Commune. » Delille, pour répondre à l'appel de Robespierre, commença donc son dithyrambe ; mais il fit si bien que l'œuvre devint impossible à réciter et à publier. Profitant du droit que lui conférait la république, de maudire la tyrannie, il lançait, entre les mots consacrés de *liberté* et d'*égalité*, un trait hardi qui, par-dessus César, atteignait directement le maître du jour.

> Que je hais les tyrans ! Combien, dès mon enfance,
> Mes imprécations ont poursuivi leur char !
> Ma faiblesse superbe insulte à leur puissance :
> J'aurais chanté Caton à l'aspect de César.

De l'aimable, pimpant et coquet abbé Delille à l'âme indomptable de Caton, il y a loin sans doute, et Tissot lui-même, son successeur au Collège de France, ne veut pas qu'on exagère en cela l'audace du poète. Il faut pourtant lui tenir compte de ces vers courageux où, apostrophant tour à tour les bourreaux et les victimes, il ose dire :

> Oui, vous qui, de l'Olympe usurpant le tonnerre,
> Des éternelles lois renversez les autels,
>   Lâches oppresseurs de la terre,
>   Tremblez, vous êtes immortels !
> Et vous, vous du malheur victimes passagères,
> Sur qui veillent d'un Dieu les regards paternels,
> Voyageurs d'un moment aux terres étrangères,
>   Consolez-vous, vous êtes immortels [1] !

Une chose a manqué à ces nobles paroles : d'être récitées, chantées au grand jour, et entendues par ceux auxquels elles s'adressaient.

Enfin l'heure vint où le tyran, mis hors la loi par un décret de la Convention, tomba sous le poids des haines et des craintes qu'il avait accumulées autour de lui. Le 9 Thermidor, date mémorable dans l'histoire de la Révolution, rendait à la France un coin de ciel serein : les prisons s'ouvrirent: les fugitifs et les proscrits commençaient à reparaître. Les âmes oppressées poussèrent un cri de soulagement : de toutes parts affluèrent les adresses à la Convention répétant : « Catilina n'est plus, la République est sauvée! » Marie-Joseph Chénier, qui avait vu mourir son frère sur l'échafaud, malgré tous ses efforts pour le délivrer, se fit l'interprète de la conscience et de l'allégresse publique, en composant l'*Hymne de Thermidor* (27 juillet 1794).

> Salut, Neuf Thermidor, jour de la délivrance,
> Tu viens purifier un sol ensanglanté !
> Pour la seconde fois tu fais luire à la France
>   Les rayons de la Liberté.

A l'instar de Lebrun, Chénier est obsédé de souvenirs grecs et romains : faisant allusion à la guillotine, la grande arme favorite, la *Durandal* de Robespierre, il s'écrie :

---

1. Œuvres de Delille, t. X.

> Renverse, ô Liberté, cet autel homicide
> Où l'horrible *Anarchie*, un poignard à la main,
> Comme autrefois Diane aux monts de la Tauride,
> S'apaisait par du sang humain.

Mais l'esprit de vengeance et de représailles n'était pas mort avec Robespierre : il se ravivait chez ses ennemis. Une chanson thermidorienne intitulée *le Réveil du Peuple* (paroles de Souriguières et musique de Gaveaux, 1795) est une malédiction en règle contre les jacobins, et accompagne la Terreur blanche en province, où s'organisent d'autres massacres. L'œuvre, très médiocre, n'en obtint pas moins un grand succès de circonstance, et fut chantée concurremment avec la *Marseillaise*.

> Ah ! qu'ils périssent ces infâmes
> Et ces égorgeurs dévorans,
> Qui portent au fond de leurs âmes
> Le crime et l'amour des tyrans !
> Mânes plaintifs de l'Innocence,
> Apaisez-vous dans vos tombeaux :
> Le jour tardif de la vengeance
> Fait enfin pâlir vos bourreaux [1] !

L'exécution des complices de Robespierre est la suite naturelle de sa chute. Les *mânes de l'Innocence*, comme dit la chanson, réclament encore du sang pour être apaisés ; et c'est ainsi que le flux et le reflux de la Révolution entraînent sans cesse de nouvelles victimes. Le massacre des prisons de Lyon (1795) est une réponse au complot des jacobins terroristes, qui essayent de ressaisir le pouvoir.

Cependant les idées de concorde, de paix, finissent par l'emporter dans les esprits. Le bon Collin d'Harleville, l'auteur de l'*Optimiste*, traduisait de Stace l'*Autel de la Clémence*, où il conviait également tous les Français. Le vicomte de Ségur publiait l'*Épître d'un prisonnier*, tandis que Demoustier[2] donnait au théâtre sa comédie du *Conciliateur ou l'Homme aimable*. La Convention venait d'achever son œuvre grandiose et terrible à la fois, se décimant elle-même pour expier ses fautes et ses crimes, après avoir sauvé la France par sa farouche énergie.

---

1. E. Asse, *Revue de la Révolution*, t. I, 1887.
2. L'auteur des *Lettres à Émilie*.

CHAPITRE X

LE DIRECTOIRE ET LE CONSULAT

FIN DU XVIIIe ET COMMENCEMENT DU XIXe SIÈCLE.

Gouvernement directorial. — L'armée : Hoche et Bonaparte. — Chants guerriers et patriotiques. — Première campagne d'Italie : Marie-Joseph Chénier, Lebrun-Pindare, Arnault. — Traité de Campo-Formio (1797). — Élégie sur la mort de Hoche (1798) : vers contre l'Angleterre. — L'expédition d'Égypte. — Le 18 Brumaire et le Vaudeville. — Le gouvernement consulaire : Cantate de Fontanes et ode de Lebrun sur la bataille de Marengo (1800). — Passage du consulat à l'empire : une représentation de *Macbeth* : une boutade de Lebrun. — Le camp de Boulogne : dernière offrande de Lebrun et de Marie-Joseph Chénier.

I

La chute de Robespierre semblait devoir entraîner avec elle celle de la République, un moment incarnée dans le terrible dictateur. Bien des gens l'espéraient : les royalistes commençaient à relever la tête. Il fallut la verte leçon du 13 Vendémiaire et la canonnade de Saint-Roch pour faire reculer la réaction. Instruite par son propre exemple et sa triste fin, la Convention, pour éviter la dictature d'un seul et la tyrannie d'une Assemblée unique, partagea le pouvoir exécutif entre cinq membres nommés *Directeurs*, et le pouvoir législatif entre deux Chambres, les *Anciens* et les *Cinq-Cents*. Mais la république en danger avait appelé à son aide un homme de guerre, le libérateur de Toulon, qui devait lui rendre et lui faire payer cher un jour des services encore plus éclatants.

A l'heure où tous les partis se sont abattus l'un sur l'autre dans l'arène sanglante de la Révolution, l'armée reste l'espoir et l'honneur du pays, avant d'en être le péril. Si le gouvernement faible et indécis du Directoire laisse flotter l'autorité entre ses mains et n'inspire qu'une médiocre estime, nos soldats vont porter au dehors et illustrer le nom français. Par un contraste assez étrange, la poésie, qui a pour effet et pour mission d'embellir et de grandir les faits et les hommes, demeure au-dessous de la réalité. Hoche et Marceau, enlevés brusquement à la gloire et à la fortune qui les attendaient, ne trouvent pas de chantre digne d'eux, et lèguent à l'histoire une renommée supérieure à celle que les vers pourront leur donner. Les merveilleuses campagnes de Bonaparte en Italie et en Égypte ont l'air d'un roman ou d'une épopée fantastique mise en action. Beaumarchais, qui n'était point un naïf et qui n'a fait que l'entrevoir, disait en parlant de lui : « Ce n'est pas pour l'histoire, c'est pour l'épopée que travaille ce jeune homme. Il est hors du vraisemblable. » Au retour de l'expédition d'Égypte, Mallet-Dupan, un fin et judicieux observateur, tirait sur lui cet horoscope qu'il n'eut pas le temps de vérifier[1] : « Bonaparte a la tête dans les nues ; sa carrière est un poème, son imagination un magasin de romans héroïques, son théâtre une arène ouverte à tous les délires de l'entendement ou de l'ambition. Qui fixerait le point où il s'arrêtera ? Est-il assez maître des choses, des temps et de sa fortune, pour le fixer lui-même ? »

Le personnage est déjà un problème, un objet d'étonnement dès le début, pour ses contemporains. Une certaine critique historique, qui semble, avec la critique littéraire, prendre à tâche d'amoindrir et de rabaisser les hommes et les œuvres du passé, comme si elle ajoutait à sa taille tout ce qu'elle enlève à celle d'autrui, s'est attaquée depuis quelque temps à cette renommée de Bonaparte. On a prétendu faire de lui une espèce de condottiere italien, sorti de son

---

1. Mallet-Dupan mourut en 1800.

île comme d'un antre de brigands, et venant exploiter et duper le monde assez simple et assez crédule pour se laisser prendre. C'est une nouvelle édition de l'*Ogre de Corse*, inventé jadis par la Restauration, mais avec un appareil de science et de philosophisme dont on ne se piquait point alors. Cette critique négative et sceptique n'a qu'un malheur, c'est d'être aussi fausse qu'injuste historiquement ; de se trouver contredite par tous les témoignages contemporains. Elle oublie que les illusions mêmes et les engouements de l'enthousiasme populaire sont une part de la vérité, dont il faut tenir compte, si l'on veut comprendre l'esprit d'une époque.

Au moment où nous sommes arrivés, le règne des politiciens est passé. La parole est aux hommes d'action, aux généraux tels que Hoche et Bonaparte, dont les ordres du jour, la correspondance, les proclamations, les bulletins de victoire sont de véritables odes en prose, ou tout au moins ont l'accent du lyrisme militaire, national et républicain. Quel chant de triomphe égala jamais ce manifeste, si éloquent dans sa concision, après la première étape de la campagne d'Italie :

« Soldats, vous avez remporté en quinze jours six victoires, pris vingt et un drapeaux, cinquante-cinq pièces de canon, plusieurs places fortes, et conquis la plus riche partie du Piémont ; vous avez fait quinze mille prisonniers, tué ou blessé plus de dix mille hommes. Vous vous êtes battus jusqu'ici pour des rochers stériles illustrés par votre courage, mais inutiles à la patrie ; vous égalez aujourd'hui par vos services l'armée de Hollande et du Rhin. Dénués de tout, vous avez suppléé à tout. Vous avez gagné des batailles sans canons, passé des rivières sans ponts, fait des marches forcées sans souliers, bivouaqué sans eau-de-vie et souvent sans pain. Les phalanges républicaines, les soldats de la Liberté étaient seuls capables de souffrir ce que vous avez souffert. Grâces vous en soient rendues, soldats ! »

C'est là, nous le savons bien, aux yeux de certains appréciateurs délicats et difficiles, du *caporalisme oratoire*. Les cœurs français d'alors, qui valaient bien ceux d'aujourd'hui, en jugeaient tout autrement. Du reste, le jeune et brillant vainqueur, s'il enivrait et emportait l'âme de ses soldats, avait aussi déjà ses détracteurs et ses jaloux, et s'en irritait. « Je ne puis pas, écrivait-il, être insensible aux outrages, aux calomnies que quatre-vingts journaux répandent tous les jours, à toute occasion, sans qu'il y en ait un seul qui les démente. » De là sans doute son antipathie pour la presse. « Je vois que le club de Clichy veut marcher sur mon cadavre, pour arriver à la destruction de la république. N'est-il donc plus en France de républicains ? » A cette époque, Bonaparte est toujours le général jacobin, qui a mitraillé les réactionnaires sur les marches de Saint-Roch. Et alors, qui prend sa défense contre ses détracteurs ? Un autre jeune général comme lui, son émule en génie et en gloire, le loyal et généreux Hoche, le vainqueur de Wissembourg :

« Pourquoi Bonaparte se trouve-t-il donc l'objet de leurs fureurs ? Est-ce parce qu'il a battu leurs amis et eux-mêmes en Vendémiaire ? Est-ce parce qu'il dissout les armées des rois, et qu'il fournit à la république les moyens de terminer glorieusement la guerre ? Ah ! brave jeune homme, quel est le meilleur républicain qui ne brûle de t'imiter ? Courage, Bonaparte ! Conduis à Naples, à Vienne, nos armées victorieuses ; réponds à tes ennemis personnels en humiliant les rois, en donnant à nos armes un lustre nouveau ; et laisse-nous le soin de ta gloire ! »

C'était le même Hoche qui écrivait du bivouac de Wissembourg au général Le Veneur, son ancien protecteur, dont il avait été l'aide de camp :

« Oui, mon général, Landau sera libre ! Mais ce n'est plus assez d'arrêter l'ennemi, il faut le chasser devant nous ; il ne s'agit plus de défendre notre territoire, il faut envahir le sien. Les jours de douleur et de honte sont passés. Avec des soldats si bien préparés, une autorité sans entraves, l'appui des représentants, je dois vaincre ou mourir. C'est une alternative que j'accepte. Aussi, mon général, si cette lettre n'est que l'annonce trop présomptueuse d'un succès que je crois infaillible, elle doit vous porter mes derniers adieux[1]. »

---

1. Bergonnioux, *Essai sur la vie de Lazare Hoche*, in-8, 1852. — Géruzez, *Hist. de la litt. française pendant la Révolution.*

D'un autre côté, il disait à l'envoyé du ministre de la guerre :

« Les mesures sont prises, et si j'en crois mon pressentiment, la victoire est à nous. Je survivrais avec peine à un revers. Si j'avais ce malheur pourtant, j'enverrais à Paris nos dépouilles sanglantes. Patriotes, montrez-les au peuple, et qu'il batte son arrière-ban ! »

Ces pages de prose vivante et vibrante nous en disent plus que toutes les odes, cantates, dithyrambes d'alors. Cependant la France a encore des poètes ou des versificateurs attitrés et chargés de clore le siècle qui finit, et d'ouvrir celui qui commence. D'abord le vieux Lebrun, toujours en possession de sa prébende littéraire et de l'encensoir officiel, pour les grandes circonstances. Puis son disciple Marie-Joseph Chénier, toujours prompt à l'enthousiasme dans ses élans patriotiques, réduit plus tard à se repentir, comme républicain et libéral, de ses imprudentes admirations. Rouget de Lisle, qui célèbre encore de nouveaux triomphes, sans retrouver le beau feu de la *Marseillaise*. D'autres enfin qui commencent à poindre, tels qu'Arnault, Millevoye, Lemercier, Fontanes, Luce de Lancival, Viennet, Creuzé de Lesser, Jay, etc., toute une pléiade de poètes secondaires, qui sont loin d'égaler par leurs vers la grandeur des actes et des événements. La hautaine personnalité qui domine l'aurore du siècle nouveau semble tout écraser sous le poids ou le prestige de son nom.

Au début pourtant, les chantres républicains obéissent à un sentiment naturel et sincère d'admiration devant le jeune vainqueur salué du titre d'*Italique*, comme Scipion l'avait été jadis de celui d'*Africain*. Marie-Joseph Chénier, l'un des premiers, ébauche sur la campagne d'Italie un poème qu'il se gardera bien d'achever, et qu'il désavouera ou regrettera un jour. Mais alors il est dans le ravissement de ces victoires accumulées, dont s'enivre l'amour-propre national. Le héros lui apparaît dans tout l'éclat, et je dirai presque la virginité de sa gloire immaculée. Il est mieux que le conquérant, il est le libérateur et le rénovateur de l'Italie.

L'*Italique*, en son âme agrandie et charmée,
Déroule les destins promis à son armée.

> Cependant la trompette a sonné le réveil :
> Les Français, devançant le retour du soleil,
> Ont marché vers le fleuve, et déjà leur présence
> A subjugué de loin les remparts de Plaisance.

Chénier s'en tient encore aux procédés de son maître Voltaire : ce poème héroïque est trop souvent de la prose rimée avec métaphores et périphrases. Il nous intéresse surtout par les noms qu'il met en relief : mais une épithète ne suffit pas pour faire revivre les gens à nos yeux. D'abord le portrait du général en chef, qu'on souhaiterait de trouver ici, ne s'y rencontre point : le *Corse à cheveux plats*, d'Auguste Barbier, est du moins un être vivant. Ses lieutenants, Joubert, Augereau, Masséna, Berthier, sont désignés à peine, sous une forme vague et hâtive, qui ne permet guère de les reconnaître. Un seul doit à sa mort l'honneur d'une oraison funèbre ou d'une épitaphe un peu plus développée.

> Atteint d'un plomb mortel un héros est tombé,
> C'est Laharpe. Il naquit sur les monts Helvétiques,
> Il suça les vertus de ces guerriers rustiques
> Qui, bravant de Gessler les insolentes lois,
> Les premiers dans l'Europe ont aboli les rois.

Un souffle républicain circule à travers cette pièce tant soit peu languissante, et lui rend une demi-jeunesse. La Liberté revient sur les bords de l'Éridan avec les drapeaux français :

> Le fleuve impatient d'un trop long esclavage
> Reconnaît la déesse, et bénit son retour.

Rome elle-même, non pas la Rome des Césars et des papes, mais celle des Camille, des Brutus, des Décius et des Scévole,

> Apparaît au héros, non telle qu'autrefois
> Au bord du Rubicon César la vit descendre
> Pâle, les yeux baissés, le front couvert de cendre.
> . . . .
> Mais conservant l'orgueil de sa gloire éclipsée,
> Portant sur l'avenir sa lointaine pensée,
> Les yeux levés au ciel, le front paré de fleurs :
> « Salut, jeune héros, qui viens sécher mes pleurs,

> Dit-elle. Ah ! je me joins aux drapeaux de la France,
> Et mon cœur oppressé ressaisit l'espérance. »

Rome ne se doutait point qu'un jour son libérateur lui donnerait pour roi un enfant, et pour consul un préfet français. Marie-Joseph Chénier cède à l'illusion d'une âme honnête et libérale, en même temps qu'aux souvenirs de cette république romaine, prototype inexact de notre république française.

Au terme de cette campagne éblouissante, le traité de Campo-Formio venait consacrer le triomphe de la France et de son général en chef : les lauriers du politique s'alliaient à ceux du guerrier. Un poète admis dans l'intimité de Bonaparte, qu'il avait accompagné en Italie, Antoine Arnault, l'auteur de *Marius à Minturnes*, eut le courage, en félicitant le vainqueur, de placer au-dessus des glorieuses journées d'Arcole et de Rivoli l'heureux traité, qui rendait la paix au monde :

> Aucune gloire désormais
> Ne vous sera donc étrangère,
> Et vous savez faire la paix
> Comme vous avez fait la guerre.
>
> L'art des illustres meurtriers
> A son prix au temps où nous sommes,
> J'en conviens ; mais les grands guerriers
> Ne sont pas toujours de grands hommes.

Arnault parle ici à Bonaparte, comme Boileau à Louis XIV après sa campagne de Flandre :

> On peut être un héros sans ravager la terre.

La poésie a quelquefois, pour son honneur, su faire entendre aux puissants, enivrés de leur fortune, de sages conseils trop peu suivis. « Ces vers, dit Arnault, qui furent publiés par tous les journaux du temps, plurent moins peut-être au négociateur qu'ils ne déplurent au général. Je suis d'autant plus porté à le croire qu'il ne m'en a jamais parlé[1]. » La paix ne pouvait suffire à ce bouillant génie, avide de mouvement et d'activité. Après l'Italie, c'est l'Égypte, puis

---

1. Arnault, *Souvenirs d'un sexagénaire*. t. II, chap. VII.

l'Angleterre, l'Allemagne, l'Espagne et la Russie, qui l'attirent par une sorte de fascination irrésistible.

Le héros, venant de Rastadt, avait vu les princes allemands accourir sur son passage, pour saluer et contempler en lui un être extraordinaire. L'empereur lui avait offert, disait-on, une principauté, qu'il eut le bon esprit de refuser. C'était proposer au futur César la royauté d'Yvetot. En arrivant à Paris, de bien autres ovations l'attendaient. Pour lui, affectant la modestie et la simplicité dans sa tenue et dans sa mise, il était revenu s'établir dans sa petite maison de la rue Chantereine, qui fut débaptisée ce jour-là, et s'appela rue de la Victoire, nom qu'elle a gardé depuis. Malgré les défiances et les craintes qu'inspirait un personnage si encombrant, le Directoire crut ne pouvoir se dispenser de célébrer son retour par une fête triomphale donnée au Luxembourg, où serait proclamé le traité de paix.

C'était le 20 frimaire an VI, 10 décembre 1797. Chénier, le représentant du lyrisme officiel, fut chargé cette fois encore de fournir le *Chant du Retour*, faisant pendant au *Chant du Départ*. Aidé de Méhul, il avait repris le vieux moule de la cantate par strophes et antistrophes, avec ses comparses et ses escouades de guerriers, de bardes, de vieillards, de jeunes filles, etc.

LES GUERRIERS.

Contemplez ces lauriers civiques :
L'Italie a produit ces fertiles moissons,
Ceux-là croissaient pour nous au milieu des glaçons[1] ;
Voici ceux de Fleurus, ceux des plaines Belgiques !
Tous les fleuves surpris nous ont vus triomphants ;
Tous les jours nous furent prospères ;
Que le front blanchi de nos pères
Soit couvert des lauriers cueillis par leurs enfants !

CHOEUR.

Tu fus longtemps l'effroi, sois l'amour de la terre,
O République des Français !
Que le chant des plaisirs succède aux cris de guerre :
La victoire a conquis la paix.

1. Dans les Alpes.

Toujours cette idée de paix, qui revient comme un désir, une aspiration de la France, à l'heure où le démon de la guerre va se déchaîner.

Bonaparte était le roi, l'idole du jour, attirant sur lui tous les regards. Présenté à l'Assemblée par Talleyrand, il prononça une de ces courtes harangues sobres, nerveuses, aux phrases hachées et impératives dont il avait le secret, *imperatoria brevitas*, en annonçant la remise du traité signé à Campo-Formio et ratifié par S. M. l'empereur. Barras, dans un discours diffus et entortillé, exprimait du moins un regret sincère, lorsque, faisant allusion au seul rival capable d'arrêter l'*Italique* dans sa marche ascendante, il s'écriait : « Pourquoi Hoche n'est-il point ici pour voir, pour embrasser son ami ! » Une mort subite, mystérieuse, peut-être le poison, était venue ravir à l'amour et à l'admiration du monde, ce héros de vingt-neuf ans.

Dans une séance publique de l'Institut, dont Bonaparte venait d'être nommé membre par acclamation, Chénier lut une élégie sur cette mort, en vantant moins encore le guerrier que le pacificateur tutélaire de la Vendée :

> Puissant par la clémence, et grand par les bienfaits,
> Après avoir su vaincre, il sut donner la paix.

Mais en même temps, se retournant contre l'Angleterre, notre vieille ennemie, il lançait cet imprudent défi :

> Voyez Londres pâlir au nom de l'*Italique*.
> . . . .
> Si jadis un Français, des rives de Neustrie,
> Descendit dans leurs ports, précédé par l'effroi,
> Vint, combattit, vainquit, fut conquérant et roi,
> Quels rochers, quels remparts deviendront leur asile,
> Quand Neptune irrité lancera dans leur île
> D'Arcole et de Lodi les terribles soldats,
> Tous ces jeunes héros, vieux dans l'art des combats,
> La grande nation à vaincre accoutumée,
> Et le grand général guidant la grande armée !

Au milieu de l'effervescence universelle, la république, par une sorte de contagion, était proclamée en Hollande, à Milan, à Rome, dans le pays de Vaud. Le feu était partout, au point d'inquiéter le Directoire lui même, qui souhaitait la paix.

II

Cependant une nouvelle carrière allait s'ouvrir à l'activité dévorante du chef et à l'enthousiasme des chanteurs, avec l'expédition d'Égypte. Cette entreprise, tenue secrète d'abord, avait éclaté comme un rêve magique dans la tête de cet autre Alexandre, et passionna bientôt toute la nation. Ce n'était point seulement une guerre de conquêtes, mais de découvertes, d'explorations. Aux hommes de guerre, de marine, d'administration, Bonaparte, justifiant son titre de membre de l'Institut, avait associé toute une cohorte de savants: Monge, Berthollet, Fourier, Dolomieux, Savigny, Desgenettes, Larrey, sans compter l'architecte et dessinateur Denon. Enfin, il songeait à constituer un orchestre triomphal pour célébrer ses victoires et celles de ses soldats. Il avait jeté son dévolu sur Ducis, l'un des premiers poètes de France; sur Méhul, son premier compositeur; sur Lays, premier ténor de l'Opéra. Ce n'était pas trop de cette trinité artistique et littéraire pour le futur vainqueur de l'Orient. Ducis refusa, en alléguant son grand âge, n'osant avouer son peu de sympathie pour le général en chef. Méhul préféra aux hasards de l'expédition les services plus sérieux et plus lucratifs qu'il pouvait rendre au Conservatoire et au théâtre. Lays craignit de s'enrhumer et de perdre sa voix dans la traversée. Arnault, chargé de cette négociation, nous l'a racontée tout au long dans ses *Souvenirs d'un sexagénaire*. Bonaparte admit les excuses de Ducis sur son âge : il comprit que Méhul tînt à son Conservatoire et au théâtre. « Qu'il nous compose, dit-il, quelques marches militaires ! Son génie sera avec nous, cela nous suffit. Toute réflexion faite, un musicien fort en exécution nous conviendrait mieux qu'un compositeur. Quant à Lays, je suis fâché qu'il ne veuille pas nous suivre, c'eût été notre Ossian : il nous en faut un; il nous faut un barde qui, dans le besoin, chante à la tête des colonnes. »

Rigal, professeur de piano, désigné par Méhul, et Villoteau, doublure de Lays à l'Opéra, acceptèrent avec enthousiasme l'honneur d'accompagner Bonaparte. Lemercier, l'ami de la Malmaison, désigné pour remplacer Ducis, se rendit aux objections de sa famille, et déclina l'offre qui lui était faite. Arnault se remit en quête d'un poète, et finit par trouver Parseval de Grandmaison, qui s'offrit lui-même : versificateur encore inconnu, mais ayant récité déjà plusieurs morceaux remarquables, qui semblaient promettre le *Os magna sonaturum*. Parseval se vit obligé de sacrifier sa perruque à frimas, la coiffure rase à la Titus étant devenue celle de l'état-major et de toute l'armée. Il ne justifia pas les espérances qu'il avait données, et ne rapporta d'Égypte qu'un projet de poème mort-né sur *Philippe Auguste*. En réalité, il n'y avait dans toute cette armée qu'un seul, un vrai poète, le général en chef. C'est lui qui arrive au lyrisme, en évoquant le souvenir des quarante siècles contemplant l'armée française du haut des Pyramides. Pour l'épopée promise et désirée, il faut attendre que Barthélemy et Méry payent, dans leur *Napoléon en Égypte*, la dette dont Parseval n'a pu s'acquitter.

Le retour subit et mystérieux de Bonaparte en France, le coup d'État du 18 Brumaire, à demi prévu et accepté d'avance par l'opinion, n'étaient guère propres à réveiller l'enthousiasme poétique. Tout au plus cet acte de forfaiture et de violence contre la loi et la constitution établie pouvait-il provoquer une généreuse protestation, un chant vengeur, comme en soulèvera plus tard l'attentat du 2 Décembre. Mais le Directoire, compromis depuis le 18 Fructidor, était tombé si bas dans l'estime publique que nulle voix connue n'osa s'élever en sa faveur. Le vaudeville, se faisant l'écho de l'opinion hostile ou irritée, mit les rieurs du côté des conspirateurs militaires, en narguant les malheureux législateurs des Cinq-Cents, pris dans les filets de Saint-Cloud. On les accusa d'avoir tramé un complot de leur côté contre Bonaparte :

> D'après vos affreux systèmes,
> Vous comptiez sur des succès.
> Crac ! vous êtes pris vous-mêmes,
> Pris dans vos propres filets[1].

Le départ du général abandonnant son armée d'Égypte

---

1. *Les Mariniers de Saint-Cloud*, par Sewrin.

aux mains de Kléber, loin de lui être reproché comme un acte de désertion et de trahison, devenait une inspiration heureuse, une preuve de dévouement à la chose publique.

> La fuite en Égypte, jadis,
> Conserva le Sauveur des hommes.
> Pourtant quelques malins esprits
> En doutent au siècle où nous sommes.
> Mais un fait bien sûr en ce jour,
> Du vieux miracle quoi qu'on pense,
> C'est que de l'Égypte un retour
> Ramène un Sauveur à la France.

Le sauveur devait lui coûter cher, mais on ne songeait alors qu'au salut présent. La constitution de l'an VIII, cette habile mutilation du suffrage universel et de la forme républicaine, fut acceptée les yeux fermés, et saluée comme un progrès.

> On eut cinq maîtres autrefois ;
> Mais le bonheur nous accompagne.
> Nos consuls, qui ne sont que trois,
> Nous font jouer à qui perd gagne.
> A leurs soins nous devrons la paix,
> Et sans peine chacun devine
> Qu'en pareil cas, pour les Français,
> Le *terne* vaut mieux que le *quine*[1].

Le vieux Lebrun, hochant la tête, laissait échapper tout au plus un bout d'épigramme sceptique sur le nouveau gouvernement.

> Nous avons abjuré le pouvoir monarchique,
> Nous avons des consuls, nous avons un Sénat,
>   Nous avons même un Tribunat,
> Et peut-être une République.

Mais il finit par se résigner, et se rallia, suivant son habitude, au parti du plus fort. Marie-Joseph Chénier lui-même accepta une place de tribun, qu'il dut résigner bientôt : en prenant trop son rôle au sérieux, il devint gênant et impossible.

---

1. *La Journée de Saint-Cloud*, par Léger, Chazet et Armand Gouffé.

Pourtant le Consulat s'ouvrait sous d'heureux auspices : une seconde campagne d'Italie, où Schérer et Masséna étaient serrés de près par les Autrichiens, rétablissait le prestige de nos armes, après la victoire de Marengo (14 juin 1800), et nous valait la double paix de Lunéville et d'Amiens (1801-1802). Fontanes, un de ces royalistes ralliés dont Bonaparte aimait à s'entourer, composa, d'accord avec Méhul, un *Chant national* à trois chœurs, exécuté dans le temple de Mars, le 26 messidor an VIII. C'est là encore un de ces morceaux retentissants, où la splendeur musicale couvre souvent la faiblesse et la nudité du vers.

> Où sont ces ennemis qui, dans Nice et dans Gênes,
> Avaient osé dicter leurs ordres absolus ?
> Leur sang, du Milanais, rougit au loin les plaines,
> Un héros se présente : ils n'étaient déjà plus.

L'apparition seule de Bonaparte a suffi pour changer la face des événements. Le poète n'oublie pas davantage le héros mort auquel revient en partie l'honneur de la journée :

> Tu meurs, brave Desaix, tu meurs! Ah ! peux-tu croire
> Que l'éclat de ton nom s'éteigne avec tes jours ?
> L'Arabe en ses déserts s'entretient de ta gloire,
> Et ses fils à leurs fils la rediront toujours.

Desaix, appelé le *sultan Juste* par les Arabes eux-mêmes, méritait cet hommage. C'est aussi en son nom que l'auteur adresse cet appel à la Concorde :

> Français, sur le tombeau d'un héros magnanime,
> Abjurons nos partis, nos haines, nos fureurs ;
> Qu'un même enthousiasme à son nom nous anime !
> La Concorde aujourd'hui doit unir tous les cœurs.

Le radieux soleil de Marengo annonce l'ouverture d'un autre âge :

> Un grand siècle finit, un grand siècle commence,
> Gloire, vertus, beaux-arts, renaissez avec lui.

Lebrun se pique d'honneur à son tour, et plein de ses souvenirs antiques, reprend le chant d'Horace après Actium : *Nunc est bibendum* etc.

> Enivrons, mes amis, la coupe de la Gloire
> D'un nectar pétillant et frais !
> Buvons, buvons à la Victoire,
> Fidèle amante des Français !

La pièce est d'ailleurs médiocre, chargée d'idées vulgaires, de rimes banales : on y trouve aussi plus d'un vers prosaïque, tel que celui-ci :

> La France donne au monde un nouvel équilibre.

Bonaparte n'en fut pas moins enchanté, et récompensa le poète en lui octroyant une pension de 6000 livres. La république agissait plus grandement encore que la monarchie. Lebrun, qui en tout aimait le grand, ne le détestait pas non plus en pension. Cependant, même en chantant le vainqueur, il faisait ses réserves. Bientôt il s'aperçut que le premier consul marchait à pas de géant vers le pouvoir suprême, et tenta de le retenir. Une de ses strophes admiratives se terminait par cet avis :

> Et l'heureux Bonaparte est trop grand pour descendre
> Jusqu'au trône des rois.

L'heureux Bonaparte laissa dire le poète, et continua son ascension ou sa descente, comme on voudra, préférant le rôle de César à celui de Washington.

Les avis, du reste, ne lui avaient pas manqué, même avant le 18 Brumaire. L'académicien Roger nous raconte une certaine représentation de *Macbeth* offerte par ordre du Directoire au vainqueur d'Arcole et de Lodi, après le traité de Campo-Formio. « Était-ce par hasard, par maladresse, ou par malice qu'on avait choisi *Macbeth* ? Je l'ignorais. Ce que je sus seulement, à n'en point douter, c'est que le jeune général, quelque effort qu'il fît pour se cacher dans le fond de sa loge, et pour dissimuler ses émotions, n'entendit pas sans embarras ces vers du vieux Duncan à Macbeth :

> Près d'être enveloppé du bruit de la victoire,
> Tu ne veux, je le vois, qu'échapper à la gloire.
> Jamais l'ambition ne corrompra ton cœur.

Et que son trouble fut surtout remarquable au récit de la vision de Macbeth :

> Et tous trois dans les airs, en fuyant loin de moi,
> M'ont laissé pour adieu ces mots : *Tu seras roi.* »

Roi, c'était encore trop peu pour le glorieux parvenu de la Révolution ; il lui fallait un titre supérieur, digne d'un César, celui d'empereur. N'avait-il pas déjà sa cour à la Malmaison ? « Dès 1802, dit Muret dans son *Histoire par le Théâtre*[1], nous voyons le spectacle gratis le 14 août, veille de l'anniversaire de naissance du premier consul. Le 12 juin 1803, eut lieu la première représentation donnée par le Théâtre-Français, comme service de cour, dans la salle de spectacle du château de Saint-Cloud. Les ministres et tous les officiers de la suite du premier consul y assistaient, ainsi que les ambassadeurs. On y joua *Esther* avec les chœurs, et, après la tragédie, l'acteur Lafon lut une cantate sur la guerre avec l'Angleterre, qui venait de recommencer après la courte paix d'Amiens. »

Tandis que Fontanes exposait, dans un discours d'apparat[2] devant les grands corps de l'État réunis solennellement, les griefs légitimes de la France contre sa rivale, Lebrun ressaisissait son luth pour entonner, d'une voix chevrotante, une Ode sur le nouveau *Projet de descente en Angleterre*. En s'adressant à la Tamise, l'auteur est encore hanté par le souvenir des Nymphes qu'il a vues jadis autour du Rhin, avec Boileau. La Naïade de l'Ohio vient demander à Neptune justice de l'assassinat de Jumonville. Le dieu lui répond en prédisant la chute prochaine de l'Angleterre :

> Vainement l'insolente à sa noble rivale
> Croit opposer des flots l'orageux intervalle :
> La perfide s'épuise en efforts superflus.
> Tremble, nouvelle Tyr ! un nouvel Alexandre
> Sur l'onde, où tu régnais, va disperser ta cendre :
>   Ton nom même ne sera plus [3].

---

1. Tome I. — 2. Voy. Thiers, *le Consulat et l'Empire*, t. IV. — 3. Eustache Deschamps avait dit :

> Au temps jadis était ci Angleterre.

Voy. *la Poésie patriotique en France au moyen âge*, chap. XIV.

Bonaparte, qui s'acheminait alors vers l'empire, récompensa magnifiquement l'auteur en lui accordant une gratification de 3000 écus, auxquels il ajouta 1000 livres pour une épigramme décochée contre Carnot, qu'il n'aimait guère : payant ainsi l'encens et le venin qu'on dépensait à son service. Au milieu des immenses préparatifs du camp de Boulogne, Marie-Joseph Chénier, emporté, lui aussi, par sa fièvre patriotique, et malgré ses inquiétudes républicaines, adressait une dernière offrande poétique au premier consul, avec lequel il se brouillait bientôt.

> Vainqueurs de l'Éridan, de l'Adige et du Tibre,
> La voix de l'Univers a chanté vos succès :
> Dans Londre épouvanté dites : « La mer est libre :
>   Ainsi l'ordonnent les Français. »

C'était trop se hâter. La perfide Albion sut parer le coup qui la menaçait, avec le secours de son or, de sa politique, et des armes de l'Autriche. Dans l'intervalle, Bonaparte faisait le saut périlleux, moins difficile encore que celui de Saint-Denis ne l'avait été pour Henri IV, en passant du consulat à l'empire, sous le nom de Napoléon Ier.

CHAPITRE XI

L'EMPIRE (1804-1815)

Disette de la poésie impériale : ses causes. Le lyrisme officiel et l'*Almanach des Muses*. — Le Sacre. — Les victoires d'Austerlitz, d'Iéna et de Friedland. — *Ode à la Grande Armée* de Pierre Lebrun : un quiproquo littéraire. — La *Colonne de Rosbach*. — Traité de Tilsitt (1808). — Le *Départ pour la Syrie*. — Mariage de Napoléon et de Marie-Louise. — Naissance du roi de Rome : Concours poétique : Casimir Delavigne lauréat. — Impuissance de la Muse épique : l'épopée en action. — La littérature d'opposition : Fontanes, Charles Nodier, Ducis, Marie-Joseph Chénier, Lemercier, Béranger. — La dernière heure de l'Empire : le chant de l'*Oriflamme* et l'air de *Joconde*.

I

Avec l'empire, nous arrivons à l'apogée de la grandeur militaire et politique. La France, par ses armes et son influence dans le monde entier, rayonne d'un éclat tel qu'on n'en avait jamais vu de pareil depuis Charlemagne et Louis XIV. Mais il n'en est point ainsi de sa suprématie littéraire. La poésie impériale est, dès le premier jour, frappée d'atonie et de stérilité. Les genres nobles surtout, auxquels elle aspire, sont précisément ceux où elle échoue. Tout au plus se dédommage-t-elle un peu dans la comédie et dans le vaudeville bachique ou grivois. Mais le Tyrtée, mais l'Homère que réclame Napoléon Ier ne lui viendront pas. A quoi tient cette faiblesse? Sans doute à la pénurie des temps, mais aussi à la nature des institutions politiques, à ce régime de compression, d'ordre sévère et de discipline inflexible, qui s'impose à la société comme à l'armée. Les écrivains supérieurs qui se révèlent alors sont des ennemis de l'empire : Chateaubriand et Mme de Staël. Un instant, le rétablissement du culte et la signature du concordat ont fait de Bonaparte un nouveau Cyrus, pour l'auteur du *Génie du Christianisme*; mais l'illusion est de courte durée. La guerre déclarée aux idéologues, les freins opposés à la liberté d'écrire et de penser, les persécutions dirigées contre Dupaty et Alexandre Duval, pour quelques œuvres dramatiques innocentes, découragent et glacent les esprits. L'action, personnifiée dans le terrible génie qui prétend tout absorber en lui, écrase et domine le mouvement des intelligences arrêtées dans leur libre essor.

Et pourtant, Napoléon n'était point insensible au charme des beaux vers. « Il nous faut un barde », s'écriait-il en partant pour l'Egypte. Enivré des souvenirs du faux Ossian mis à la mode par Macpherson, il se perdait volontiers lui-même au milieu des brumes fantastiques, en compagnie de Fingal et d'Oscar, pour revenir bientôt à la réalité. Malgré les libéralités du maître et la majesté des spectacles offerts à l'imagination des poètes, le lyrisme assoupi ne s'éveillait point. La venue du pape Pie VII en France, la cérémonie du couronnement à Notre-Dame, reproduite par David dans un admirable tableau, toutes ces scènes grandioses auxquelles Bonaparte s'efforçait d'attacher une pompe digne des Césars, n'inspiraient que des vers d'almanach assez pauvres, bien que ce fût l'*Almanach des Muses*. Nous avons eu beau parcourir ce champ désolé de la poésie impériale, nous n'y avons trouvé que des strophes sans souffle et sans âme, froides et vides comme la coque d'une chrysalide, d'où le papillon s'est envolé depuis longtemps. Ici c'est un employé du ministère de la guerre qui chante le restaurateur de la religion, en prêtant la parole à Dieu lui-même :

> Voyez-vous ce guerrier qui, prompt comme la foudre,
> Part, brille, éclate, frappe et réduit tout en poudre.
> Les rivaux, les tyrans de l'empire français.
> C'est un nouveau Cyrus, ma volonté l'appelle,
>   Mon glaive en ses mains étincelle ;
> Il s'avance entouré d'*innombrables* succès.

Mais l'escorte des poètes est moins brillante que celle des succès.

Le couronnement à Notre-Dame n'excite guère mieux la verve de Jay, un futur membre de l'Académie française.

> L'airain tonne, une foule immense
> S'agite, se presse à nos yeux ;
> Quel est ce héros qui s'avance
> L'air calme, le front radieux ?
> Si j'en crois le Dieu qui m'inspire,
> C'est le sauveur de cet empire,
> Fameux par ses brillants succès ;
> Amant chéri de la victoire,
> Qui n'existe que pour la gloire
> Et pour le bonheur des Français.

La vulgarité des rimes égale celle des idées : la *gloire* et la *victoire*, les *succès* et les *Français*, se rencontrent au bout des vers comme une paire d'amis inséparables. Il est impossible de voir plus de platitude alliée à tant de grandeur. Les journées d'Austerlitz, d'Iéna, de Friedland, si éclatantes dans l'histoire, apparaissent ternes et décolorées sous l'enveloppe de ces maigres strophes qu'on décore du nom d'odes et de dithyrambes.

Pourtant, au milieu de cette pénurie universelle, une note lyrique se fait entendre. C'était au lendemain d'Austerlitz. L'empereur se trouvait à Schœnbrünn, lorsqu'il reçut un numéro du *Moniteur* contenant une *Ode à la Grande Armée*. Elle débutait ainsi :

> Suspends ici ton vol : d'où viens-tu, Renommée ?
> Qu'annoncent tes cent voix à l'Europe alarmée ?
> Guerre ! — Et quels ennemis veulent être vaincus ?
> — Allemands, Suédois, Russes, lèvent la lance,
>   Ils menacent la France.
> — Reprends ton vol, déesse, et dis qu'ils ne sont plus.

Le morceau ne manque pas d'un certain élan. Il a je ne sais quel aspect de vigueur et de raideur martiale, qui rappelle un des bas-reliefs de l'Arc de Triomphe de l'Étoile, la *Renommée* sonnant de la trompette au-dessus de la tête de Napoléon. Cette pièce était signée Lebrun. Nul ne doutait qu'elle ne fût du Pindare français. Le vieux jacobin s'était donc incliné enfin et réchauffé devant le soleil d'Austerlitz.

Les habiles, les lettrés de l'état-major impérial y reconnaissaient la touche mâle et fière du maître. Napoléon, ravi de se voir si bien chanté cette fois, accorda au poète une seconde pension de 6000 livres. François de Neufchâteau, chargé de lui annoncer cette bonne nouvelle, le félicitait de son œuvre, la plus belle qu'il eût faite jusqu'alors. Malheureusement cette œuvre n'était pas de lui, mais d'un jeune écolier du prytanée impérial, qui s'appelait également Lebrun, le futur chantre de *Marie Stuart*. Le vétéran de la poésie lyrique, non sans humeur contre son jeune homonyme, se vit obligé de décliner des éloges qu'il ne méritait pas ; mais il garda l'argent, dont il se crut digne. Le véritable auteur fut inscrit de son côté pour une pension de 1200 livres, qu'il devait perdre un jour honorablement, en demeurant fidèle à la mémoire de son bienfaiteur. Nous parlerons plus tard de Pierre Lebrun, qui aura sa place dans l'avant-garde littéraire de la Restauration.

Les vrais maîtres de la lyre ou réputés tels alors, ceux sur lesquels on avait cru d'abord pouvoir compter, Marie-Joseph Chénier, Népomucène Lemercier, Ducis, restaient froids et boudaient en silence. Faute de mieux, l'opéra et le vaudeville apportaient leurs accords et leurs flonflons semi-officiels, pour échauffer l'enthousiasme poétique trop lent à venir. Après la journée d'Iéna (1806), les mêmes rimeurs qui avaient chanté le 18 Brumaire, Barré, Radet et Desfontaines, faisaient jouer au théâtre du Vaudeville le *Rêve ou la Colonne de Rosbach* : cette fameuse colonne élevée, disait-on, dans les lieux mêmes où Frédéric II avait battu jadis le maréchal de Soubise. L'heure de la revanche était arrivée. En même temps qu'on célébrait la victoire, on renouvelait à la France ces promesses de paix qui devaient être le grand, l'éternel leurre de l'Empire.

> Vous verrez qu'il était devin
> Cet abbé de Saint-Pierre,
> Qui rêva qu'un beau jour enfin
> On n'aurait plus de guerre.
>   Le héros réalisera
>   Une fable aussi belle,
> Et sa valeur nous donnera
>   *La paix universelle.*

En attendant, l'Opéra annonçait d'une voix belliqueuse l'*Inauguration du Temple de la Victoire*, grand intermède mêlé de danse, de musique et de chœurs lyriques, composé par Baour-Lormian, l'emphatique traducteur d'Ossian, le chantre de *Fingal* et de *Malvina*. Baour, qui avait ajouté à son nom celui de Lormian pour en accroître l'harmonie, n'était, malgré le ridicule dont on l'a chargé, ni un sot, ni un ingénu; mais un Méridional facétieux et avisé, qui se mit en tête de prétendre au *sublime obscur*, comme il eût fait du grotesque, pour répondre aux goûts du temps. Son entreprise sur Ossian était une sorte de gasconnade littéraire, à laquelle se laissèrent prendre plus d'un habile, et Napoléon tout le premier. C'est ainsi que Baour devint une des trompettes les plus retentissantes de la fanfare impériale. Il est le représentant de la sonorité vide et creuse, si manifeste dans ce couplet :

> Aux armes, enfants de la Gloire !
> Mars vous arrache à vos foyers.
> Ne doutez point de la Victoire :
> La palme d'Austerlitz arme vos fronts guerriers.
> Une même ardeur vous dévore.
> Les foudres mises en vos mains
> N'attendent, pour gronder encore,
> Que le signal du chef qui commande aux destins.

Après les horribles tueries d'Eylau et de Friedland, l'espoir de la paix, toujours promise et toujours reculée, parut renaître avec le traité de Tilsitt (1807) et l'accolade, plus ou moins sincère, d'Alexandre et de Napoléon sur le radeau du Niémen. A défaut d'une haute inspiration lyrique, le vaudeville, par la bouche de Désaugiers, le joyeux chantre du *Caveau*, se chargeait d'annoncer au monde la bonne nouvelle.

> Ce radeau, sur qui se fonde
> L'espoir d'une heureuse paix,
> Va peut-être voir dans l'onde
> Nos maux s'éteindre à jamais.
> Pour le Niémen quelle gloire !
> Partout on n'entend qu'un cri :
> « C'est le temple de Mémoire
> Sur le fleuve de l'Oubli [1] ! »

---

[1]. *Les Bateliers du Niémen.*

On avait compté sans la guerre d'Espagne et la seconde campagne d'Autriche (1808-1809), qui excitaient d'ailleurs peu d'enthousiasme, même chez les troubadours attitrés.

Dans l'intervalle, qu'avons-nous à recueillir? Une piteuse romance taillée sur le modèle de ce faux moyen âge mis en vogue par le comte de Tressan, à la fin du xviiie siècle : le *Départ pour la Syrie* n'a trait à rien de vivant ni de réel, pas même aux souvenirs de l'expédition d'Égypte. De quoi et de qui s'agit-il? Du jeune et beau Dunois, qui n'est jamais allé en Syrie, et n'a jamais posé pour la beauté. Ces paroles tant soit peu niaises, dont le véritable auteur, M. Delaborde, un homme d'esprit pourtant, n'a jamais songé à réclamer l'honneur, avaient eu la bonne fortune d'être mises en musique par la reine Hortense. Ce fut assez pour que cette mince composition devînt un chant impérial officiel, répété dans tous les salons, et joué par toutes les musiques militaires. Plus tard, il eut un regain de popularité sous Napoléon III. On se prit à répéter :

> Partant pour la Syrie,
> Le jeune et beau Dunois
> Venait prier Marie
> De bénir ses exploits.
> « Faites, reine immortelle,
> Lui dit-il en partant,
> Que j'aime la plus belle
> Et sois le plus vaillant! »

Voilà ce qui remplaçait la *Marseillaise* et le *Chant du Départ*, mis à l'index en 1809. Avouons que les hymnes républicains valaient mieux pour enflammer le courage de nos soldats.

Enfin la paix de Vienne et le mariage de Napoléon avec Marie-Louise (1810) semblaient rouvrir un coin de ce ciel bleu, qu'on avait salué avec tant de joie après Tilsitt. Dans le quart d'heure d'accalmie et de repos que laissaient à l'Europe les épousailles impériales, les épithalames allaient remplacer ces chants de victoire dont on était saturé. C'est encore un vaudevilliste, Armand Gouffé, qui donne le signal. L'aimable chantre des *Fous*, si bien inspiré par le jus de la treille, reste sans élan et sans flamme devant l'auguste hymen de Leurs Majestés :

> Comblant les vœux de ses sujets,
> Un prince illustre se marie ;
> Toujours heureux dans ses projets,
> Napoléon choisit Marie ;
> Et fier de célébrer un choix
> Dont l'Europe entière est charmée,
> Apollon doit joindre sa voix
> Aux cent voix de la Renommée.

Il faut reconnaître que Malherbe a trouvé des accents plus poétiques, pour chanter le mariage de Henri IV avec Marie de Médicis :

> Peuples, qu'on mette sur la tête
> Tout ce que la terre a de fleurs !

Dans cette circonstance solennelle, Fouché, le grand entremetteur, vint solliciter l'énergique boudeur Lemercier, qui se tenait à l'écart depuis longtemps. Il insista près de lui pour en obtenir une cantate, lui promettant en échange l'appui du souverain dans l'élection prochaine à l'Académie. Lemercier ne se décida qu'avec peine à composer un hymne mythologique sur *Hercule et Hébé*. Encore la dernière strophe dut-elle être supprimée à l'impression officielle. Produisant l'effet d'une tête de Méduse, elle se terminait par cette image digne d'Eschyle, mais bien sombre au milieu des joies d'un épithalame :

> Dégouttantes de sang, les ailes de la Gloire
> Se fatiguent de leur essor.

L'année suivante, la naissance du roi de Rome donnait lieu à de nouvelles manifestations lyriques. Deux entrepreneurs littéraires, comme il s'en rencontre à toutes les époques, MM. Lucet et Eckard, spéculant sur la naïveté des auteurs et des lecteurs, avaient ouvert aux *tenants* de la poésie une véritable arène olympique : trente-cinq prix étaient proposés pour la France, cinq pour l'Italie, cinq pour l'Allemagne : l'Espagne, l'Angleterre et la Russie se voyaient probablement exclues du concours, pour défaut d'enthousiasme. Le grand prix d'honneur fut remporté par un cerlain Barjaud (de Montluçon)[1], auteur de deux odes fort oubliées aujourd'hui. Une banalité sonore en est le moindre défaut. La première, sur *Marie-Louise*, débute ainsi :

> Quels flots religieux assiègent cette enceinte ?
> Pour qui montent les vœux de la prière sainte ?
> La voûte retentit de solennels concerts,
> L'airain sacré résonne, et l'écho qui s'éveille
>   Apporte à mon oreille
> La voix du bronze en feu qui gronde dans les airs[2].

Les cloches et les canons jouent un grand rôle dans les concerts poétiques de l'époque impériale. La seconde pièce, sur le *Roi de Rome*, nous rappelle trop encore le *Rhin* de Boileau.

> Penché sur son urne plaintive,
> Le front couronné de roseaux,
> Le Tibre, d'une main captive,
> Versait le tribut de ses eaux.
> Sors de la tristesse profonde
> Où tu parais enseveli,
> O Tibre ! jadis roi du monde,
> Ton nom s'échappe de l'oubli[3].

Rien n'est riche ici, ni la rime, ni l'idée, en dépit de la couronne posée sur le front du lauréat. Ces mâts de cocagne littéraires nous font songer aux anciennes fêtes nationales des Champs-Élysées, où l'on décrochait la timbale, plutôt qu'à l'arène d'Olympie.

Et cependant il y avait là, parmi les concurrents, des hommes d'un mérite réel, les uns déjà illustres, les autres destinés à le devenir : des vétérans comme Arnault, Esménard, Brifaut, Baour-Lormian, Parseval, Viennet ; des nouveaux comme Soumet, Millevoye, Casimir Delavigne, etc., une partie de l'état-major des lettres faisant cortège autour du berceau royal. Les poètes aux abois retournaient sous toutes les formes le *Tu Marcellus eris*, et empruntaient à leurs devanciers l'inspiration qui ne venait pas. Arnault refait un chant d'Ossian ; Millevoye une églogue de Virgile ; Esménard appelle à son aide l'oracle

---

1. Tué depuis à la bataille de Leipzig. — 2. B. Jullien, *Histoire de la poésie impériale*. — 3. *Ibid*.

du Janicule, tandis que Viennet, déjà membre de plusieurs académies, envoie de Toulon un dithyrambe allégorique, où Dieu s'exprime ainsi :

> J'ai parlé : que Louise enfante,
> Et que Rome adore son roi !

De toutes ces œuvres de circonstance, la meilleure ou la moins mauvaise est encore celle d'un écolier, d'un rhétoricien du lycée Napoléon, âgé de dix-sept ans et nommé Casimir Delavigne. Le jeune poète se montre plus ingénieux, plus inventif que ses aînés, et nous parle d'autre chose que des cloches et des canons. Dans une pièce qui ne manque pas d'ampleur ni d'éclat, il nous peint d'abord Rome pleurant sa grandeur passée, et accusant le Destin d'avoir manqué à ses promesses. Une voix consolatrice se fait entendre :

> Rome, ne gémis plus sur tes foudres éteintes,
> Au séjour du Destin ont pénétré tes plaintes ;
> Et de son antre obscur, aussi vieux que le Temps,
> La voûte prophétique a redit ces accents :
> « Que la cité de Mars à ma voix se console !
> Un nouveau Jupiter, garant de mes décrets,
>   Va présider au Capitole.

Malgré tout ce qu'il y a d'artificiel, d'académique, et même, si l'on veut de scolaire, dans cette composition, on y reconnaît déjà la main d'un habile apprenti, fécond en ressources, qui deviendra un vrai poète, le jour où les douleurs de la patrie auront fait battre son cœur de citoyen. Néanmoins, tout ce lyrisme de commande et de convention, a un grand défaut : il part de l'esprit et non de l'âme : il n'a rien de spontané, de naturel, de vivant.

II

Parmi les ambitions et les déceptions littéraires de l'école impériale, il nous faut citer encore cette chimère de l'épopée poursuivie depuis Ronsard. Napoléon de même qu'Alexandre, avait rêvé un Homère, et il n'obtint, lui aussi, que des Chœriles. Il a beau leur jeter à pleines mains

la matière épique, comme il jetait dans la fournaise les
canons de bronze pris à l'ennemi, pour édifier la colonne
de la place Vendôme : la colonne s'élève, mais l'épopée ne
vient pas. Jamais l'héroïsme ne fut plus commun, et la
poésie héroïque plus rare. L'épopée n'est point alors dans
l'imagination des poètes : elle se déroule en un long
drame terrible et sanglant sur le théâtre du monde. Elle a
commencé dans les champs d'Arcole et de Rivoli ; elle s'est
continuée au milieu des sables de l'Égypte, sous les feux
du soleil d'Orient, en face des tombeaux des Pharaons et
sur le sommet du Thabor ; elle s'achève au milieu des neiges
de la Russie et sur le cadavre de la France expirante et
vaincue. Enfin, elle a pour épilogue l'expiation suprême de
Sainte-Hélène. L'histoire dépasse ici tout ce qu'ont pu
imaginer les chantres d'Achille, de Roland et de Fingal.
C'est à elle que Béranger, Casimir Delavigne, Pierre Lebrun,
Lamartine, Victor Hugo, Auguste Barbier, demanderont
tour à tour des inspirations pour retrouver la véritable
poésie. Quant à Napoléon, de son vivant, il a autour de lui
des versificateurs, des scribes, plutôt que des poètes, aussi
faibles dans le genre épique qu'ils l'ont été dans le genre
lyrique.

Par une amère dérision, les manœuvres littéraires attachés à cette besogne songent à célébrer tout autre chose
que les exploits du héros, qui les anime et les encourage.
Denne-Baron, en quête d'un sujet d'épopée, ne voit rien
de mieux à chanter que les aventures de *Héro et Léandre.*
Fontanes, le harangueur officiel, le grand maître des cérémonies oratoires, ébauche, sans l'achever, un poème sur
la Grèce sauvée par Thémistocle. Luce de Lancival reprend,
comme nouveauté, l'*Achilléide* de Stace. Il semble que tous
ces poétâtres, choyés, pensionnés, décorés par l'empereur,
renouvellent le procédé de Simonide célébrant Castor et
Pollux, au lieu de chanter le glorieux athlète qui les paye
pour cela. Quant à Parseval de Grandmaison, toujours en
retard depuis l'expédition d'Égypte, il tient sur le chantier
son grand poème de *Philippe Auguste*, commencé en 1806,
et terminé en 1826 après la mort de Napoléon, auquel il
était destiné. Millevoye, l'heureux auteur de la *Chute des
feuilles*, qu'un accès de toux poétique doit immortaliser,

fait de l'épopée en raccourci. Après avoir réduit à six chants son *Charlemagne à Pavie*, à quatre son *Alfred*, il arrive, de réduction en réduction, à composer sur le *Passage du Grand-Saint-Bernard* et sur la *Bataille d'Austerlitz*, des poèmes minuscules, auxquels il ose à peine donner ce nom, en regrettant de ne pouvoir franciser le mot italien *poemetti* : ce que Victor Hugo appellera plus tard ses *petites épopées*. Rien de plus terne d'ailleurs, de moins vivant que ces tableaux d'actions contemporaines auxquelles manquent surtout les acteurs. « Je n'ai pas cru, dit l'auteur à propos d'Austerlitz, devoir faire entrer dans mes vers les noms des généraux et des officiers qui se sont illustrés dans cette journée : on sait qu'une semblable énumération n'a pas réussi à Voltaire dans la pièce de Fontenoy, que des critiques, trop sévères peut-être, ont appelée une élégante gazette en vers. Il m'eût été également difficile de ne point omettre ou de choisir, et enfin, parmi ces noms, il en est plusieurs moins favorables à la poésie que chers à la victoire. » Celui de Lannes, par exemple. « Mais, ajoute-t-il, chacun de nos héros n'est-il pas nommé, dès qu'on parle de gloire et de valeur ? »

Belle raison, en effet ! Imaginez une *Iliade* où ne figureraient ni Achille, ni Agamemnon, ni Hector, ni Ajax, et demandez-vous quels beaux récits de combats sortiraient de là. Millevoye nous en offre l'échantillon :

> Cependant des Français le guide *infatigable*
> Dispose des combats l'appareil *redoutable*,
> Parcourt ces bataillons sous ses ordres formés,
> Et de leurs noms de gloire il les a tous nommés.

Les alexandrins s'alignent en file, coiffés de leurs épithètes, ainsi que les grenadiers de leurs bonnets à poil. Ces lourds adjectifs tombent comme des coups de marteau monotones à la fin de chaque vers :

> Je vois, à pas égaux, marcher, *inébranlables*,
> Nos bataillons nombreux, pressés, *impénétrables*.
> L'écho lointain des monts, des rochers et des bois
> Prolonge de l'airain la foudroyante voix.

Quel bulletin du *Moniteur* n'est cent fois plus émouvant que ce prétendu poème ?

Un membre de la famille impériale, le prince Lucien de Canino, plus ambitieux et plus hardi que ses devanciers, entreprenait un poème historico-allégorique en vingt-quatre chants, à l'imitation de l'*Iliade*, et le dédiait au pape avec ce titre : *Charlemagne ou l'Église délivrée*. L'auteur se proposait évidemment de glorifier le restaurateur du culte, le signataire du concordat : mais, dans l'intervalle, la brouille survenue avec le Saint-Siège dut le gêner singulièrement. Il n'en maintint pas moins sa dédicace. L'œuvre, commencée en 1807 et terminée en 1826, n'est qu'un long et insipide ravaudage de banalités, où se retrouve une triple description du Paradis, de l'Enfer et du Purgatoire, fort risquée après Dante et Milton. La seule chose à noter, c'est que l'œuvre est divisée en couplets de dix vers alexandrins au milieu desquels tombe un octosyllabe. Le poète en donne pour raison que l'ancienne épopée était faite pour être chantée. Nul ne s'est avisé d'en user à son égard [1].

Nous laisserons dormir en paix la *Caroléide* du vicomte d'Arlincourt, la *Rosamonde* de Brifaut, les *Rose-Croix* de Parny, la *Chevalerie* de Creuzé de Lesser, cette interminable revue du moyen âge travesti ; et même la *Philippide* de Viennet : cette première cascade épique demi-sérieuse, demi-badine, qui dura vingt-cinq ans, de 1803 à 1828, en attendant la grande culbute finale d'une autre *Franciade*. L'Empire ne nous a légué que le souvenir de ces avortements, laissant à l'avenir le soin de lui donner les chantres qui lui avaient manqué de son vivant.

III

Par une sorte de fatalité, la poésie impériale, si pauvre, si guindée, si raide, dans le monde officiel, prend une allure plus franche, plus vive, plus alerte, sur le terrain de l'opposition. Réduite à se cacher dans l'ombre, pour échapper à la police jalouse et implacable du puissant Argus, qui voit tout et entend tout, elle exprime avec une vigueur et une âpreté singulières ses rancunes sourdes, ses ressentiments silencieux. Et c'est dans l'intimité même

---

1. B. Jullien, *Histoire de la poésie impériale*.

de l'empereur, presque sous son toit, qu'éclatent parfois ces cris de malédiction. Fontanes, ce louangeur officiel, ce rallié dont on se croit bien sûr, n'a jamais été plus sincère et plus ému que le jour où il protestait secrètement, dans une strophe indignée, contre la mort du duc d'Enghien, fusillé dans les fossés de Vincennes.

> Sur ce trône orné de trophées,
> Napoléon, ne pense pas
> Qu'à tes pieds nos voix étouffées
> Tairont de pareils attentats.
> Il est un juge incorruptible
> Qui, dans un livre indestructible,
> En gardera le souvenir :
> Ce juge terrible est l'Histoire,
> Sa voix, sur ton char de victoire,
> Saura t'atteindre et te punir.

C'est le grand maître de l'Université impériale qui parle ainsi. Il attendit prudemment que le héros fût descendu de son char, pour exprimer une indignation qui eût pu lui coûter cher alors.

Un jeune écrivain royaliste, Charles Nodier, se montrait moins réservé, en composant sa *Napoléone*, en 1804.

> Que le vulgaire s'humilie
> Sur les parvis dorés du palais de Sylla,
> Au-devant des chars de Julie,
> Sous le sceptre de Claude et de Caligula !
> . . . .
> En vain aux lois de la Victoire
> Ton bras triomphateur a soumis le Destin,
> Le temps s'envole avec ta gloire
> Et dévore en fuyant ton règne d'un matin.
>
> Hier j'ai vu le cèdre, il est couché dans l'herbe ;
> Devant une idole superbe
> Le monde est las d'être enchaîné ;
> Avant que tes égaux deviennent tes esclaves,
> Il faut, Napoléon, que l'élite des braves
> Monte à l'échafaud de Sidney.

L'auteur fut arrêté, mis à Sainte-Pélagie, puis relâché à titre de fou. Il fallait être fou, en effet, pour essayer d'entraver la marche du triomphateur.

L'opposant le plus forcené, peut-être, fut ce bon et honnête Ducis, qu'on est étonné d'entendre rugir, en secret il est vrai, comme un lion, ou plutôt comme un mouton enragé. Ancien secrétaire du comte de Provence, Ducis gardait au fond du cœur une vieille affection pour la famille des Bourbons. Les avances et les caresses du premier consul, l'attirant à la Malmaison, ne purent triompher de sa résistance, en l'inscrivant malgré lui sur la liste des sénateurs. On connaît sa *Protestation* :

> A qui ces présentes lira,
> De par nous-mêmes et d'avance,
> Faisons savoir en diligence,
> Que quiconque nous offrira
> Richesse, honneur et cætera,
> Doux accueil, promesse, espérance,
> Jamais ne nous attrapera.

Les préparatifs du couronnement impérial achèvent de l'exaspérer.

> Quel orage atroce et funeste
> Sur l'univers s'est déchaîné !
> Tout frémit, tout est consterné :
> Dieu, ta vengeance est manifeste :
> Tu fuis, Bonaparte nous reste,
> Le crime est enfin consommé.
>
> . . . .
>
> Déjà l'autel est préparé,
> Le Sénat s'est courbé d'avance !
> La cathédrale a tapissé :
> Sous sa voûte un trône est dressé,
> Et ce trône attend sa présence.
> On prie, on l'invoque, on l'encense,
> On dût le pendre, il fut sacré.

Cette pièce, qui contient près de quatre cents vers, composée *ab irato* pendant les huit ou dix jours qui précédèrent le sacre, resta enfouie sous la sangle d'un grand fauteuil, chez une dame de Versailles, amie du poète. Tant on craignait les visites de la police impériale ! Elle n'en sortit qu'après la Restauration, époque où l'auteur la confia, quelque temps avant sa mort, à son ami Campenon, « avec l'obligation de ne la publier que quand Bonaparte et lui n'existeraient plus [1] ».

Aux malédictions de l'honnête intransigeant Ducis, il nous faut ajouter le *Meâ culpâ* d'un désabusé, Marie-Joseph Chénier.

> Crédule, j'ai longtemps célébré ses conquêtes ;
> Au Forum, au Sénat, dans nos jeux, dans nos fêtes,
> Je proclamais son nom, je vantais ses exploits,
> Quand ses lauriers soumis se courbaient sous les lois [2].

Fut-il assez dupe, assez confiant, pour avoir prêté la main au 18 Brumaire, comme le prétend Arnault [3] ? Dans ce cas, il eût payé cher sa crédulité. Un moment admis au Tribunat, il en fut exclu avec Andrieux et Daunou, pour n'avoir pas compris ce que devait être l'opposition constitutionnelle, sous un gouvernement fort. Chénier, d'ailleurs, se vit plus d'une fois caressé et trompé par Bonaparte ou ses ministres. Quand vint l'heure du couronnement, Fouché, le démon tentateur, fit luire à ses yeux l'espoir d'un siège au Sénat. Ce fut ainsi que Chénier se laissa entraîner à composer sa tragédie de *Cyrus*, où il trouva moyen de se brouiller à la fois avec les libéraux ses anciens amis, et avec l'empereur. Sa pièce n'eut qu'une représentation : Napoléon la fit déchirer par tous les journaux du pouvoir. Le Sénat ne s'ouvrit pas : Chénier resta joué, dupé, furieux et honteux de sa mésaventure.

Mais la plainte et la colère n'osaient éclater tout haut. Le poète confia au papier des rancunes qui devaient se révéler plus tard. Elles sont éparses çà et là dans ses œuvres posthumes, dans son *Essai sur la Satire*, dans ses épigrammes inédites, et surtout dans cette élégie amère et mélancolique, intitulée : *la Promenade de Saint-Cloud* (1805). Cette pièce rappelle l'*Élégie aux Nymphes de Vaux*, bien qu'animée d'un sentiment tout différent. Saint-Cloud avait été le théâtre du 18 Brumaire, et restait le palais favori de l'Empereur.

> Ah! de la liberté tu vis le dernier jour!
> Dix ans d'efforts pour elle ont produit l'esclavage!
> Un Corse a des Français dévoré l'héritage !

---

1. Campenon, *Essai de Mémoires sur Ducis*, lettre VII. — 2. *La Promenade de Saint-Cloud*. — 3. *Souvenirs d'un sexagénaire*.

Chénier avait eu soin de garder son *Élégie* en portefeuille. Il fut moins prudent l'année suivante, en publiant son *Épître à Voltaire*, un petit chef-d'œuvre, mais aussi un défi, où il opposait le règne de l'*esprit* à celui de la *force*.

> Le pouvoir absolu s'efforcerait en vain
> D'anéantir l'écrit né d'un souffle divin :
> Du front de Jupiter c'est Minerve élancée.
> Survivant au pouvoir, l'immortelle pensée,
> Reine de tous les lieux et de tous les instants,
> Traverse l'avenir sur les ailes du Temps.
> Brisant des potentats la couronne éphémère,
> Trois mille ans ont passé sur la tombe d'Homère :
> Et depuis trois mille ans, Homère respecté
> Est jeune encor de gloire et d'immortalité.

L'*Épître à Voltaire* produisit un effet immense et désastreux, surtout pour l'auteur. Chénier, qui remplissait alors les fonctions d'inspecteur de l'Université, fut brutalement destitué, au nom de la morale outragée, disait le rapport ministériel signé Fouché, l'honnête homme que l'on connaît. Au fond, l'outrage avait moins atteint la morale que l'empereur. La tragédie posthume de *Tibère*, taillé sur le masque de Napoléon, fut le dernier legs de la Muse vengeresse de Chénier.

Un autre écrivain, habitué et familier de la Malmaison, Népomucène Lemercier, brouillé depuis avec Bonaparte, auquel il renvoyait sa croix de la Légion d'honneur, le jour du couronnement, devait rester jusqu'à la dernière heure semblable au génie de la malédiction, planant sur les grandeurs et les misères d'un régime qu'il eut le temps de voir naître et mourir. L'auteur d'*Agamemnon* et de *Pinto*, couronné publiquement au Champ de Mars comme poète national (1797), applaudi avec frénésie au théâtre, parut un moment emporté dans le même tourbillon de gloire et de renommée que le vainqueur d'Arcole et de Marengo : mais il s'arrêta en route, tandis que l'autre poursuivait son ascension. Talent bizarre et incohérent, mélange confus de grandiose et de burlesque, de platitudes vulgaires et d'inspirations originales, avec des éclairs de génie qui se perdent dans l'obscurité, en somme esprit vigoureux et très médiocre écrivain, le style surtout lui a manqué. Il n'a pas su maîtriser le démon qui le possède, ni donner à ses œuvres ce cachet que l'art imprime aux créations durables.

Lemercier a été, dès le premier jour, un gêneur, tutoyant Bonaparte jusqu'au pied du trône où il va s'asseoir, et gardant une liberté de parole qui fait de lui un des personnages les plus désagréables en haut lieu. On l'estime pour sa droiture, on le redoute pour son talent, et on ne l'aime guère. N'est-ce pas lui qui, dans une *Ode à la Muse tragique*, datée de la Malmaison, sous l'œil même du consul, osait dire :

> Qu'il renaisse immortel sur la scène tragique
> L'homme qui, de l'Europe ayant su triompher,
> N'aura pas craint d'asseoir la Liberté publique,
> Et qui, nouveau César, aurait pu l'étouffer!

Si Chénier léguait à l'Empire, comme vengeance posthume, son *Tibère*, Lemercier, de son côté, lui consacrait une œuvre à la fois humoristique, fantasque et burlesque, en l'associant à sa *Panhypocrisiade* : vaste pandémonium historico-romanesque où il prétend imiter Dante et Aristophane, en restant bien loin de l'un et de l'autre. Après avoir mis en scène, dans un premier poème, Charles-Quint, François Ier, la Belle Ferronnière, Luther et sa moitié Catherine Bore, en compagnie de Pasquin et de Marforio, il ouvre un nouveau cycle satirique, où sont compris la République et l'Empire. C'est une parodie de l'histoire.

On y voit figurer, sous des noms allégoriques assez faciles à reconnaître, les puissances et les personnages du temps. *Dynastiarque* [1], vieillard de treize cents ans, l'ancien gouverneur de *Lutessote* (Paris), d'où il a fini par être chassé; *Féodalité* et *Inquisition*, deux sœurs à son service, qui l'ont suivi dans l'exil; *Démagogueule*, fille de la Cité et des Faubourgs, trompée par un charlatan, *Tigrispierre* [2], qui a coiffé *Lutessote* du bonnet rouge ; *Plumebec* [3], le journaliste qui fait voir la lanterne magique aux Parisiens; *Jurispur* et *Polyargus* [4], représentants plus ou moins véreux de la justice et de la police révolutionnaires. Au-dessus de

---

1. La Monarchie. — 2. Robespierre. — 3. Camille Desmoulins ou Rivarol. — 4. Chaumette et Fouquier-Tinville.

tous brille *Fusillaron* [1], le garde-chasse qui est venu offrir ses services à *Lutessote* (le 13 Vendémiaire notamment), et qui, depuis, a si bien promené ses meutes sur les terres des princes voisins qu'il est devenu le grand veneur de toute l'Europe. Il traîne à sa suite le pauvre roi *Suzarion* [2], qui a dû lui donner en mariage sa fille muette, la princesse *Basiliate*. Un jour, pourtant, revenu bredouille d'une grande chasse à Moscou, après avoir perdu ses piqueurs et ses chiens, il est rentré tout penaud à *Lutessote*, pour lui demander des hommes et de l'argent. Celle-ci a fait la grimace. Finalement le chasseur infernal, traqué à son tour, s'est vu forcé de se rendre comme un simple braconnier, et se trouve interné dans une île lointaine, où ses ennemis le gardent à vue. Un monstre femelle appelé *Sainte-Alliance* a pris sa place, et ne promet rien de bon. Tel est l'étrange salmigondis baroque dont nous régale Lemercier, en faisant de l'histoire une mascarade tour à tour tragique et risible. Ce qu'il a voulu et ce qu'il n'a pu faire, son successeur à l'Académie, Victor Hugo, le réalisera dans les *Châtiments*.

Au moment où, nouveau Cambyse, Napoléon va s'égarer follement et s'engloutir avec son armée dans les neiges de la Russie, un humble chansonnier, petit employé au ministère de l'instruction publique, auquel le chevalier de Piis contestait l'honneur d'entrer au Caveau, Béranger, opposait aux appétits insatiables du conquérant l'idéal pacifique du *Roi d'Yvetot* :

> Se levant tard, se couchant tôt,
> Dormant fort bien sans gloire.

Admirable leçon de philosophie, la plus sage et la plus hardie qu'on pût adresser alors au maître souverain. Ni le Sénat, ni le Corps législatif n'osèrent en faire autant. C'est là un fait notable, tout à l'honneur des lettres et de Béranger. Aussi comprend-on la réclamation légitime de Lacretelle, protestant contre certains jugements portés sur les écrivains de l'Empire :

« J'entends souvent prononcer avec un accent de dédain

---

1. Bonaparte. — 2. L'empereur d'Autriche.

le nom de *littérature impériale*. On dirait qu'elle a été tout empreinte des stigmates de la servitude : mais, à coup sûr, elle s'est inclinée moins profondément devant Napoléon que les empereurs et les rois de l'Europe, que le pontife suprême, que les cardinaux et les prélats de France, que ses conseils, son Sénat, que tous les corps constitués, que maints chefs de l'émigration et de la chouannerie, et que maints déclamateurs des clubs. Ce reproche de servilisme est d'une injustice flagrante, quand on songe que les hommes à qui la renommée assigne le plus haut rang dans la littérature de cette époque, firent honorer leur indépendance, leur désintéressement, et parfois leur courage [1]. »

Chateaubriand et Mme de Staël proscrits, Ducis, Lemercier, Marie-Joseph Chénier, Benjamin Constant, Andrieux, Ginguené, Daunou, suspects ou en disgrâce, prouvent assez que le culte des lettres est encore la meilleure école de la liberté, de la dignité humaine, capable de braver tous les despotismes, de quelque part qu'ils viennent, d'en haut ou d'en bas.

Le grand tort et le grand malheur de l'Empire fut de ne pas assez compter sur ces forces morales et intellectuelles, de s'en défier, et de ne pas comprendre ce mot si juste et si profond d'Andrieux : « On ne s'appuie que sur ce qui résiste ». Quand viendront les jours d'épreuve, quand le sol de la France est envahi, quand Paris se voit cerné par les armées étrangères, il se trouve bien encore quelques gardes nationaux bourgeois, quelques ouvriers patriotes, quelques élèves de l'Ecole polytechnique, pour se faire tuer héroïquement à la barrière de Clichy : mais l'enthousiasme, où est-il? Quel cri, quel chant de ralliement pour appeler les citoyens à la défense de la patrie en danger ? La *Marseillaise* est interdite comme séditieuse depuis longtemps. Le *jeune et beau Dunois* ne suffit pas pour ranimer les courages. Etienne et Baour-Lormian, associant leurs voix officielles à la musique de Paër et de Méhul, évoqueront vainement à l'Opéra le souvenir de *Charles Martel* et de l'*Oriflamme* :

> Charles Martel a levé l'oriflamme [2],
> Il vous répond des combats et du sort.

---

1. Lacretelle, *le Consulat et l'Empire*. — 2. Qu'il n'a jamais connue.

Toujours la même illusion, toujours ce sauveur unique sur lequel on compte, et qui commande aux destins. Mais où est la nation? — Le gouvernement aux abois, sentant à la fin son impuissance, appelle à son aide le théâtre, c'est-à-dire la littérature. Outre l'*Oriflamme* à l'Opéra, on donne à l'Opéra-Comique *Bayard à Mézières*, aux Variétés *Jeanne Hachette*, à la Comédie-Française le *Siège de Calais*, un vieux pont-neuf tragique, monarchique et national, dont il faut supprimer une partie, trop favorable aux Bourbons. Mais, chose significative, une seule pièce alors remplit toutes les mémoires, à la veille de l'entrée des alliés dans Paris : l'opéra-comique de *Joconde*, paroles d'Étienne et musique de Nicolo. Au lieu d'entonner :

      Charles Martel a levé l'oriflamme!

toutes les voix s'accordent à répéter :

      J'ai longtemps parcouru le monde,

ou

      Dans un délire extrême, etc.

On avait d'autres airs et d'autres pensées en tête, la veille de Valmy, de Jemmapes et de Fleurus.

Le gouvernement impérial, en prétendant se substituer à la nation, avait produit l'indifférence et l'apathie, en même temps que ses exigences avaient lassé tous les dévouements.

CHAPITRE XII

LA RESTAURATION (1814-1830)

Un quart d'heure d'idylle monarchique : Chansons royalistes. — Les folies de la réaction : la Poésie vengeresse. — P.-J. de Béranger : une grande renommée débattue. — Le poète et l'écrivain. — Chansons patriotiques : Les *Gaulois et les Francs*, *Diogène*, le *Marquis de Carabas*, *Paillasse*, la *Vivandière*, le *Dieu des bonnes gens*, la *Sainte-Alliance des peuples*, les *Enfants de la France*, le *Vieux drapeau*. — Les Procès de Béranger : le tribunal et la postérité. — L'inquisition républicaine : *Ma République*. — Béranger démocrate : souvenirs d'enfance : le *Vieux Sergent*, la *Déesse*. — La Légende Napoléonienne : les *Myrmidons*, le *5 Mai*, le *Grenier*, les *deux Grenadiers*, les *Souvenirs du peuple*. — Guerre faite à la Restauration : le *Sacre de Charles le Simple*. *Le 14 Juillet à la Force*. — La révolution de 1830. — *Adieu chansons!* — Désintéressement du poète.

I

Autant l'Empire a été une période ingrate et stérile pour la poésie, sous l'étreinte glaciale du despotisme, autant la Restauration sera une époque féconde, au souffle vivifiant de la liberté. L'invasion étrangère, l'écroulement de la dynastie napoléonienne, le retour des Bourbons, tels sont les trois grands événements qui vont émouvoir et passionner la France au début de l'ère nouvelle, après cette merveilleuse épopée militaire en action, dont elle a été le témoin et l'instrument docile, aussi bien que la dupe et la victime. La fantasmagorie impériale a duré dix ou onze ans, ayant l'Europe entière pour théâtre, avec ses fanfares et ses hécatombes, qui laissent un long souvenir d'admiration et de terreur parmi les peuples. Dans le premier moment qui suit la chute du colosse, de cet autre Moloch auquel les mères se lassaient de sacrifier leurs fils, un double sentiment se partage les âmes : d'un côté l'attrait de la paix et de la liberté, ces deux biens si longtemps inconnus, et promis par le gouvernement des Bourbons; de l'autre, l'humiliation de la défaite, le dépit et presque le dégoût du repos et de la délivrance, dus à l'ennemi vainqueur. C'est là précisément qu'est la situation fausse, embarrassante de la royauté légitime, placée malgré elle sous la protection de l'étranger.

Cependant la monarchie libérale, à ses débuts, put avoir son quart d'heure d'illusion, sa lune de miel bientôt éclipsée par le brusque orage des Cent-Jours et par le sombre drame de Waterloo. Louis XVIII avait pris pour devise : *Union et oubli*, au risque de mécontenter les royalistes intransigeants, qui réclamaient davantage. L'opéra et le vaudeville, toujours disposés à chanter les causes triomphantes, secondèrent les vues politiques du souverain. Désaugiers et Gentil, qui avaient jadis célébré le Consulat et l'Empire, composèrent pour la circonstance *le Retour des Lis*, comme appel à l'union.

> De ceux dont il brisa les fers
> Louis a formé son escorte,
> Et sur le vaisseau qui le porte
> On lit : *Repos à l'univers !*
> L'espérance est son premier don ;
> Dans les mains de tout l'équipage,
> Brille un lis du plus **doux** présage.
> La paix, le bonheur, le pardon
> Sont ses compagnons de voyage.

Quand le roi s'est vu forcé d'abandonner, encore une fois, les Tuileries devant le retour offensif de l'île d'Elbe, et s'est réfugié à Gand, le vaudeville, devenu décidément royaliste, fredonne encore avec Chazet :

> Rendez-nous notre père
> De Gand,
> Rendez-nous notre père.

Deux chansonniers royalistes, Théaulon et Dartois, introduisaient dans l'opéra-comique de *Charles de France*, ou *Amour et Gloire*, la romance des *Chevaliers de la Fidélité* mise en musique par Boieldieu :

> Que le roi vive et la France prospère !
> Sur ses autels que Dieu soit respecté !
> Ce sont les vœux et l'unique prière
> Des chevaliers de la Fidélité[1].

On essaye de raviver les vieux souvenirs et les vieilles gloires de la dynastie, si longtemps oubliés, en reprenant les refrains de *Vive Henri IV!* de *Charmante Gabrielle!* un air qui se trouve sanctifié par la circonstance, et de mode dans tous les salons bien pensants. Dans ce retour au passé, le faux moyen âge, qui avait déjà fait son apparition sous l'empire, avec le *Départ pour la Syrie*, revenait plus que jamais en honneur. On chante Bayard, l'appui des rois, le défenseur des belles. Il n'y a qu'une chose vraie dans la chanson, c'est le refrain :

> Bayard est mort ! Bayard est mort !

Et avec lui, tout ce vieux monde gothique et chevaleresque qu'on s'efforce vainement de ressusciter.

A côté de cette poésie de commande, en naissait une autre plus vive, plus spontanée, sortie du cœur même de la nation, de ses douleurs et de ses colères, de ses regrets et de ses espérances. Béranger et Casimir Delavigne vont devenir les deux porte-voix de la France en deuil. Le jour où les alliés entraient à Paris, 31 mars 1814, un étrange et scandaleux spectacle s'offrait à leurs regards. C'était la fleur de l'aristocratie, qui donnait l'exemple d'une véritable saturnale. « Les filles perdues, dit Vaulabelle, ne se montrèrent pas ce jour-là : les grandes dames suffisaient[2]. » On vit la belle comtesse de Périgord cheminer à cheval en croupe avec un Cosaque : nouveau tableau de l'*Amour et Psyché*. On vit le comte Sosthène de la Rochefoucauld, auquel Napoléon avait fait restituer ses biens après son retour de l'émigration, et son ami M. de Maubreuil, un autre rallié, comblé des faveurs impériales, tous deux jetant des pièces de cinq francs à la canaille pour tirer aux cordages qui

---

1. Th. Muret, *l'Histoire par le théâtre*, t. II. — 2. *Histoire des deux Restaurations*, t. I.

devaient renverser la statue de l'empereur, du haut de la colonne Vendôme. Les hommes n'y suffisant pas, M. de Maubreuil y attelait son propre cheval, après avoir attaché à la queue de l'animal sa croix de la Légion d'honneur, cette croix qui s'égarait, parfois déjà, sur des poitrines indignes de la porter. Appelant à son secours le grand-duc Constantin, qu'il croyait flatter par cette vilenie, il s'attirait de lui cette réponse dédaigneuse : « Cela ne me regarde pas ». En même temps d'ignobles couplets, dont la platitude égalait la servilité, étaient adressés à l'empereur Alexandre et au roi de Prusse, salués du titre de *libérateurs*[1]. Toutes ces hontes étalées au soleil ne pouvaient manquer de soulever le cœur de la nation. Voilà ce qu'il faut se bien représenter, pour comprendre quelle reconnaissance nos pères ont gardée jadis aux poètes émus qui se sont faits les interprètes de leurs tristesses et de leurs indignations.

A toutes ces folies de la réaction ajoutez encore le deuil suprême de Waterloo, ce dernier enjeu du génie impuissant contre la fortune, ce tombeau de la vieille garde; puis les extravagances de la Chambre introuvable, dont la sage habileté de Louis XVIII eut tant de peine à triompher. Ce que nous avons dit pour les chants de la Révolution s'applique également à ceux de la Restauration. Il faut les replacer dans leur vrai milieu pour s'en rendre un compte exact. La littérature militante joue un grand rôle en vers comme en prose, au moment où la tribune et la presse, ces deux forces nouvelles, viennent de rendre à la pensée son libre essor. Il est vrai qu'à côté une jeune école grandit, plus éprise de l'art pour l'art, sous le nom de *romantisme*. Pourtant, malgré son culte, sa passion de la forme et de la rime, le chef de cette école deviendra aussi un des grands batailleurs du siècle. Mais il nous faut parler d'abord du poète qui fut le plus illustre, le plus populaire écho du sentiment national, P.-J. de Béranger.

II

Nul écrivain, de son vivant, ne s'est vu, durant plus d'un quart de siècle, entouré d'une admiration, c'est trop peu

---

1. Voy. Th. Muret, *ibid.*

dire, d'une idolâtrie comparable à celle qui environna Béranger. On lui accorde tout à la fois le génie, la probité, le patriotisme, le désintéressement, tous les talents et toutes les vertus publiques et privées, même celles qu'il ne songe point à revendiquer. Les plus illustres naissances, les plus hautes fortunes, les plus éclatantes renommées s'inclinent devant lui. Le duc de la Rochefoucauld-Liancourt, ne pouvant l'attirer à sa table, brigue l'honneur de le rencontrer; Laffitte, le célèbre financier, se vante de le compter au nombre de ses amis; Chateaubriand, si fier, si plein de son altière personnalité, prodigue les caresses à celui qu'il appelle le noble, l'immortel chansonnier. Grand poète en prose, mais versificateur médiocre, comme le prouve sa tragédie de *Moïse*, l'auteur des *Martyrs* tourne un couplet qu'il lui dédie en tête de ses *Études historiques*, plaçant sa gloire sous la sauvegarde de Béranger, qu'il prend pour garant de son patriotisme :

> Ainsi que vous j'ai pleuré sur la France ;
> Dites un jour aux fils des nouveaux preux
> Que je parlai de gloire et d'espérance
> A mon pays, quand il fut malheureux.
> Rappelez-vous que l'Aquilon terrible
> A ravagé mes dernières moissons ;
> Faites revivre, au coin d'un feu paisible,
> Mon souvenir dans vos nobles chansons.

Malgré les différences d'opinion, le patriotisme est le trait d'union qui les rapproche.

L'école romantique, si folle parfois dans ses prétentions et dans ses mépris, si disposée un moment à enterrer Racine et tous les vieux classiques, n'ose s'attaquer à Béranger, et respecte cette gloire immaculée. L'Académie française, grande accapareuse de toutes les renommées, aspirant à l'honneur de le posséder, offre de lui épargner en partie la formalité des visites et de le recevoir par acclamation. Il est assez modeste et assez habile pour refuser, se contentant de partager le quarante et unième fauteuil avec Molière, Regnard, Lesage, Beaumarchais, son ami La Mennais et tant d'autres.

Depuis, en revanche, on s'est mis à lui contester tous ses titres : de poète, de patriote, de républicain. Eugène Pelletan l'a excommunié au nom de la république orthodoxe : Renan, lui gardant quelques rancunes de séminaire, l'a qualifié de *feu M. Béranger*, et a cru l'avoir tué du coup. Nous ne parlons pas des écrivains royalistes, comme Alfred de Nettement, qui étaient parfaitement dans leur rôle et dans leur droit, en maudissant la déplorable influence du chansonnier, et sa guerre implacable contre la Restauration. On ne saurait demander aux gens de savoir gré à ceux qui les ont proscrits. Mais nous en appelons de la sentence des juges, plus ou moins experts, à l'égard du poète et de l'écrivain.

Certains critiques difficiles refusent absolument à Béranger le titre de poète, et déclarent que ses vers, comme ceux de Casimir Delavigne, sont tout simplement de la prose rimée. A cet arrêt nous opposerons les témoignages de Chateaubriand, de Gœthe, de Sainte-Beuve, de Proudhon, qui ont bien quelque valeur. Gœthe, dans ses *Entretiens avec Eckermann*, exprime à plusieurs reprises sa haute estime pour le chansonnier. Sainte-Beuve, après avoir tourné en tous sens autour de l'homme et de l'écrivain, arrive à cette conclusion : « Béranger comme poète est un des plus grands, non le plus grand de notre âge.... Comparé aux poètes d'autrefois, il est du groupe second et au niveau des Burns, des Horace, des La Fontaine [1]. » La place est encore assez belle, et nous n'en réclamons pas davantage pour lui. Enfin Proudhon, qui n'est, à coup sûr, ni un flatteur ni un badaud, qui maltraite volontiers Lamartine et George Sand, après une large part faite à la critique sur le chauvinisme opiniâtre du poète, sur ses injustices à l'égard des Bourbons, sur son amour de la popularité, finit par dire : « Béranger n'en est pas moins le premier poète français du XIXe siècle. Il appartient à la Révolution sans nul doute ; il vit de sa vie. Ses chansons, comme les *Fables* de La Fontaine, les *Comédies* de Molière et les *Contes* de Voltaire, ont conquis parmi le peuple et les hautes classes une égale célébrité. Et c'est ce qui élève Béranger au-dessus de tous les poètes contemporains. En fait d'art et de poésie, une pareille universalité d'admiration est décisive et dispense de tout argument » [2].

---

1. Article de 1850. — 2. Proudhon, *De la Justice dans la Morale et dans l'Église*, t. III, p. 382.

De quel ton Proudhon, avec sa rudesse franc-comtoise, eût-il rabroué et renvoyé à l'école le chétif critique qui serait venu contester devant lui la valeur poétique et littéraire de Béranger? On peut le deviner.

En dépit des iconoclastes et des oracles de l'esthétique nouvelle, Béranger reste donc pour nous un poète, un vrai poète; non pas à l'usage des contemplatifs et des amants de la lune, mais un poète de la vie pratique, active et militante: un poète fils du sol et du cru gaulois; classique par la netteté, la précision et, à quelques exceptions près, la pureté du style, l'ordre et la sobriété de la composition; romantique par l'indépendance et la spontanéité de l'inspiration, par le dédain de la vieille mythologie et de la vieille phraséologie poétique, qui garde encore des partisans, même au Caveau. Il en a fini avec les *ciseaux des Parques* et la *barque à Charon*, sur laquelle navigue encore son confrère Désaugiers. Plébéien jeté en ce monde avec ses seules forces et ses seules ressources, n'ayant ni guide ni maître pour le diriger, il s'est instruit et formé comme il a pu :

>   Jamais, hélas! d'une noble harmonie
>   L'antiquité ne m'apprit les secrets;
>   L'instruction, nourrice du génie,
>   De son lait pur ne m'abreuva jamais.
>   Que demander à qui n'eut point de maître?
>   Du malheur seul les leçons m'ont formé;
>   Et ces épis que mon Printemps voit naître
>   Sont ceux d'un champ où rien ne fut semé [1].

Il évite par là du moins l'encombrement des souvenirs grecs et romains, qui chargent la tête de Lebrun-Pindare et encore celle de Casimir Delavigne. Pourtant il ne dédaigne pas les anciens : il leur ressemble même par certains côtés. Sans les connaître, il les entrevoit, les devine, comme La Fontaine entrevoyait Platon, et en raffolait sur la foi d'une traduction. Il les pressent parfois si bien qu'on l'accuse de les avoir copiés.

« J'avais beau protester que je n'avais lu Horace qu'à l'aide des traductions : Bonne plaisanterie, me disait-on,

---

1. Épître à Lucien Bonaparte.

ne voit-on pas que vous l'avez étudié à fond ? Vous l'imitez sans cesse. Il est encore des gens qui n'en veulent pas démordre. Vous comprenez d'après cela mon antipathie pour les Latins. Vivent les Grecs ! leur langue n'est pas du domaine des Sganarelles; aussi ne m'a-t-elle jamais joué de vilains tours [1]. »

Nous le verrons plus tard leur témoigner de nouveau ses sympathies, et se dire leur frère à propos du massacre de Chio [2] et dans le *Voyage imaginaire* :

Oui, je fus Grec : Pythagore a raison.

Non seulement il est poète par l'action même qu'il exerce sur les esprits et sur les âmes, mais par ce don précieux de tirer de l'histoire l'idéal et la légende ; par cet art de créer des types, des personnages d'imagination qui deviennent des êtres vivants et réels, plus durables que les êtres de chair et d'os qui nous entourent.

Il est en même temps écrivain artiste et ciseleur. Luimême nous raconte qu'il a recopié deux fois l'*Athalie* de Racine, comme Jean-Jacques Rousseau traduisait deux livres de Tacite, pour former son style. Le travail et la réflexion, tout autant que le génie, ont fait de lui un écrivain. « Ce n'est pas moi, dit-il, qui aurais deviné ce qu'on appelle aujourd'hui la littérature facile, ennemie naturelle de cette autre littérature qui fit le charme de ma vie, et fut si longtemps l'orgueil de la France. » Mais c'en est assez sur le caractère et le talent de l'auteur : ses œuvres nous le feront mieux connaître, puisqu'il a pu dire, ainsi que Montaigne de ses *Essais: Mes chansons, c'est moi*.

III

Nous ne verrons ici que le poète national et patriote, laissant de côté le chantre de *Lisette*, de *Babet*, de la *Grand'Mère*, etc. Le patriotisme a été de bonne heure la principale et presque l'unique passion de sa vie. L'amour ne fut pour lui qu'un amusement, un thème de chansons

---

1. Lettre à M. Joseph Bertrand. — 2. *Psara*.

comme le vin, mais non un sentiment profond et sérieux. Ses premières impressions remontent aux guerres de la Révolution, au temps où il était chez sa tante, l'aubergiste de Péronne, catholique et républicaine, qui fit de lui un bon citoyen, mais jamais un bon dévot. C'était en 1792 : les armées coalisées venaient d'envahir la France et avaient dépassé Cambrai. « Le soir, dit Béranger, assis à la porte de l'auberge, nous prêtions l'oreille au bruit du canon des Anglais et des Autrichiens assiégeant Valenciennes, à 16 lieues de Péronne. Chaque jour, l'horreur de l'étranger grandissait en moi. Aussi avec quelle joie j'entendis proclamer les victoires de la république. Lorsque le canon annonça la reprise de Toulon, j'étais sur le rempart, et, à chaque coup, mon cœur battait avec tant de violence que je fus obligé de m'asseoir sur l'herbe pour reprendre ma respiration. »

Etonnez-vous après cela qu'il ait tressailli d'enthousiasme aux noms d'Arcole et de Rivoli, devant les merveilles de la campagne d'Égypte ; qu'il ait vu passer sans trop d'indignation le 18 Brumaire, si bien accueilli par l'opinion publique ; enfin qu'il ait bondi de joie avec Lisette et ses amis dans sa mansarde, au bruit de la victoire de Marengo. Il apprit plus tard ce que cette gloire devait coûter, et osa le dire en chantant le *Roi d'Yvetot*.

Le spectre de l'invasion, qui avait attristé son enfance, apparaissait encore une fois à son âge mûr. En face du danger commun, le poète, faisant appel à toutes les énergies nationales, sans distinction de race, de classe ni de parti, invitait les blancs et les bleus à s'unir sous le même drapeau. Le 1er janvier 1814, l'un de ces jours où nos ancêtres gaulois répétaient le cri fraternel de *Au gui, l'an neuf!* Béranger lançait ce refrain national :

> Gai ! gai ! serrons nos rangs,
> Espérance
> De la France ;
> Gai ! gai ! serrons nos rangs,
> En avant, Gaulois et Francs !

Trois mois plus tard, les alliés entraient dans Paris. Après

---

1. *Ma biographie.*

une nuit d'angoisse passée dans son misérable galetas de Montmartre, voisin du camp étranger, le poète eut la douleur d'assister aux tristes scènes décrites plus haut. Il étouffa néanmoins sa colère, et comprit la nécessité de rester unis en face de l'ennemi triomphant. Sa chanson du *Roi d'Yvetot*, très répandue et très goûtée de Louis XVIII, laissa croire à certains royalistes que l'auteur se rangerait volontiers du côté des Bourbons. On lui fit des offres, des promesses, s'il consentait à les chanter. Béranger déclina ces avances. « Que les Bourbons, dit-il, nous donnent la liberté en échange de la gloire; qu'ils rendent la France heureuse, et je les chanterai gratuitement. »

A quelque temps de là (1er mai 1814), il offrait un gage de sa bonne volonté en insérant dans un couplet chanté, devant les aides de camp de l'empereur Alexandre, un mot heureux prêté à Charles X et qui n'était pas de lui : « Il n'y a rien de changé en France ; il n'y a qu'un Français de plus[1] ». Béranger n'était donc pas de prime abord, autant qu'on l'a dit, un ennemi déclaré des Bourbons. Quand viennent les Cent-Jours, dans cette heure louche et indécise où Napoléon va jouer son dernier va-tout, Béranger arbore le drapeau de l'indépendance avec son *Nouveau Diogène*, en dehors de tous les partis (avril 1815).

> Diogène,
> Sous ton manteau,
> Libre et content, je ris et bois sans gêne.
> . . . .
> J'aime à fronder les préjugés gothiques
> Et les cordons de toutes les couleurs ;
> Mais, étrangère aux excès politiques,
> Ma *Liberté* n'a qu'un chapeau de fleurs.

Elle a quitté son bonnet rouge, de triste mémoire, pour revêtir un plus joyeux emblème, et n'en fera pas moins rude guerre aux abus :

> Il faut bien que l'esprit venge
> L'honnête homme qui n'a rien.

Parmi les préjugés gothiques, il en est un surtout qui déplait souverainement à la nation, plus que jamais amou-

---

1. Le mot était du comte Beugnot.

reuse d'égalité : c'est celui de la noblesse et de ses privilèges. Le retour des émigrés n'ayant rien oublié ni rien appris, rapportant de l'exil des prétentions aussi surannées que leurs perruques à ailes de pigeons, semblait un défi jeté à la France moderne issue de la Révolution, à ces principes que la dynastie nouvelle avait promis de respecter, et qu'elle respecta en grande partie, il faut l'avouer. Mais en face des extravagances de la chambre introuvable, l'alarme était vive chez les libéraux. Béranger se fit leur écho, en lançant comme une bombe sa chanson du *Marquis de Carabas*. Dans un pays où le ridicule tue les hommes aussi bien que les idées, l'effet fut irrésistible. Jamais, depuis Voltaire, la redoutable puissance de l'esprit ne se manifesta plus visiblement. Ce fut un immense éclat de rire d'un bout de la France à l'autre. Le *Marquis de Carabas* a sa place entre les créations durables, à côté, bien qu'au-dessous de *Tartufe* et de *M. Jourdain* :

> Voyez ce vieux marquis
> Nous traiter en peuple conquis ;
> Son coursier décharné
> De loin chez nous l'a ramené.
> Vers son vieux castel
> Ce noble mortel
> Marche en brandissant
> Un sabre innocent.
> Chapeau bas ! chapeau bas !
> Gloire au marquis de Carabas !

Une autre création aussi vivante, celle de *Paillasse*, composée la même année, met en scène les sauteurs de la politique, tous ces histrions bariolés et décorés qui avant, pendant et après la mascarade des *Cent-Jours*, ont exécuté un savant chassé-croisé d'apostasies et de trahisons. La forme en est comique, le fond sérieux et profondément triste. Le Sénat et le Corps législatif n'avaient-ils pas, les premiers, donné l'exemple en pratiquant la maxime :

> Fi du dépouillé
> Qui m'a bien payé !
> . . . .
> Viv'ceux que Dieu seconde !

Le personnage de *Paillasse*, bien plus encore que celui du *Marquis de Carabas*, appartient à l'histoire et à l'humanité de tous les temps.

Cependant le poète sentait peu à peu sa mauvaise humeur s'accroître contre les Bourbons : la vue de la cocarde blanche imposée à nos soldats l'irritait et l'agaçait. Le 30 mars 1816 lui rappelait une date néfaste, celle de la capitulation et de l'entrée des alliés dans Paris. Il s'avisa de fêter ce lugubre anniversaire, en prêtant aux royalistes un cantique d'actions de grâces :

> Jour de paix, jour de délivrance,
> Qui des vaincus fit le bonheur ;
> Beau jour, qui vint rendre à la France
> La cocarde blanche et l'honneur !

La pièce se termine par ce couplet ironique en mémoire de Henri IV, le patron de la monarchie légitime :

> Enfin, pour sa *clémence extrême*,
> Buvons au plus grand des Henris,
> A ce roi qui sut *par lui-même*
> Conquérir son trône et Paris.

Double allusion aux cours prévôtales qui brillèrent peu par la clémence, et à ce malheureux Louis XVIII qui, pour rentrer dans Paris, fut contraint de subir la pesante amitié de l'étranger.

Les sympathies de la nation se tournaient vers ces débris de la Grande Armée qu'on avait relégués au delà de la Loire, tandis que les soldats de la Sainte-Alliance occupaient encore une partie de notre sol. Béranger n'a pas oublié ces glorieux vaincus : c'est en leur honneur qu'il évoque dans la chanson de la *Vivandière* (1817) le type nouveau de *Catin*, alerte et gaillarde dans son genre comme la *Laitière* de La Fontaine :

> Vivandière du régiment,
> C'est Catin qu'on me nomme.

Catin n'est point une mijaurée, et ne craint pas les plaisanteries du corps de garde :

> Quand au nombre il fallut céder
> La victoire infidèle,

> Que n'avais-je pour vous guider
> Ce qu'avait la Pucelle !
> L'Anglais aurait fui sans butin ;
> Soldats, voilà Catin !

Jusqu'alors le ton grivois, badin et satirique, la gaudriole en un mot, a dominé dans les chansons de Béranger. Cependant, au moment où il achevait la *Vivandière*, il entrevoyait et rêvait autre chose, en écrivant son *Dieu des bonnes gens*. Lui-même nous a raconté l'histoire de cette composition :

« C'est vers le milieu de 1817, dit-il, que Béranger fit le *Dieu des bonnes gens*. Jusque-là c'était toujours avec une espèce de timidité qu'il avait tenté d'élever le ton de la chanson. Enhardi par le succès, il osa davantage cette fois; mais la frayeur le reprit quand il eut terminé ces couplets. Pour expliquer cette frayeur, il faut dire qu'il était reçu au Caveau, qu'il ne fallait point mettre de poésie dans la chanson. Béranger avait souvent entendu professer cette doctrine par Armand Gouffé. Aussi trembla-t-il fort, lorsque, pour la première fois, dans une réunion d'hommes de lettres, il se hasarda à chanter le *Dieu des bonnes gens*. Les applaudissements qu'il obtint furent tels que, dès ce moment, sûr de pouvoir dépenser dans ce genre le peu qu'il se sentait d'idées poétiques, il renonça à tout autre, et conçut l'espoir de donner à la France une *poésie chantée*, ce qu'elle n'avait pas, selon lui, malgré la sublimité de beaucoup de nos odes et de plusieurs passages de nos opéras[1]... »

Le *Dieu des bonnes gens* est en effet une date, et marque une nouveauté dans la chanson. Elle a pris une plus large envergure, et ne craint pas de viser à la portée philosophique : le style s'élève avec la pensée. Nous voyons apparaître une grande image que nous retrouverons bientôt en parlant de la légende napoléonienne, devenue moins encore une glorification du héros qu'un moyen d'attaque contre les Bourbons.

> Un conquérant, dans sa fortune altière,
> Se fit un jeu des sceptres et des lois,
> Et de ses pieds on peut voir la poussière
> Empreinte encor sur le bandeau des rois.

---

1. Notes de Béranger.

> Vous rampiez tous, ô rois qu'on déifie!
> Moi, pour braver des maîtres exigeants,
> Le verre en main, gaîment je me confie
>   Au Dieu des bonnes gens.

Les premiers vers sont fort beaux, la fin plus faible, mais, somme toute, quel élan ! Sainte-Beuve blâme les *Rois qu'on déifie*, et cependant le terme est exact à l'heure où l'on restaure le *droit divin*. Nous aimons moins les *maîtres exigeants*. Renan, de son côté, juge ce Dieu bien populacier, et lui préfère sans doute sa *Catégorie de l'idéal*, un Dieu d'académie à l'usage des métaphysiciens, mais peu fait pour les bonnes gens auxquels s'adresse Béranger.

Une fois lancé sur la route de la chanson lyrique et philosophique, se rapprochant de l'ode de plus en plus, Béranger, l'année suivante, sacrifiait encore une fois aux idées de paix et de concorde, en composant la *Sainte-Alliance des peuples* : couplets chantés à Liancourt, pour la fête donnée par M. le duc de la Rochefoucauld, en réjouissance de l'évacuation du territoire français (octobre 1818).

> J'ai vu la Paix descendre sur la terre,
> Semant de l'or, des fleurs et des épis ;
> L'air était calme, et du dieu de la guerre
> Elle étouffait les foudres assoupis.
> « Ah ! disait-elle, égaux par la vaillance,
> Français, Anglais, Belge, Russe ou Germain,
> Peuples, formez une Sainte-Alliance,
>   Et donnez-vous la main. »

La raison l'emporte sur les rancunes patriotiques.

Débarrassée de l'étranger, la France allait s'appartenir et reprendre son rang parmi les nations. Mais il s'agissait de lui rendre, avec la confiance, le sentiment de sa grandeur passée et de ses légitimes espérances pour l'avenir. Béranger a trouvé ce baume consolateur qui réjouit et réconforte les âmes, après tant de tristesses et d'épreuves.

> Reine du monde, ô France, ô ma patrie !
>   Soulève enfin ton front cicatrisé.

Certaines gens, en quête de lyrisme, s'extasient et se pâment d'aise devant une strophe de Pindare, célébrant la victoire d'un athlète ou des chevaux d'Hiéron, dans l'arène d'Olympie. Nous avouerons que le poëte, exaltant la gloire de sa patrie meurtrie et mutilée, nous émeut plus profondément, et nous élève plus haut encore dans ces régions supérieures où plane la poésie lyrique. On reproche à Béranger d'avoir trop volontiers flatté ce sentiment, ce travers de la vanité nationale : mais, après tout, mieux vaut grandir et admirer à l'excès son pays dans le malheur, que l'amoindrir et le dénigrer, comme cela s'est vu parfois. Quel écrivain, quel orateur, quel poëte a pu se flatter d'avoir touché et fait vibrer autant que lui la fibre française? Qui a plus ardemment défendu l'honneur de ce drapeau tricolore frappé d'ostracisme, enseveli dans l'ombre, mais restant toujours au fond des cœurs l'emblème de la France moderne, de la société issue de 89? En agissant ainsi, l'auteur s'exposait à perdre son gagne-pain, la modeste place d'expéditionnaire qu'il occupait au ministère de l'instruction publique.

Cependant on doit avouer que l'administration d'alors était plus tolérante qu'elle ne le serait peut-être aujourd'hui; et que, pour un fonctionnaire, Béranger poussait la hardiesse un peu loin en chantant ainsi le *Vieux Drapeau* (1820) :

  Son aigle est resté dans la poudre,
  Fatigué de lointains exploits.
  Rendons-lui le coq des Gaulois;
  Il sut aussi lancer la foudre.
  La France, oubliant ses douleurs,
  Le rebénira, libre et fière.
  Quand secouerai-je la poussière
  Qui ternit ses nobles couleurs?

Il lui fallut attendre dix ans encore, avant de les voir reparaître au soleil de juillet 1830.

IV

A mesure que nous avançons, Béranger semble de plus en plus compromis et entraîné dans le mouvement d'opposition. Le *Vieux Drapeau* était déjà un défi jeté au drapeau blanc, l'oriflamme des Bourbons. Après le *Cinq Mai*, dont nous parlerons plus tard, après la chanson de

Nabuchodonosor, injure personnelle et inconvenante à l'adresse de Louis XVIII, qu'il détestait et qui ne le haïssait pas [1], l'écrivain finit par attirer sur lui les sévérités du parquet, suffisamment justifiées. Il ne songea guère, du reste, à s'en plaindre. Ces procès retentissants contribuèrent largement à la renommée et à la fortune du poète et de ses avocats, Dupin et Barthe. Les juges eux-mêmes, le procureur général Bellart et l'avocat général Marchangy s'y trouvèrent immortalisés par la chanson. Nous ne prétendons point faire à l'auteur un trop grand mérite de ce martyre facile à supporter. On doit reconnaître que la Restauration se montra d'une indulgence et d'une mansuétude rares à l'égard de sa victime. Les bourriches de gibier, les paniers de champagne et les visites affluèrent à Sainte-Pélagie et à la Force, où le chansonnier était enfermé. Lui-même disait en riant : « La prison finira par me gâter », comparant cette captivité confortable à sa vie frugale ordinaire et à son humble chambrette de Montmartre.

Mais il est d'autres procès posthumes qu'on lui a intentés depuis : ceux-là plus épineux et plus désagréables. Les inquisiteurs de la foi démocratique se sont mis à éplucher sa vie et sa renommée. Il était difficile de nier son patriotisme, quitte à en faire un chauvinisme étroit et exclusif, malgré sa belle chanson de l'*Alliance des peuples*. On a contesté son républicanisme, en dépit de ses déclarations formelles sur ce point. Et cependant, à une époque où le nom de république était plus que jamais à l'index, où les libéraux eux-mêmes ne se souciaient pas d'en accepter la responsabilité, il osait chanter ce qu'il appelait sa *République* (1816). Une république à l'eau de rose, a-t-on dit, une république pour rire, d'imagination et de fantaisie, à l'usage des membres du Caveau. Mais Bellart et Marchangy ne la croyaient point si innocente. Le nom seul de république n'était-il pas déjà tant soit peu séditieux, avec ce début :

> J'ai pris goût à la République,
> Depuis que j'ai vu tant de rois.

---

[1]. A sa mort, Louis XVIII avait, sur sa table de nuit, un recueil des *Chansons* de Béranger.

N'est-ce point d'ailleurs la conclusion finale à laquelle la France s'est arrêtée depuis, n'ayant pu se décider à garder ses rois ni ses empereurs, après en avoir usé un bon nombre dans l'espace d'un siècle ?

Peu s'en est fallu qu'on n'ait invoqué le *de* qui précède son nom pour mettre en doute sa bonne foi démocratique. Et pourtant, Dieu sait s'il proteste énergiquement à ce sujet. Fils d'un royaliste enragé, dont il ne partage ni les idées ni les prétentions nobiliaires, il revendique au contraire comme un honneur ses origines plébéiennes :

> Je suis vilain, et très vilain.

Il rappelle avec une tendresse émue la chambre du vieux tailleur son grand-père, qui prit soin de son enfance, quand son père l'eut abandonné. Parisien de race et d'esprit, aussi bien que son ancêtre Villon, simple gamin des rues, il se déclare également

> De pauvre et de petite extrace.

Il le répète sur tous les tons :

> Je suis du peuple ainsi que mes amours.

Au risque même de se faire accuser de sauvagerie, il refuse d'aller s'asseoir à la table des grands, qui essayent de l'attirer.

Pourtant la république, telle qu'il l'a conçue et rêvée, n'est point cette démagogie hurlante, tapageuse, qui promène ses saturnales à travers les rues ; qui brise les vitres en chantant l'air des *Lampions* ; qui sonne le tocsin et bat la générale à tout propos ; qui ensanglante Paris pendant les tristes journées de Juin. Aux yeux de certains radicaux, Béranger a le grave tort d'avoir ajouté cet article à son *Code républicain* :

> Qu'on puisse aller même à la messe :
> Ainsi le veut la liberté.

---

1. Béranger garda ce *de* sur le conseil d'Arnault, pour éviter d'être confondu avec d'autres Béranger, écrivains comme lui. (*Ma Biographie.*)

Fils de la Révolution, il se rappelle avant tout ses grandes luttes, ses dévouements héroïques au service de la patrie. Il revoit tout ce passé comme un glorieux héritage avec le *Vieux Sergent* (1823).

> Qui nous rendra, dit cet homme héroïque,
> Aux bords du Rhin, à Jemmape, à Fleurus,
> Ces paysans fils de la République,
> Sur la frontière à sa voix accourus ?
> Pieds nus, sans pain, sourds aux lâches alarmes,
> Tous à la gloire allaient du même pas.
> Le Rhin lui seul peut retremper nos armes.
> Dieu, mes enfants, vous donne un beau trépas !

Cet amour de la république n'est point chez Béranger une foi aveugle et fanatique. Il n'est pas de ceux qui acceptent *le tout en bloc*, avec les crimes.

> De noms affreux cette époque est flétrie ;
> Mais, jeune alors, je n'ai rien pu juger.
> En épelant le doux mot de patrie,
> Je tressaillais d'horreur pour l'étranger.
> Tout s'agitait, s'armait pour la défense ;
> Tout était fier, surtout la pauvreté.
> Ah ! rendez-moi les jours de mon enfance,
>   Déesse de la Liberté[1] !

Nous croyons Béranger suffisamment justifié sur le chapitre du républicanisme.

V

Mais il est une autre accusation dirigée contre lui : celle d'avoir entretenu, propagé la légende napoléonienne, l'idolâtrie du despotisme impérial, et d'en avoir provoqué le retour avec Napoléon III. Là est son tort, presque son crime, auprès de quelques juges draconiens. Voir dans l'auteur du *Roi d'Yvetot*, du *Sénateur*, un complaisant ou un courtisan de l'empire, est un déni de justice et une calomnie. Devant un maître si disposé à payer largement tout chantre de sa gloire, Béranger n'a jamais songé à encenser l'empe-

---

1. La Déesse.

reur tout-puissant. Il ne l'a chanté qu'après sa chute, et a pu dire avec une légitime fierté :

> Je n'ai jamais flatté que l'infortune.

Il a attendu que l'idole fût renversée, le géant terrassé, outragé, trahi par ses ministres (Talleyrand et Fouché), par son Sénat et son Corps législatif, par quelques-uns de ses propres lieutenants, pour lui rendre hommage. A entendre ces insultes contre l'*Ogre de Corse*, à voir ces pygmées, ces voltigeurs de la cour et de la politique, s'acharner contre le colosse foudroyé, il a fini par s'impatienter, comme nous sommes tentés de le faire nous-mêmes parfois, en face de certains bébés littéraires mordillant, de leurs dents enfantines, la vieille renommée de Béranger.

D'abord le poète se contente de railler les insulteurs du héros, dans la *Requête des chiens de qualité*, réclamant leur entrée au jardin des Tuileries (1814) :

> Puisque le tyran est à bas,
> Laissez-nous prendre nos ébats !

ou mieux encore, dans la *Ronde des Myrmidons* (1819) :

> Voyant qu'Achille succombe,
> Ses Myrmidons, hors des rangs,
> Disent : « Dansons sur sa tombe !
> Les petits vont être grands. »

De la raillerie l'auteur passera bientôt à l'attendrissement pour le noble captif qui expie sa gloire, tel qu'un autre Prométhée, sur le rocher de Sainte-Hélène. Jamais le mot de Tacite : *Major è longinquo reverentia*, n'a été plus vrai. L'éloignement du temps et de l'espace ajoute à l'illusion et au prestige : le fantôme impérial grandit de toute la petitesse de ses successeurs. Rappelons-nous les proportions gigantesques qu'a prises Charlemagne dans le récit du Moine de Saint-Gall, cette transfiguration du héros passant de l'histoire dans l'épopée par la légende : un travail analogue s'opère dans les imaginations populaires autour de Napoléon. A mesure qu'on s'éloigne, on oublie les abus du despotisme, les réquisitions de guerre, les hécatombes sanglantes, les malédictions des familles, les sacrifices d'hommes et d'argent : la France se souvient si peu des vexations et des bienfaits! Elle ne se rappelle qu'une chose : la gloire passée, dont elle s'enivre encore, si cher qu'elle l'ait payée.

Puis vient s'ajouter cette alliance hybride et bâtarde comme en contractent parfois les partis les plus opposés: celle des libéraux et des bonapartistes, unis par la haine commune des Bourbons. Le drapeau tricolore était le symbole du ralliement, le patriotisme le terrain sur lequel on s'entendait, pour détester une monarchie imposée, disait-on, par l'étranger. L'accusation était injuste; mais elle répondait si bien aux froissements de l'amour-propre national, qu'on l'acceptait aveuglément. Les chansons du café Montansier, où se réunissaient les officiers en demi-solde; les vaudevilles de Scribe et de Brazier, allumaient le feu avec le soldat polonais de *Michel et Christine*, avec le *Soldat laboureur* et autres rengaines dramatiques, passionnément applaudies par le public du temps. L'émotion était sincère : elle devint plus vive quand on apprit la mort du héros. D'abord le peuple refusa d'y ajouter foi, comme il avait refusé jadis de croire au trépas de Charles le Téméraire. Mais il fallut se rendre à l'évidence, et inscrire parmi les jours néfastes le 5 mai 1821.

Cette date du *5 Mai* fournit à Béranger l'occasion d'une complainte lyrique sur le grand deuil qui remuait toute l'Europe, en mettant fin à bien des espérances et à bien des craintes. Au lieu de se laisser aller à l'une de ces lamentations banales qui sont l'écueil des chants funèbres, il en a, par une habile combinaison, tiré un petit motif de drame intime, qui se passe dans l'âme d'un vieux soldat revenant des Indes, où il s'était exilé volontairement après les malheurs de sa patrie. Embarqué sur un navire espagnol, il passe devant l'île Sainte-Hélène, et ce nom éveille en lui un douloureux souvenir :

> Dieu ! le pilote a crié : Sainte Hélène !
> Et voilà donc où languit le héros !
> Peut-être il dort, ce boulet invincible,
> Qui fracassa vingt trônes à la fois.
> Ne peut-il pas, se relevant terrible,
> Aller mourir sur la tête des rois ?

C'était bien là l'espoir de ses vieux fidèles, et aussi l'effroi de l'Europe qui l'avait relégué au fond de l'Océan, sous la garde jalouse de l'Angleterre. — Un drapeau noir flottant sur le rivage lui apprend la fatale nouvelle.

Malgré le succès immense qu'obtint cette chanson du *Cinq Mai*, répétée de tous côtés sur un de ces airs de pont-neuf familiers à la foule, il faut reconnaître qu'elle prête à plus d'une critique. Sainte-Beuve blâme avec raison ce vers :

> De tout laurier un poison est l'essence.

L'expression, d'ordinaire si franche, si nette chez Béranger, est ici obscure et entortillée : il veut parler sans doute de ces bruits d'empoisonnement, qui coururent sur la mort de Napoléon.

Cette pièce n'en est pas moins une œuvre importante dans l'histoire de la légende napoléonienne. C'est d'elle que part l'apothéose de cette grande ombre, qui s'impose à toutes les imaginations et à toutes les mémoires, même à celles qui la maudissent, en France comme à l'étranger. Béranger est devenu l'Ossian populaire que le héros a vainement rêvé de son vivant. L'épopée impériale, si longtemps impuissante à déployer ses ailes, va s'épanouir dans les vers du chansonnier. Avec le concours de la musique, cet actif véhicule des paroles, elle voyage de bouche en bouche, dans les rues, les ateliers, les chaumières, les cabarets et les salons. La popularité, ce caractère essentiel de l'épopée primitive, très différente de l'épopée savante faite pour les lettrés, Béranger l'a obtenue dans ses chansons. Lui-même en a conscience lorsqu'il fait dire à la bonne fée, son inspiratrice :

> Bénis ton sort : par toi la Poésie
> A d'un grand peuple ému les derniers rangs ;
> Le chant qui vole à l'oreille saisie
> Souffla tes vers même aux plus ignorants.
> Vos orateurs parlent à qui sait lire ;
> Toi, conspirant tout haut contre les rois,
> Tu marias, pour ameuter les voix,
> Des airs de vielle aux accents de la lyre.

La légende napoléonienne se reproduit chez lui sous des

formes diverses : tour à tour objective et subjective, elle s'insinue au milieu de ses souvenirs intimes, de ses impressions d'enfance et de jeunesse. Un jour il vient revoir la mansarde où s'abritaient ses amours avec Lisette; là l'écho du passé lui rapporte ce cri d'allégresse, gai retour de ses vingt ans :

> A Marengo Bonaparte est vainqueur !

Ailleurs c'est le dialogue des *Deux Grenadiers* montant la garde à la porte du palais de Fontainebleau, le soir de l'abdication, avant le départ pour l'île d'Elbe :

PREMIER GRENADIER.

> A notre poste on nous oublie;
> Richard, minuit sonne au château.

DEUXIÈME GRENADIER.

> Nous allons revoir l'Italie;
> Demain, adieu Fontainebleau !

Ils sont là tous deux philosophant à leur façon, sur les événements passés et présents, devisant, politiquant même tant soit peu, ce dont ils ne s'avisaient guère autrefois.

PREMIER GRENADIER.

> Chacun nous répète : Il abdique.
> Quel est ce mot? Apprends-le moi.
> Rétablit-on la république ?

DEUXIÈME GRENADIER.

> Non, puisqu'on nous ramène un roi.

Pour bien des gens, du moment où l'on supprimait l'Empire, il n'y avait place que pour la République. C'est ainsi que libéraux et bonapartistes pouvaient se trouver d'accord.

Un autre jour, il voit venir à lui de vieux soldats qui lui demandent des couplets sur Waterloo :

> De vieux soldats m'ont dit : Grâce à ta Muse,
> Le peuple enfin a des chants pour sa voix.

Le poète leur répond, les yeux mouillés de larmes :

> Son nom jamais n'attristera mes vers.

Mais il en profite pour évoquer le fantôme du géant des batailles, en rappelant les promesses de la Sainte-Alliance aux peuples crédules et trompés encore une fois :

> Le géant tombe, et ces nains sans mémoire
>   A l'esclavage ont voué l'univers.

De toutes ces pages consacrées à la légende napoléonienne, la plus fameuse et la plus belle est sans contredit celle qui a pour titre *les Souvenirs du peuple* (1826). Nous ne connaissons guère d'œuvre poétique dont l'effet soit plus habilement combiné et plus saisissant. Avoir enfermé ainsi, dans le cadre étroit de six couplets, l'histoire d'une destinée si prodigieuse, en mêlant tour à tour le style de la narration, du drame, du dialogue, les souvenirs palpitants de la vieille paysanne, les exclamations naïves de ses petits-fils, et faisant place au héros lui-même qui entre en scène un moment : c'est là, selon nous, un chef-d'œuvre de composition, savante au fond, ingénue dans la forme. Victor Hugo n'a rien fait de supérieur dans ses petites épopées. Nous retrouvons là l'espèce de fascination magique exercée par ce nom sur les esprits :

> Parlez-nous de lui, grand'mère,
>   Parlez nous de lui !

VI

L'alliance des aspirations républicaines et des sympathies bonapartistes faisait de Béranger, plus que jamais, un ennemi déclaré des Bourbons. Après *Nabuchodonosor*, cette grave offense à l'adresse de Louis XVIII, le *Sacre de Charles le Simple* était une parodie outrageuse opposée aux pièces officielles de Lamartine et de Victor Hugo, poètes royalistes alors, et obtenait un bien autre retentissement. L'auteur y raillait toutes les vieilles formules monarchiques, remises en vigueur par le nouveau gouvernement : la loi du Sacrilège, la résurrection de l'ordre du Saint-Esprit faisant concurrence à la Légion d'honneur, le retour du droit d'ainesse, etc.

> Puisqu'aux vieux us on rend leurs droits,
> Moi, je remonte à Charles Trois.
> Ce successeur de Charlemagne
> De *Simple* mérita le nom.

Charles X ne le méritait pas moins, et fut plus maladroit que méchant. L'apostrophe aux oiseaux lâchés dans la cathédrale, le jour du sacre, était presque un appel à la rébellion :

> Le peuple crie : Oiseaux, plus que nous soyez sages ;
> Gardez bien, gardez bien votre liberté.

Les condamnations qui pleuvaient sur le poète et qu'il semblait chercher lui-même, ne faisaient qu'exciter réciproquement la mauvaise humeur et les représailles des deux partis, de l'opposition et du gouvernement. Encouragé par les bravos du public, Béranger s'anime et s'enhardit à la lutte. Les amendes étaient payées par les amis. Mais la captivité, si douce qu'elle soit, finit en se prolongeant par agacer les nerfs irritables du chansonnier. Il passe ses jours gras de 1822 à Sainte-Pélagie, ceux de 1829 à la Force, et trouve ce carnaval peu divertissant.

Pour se dédommager de son ennui, il adresse au roi Charles X ce poulet mignon :

> Mon bon roi, Dieu vous tienne en joie !

Et, pour l'y aider, il ajoute :

> Dans mon vieux carquois, où font brèche
> Les coups de vos juges maudits,
> Il me reste encore une flèche ;
> J'écris dessus : *Pour Charles Dix*.
> Malgré ce mur qui me désole,
> Malgré ces barreaux si serrés,
> L'arc est tendu, la flèche vole :
> Mon bon roi, vous me le paierez [1].

Il était encore en prison le 14 juillet, par une splendide journée d'été, qui lui rappelait, avec ses impressions d'enfance, la prise de la Bastille et toutes les idées de liberté

---

1. *Mes Jours Gras de 1829.*

écloses à cette aurore de la Révolution. Son imagination travaille, et ressuscite en cette circonstance l'image d'un vieillard idéal, prophète de l'âge nouveau, lui annonçant les destinées futures de l'humanité et la mission de la France :

> Où nous semons chaque peuple moissonne ;
> Déjà vingt rois, au bruit de nos débats,
> Portent, tremblants, la main à leur couronne,
> Et leurs sujets de nous parlent tout bas.
> Des droits de l'homme, ici, l'ère féconde
> S'ouvre, et du globe accomplira le tour.
> Sur ces débris Dieu crée un nouveau monde.
> Un beau soleil a fêté ce grand jour [1].

Du fond de sa prison, le chansonnier fomente et prépare le feu qui couve, et qui éclatera l'année suivante, sous le même soleil de juillet 1830.

Une fois les Bourbons tombés, il regarde son œuvre comme terminée, et songe à se retirer de la lice.

> Adieu, chansons ! mon front chauve est ridé.
> L'oiseau se tait ; l'Aquilon a grondé [2].

De cette révolution à laquelle il a si vaillamment contribué, le poète n'a retiré pour lui-même ni honneurs ni profits. Tandis que ses amis deviennent ministres, il refuse toute distinction et répond à leurs instances :

> Non, mes amis, non, je ne veux rien être ;
> Semez ailleurs places, titres et croix.

Et il répète son refrain :

> En me créant Dieu m'a dit : « Ne sois rien ».

Béranger n'est point de ces républicains qui ne voient, dans la république, qu'un gâteau fait pour être partagé entre compères. Son désintéressement est une leçon à l'adresse de notre génération fin de siècle, trop éprise de chèques et de pots de vin, trop oublieuse du vieux précepte d'Horace :

> *Vilius argentum est auro, virtutibus aurum.*

---

1. *Le 14 Juillet à la Force* (1829) — 2. *Adieu, Chansons !*

Nous retrouverons plus tard Béranger sous le règne de Louis-Philippe, sous la seconde République et le second Empire ; mais alors, ayant renoncé au rôle actif et militant pour rester simple contemplateur, comme un vieux pilote assis sur le rivage, d'où il entrevoit et prophétise encore plus d'un orage lointain.

CHAPITRE XIII

LA RESTAURATION (suite)

Émile Debraux chansonnier populaire : *la Colonne, Soldat, t'en souviens-tu ? Le Mont-Saint-Jean*. — Eugène de Pradel : *Waterloo*. — Lord Byron : *Childe Harold*. — Pierre Lebrun : poème sur la *Mort de Napoléon*. — Voyage en Grèce : *Chant de Rhigas, Athènes, le Roi de Grèce*. — Casimir Delavigne : sa destinée littéraire. — Les *Messéniennes* : *Waterloo, Appel à la Concorde, Jeanne d'Arc*. — Grèce et Italie.

I

A Béranger il nous faut joindre un chansonnier patriote et populaire, qui est loin de l'égaler comme écrivain, bien qu'il partage un moment sa célébrité : Émile Debraux.

> Debraux, dix ans, régna sur la goguette,
> Mit l'orgue en train et les chœurs des faubourgs,
> Et roulant, roi, de guinguette en guinguette,
> Du pauvre peuple il chanta les amours.

C'est ainsi que Béranger l'a décrit dans une chanson-prospectus, faite pour attirer des souscripteurs à l'édition de ses œuvres, après sa mort en 1831. Mais Debraux est de ceux que l'on chante et qu'on ne lit guère. De là le profond oubli dans lequel il est tombé, après une vogue aussi éphémère que retentissante.

Employé à la bibliothèque de l'École de médecine, admirateur passionné de Béranger, le goût de la chanson l'a décidé à quitter ses modestes fonctions pour se lancer dans la vie du ménestrel ambulant, colportant ses couplets à travers les cabarets et les ateliers de Paris et de la banlieue.

L'orgue et les chœurs des faubourgs sont les deux auxiliaires qui portent son nom et ses vers dans toutes les mémoires et dans toutes les bouches. Qui ne connut alors et n'a chanté ou entendu chanter : la *Colonne*, le *Mont-Saint-Jean*, *Fanfan la Tulipe*, *Soldat, t'en souviens-tu* ? La vulgarité même des sentiments, des idées, de l'expression, n'est point un obstacle, mais peut-être un titre aux sympathies du public auquel il s'adresse. Il devient le poète du peuple comme Béranger sera celui de la bourgeoisie. Démocrate, libéral et bonapartiste, Debraux est l'ennemi déclaré des Bourbons. Dès 1822, il partageait avec son maître les honneurs de Sainte-Pélagie, pour un volume de chansons. Huit ans plus tard, il prenait une part active à la révolution de Juillet, et consacrait, dans un livre intitulé *les Barricades*, la glorieuse mémoire des *Trois Journées*. Après avoir largement aidé, par ses actes et par ses chants, au triomphe de la révolution, il fut médiocrement payé de ses peines, et laissa les habiles courir à la curée. Il était d'ailleurs malade et mourut bientôt, à l'âge de trente-trois ans. « Sa pauvre famille, nous dit Béranger, n'obtint que d'incertains et faibles secours dans la répartition faite par le comité des récompenses nationales. » Le chantre mort, on n'avait plus rien à attendre de lui : à quoi bon s'en occuper ?

Sans exagérer sa valeur littéraire des plus modestes, il nous faut rappeler quelques refrains dont l'écho est venu jusqu'à nous, même avec une pointe d'ironie sceptique :

> Ah ! qu'on est fier d'être Français,
> Quand on regarde la colonne !

Le peuple n'en riait pas alors, et eût fort mal accueilli celui qui se serait permis d'en plaisanter. Aussi la monarchie de Juillet ne crut-elle pouvoir faire un plus grand plaisir et un plus grand honneur aux citoyens du faubourg Saint-Antoine, que de leur élever cette colonne de la Bastille, où il était permis de répéter avec le chantre populaire

> Vos brevets d'immortalité
> Sont burinés sur la colonne.

Imprégné des couleurs du premier Empire, tout ce chauvinisme, à la fois naïf et vantard, revit dans les couplets sur la *Redingote grise*, sur la *Cocarde tricolore*, et se résume dans le fameux refrain :

> Dis-moi, soldat, dis-moi, t'en souviens-tu ?
>
> Te souviens-tu que les preux d'Italie
> Ont vainement combattu contre nous ?
> Te souviens-tu que les preux d'Ibérie
> Devant nos chefs ont plié les genoux ?
> Te souviens-tu qu'aux champs de l'Allemagne
> Nos bataillons, arrivant impromptu,
> En quatre jours ont fait une campagne ?
> Dis-moi, soldat, dis-moi, t'en souviens-tu ?

C'est l'éblouissante féerie des victoires et conquêtes, qui se trouve mise en chansons.

Puis vient une longue complainte funèbre, offrant la contre-partie dans la pièce du *Mont-Saint-Jean*, douloureux épisode de Waterloo. L'œuvre est de 1818, et rentre dans la galerie des souvenirs napoléoniens, bien que l'empereur n'y figure point en personne.

> O Mont-Saint-Jean, nouvelles Thermopyles,
> Si quelqu'un profanait tes funèbres asiles,
>   Fais-lui crier par les échos :
>   Tu vas fouler la cendre des héros !

La forme est ici très inférieure au sentiment et même à la pensée, qui n'a cependant rien de très neuf ni de très élevé. Une seule chose reste : l'impression profonde laissée dans l'âme d'une nation par un grand désastre. Malheureusement Debraux n'est point assez simple : il vise trop à l'effet littéraire, en nous parlant des *épis changés en cyprès*, de la *brise errante* qui lui apporte la voix des preux, *des eaux et des forêts* s'associant à ce ramage poétique. Il y a encore trop de style troubadour dans ce chantre du peuple.

Un autre rimeur, qui fut de son temps un improvisateur célèbre, Eugène de Pradel, composait sur un air de contredanse la *Ronde de Waterloo*, sorte de farandole épico-lyrique, qui rappelle un peu les ombres chinoises du *Chat*

Noir. Tel est ce tableau de la vieille garde s'avançant à travers la mitraille :

> La garde s'engage,
> S'ouvrant un passage
> Au sein d'un nuage
> D'épaisses vapeurs.
> Ses vieilles moustaches
> Montrent leurs panaches
> Flottant sur les haches
> De nos vieux sapeurs.

Des *moustaches* qui montrent des *panaches* dépassent un peu les libertés du lyrisme, il faut en convenir.

La plus belle méditation poétique qu'on ait faite alors sur Waterloo se trouve dans le *Childe Harold* de lord Byron[1] :

« Arrête, c'est la poussière d'un empire que tu foules aux pieds.. . . . .

« C'est ici que l'Aigle prit son dernier essor et fondit sur ses ennemis : mais la flèche des nations abat soudain l'oiseau orgueilleux, qui traîne après lui quelques anneaux brisés de la chaîne du monde : l'ambition désespérée voit le sceptre des peuples échapper à ses mains.

« Justes représailles! la France ronge son frein et écume dans ses fers.... Mais la terre est-elle plus libre ? Les nations n'ont-elles combattu que pour vaincre un seul homme? Ne se sont-elles liguées que pour apprendre à tous les rois jusqu'où va leur puissance ? Eh quoi ! l'esclavage sera-t-il de nouveau l'idole plâtrée de ce siècle de lumière ? Irons-nous rendre des hommages aux Loups après avoir terrassé le Lion ? »

Ce jour-là, Napoléon rencontrait du moins un chantre digne de lui, et, chose étrange! c'était la même nation qui lui donnait à la fois un poète et un geôlier : Byron et Hudson Lowe.

II

Ce nom de Byron, mêlé incidemment à notre histoire, nous rappelle un poète français que nous avons déjà signalé au temps de l'Empire, et qui fut un des premiers introducteurs du grand lyrique anglais parmi nous. Dans une série d'articles publiés en 1819, Pierre Lebrun faisait

---

1. Chant III.

connaître à la France le nom et les œuvres de Byron. On n'a point oublié ce débutant, qui, au lendemain de la bataille d'Austerlitz, eut l'honneur d'être confondu, dans un glorieux quiproquo, avec le fameux Lebrun-Pindare. Rien de plus faux, de plus injuste que de faire de lui le dernier, ou, comme on l'a dit, le plus jeune des poètes de l'école impériale, tout au plus un vélite de 1813. S'il est de l'arrière-garde par les affections et les souvenirs, il est de l'avant-garde par son libéralisme politique et littéraire, par les aspirations généreuses, par l'élan vers l'avenir, marchant en tête de la colonne qui rêve et prépare une ère nouvelle.

Avec Béranger, son ami, et Casimir Delavigne, son cadet, il représente ce qu'on peut appeler les Girondins de la révolution poétique. La Montagne est venue depuis, avec ses volcans, ses tempêtes, ses tressaillements tumultueux, et aussi parfois ses avortements gigantesques,

Parturiunt montes . . .

Pierre Lebrun, par tempérament, par raison et par goût, fuit les extrêmes, et s'en tient à la devise de l'art grec : μηδὲν ἄγαν :

Rien de trop est un point
Dont on parle beaucoup, et qu'on n'observe point[1].

Il s'est fait gloire et conscience de l'observer. Cependant, si modéré qu'on soit, on est toujours le jacobin de quelqu'un. Notre poète a donc été, à certains jours, lui aussi, un révolutionnaire, un agitateur, un *oseur*. Il l'était quand il risquait sur la scène sa *Marie Stuart*, imitée de Schiller, et son *Cid d'Andalousie* : deux coups d'audace qui semblent bien timides après *Hernani* et *Ruy Blas*. Il l'était encore d'une autre façon, lorsqu'il composait son poème sur la *Mort de Napoléon* (1821).

Pour lui, la légende napoléonienne remontait au temps de son enfance :

Les sons qui les premiers ont frappé mes oreilles
    Furent le bruit de ses exploits.
    J'entendais partout mille voix
D'Arcole et de Lodi raconter les merveilles.

1. La Fontaine, *Rien de trop*.

Un jour, encore élève au prytanée de Saint-Cyr, occupant en chaire la place du professeur malade, M. de Guerle, il vit entrer dans la classe Bonaparte et Joséphine. L'imagination de l'adolescent fut saisie, fascinée.

> Son front tout rayonnant de cent palmes nouvelles,
>   De cent triomphes inouïs ;
> Ce regard héroïque et chargé d'étincelles,
>   Qui frappait nos yeux éblouis ;
>
> Ce vêtement si simple et ce visage austère,
>   Si doux hélas ! en souriant,
> Et ces fiers Mamelouks, cortège militaire
>   Qui me figurait l'Orient,
> Tout attachait mon cœur d'un lien invincible,
> Et celui que les rois ne voyaient que terrible,
> Ceint d'éclairs, entouré de drapeaux menaçants,
> Il venait, au milieu de ses heureux enfants,
> Reprendre de son front la majesté paisible [1].

On comprend qu'après Austerlitz, Iéna, Friedland, Wagram, répondant à l'empereur, qui lui reproche de s'endormir, il s'écrie :

> Aigle, je m'attache à ton aile,
> Emporte-moi dans l'avenir [2].

Même après les revers, les catastrophes, le désenchantement de l'invasion et des ruines accumulées, il est resté sous le charme. Sa raison, éveillée au contact des idées libérales, lui dit bien que le despotisme, même appuyé sur le génie, a ses inconvénients et ses périls. Mais quand arrive en Europe la nouvelle de la mort de Napoléon à Sainte-Hélène, l'émotion a gagné l'âme du poète, l'a fait vibrer ; et un chant lyrique en est sorti. Lebrun pleurait son héros et son bienfaiteur, comme La Fontaine avait pleuré Fouquet, sans se poser les *mais* ni les *pourtant*. Il cédait à l'attrait irrésistible du génie et de la gloire.

> Il est, il est dans le génie
> Un ascendant, un charme, un attrait enchanté :
>   Une force puissante, aveugle, indéfinie
> Nous entraîne vers lui comme vers la beauté.
> . . . .

---

1. Poëme sur la *Mort de Napoléon*. — 2. *Réponse à l'empereur*.

> On le blâme, on l'accuse, on le hait, on l'abhorre ;
> Mais notre cœur souvent en secret se dédit,
> Et, même alors qu'il le maudit,
> Se surprend à l'aimer encore.

Pierre Lebrun devait l'aimer toujours. — Ce poème sur la *Mort de Napoléon*, colporté, lu, déclamé dans toutes les casernes de France, valut à son auteur la faveur du public et les rigueurs de l'autorité, qui crut devoir lui retirer sa pension de 1200 livres. Il se résigna sans fracas, sans crier au martyre, ne croyant pas payer trop cher le droit d'avoir du cœur et de la mémoire, quand tant d'ingrats s'en croyaient dispensés.

Une autre influence, mais celle-là toute littéraire, agit puissamment sur Pierre Lebrun. Dans ses voyages et ses lectures à travers les régions étrangères, il avait rencontré Byron, et s'était échauffé à son ardent foyer. C'était à l'exemple de Childe Harold qu'il s'embarquait à Marseille avec Tombasis, sur le *Thémistocle*, en 1820, après le grand succès de *Marie Stuart*. L'année suivante, le *Thémistocle* était devenu le vaisseau amiral, et Tombasis navarque en chef de la flotte hellène. Lebrun se trouvait ainsi associé à cette grande croisade, où les poètes allaient entraîner à leur suite l'opinion et les gouvernements. Il fut un des premiers à traduire, avec Fauriel, et à répéter le *Chant de Rhigas*, cette *Marseillaise* grecque, qui rappelait à la fois le *Péan* de Salamine et l'hymne de la Révolution française :

> Levez-vous, enfants des Hellènes,
> Levez-vous, et prenez vos rangs :
> C'est l'heure de briser vos chaînes,
> Et d'en écraser les tyrans.

D'instinct, le jeune écrivain portait la Grèce dans son imagination et dans son cœur. Il y rêvait en composant sa tragédie d'*Ulysse* : il y rêvait en lisant ces vers de Byron : « O Grèce ! bien froid est le cœur de l'homme qui peut te voir et ne pas sentir ce qu'éprouve un amant, auprès des cendres de celle qu'il aime. »

Avec ce sentiment de la réalité qu'il cherchait déjà au théâtre, il souhaitait de voir et de peindre la véritable

Grèce, et ce beau ciel d'Orient si plein de mirages éblouissants.

> Athène, mon Athène est le pays du jour ;
> C'est là qu'il luit, c'est là que la lumière est belle !
> Là que l'œil enivré la puise avec amour,
> Que la sérénité tient son brillant séjour,
>   Immobile, immense, éternelle.

Toute la poésie du ciel de Grèce semble resplendir dans cette strophe éclatante et sereine. Comme peintre de portraits et de paysages, Pierre Lebrun se distingue par la finesse, la précision des lignes, et la sobriété du coloris. D'autres enlumineurs sont venus depuis, poussant au vermillon et à l'indigo, mêlant les feux de Bengale aux rayons du soleil, et y ajoutant même les chandelles romaines. Lebrun, s'il échappe à la grisaille, n'est point un coloriste flamboyant : il reste attique, même dans ses descriptions.

Il n'est pas non plus de ces poètes photographes, dont l'imagination reproduit les objets extérieurs, comme un miroir insensible et inconscient. La pensée garde toujours chez lui son empire, et l'émotion s'ajoute au coup de pinceau. En traversant la vallée d'Olympie, il entend le murmure des feuilles agitées par le vent, et alors il se rappelle les cris de joie, les applaudissements, le tumulte, qui remplissaient naguère cette arène de la gloire maintenant déserte et silencieuse. Le passé et le présent, la Grèce et la France se mêlent dans ses souvenirs.

> Hélas ! sur d'autres bords, aux jours d'une autre gloire,
>   Combien mon oreille a de fois
>   Entendu de semblables voix
>   Saluer un char de victoire !
>   Ce bruit dans les airs élancé,
>   Dont un peuple en foule pressé
>   D'un héros suivait le passage,
>   C'était du vent dans du feuillage :
>   Le vent cesse, et tout a cessé [1].

A son retour en France, le poète rapportait un rayon de soleil et une palette de couleurs qu'allait bientôt éclipser

---

[1]. *Poésies sur la Grèce*, chant II.

la gerbe éclatante des *Orientales* : mais il n'en tient pas moins son rang parmi les poètes et les peintres de l'Orient. Il en rapportait aussi des sympathies généreuses pour un peuple opprimé, auquel il préparait des libérateurs.

L'heure vint enfin où la Grèce, cette vieille mère des arts et de la civilisation, put sortir du tombeau et renaître à l'espérance. Qu'allait-elle devenir? Monarchie ou république? Naturellement, les grandes puissances, liguées contre l'esprit révolutionnaire, songeaient à la faire rentrer dans le giron des monarchies légitimes. Mais où trouver un roi? Depuis Codrus, toute race royale semblait éteinte sur ce vieux sol démocratique d'Athènes : l'exemple de Pisistrate, et bientôt celui de Capo d'Istria, n'étaient pas faits pour encourager les prétendants. L'Angleterre, en habile entremetteuse, se chargea d'aller chercher une de ces vieilles tiges princières d'Allemagne, robustes et plantureuses, qui prennent racine sur tous les sols et fleurissent sous tous les climats. On avait pensé d'abord à un jeune prince de Cobourg, qui devait plus tard, sous le nom de Léopold Ier, donner à la Belgique trente-cinq ans de paix et de liberté. Pierre Lebrun se défiait, pour sa chère Grèce, de cette tutelle étrangère. Il en causait avec son ami, le *Courrier français*, un journal libéral du temps :

> Ce prince, disait-il, qu'en Grèce l'on appelle
> Est trop Anglais pour nous, trop Allemand pour elle.

On finit par se rejeter sur le Bavarois Othon.

Tandis que la question était débattue dans les conseils de la diplomatie et dans la presse, le poète la traitait à sa façon dans une pièce intitulée : *le Roi de Grèce*. Imbu d'un virus libéral et tant soit peu démocratique, il ne voyait pas la nécessité d'un monarque dans la patrie de Périclès et de Démosthène. Voici donc le conseil qu'il donnait aux Grecs, quand viendrait le roi patenté et breveté par l'Europe :

> Alors qu'il tirera son brevet de sa poche,
> Et vous l'aura montré, de loin et du lilas,
> Signé lord Wellington et plus bas Polignac,
> Savez-vous, mes amis, ce qu'il faut qu'on lui dise?
> Mais du haut des créneaux, de crainte de surprise,

> Sans colère, en faisant au prince souverain,
> Et fort civilement, un salut de la main :
> « Monsieur, vous avez fait sur mer un beau voyage,
> Vous avez vu la Grèce, et c'est un avantage,
> Car le pays est beau, surtout vu de la mer,
> Quand l'Archipel est calme et quand le ciel est clair.
> Mais si vous avez cru loger dans cette Grèce,
> Vous avez, peu prudent, compté sans votre hôtesse.
> L'abeille désormais fait pour elle son miel.
> Nous n'avons pas pour vous affranchi notre ciel ;
> Nous n'avons pas d'un joug brisé l'ignominie
> Pour reprendre sitôt une autre tyrannie. »

« Le poème du *Roi de Grèce*, nous dit l'auteur, était imprimé, du moins en épreuves, et allait paraître au moment où éclatèrent les événements de juillet 1830.... La question grecque n'était plus qu'une misère, comparée à celle que la révolution venait soulever. » Il remit donc son œuvre en portefeuille, et ne la publia que longtemps après, comme un simple souvenir du passé. Cette pièce nous prouve que l'idée républicaine couvait alors dans bien des têtes, même dans celle de Pierre Lebrun, qui allait pourtant devenir pair de France.

III

A Béranger et à Pierre Lebrun s'associe naturellement un autre poète libéral et patriote, qui, par son aurore, appartient aussi à l'Empire, et par son midi à la Restauration. Casimir Delavigne nous offre encore l'exemple d'une popularité déchue, d'une gloire contestée après d'éclatants triomphes. L'auteur des *Messéniennes*, le chantre et le consolateur de la patrie en deuil, au lendemain de Waterloo, l'idole de la jeunesse et de la bourgeoisie françaises, applaudi au théâtre comme nul ne l'avait été peut-être depuis Voltaire, a connu toutes les ivresses du succès, en restant toujours l'homme sage, modéré, tempéré, que la nature avait fait. Et depuis, qu'est-il advenu ? Le vent a tourné. Aux applaudissements frénétiques ont succédé le dédain, la froideur, l'injustice, l'indifférence pire encore que la guerre ouverte pour un nom jadis si retentissant.

Et nunc, reges, intelligite, pourrait-on dire à ces rois de l'opinion, à ces poètes enchanteurs dont la foule s'éprend et raffole pendant un temps, puis qu'elle abandonne un beau matin ; chaque génération ayant ses grands hommes comme elle a ses maîtresses, et rabaissant volontiers ceux ou celles de l'âge précédent.

Cependant, faut-il ne voir dans ce revirement de l'opinion à l'égard de Casimir Delavigne qu'un caprice de la vogue et de la mode, un mépris systématique envers le passé ? Non. Ainsi que Béranger, Delavigne fut singulièrement aidé par les circonstances et les passions contemporaines. Il fut, lui aussi, le *poète-écho* chez lequel la nation retrouvait ses douleurs, ses colères, ses regrets, exprimés en un noble et fier langage, avec cette musique du vers qui touche l'oreille et le cœur à la fois. Depuis, les émotions dont cette poésie était née ont disparu ; et, en perdant son à-propos, elle a perdu une partie de son charme et de son prestige. D'un autre côté, le souffle poétique, qui anime et soutient une œuvre, même quand l'heure de l'éclosion et de la jeunesse est passée ; la forme qui la fait vivre et durer, en lui donnant un cachet immortel, sont des parties souvent défectueuses chez Casimir Delavigne, malgré tout ce qu'il apporte d'art consommé, d'habileté ingénieuse, de sage économie dans la composition et dans le style. Précurseur d'un grand mouvement littéraire, auquel il se rallie plus encore qu'il ne le dirige, admirateur passionné de Byron et de Shakespeare, il n'est pas du nombre de ces génies puissants et audacieux qui peuvent dire avec Lucrèce :

> *Avia Pieridum peragro loca nullius ante*
> *Trita solo.*

Sur la route nouvelle où il s'engage, il se verra bientôt dépassé par ceux qu'il avait précédés : après avoir été à l'avant-garde, il se trouve à la queue du bataillon, comme il arrive parfois aux progressistes de la veille devenus les attardés du lendemain.

Sainte-Beuve lui reproche à demi[1] de ne s'être pas fait généralissime des troupes libérales et modérées en littéra-

---

1. Discours de réception à l'Académie française, où il remplaçait Casimir Delavigne.

ture, de n'avoir pas dirigé le mouvement et tenté d'opposer au débordement romantique les digues d'une autre école classique, très nette, très ferme, restant dans la tradition française entre les deux courants venus d'outre-Manche et d'outre-Rhin. Casimir Delavigne n'était pas de ceux qui commandent à la tempête, ni qui s'imposent aux générations. Son empire est plus doux et plus mou. Homme du juste milieu, de révolution et de tradition tout à la fois, constitutionnel du centre gauche en littérature et en politique, il est restreint dans son libéralisme par les limites de sa conscience et de son bon sens. La liberté, telle qu'il l'entend et la réclame pour les citoyens et les poètes, n'est pas cette vierge effrénée qui tient la torche d'une main et le glaive de l'autre, renversant toutes les barrières, même celles de la loi et de la raison :

> Marche sans but, sans frein, sur des débris s'élève,
> Triomphe dans le trouble, et vantant ses bienfaits
> Pour un abus détruit enfante cent forfaits.
> La sage Liberté qu'elle[1] attend, qu'elle implore,
> Qui préside à mes chants, que tout grand peuple adore.
> Par le bonheur public affermit les États ;
> Créant des citoyens, elle fait des soldats ;
> Enchaîne la licence, abat la tyrannie ;
> Des pouvoirs balancés entretient l'harmonie,
> Réunit les sujets sous le sceptre des rois,
> Rapproche tous les rangs, garantit tous les droits.
> Et, favorable à tous, de son ombre éternelle
> Couvre jusqu'aux ingrats qui conspirent contre elle [2].

Casimir Delavigne est, bien plus encore que Béranger, un écrivain bourgeois ; l'interprète et l'écho du parti libéral, qui arrive au pouvoir en 1830, inscrivant partout cette devise : Liberté, Ordre public.

Nous avons cité déjà le dithyrambe sur la *Naissance du roi de Rome*, qui le mit en relief dès le collège, en 1811. A ce sujet, son frère Germain Delavigne, le collaborateur de Scribe, a cru devoir réfuter une légende accréditée, d'après laquelle Napoléon étant venu au lycée, et s'étant fait présenter le jeune poète, lui demanda ce qu'il souhaitait : « D'être exempt de la conscription ! » aurait répondu le

---

1. L'Europe. — 2. Épilogue.

futur chantre des *Messéniennes*, se sentant, comme Béranger, peu de vocation pour l'état militaire. Napoléon, dit la légende, fit la grimace, et accorda cependant ce qu'on lui demandait. D'après Germain, ce ne fut pas à l'empereur, mais à ses compatriotes du Havre, qu'il dut cette faveur. Sous prétexte d'une légère surdité, les conscrits de cette année attestèrent et signèrent qu'il était impropre au service, tout en sachant bien que l'un d'entre eux courait le risque de prendre sa place sur la liste de la *chair à canon*. Un pareil témoignage d'affection et de sympathie généreuse pour le poète qui devait illustrer son pays, est tout à l'honneur de la jeunesse du Havre. On comprend que Delavigne ait plus tard chanté avec amour sa *Normandie*, qui lui avait non seulement *donné* mais *conservé* le jour, en le dérobant au Minotaure de la guerre. Aussi quel plaisir il éprouve à revoir son antique port du Havre :

> Le voilà ce vieux môle, où j'errai si souvent !

Il en a rapporté un double sentiment, celui de la poésie et plus encore peut-être celui du patriotisme. Nous avons entendu Béranger nous raconter les battements de son cœur en écoutant le bruit du canon autrichien, qui bombardait Valenciennes. Casimir Delavigne éprouve une émotion analogue, en voyant se dresser devant lui le fantôme d'Albion, cette flotte ennemie qui barre le passage du port :

> Mais là, mais toujours là, hormis si l'ouragan
> Des flots qu'il balayait restait le seul tyran,
> Toujours là devant moi ces voiles ennemies,
>   Que la Tamise avait vomies,
>   Pour nous barrer notre Océan.
> . . . .
> J'aimais du port natal l'appareil militaire ;
> J'aimais les noirs canons gardiens de ces abords ;
> J'aimais la grande voix que prêtaient à nos bords
> Ces vieux mortiers d'airain sous qui tremblait la terre ;
> Enfant, j'aimais la France : aimer la France alors,
>   C'était détester l'Angleterre [1].

Cette haine gravée au cœur de l'enfant, nous la retrouverons dans les deux *Messéniennes* sur *Jeanne d'Arc* et plus

1. *Le Retour.*

tard dans cet opéra de *Charles VI*, fait en commun avec son frère Germain.

Tout en tenant compte de ces premières impressions de l'enfance et des souvenirs patriotiques du sol normand, il faut reconnaître que le collège a largement contribué à l'éducation de l'écrivain. C'est dans cette atmosphère classique, entre les modèles grecs et latins, qu'il s'est formé. L'imitation et les réminiscences viennent se joindre pour une bonne part aux grâces natives de son aimable talent. Poète racinien par la délicatesse, la correction, le tempérament tendre et féminin, Casimir Delavigne se rattache aussi à Delille, dont il a chanté et déploré la mort en vers pompeux, avec toute la France qui voyait alors en lui le plus illustre représentant de la poésie. Il a conservé de Delille les tours ingénieux, l'art d'exprimer noblement les petites choses, les périphrases spirituelles, les mille ressources de ce qu'on pourrait appeler quelquefois les ruses du talent suppléant à l'inspiration. Mais la grande voix enchanteresse qu'il a entendue dès le collège est celle de la muse grecque. C'est à elle qu'il emprunte l'idée et le titre de ses *Messéniennes*, toutes françaises qu'elles sont d'inspiration et de sentiment. Lui-même déclare qu'il les doit en partie au *Voyage d'Anacharsis* par Barthélemy. Les trois élégies qu'il y a trouvées sur les malheurs de la Messénie sont un pastiche de celles de Tyrtée, de Mimnerme et de Callinus, dont Pausanias a conservé le souvenir et quelques fragments. Dans le roman du *Jeune Anacharsis*, c'est le fils de Xénoclès qui répète ces élégies composées par des membres de sa famille et restées comme un héritage poétique et national. Elles expriment les plaintes d'un peuple opprimé et déchu :

« Reste malheureux de tant de héros plus malheureux encore, puissent mes chants, modelés sur ceux de Tyrtée et d'Archiloque, gronder sans cesse à vos oreilles comme la trompette qui donne le signal aux guerriers, comme le tonnerre qui trouble le sommeil du lâche. Puissent-ils, offrant nuit et jour à vos yeux les ombres menaçantes de vos pères, laisser dans vos âmes une blessure qui saigne nuit et jour! »

Cette blessure saignante, la France de 1815 la sentait

comme au temps passé la Messénie. Casimir Delavigne a tressailli en lisant ces lignes qui l'ont remué peut-être plus qu'elles ne l'avaient fait jadis pour le docte abbé Barthélemy. Tant il est vrai que les circonstances ajoutent aux émotions littéraires un charme qui disparait quelquefois avec elles. Les *Messéniennes* de Casimir Delavigne en sont la preuve, aussi bien que les chansons de Béranger.

Ces chants qui ont si profondément ravi, passionné nos pères, nous laissent presque indifférents aujourd'hui. Il y a là de nobles pensées, de beaux vers, et en même temps des parties vulgaires, banales, tout un bagage de lieux communs et de rhétorique déclamatoire, des procédés de collège et de vers latins qui sentent encore l'écolier : mais, en somme, le courant nous entraine, quand on s'y abandonne avec la bonne foi d'un lecteur qui ne cherche point à se défendre de l'émotion. Faire une belle ode, a dit Mme de Staël, c'est rêver l'héroïsme. Or c'est là précisément ce qu'a fait plus d'une fois Delavigne. Il a rêvé l'héroïsme en nous parlant de la vieille garde à Waterloo, de Jeanne d'Arc sur son bûcher, et il rencontrait, sinon toujours, du moins souvent, de généreux accents pour l'exprimer. Le poète est sincère, et c'est par là qu'il nous touche : il n'a pas besoin d'emprunter à ses devanciers l'impression qu'il traduit : elle est en lui et autour de lui. La forme seule reste à trouver.

Il a choisi pour son élégie politique le cadre libre, capricieux, flottant, qu'il avait adopté déjà dans le dithyrambe sur la *Naissance du roi de Rome*. Cette forme a ses avantages et ses inconvénients. Si elle laisse plus de liberté au poète, elle se prête aussi plus aisément aux remplissages et aux hors-d'œuvre. Béranger resserre et condense plus étroitement sa pensée et ses effets dans les bornes restreintes du couplet. Le refrain, ce frère de la rime, ainsi qu'il l'appelle, s'il est une gêne et un obstacle, donne aussi au couplet, en ramenant l'idée maîtresse, plus de consistance et de fermeté. Chez le chansonnier, l'expression comme la pensée ou le sentiment jaillit et brille d'un trait. Chez Casimir Delavigne, elle s'étend, se développe, se délaye même parfois volontiers. Ses tableaux rappellent un peu les grandes toiles de Lebrun avec leur solennité et leur apparat classique.

Béranger nous offre des peintures plus sobres, plus courtes et plus simples. Il dessine ses grognards à la façon de Charlet : tel le dialogue des *Deux Grenadiers*. Ailleurs il rappelle en quelques mots

> Ces habits bleus par la victoire usés :
> Ces paysans fils de la République,
> Pieds nus, sans pain....

La vieille garde de Casimir Delavigne à Waterloo a bien sa grandeur, mais plus solennelle et plus apprêtée :

> Parmi des tourbillons de flamme et de fumée,
> O douleur ! quel spectacle à mes yeux vient s'offrir ?
> Le bataillon sacré, seul devant une armée,
>   S'arrête pour mourir.
> C'est en vain que, surpris d'une vertu si rare,
> Les vainqueurs dans leurs mains *retiennent le trépas*.
> Fier de le conquérir [1], il court, il s'en empare :
> La garde, avait-il dit, meurt et ne se rend pas.
> On dit qu'en les voyant couchés sur la poussière,
> D'un respect douloureux frappé par tant d'exploits,
> L'ennemi, l'œil fixé sur leur face guerrière,
> Les regarda sans peur pour la première fois.

Malgré l'hyperbole outrée du dernier vers, le morceau est d'un bel effet, d'une mâle et superbe allure.

Béranger, invité à chanter cette triste journée de Waterloo, répondait en quatre couplets :

> Son nom jamais n'attristera mes vers.

Delavigne plus jeune, plus abondant, plus rhétoricien, il faut bien le dire, s'épanche en exclamations douloureuses, en appels à la pitié, à la conciliation, où il invite royalistes et libéraux :

> Étouffons le flambeau des guerres intestines,
> Soldats, le ciel prononce ; il relève les lis :
> Adoptez les couleurs du héros de Bovines,
> En donnant une larme au drapeau d'Austerlitz.

Dans une dernière apostrophe, le poète se relevant avec un noble orgueil vers nos vainqueurs insolents, leur rap-

---

1. Peut-être un souvenir du *Vengeur* de Lebrun-Pindare.

pelle que la France a encore des enfants, qui deviendront un jour des hommes et des soldats :

> Gardez-vous d'irriter nos vengeurs à venir ;
> Peut-être que le ciel, lassé de nous punir,
>   Seconderait notre courage,
>   Et qu'un autre Germanicus
> Irait demander compte aux Germains d'un autre âge
>   De la défaite de Varus.

Encore un souvenir de collège. Ce nom revient deux fois dans la pièce :

> *Varus, rends-nous nos légions !*

s'écrie-t-il en répétant le mot d'Auguste.

Béranger, pour justifier son silence, rappelait Chéronée :

> Qui dans Athène, au nom de Chéronée,
> Mêla jamais des sons harmonieux ?
> Par la fortune Athène condamnée
> Maudit Philippe, et douta de ses dieux.

L'exemple de Chéronée nous paraît mieux choisi que celui de Varus. Le chansonnier songe aussi à la revanche :

> Sur nos débris Albion nous défie,
> Mais les destins et les flots sont changeants [1].

Les deux poètes se trouvent ainsi à l'unisson, et deviennent les interprètes de la France vaincue et humiliée, mais gardant toujours l'espoir de renaître. Ils ont versé le baume sur les plaies de la patrie. C'est par là que la muse française, si déchue sous l'Empire, s'est relevée tout d'abord. Le malheur a fait pour elle plus que toutes les victoires de Napoléon.

Composée en 1815, quelques jours après la bataille de Waterloo, cette première *Messénienne* eut un immense retentissement, et porta le nom du poète aux quatre coins de la France. La seconde, sur la *Dévastation du Musée*, nous semble bien inférieure. La troisième, sur le *Besoin de s'unir*, est l'œuvre d'un honnête homme, le cri du patriotisme

---

1. *Le Dieu des bonnes gens.*

alarmé, la supplique de la France épuisée demandant aux factions rivales de songer à leur mère commune, plutôt qu'à leurs rancunes et à leurs ambitions.

> Quoi ! toujours des partis proclamés légitimes,
>   Tant qu'ils règnent sur nos débris,
> L'un par l'autre abattus, proscrivant ou proscrits,
>   Tour à tour tyrans ou victimes [1] !

Avec Jeanne d'Arc, le poète ressaisit une veine heureuse d'inspiration. Ce grand souvenir national, que nous avons invoqué nous-mêmes dans des jours néfastes, était une revanche rétrospective contre nos vainqueurs. La vierge de Vaucouleurs apparaissait comme une déité tutélaire, qui promettait à la France un meilleur avenir. Casimir Delavigne lui consacra deux *Messéniennes* : l'une sur *sa Vie*, l'autre sur *sa Mort*. Sa vie, c'est le siège et la délivrance d'Orléans, c'est le réveil d'un peuple opprimé renaissant à la liberté. Sa mort, c'est le bûcher de Rouen, c'est la malédiction, la honte jetée sur les juges et sur les bourreaux de la vierge martyre. Malgré ce qu'il peut y avoir de factice et de convenu dans les deux pièces, l'attendrissement du poète est naturel. Il a revu Jeanne telle que l'avait vue jadis la bonne Christine de Pisan, s'écriant avec un mélange d'enthousiasme et d'érudition classique, que nous retrouvons chez Delavigne :

> Une fillette de seize ans,
> N'est-ce pas chose fors nature ?
> . . . .
> Tel force n'ot Hector n'Achilles,
> Mais tout ce fait Dieu qui la mène.

Le chantre moderne croit, lui aussi, à sa mission divine :

> C'est Dieu qui l'a voulu, c'est le Dieu des armées
> Qui regarde en pitié les pleurs des malheureux.
> C'est lui qui délivra nos tribus opprimées
>   Sous le poids d'un joug rigoureux ;
> C'est lui, c'est l'Éternel, c'est le Dieu des armées !

---

1. C'est ainsi que Tyrtée, dans le recueil des chants appelé *Eunomia*, mêlait aux accents guerriers des conseils de paix et de concorde. (V. O. Muller. — Nageotte, *Hist. de la poésie lyrique en Grèce*.)

La seconde pièce, sur la *Mort de Jeanne d'Arc*, est d'un effet plus dramatique et plus théâtral encore.

> Silence au camp ! la vierge est prisonnière ;
> Par un injuste arrêt Bedford croit la flétrir :
> Jeune encore, elle touche à son heure dernière....
>   Silence au camp ! la vierge va périr.

Les prêtres intrigants et ambitieux, devenus les instruments serviles de la politique anglaise, sont justement flétris par le poète libéral, ennemi du cléricalisme. Mais la meilleure part de sa haine retombe encore sur les Anglais. Il abuse même un peu de la forme interrogative et ironique pour les accabler de son mépris :

> A qui réserve-t-on ces apprêts meurtriers ?
>   Pour qui ces torches qu'on excite ?
>   L'airain sacré tremble et s'agite....
> D'où vient ce bruit lugubre ? Où courent ces guerriers ?
> . . . .
>   Sans doute l'honneur les enflamme :
> Ils vont pour un assaut former leurs rangs épais ?
>   Non, ces guerriers sont des Anglais
>   Qui vont voir mourir une femme.

Le trait est sanglant, quoiqu'un peu déclamatoire. La strophe qui nous peint Jeanne montant au bûcher est d'une beauté plus simple et plus vraie :

> Du Christ avec ardeur Jeanne baisait l'image ;
> Ses longs cheveux épars flottaient au gré des vents.
> Au pied de l'échafaud, sans changer de visage,
>   Elle s'avançait à pas lents.
> Tranquille, elle y monta : quand debout sur le faîte
>   Elle vit ce bûcher qui l'allait dévorer,
> Les bourreaux en suspens, la flamme déjà prête :
> Sentant son cœur faillir, elle baissa la tête
>   Et se prit à pleurer.

Paul-Louis Courier, qui n'était pas un homme sentimental, s'attendrit et déclare ce dernier trait antique et admirable.

Pourquoi faut-il que cette noble et touchante attitude de la vierge héroïque et martyre soit gâtée par une dernière pose fanfaronne, que l'auteur lui prête bien à tort au milieu des flammes !

> A travers les vapeurs d'une fumée ardente
> Jeanne, encor menaçante,
> Montre aux Anglais son bras à demi consumé.

Image désagréable et fausse. Non, ce n'est pas Jeanne d'Arc mourante, c'est l'enfant du Havre, c'est l'élève du lycée Napoléon, qui montre ainsi le poing aux Anglais. C'est encore lui qui, poussant la bravade à outrance, aggrave sa faute en ajoutant :

> Pourquoi reculer d'épouvante,
> Anglais ? Son bras est désarmé.

Nous revenons ici aux déclamations de Sénèque. Heureusement le poète rachète ce manque de goût par de beaux vers qu'il adresse à la France en terminant :

> Notre armée au cercueil eut mon premier hommage ;
> Mon luth chante aujourd'hui les vertus d'un autre âge
> Ai-je trop présumé de mes faibles accents ?
> Pour célébrer tant de vaillance,
> Sans doute il n'a rendu que des sons impuissants ;
> Mais, poète et Français, j'aime à vanter la France.
> Qu'elle accepte un tribut de périssables fleurs.
> Malheureux de ses maux et fier de ses victoires,
> Je dépose à ses pieds ma joie ou mes douleurs ;
> J'ai des chants pour toutes ses gloires,
> Des larmes pour tous ses malheurs.

La France témoigna sa reconnaissance envers celui qu'elle salua du titre de chantre national : vingt et un mille exemplaires des premières *Messéniennes* furent vendus en moins d'un an.

D'autres succès attendaient le poète au théâtre, et popularisaient son nom avec *les Vêpres Siciliennes*, *les Comédiens*, *le Paria*, enfin *l'École des Vieillards*, qui lui ouvrit les portes de l'Académie en 1825. Fatigué de ses travaux et de ses triomphes, Delavigne, sur l'avis des médecins, partait pour l'Italie où il allait rétablir sa santé et chercher de nouvelles inspirations. Il en rapportait au bout d'un an un second, et même un troisième livre de *Messéniennes*. Bien que d'un art plus fini, d'un style plus travaillé, d'une combinaison plus savante, elles n'eurent pas le succès des premières. Pourquoi? Pour bien des raisons. C'est que l'heure propice était passée; c'est que le public, indulgent pour les débuts d'un jeune homme inconnu la veille, se montrait plus difficile pour l'académicien; c'est qu'une école poétique rivale, bien autrement brillante et bruyante, s'élevait, grandissait en face de lui; c'est enfin qu'il ne s'agissait plus de la France, de ses douleurs et de ses gloires, mais de l'étranger.

La Grèce et l'Italie, ces deux sœurs aînées de la France, si touchantes, si malheureuses qu'elles soient alors, nous intéressent moins que nos propres infortunes. La première apparaît au poète comme sanctifiée par la résistance héroïque de Missolonghi, et la mort de son défenseur Byron, auquel il promet un vengeur. La seconde, après ses agitations stériles, lui semble vouée à une servitude éternelle sous le joug du Teuton qui l'opprime. Un moment la Liberté, cette noble hôtesse accueillie dans les murs de Parthénope, a l'air de soulever ces ilotes indolents, toute cette fourmilière grouillante et tumultueuse de Naples criant aux armes :

> Ils partirent alors, ces peuples belliqueux,
> Et trente jours plus tard, oppresseur et tranquille,
> Le Germain triomphant s'enivrait avec eux,
>   Au pied du laurier de Virgile[1].

En résumé, le poète revenait d'Italie avec une grande admiration pour le passé, et peu de confiance dans le présent. Il était encore à Rome quand il apprit la mort et les funérailles du général Foy. C'est au pied du Palatin, devant les mânes augustes des Camille et des Tullius, qu'il compose et envoie son tribut poétique à l'orateur guerrier, au champion de l'honneur national et de la liberté.

> Et cette Liberté que je chantai toujours,
> Redemandant un hymne à ma veine glacée,
>   Aura ma dernière pensée
> Comme elle eut mes premiers amours.

1. *Parthénope.*

Rentré en France, il s'engagea plus que jamais dans ce grand mouvement libéral qui devait amener la chute d'une dynastie compromise et perdue par ses propres fautes, autant que par la conjuration de ses ennemis. Il allait devenir le chantre d'une révolution, qu'il s'efforcerait bientôt de contenir et de limiter dans son élan.

CHAPITRE XIV

LA RESTAURATION (*Suite*)

Une nouvelle école poétique. — Victor Hugo : sa place dans
l'histoire littéraire du xixe siècle : son éducation d'homme et
de poète ; ses variations. — Odes historiques : *Louis XVII :
Buonaparte ; les Deux Iles ; l'Ode à la Colonne*. — Les *Orientales*. — Guerre de l'Indépendance grecque. — *Navarin*. —
Poésies diverses : *Lui*.
Lamartine : *Bonaparte, le Sacre, le Dernier Pèlerinage de
Childe Harold*. — *Épître à Casimir Delavigne*.

I

Tandis que le parti libéral et patriote s'exprimait par la
bouche de Béranger, de Casimir Delavigne, de Pierre Lebrun, une nouvelle école poétique naissait à l'ombre du
vieux chêne royal, avec Lamartine, Victor Hugo, Alfred de
Vigny, etc., sous les auspices du grand pontife littéraire
d'alors, Chateaubriand : tous plus ou moins fidèles serviteurs de la monarchie,

> Qui depuis.... Rome alors estimait *leurs* vertus.

Tous ou presque tous finiront par abandonner le trône et
l'autel, dont ils s'étaient faits les défenseurs au début, emportés ensuite par ce mouvement irrésistible qui devait conduire la France à la république. C'est le terme fatal auquel
arrive Chateaubriand lui-même, à la fin de ses *Mémoires
d'Outre-Tombe*, en parlant de son ami Béranger et de cette
couronne qui passe de la tête des rois sur celle des peuples.

Parmi les poètes de la jeune école, le plus actif, le plus
militant par les orages littéraires et politiques auxquels il
s'est trouvé mêlé, est sans contredit Victor Hugo. Honoré du

nom d'« enfant sublime » par Chateaubriand, le prodige commence dès la pension Cordier, où il émerveille ses camarades et ses maitres par sa précocité, et se continue jusqu'au dernier jour, où il reste pour tous un objet d'étonnement et d'admiration, par la vigueur et la longévité de son génie.

Ce siècle avait deux ans...,

rappelle-t-il dans une page célèbre des *Feuilles d'Automne*, en nous racontant sa naissance et ses premières années. Par son œuvre comme par sa vie, il englobe et résume tout un siècle et tout un monde, avec ses souvenirs, ses espérances, ses joies, ses douleurs, ses aspirations généreuses et ses rêves insensés, ses crises sociales et ses problèmes encore incertains et débattus, *ce qui fut hier et ce qui sera demain*. A part Voltaire, nous ne croyons pas qu'un écrivain ait jamais embrassé au même degré, dans leur ensemble et leur variété, toutes les questions contemporaines. Lui-même, parlant de ce contre-coup du monde extérieur, s'est peint dans ces vers :

Tout souffle, tout rayon, ou propice ou fatal,
Fait reluire et vibrer mon âme de cristal,
Mon âme aux mille voix, que le Dieu que j'adore
Mit au centre de tout comme un écho sonore [1].

Le miroir réflecteur et la cymbale retentissante sont, aux yeux de certains critiques, les deux facultés maitresses chez Victor Hugo, et les seules qu'ils lui reconnaissent [2].

Tout jeune, et même enfant, il s'est trouvé, par sa naissance, mêlé au bruit et au mouvement des armées impériales :

Enfant, sur un tambour ma crèche fut posée,
Dans un casque pour moi l'eau sainte fut puisée.

Ces grandes étapes militaires l'ont conduit de Besançon, où

---

1. *Feuilles d'Automne*. Préface. — 2. Désiré Nisard notamment lui refuse le don de l'invention, et ne lui accorde que l'imagination représentative et la mémoire. Aussi le poète ne lui a-t-il pas pardonné, et s'en est vengé dans les *Châtiments*, dans l'*Ane* et ailleurs.

il est né, à Bastia, à Naples, à Madrid, où il fait ses premières études :

> Avec nos camps vainqueurs, dans l'Europe asservie
> J'errai, *je parcourus la terre avant la vie.*

Il a vu avant de comprendre, il a eu dans la tête des images avant d'avoir des idées. Le monde lui apparaît comme un vaste *kaléidoscope* tournant, dont il est tout ébloui. L'Espagne surtout laissa sur lui une empreinte ineffaçable; son âme se bronza plus encore que son visage sous l'ardent soleil de la péninsule. Il en rapporta cette fière allure, ce langage sonore mêlé d'emphase, cette vaillantise castillane, qui rappellent le Cid et le comte de Gormas.

Victor Hugo a surtout ce don de l'imagination sympathique et représentative, qui voit et transfigure les objets avec un verre grossissant. Tout d'abord et d'instinct, il s'attaque à l'histoire, à la réalité présente. Les trois premiers livres de ses *Odes* contiennent principalement des pièces politiques sur la Révolution, l'Empire et la Restauration.

> Ainsi d'un peuple entier je feuilletais l'histoire!
> Livre fatal de deuil, de grandeur, de victoire.
> Et je sentais frémir mon luth contemporain,
> Chaque fois que passait un grand nom, un grand crime,
> Et que l'une sur l'autre, avec un bruit sublime,
>   Retombaient les pages d'airain [1].

Un double sentiment se partage de bonne heure ses opinions et ses sympathies :

> Fidèle enfin au sang qu'ont versé dans ma veine,
> Mon père vieux soldat, ma mère Vendéenne.

On a contesté, nous le savons, quelques affirmations de l'auteur sur ses origines. On a prétendu qu'il s'était fait à lui-même une généalogie plus ou moins nobiliaire et poétique, comme Ronsard se rattachait aux marquis de Thrace et à la famille d'Orphée. Ce sont là des licences qu'il

---

[1]. *Odes*, livre III, VIII.

faut pardonner aux poètes, sans trop les chicaner à cet égard. D'ailleurs le fond est vrai : les deux influences sont incontestables. Le vieux soldat et la Vendéenne n'étaient pas toujours d'accord en politique. C'est ainsi que l'empire et la légitimité se trouvèrent de bonne heure aux prises dans l'âme de Victor Hugo. De là des contradictions qu'on lui a parfois reprochées, et qui ne sont pourtant ni des abandons ni des trahisons, mais les élans d'un cœur loyal et passionné, portant tour à tour ses hommages de Saint-Denis à Sainte-Hélène.

Et geminas, causam lacrymis, sacraverat aras,

jusqu'au jour où, délaissant ces deux autels vieillis et dégradés, il n'en connaîtra plus d'autre que celui de la France et de la République :

> Et détrompé de tout, mon culte n'est resté
> Qu'à vous, sainte Patrie et sainte Liberté !

A propos de ses variations politiques, il déclare franchement « qu'il a été tout ce qu'a été le siècle : illogique et probe, légitimiste et voltairien, chrétien littéraire, bonapartiste libéral, socialiste à tâtons dans la royauté ».

En écrivant sa préface de *Marion Delorme*, il nous rappelle qu'il se trouvait jeté à seize ans dans le monde littéraire par des passions politiques : les mêmes passions viendront le ressaisir à la fin de sa carrière, bien qu'il fût alors mûri par l'expérience et la réflexion. Ses premières *Odes*, du royalisme le plus pur, sont l'écho des sympathies maternelles : le souffle ardent de la Vendéenne a passé par là. L'enfant était sincère, lorsqu'il chantait *Quiberon*, les *Vierges de Verdun*, la *Vendée*. Il répétait les anathèmes qu'il entendait autour de lui contre les hommes et les excès de cette Révolution, à laquelle il a depuis fait amende honorable, au delà de toute espérance[1]. De cette première effervescence monarchique, nous citerons seulement deux pièces : l'une fort belle, *Louis XVII*; l'autre inférieure sans doute, mais curieuse comme point de départ, *Buonaparte*.

L'ode sur *Louis XVII* (1822), aussi harmonieuse et plus

---

1. Voy. son volume de *Quatre-Vingt-Treize*.

touchante encore que celle de *Moïse sur le Nil* [1], son premier triomphe, devait remuer profondément tous les cœurs royalistes. A l'émotion d'un douloureux souvenir elle ajoutait l'éclat d'un merveilleux nouveau, qui n'avait rien de commun avec la vieille mythologie païenne, si chère à Lebrun-Pindare et à son école. Qu'on y reconnaisse, si l'on veut, le mouvement virgilien du

> *Panditur interea domus omnipotentis Olympi* [2],

mais avec quelle indépendance et quelle splendeur! Ne serait-ce pas plutôt la majesté des chœurs d'*Esther* et d'*Athalie*, sans rien qui sente le pastiche et l'imitation?

> En ce temps-là, du ciel les portes d'or s'ouvrirent.

Le merveilleux et le réel se mêlent ici naturellement. Cette ode est à la fois un tableau, un petit drame, un dialogue, où l'auteur ose faire parler tour à tour les anges, l'enfant royal et Dieu lui-même.

> On entendit des voix qui disaient dans la nue :
> « Jeune ange, Dieu sourit à ta gloire ingénue;
> Viens, rentre dans ses bras pour ne plus en sortir :
> Et vous, qui du Très-Haut racontez les louanges,
>   Séraphins, Prophètes, Archanges,
> Courbez-vous, c'est un roi; chantez, c'est un martyr. »
>
> — « Où donc ai-je régné, demandait la jeune ombre?
> Je suis un prisonnier, je ne suis point un roi. »

Et alors vient le récit de son long martyre dans la prison. Puis, le chœur des anges recommence, jusqu'à ce qu'enfin éclate la voix du Très-Haut :

> Soudain le chœur cessa, les élus écoutèrent :
> Il baissa son regard par les larmes terni ;
> Au fond des cieux muets les mondes s'arrêtèrent.
> Et l'Éternelle Voix parla dans l'infini.

En dehors de toute croyance religieuse, de toute passion politique, au point de vue de l'art, c'était là déjà une œuvre

---

1. 1820. — 2. *Énéide*, liv. X.

de haut vol : l'aiglon sentait pousser ses ailes. Qui donc, à part Lamartine, était capable d'en faire autant ?

La pièce sur *Buonaparte*, sans égaler la précédente, ne manque cependant ni de grandeur ni de force. A l'image triomphale de l'enfant martyr, s'élevant de la prison au ciel, succède celle du météore sanglant précipité du faîte orgueilleux, où il brillait, dans la nuit et dans l'oubli.

> Peuples, qui poursuivez d'hommages
> Les victimes et les bourreaux,
> Laissez-le fuir seul dans les âges :
> Ce ne sont point là les héros !
> Ces faux dieux, que leur siècle encense,
> Dont l'avenir hait la puissance,
> Vous trompent dans votre sommeil ;
> Tels que ces nocturnes aurores
> Où passent de grands météores,
> Mais que ne suit pas le soleil [1].

Le soleil alors, pour le jeune poète, était Louis XVIII. Mais il ira bientôt le chercher ailleurs, et s'écriera :

> Napoléon, soleil dont je suis le Memnon [2].

Quand il écrivit cette première ode sur *Buonaparte*, il était tout plein du souvenir de son vieux maître et ami le général Laborie, fusillé par ordre de l'empereur comme complice de Malet ; il venait d'entendre les imprécations maternelles contre l'*ogre de Corse*, et de lire les brochures de Chateaubriand. Après la mort de sa mère, un revirement s'opère en lui, sous l'influence de l'opinion publique et de ses propres réflexions. Le général Hugo disait à son ami Lucotte, à propos des idées royalistes de son fils : « L'enfant suit les opinions de la mère, l'homme suivra celles du père ». Il ne se trompait point. Le poète avait la passion du grand, de l'extraordinaire en tout : il aimait les géants et les héros. Quel personnage plus que Napoléon, pouvait lui offrir le merveilleux joint à la réalité ? Les Bourbons devaient lui sembler bien pâles, bien chétifs, à côté du glorieux parvenu, qui n'avait d'égaux dans le passé que les Alexandre, les César et les Charlemagne.

---

1. *Odes*, livre I, IV. — 2. *Les Orientales*.

Sa mort avait mis en émoi toute l'Europe : sa destinée restait pour tous un sujet de méditation. Comme Béranger, Casimir Delavigne, Pierre Lebrun, Lamartine, comme tout ce qui pensait et chantait alors, Victor Hugo voulut dire aussi son mot sur ce grand astre éteint. Il composa la pièce intitulée les *Deux Iles*, une des plus belles et des plus magistrales du recueil, d'une envergure qui dépassait singulièrement les proportions de l'ode sur *Louis XVII* et sur *Buonaparte*.

Partagé entre ses antipathies pour le despote et son admiration pour le héros, il exprime ce sentiment complexe en divisant son œuvre en deux parties sous le titre d'*Acclamation* et d'*Imprécation*. Il représente ainsi les deux courants de l'opinion publique, l'un chantant :

> Gloire à Napoléon ! Gloire au maître suprême !

l'autre répondant :

> Honte ! Opprobre ! Malheur ! Anathème ! vengeance !

Le début et la fin forment autour de ce chant alterné une sorte de cadre philosophique et religieux, d'où sort la leçon morale.

> Il est deux îles dont un monde
> Sépare les deux Océans.

Ce monde, c'est l'Afrique ; ces deux océans, la Méditerranée et l'Atlantique ; ces deux îles, la Corse et Sainte-Hélène. Remarquons ici comment le poète, en quelques mots, franchit les distances et rapproche les souvenirs :

> La main qui de ces noirs rivages
> Disposa les sites sauvages,
> Et d'effroi les voulut couvrir,
> Les fit si terribles peut-être,
> Pour que Buonaparte y pût naître,
> Et Napoléon y mourir !

L'antithèse, cette figure dont l'auteur a si souvent abusé, et qui finit par devenir une forme inséparable de sa pensée et de son langage, domine toute la pièce, où elle est d'ailleurs assez naturelle, puisque l'ode entière repose sur un contraste. C'est elle encore qui préside à la conclusion :

> Voilà l'image de la gloire :
> D'abord un prisme éblouissant,
> Puis un miroir expiatoire,
> Où la pourpre paraît du sang[1] !

L'admiration pour Bonaparte l'emportait déjà sur la haine. A quelque temps de là, un autre événement arrachait au patriotisme indigné du poète une manifestation plus éclatante : l'*Ode à la Colonne*. Dans un bal de l'ambassade autrichienne, un outrage public avait été fait aux maréchaux Macdonald, Soult et Mortier, que l'huissier s'était permis d'annoncer par leurs noms plébéiens, au lieu de leur donner, selon l'usage, leurs titres de ducs de Tarente, de Dalmatie et de Trévise. De là un scandale dont les journaux firent grand bruit. Le fils du général Hugo se sentit atteint du même coup dans son honneur de Français, et releva le gant :

> Contre une injure ici tout s'unit, tout se lève,
> Tout s'arme, et la Vendée aiguisera son glaive
> Sur la pierre de Waterloo.

Puis, prenant à témoin cette Colonne, symbole de notre gloire passée et leçon vivante pour nos ennemis :

> Débris du grand empire et de la grande armée,
> Colonne, d'où si haut parle la Renommée !
> Je t'aime : l'étranger t'admire avec effroi.
> J'aime tes vieux héros sculptés par la Victoire,
> Et tous ces fantômes de gloire
> Qui se pressent autour de toi[2].

Il y reviendra plus tard encore, avec plus d'enthousiasme et de foi, dans ses *Chants du Crépuscule*, rêvant alors de ramener au pied de la Colonne les cendres de Napoléon.

II

Une autre cause à laquelle Béranger, Lebrun et Delavigne avaient déjà consacré leurs chants, celle de l'Indépen-

---

1. *Odes*, livre III, vi. — 2. *Odes*, livre III, vii (février 1827).

dance grecque, finissait par saisir et passionner l'auteur des *Odes et Ballades*. De là naquirent les *Orientales*. Pourtant ce poème est moins encore une manifestation politique que littéraire. A lire les deux préfaces placées en tête du volume, on voit que son grand et unique souci est d'établir l'indépendance du poète en face de la critique, qui prétend lui imposer des lisières et des menottes. Ses *Orientales* sont bien un chant de délivrance, mais tout d'abord pour l'art émancipé : la Grèce ne vient qu'au second rang. Elle offre un thème d'application aux théories libérales, et tant soit peu échevelées et révolutionnaires, de l'auteur, en matière de littérature. Il affecte même une sorte d'indifférence pour toute autre question. « Que si l'on lui demande, dit-il, à quoi rime l'Orient ? il répondra qu'il n'en sait rien ; que c'est une idée qui lui a pris, et qui lui a pris d'une façon assez ridicule, l'été passé, en allant voir coucher le soleil. »

Les *Orientales* sont une œuvre systématique par la préface, spontanée par l'inspiration, artificielle par l'exécution. En possession d'un instrument merveilleux, ravi, transporté, enivré des effets qu'il en a tirés, le virtuose arrive à proclamer l'omnipotence de l'art en dehors de toute croyance, de toute idée, de toute opinion politique, morale ou religieuse, par la seule force de l'imagination, de l'harmonie et de la couleur. Il le déclare libre, indépendant de toute contrainte et de tout contrôle. « Que le poète aille donc où il veut en faisant ce qui lui plaît : c'est la loi. Qu'il croie à Dieu ou aux dieux, à Pluton ou à Satan, à Canidie ou à Morgane, ou à rien, tout cela est indifférent. » — Nous sommes loin du temps où l'auteur débutait dans sa préface des *Odes*, en 1822, par cette déclaration : « L'histoire des hommes ne présente de poésie que jugée du haut des idées monarchiques et des croyances religieuses. » — Le royaliste et le chrétien l'emportaient alors sur le virtuose : depuis, il ne reconnaît plus guère d'autre religion et d'autre royauté que celle de l'art.

Nulle œuvre d'ailleurs ne prouve mieux cette singulière puissance d'imagination représentative, qui lui permet de peindre, non seulement ce qu'il a vu, mais ce qu'il a rêvé ou appris par ouï dire. Pour écrire les *Orientales*, a-t-il fait le voyage d'Orient, comme Byron ou Pierre Lebrun, comme Chateaubriand ou Lamartine? Non, mais tout simplement le voyage de Vaugirard ou de Vanves. C'est là qu'il a bâti, à l'exemple de Gœthe, son *Divan oriental*, dans un petit jardin, où il va voir se coucher le soleil, parmi des nuages de pourpre et d'or : tradition consignée par Alfred de Musset dans ces vers de *Mardoche* :

>. . . . . Précisément à l'heure
>Où (quand par le brouillard la chatte rôde et pleure)
>Monsieur Hugo va voir mourir Phébus le blond.

C'est ainsi que le soleil de Vanves éclairera les dômes de Stamboul, les flots bleus de l'Archipel, et les murs de Missolonghi. Certains juges difficiles contesteront la vérité de ces peintures : mais nul ne pourra nier la puissance et l'éclat du coloris. Le poète a imité ces peintres hollandais qui, sous un ciel brumeux, dans leur atelier chauffé par un poêle, font resplendir sur leurs toiles un rayon du soleil de Java, qu'ils ont vu dans leurs rêves ou dans les récits des voyageurs.

>Le dôme obscur des nuits, semé d'astres sans nombre,
>Se mirait dans la mer resplendissante et sombre :
>La riante Stamboul, le front d'ombres voilé,
>Semblait, couchée au bord du golfe qui l'inonde,
>Entre les feux du ciel et les reflets de l'onde,
>   Dormir dans un globe étoilé.

Cependant les *Orientales* ne sont-elles, comme on l'a dit parfois, qu'un album de peinture et de musique, étranger à tout ce qui peut émouvoir ou passionner l'opinion? Non, certes. Elles ont aussi leur part dans la croisade libérale et poétique entreprise en faveur de la Grèce. A Vaugirard, on a lu les vers de Byron, on a entendu parler de Canaris, de Botzaris, ces noms qui volent dans toutes les bouches; on a prêté l'oreille au canon de Missolonghi, et tous ces bruits ont trouvé un écho dans l'âme vibrante et sonore du poète.

>En Grèce! en Grèce! Adieu vous tous! Il faut partir!
>Qu'enfin après le sang de ce peuple martyr,

> Le sang vil des bourreaux ruisselle !
> En Grèce, ô mes amis ! Vengeance ! Liberté !
> Ce turban sur mon front ! ce sabre à mon côté !
> Allons, ce cheval, qu'on le selle !

Et s'adressant au général Fabvier, ce vaillant émule de Byron, qui a devancé les armées des rois, trop lentes à se mettre en route :

> Commande-nous, Fabvier, comme un prince invoqué !
> Toi qui seul fus au poste où les rois ont manqué,
> Chef des hordes disciplinées,
> Parmi les Grecs nouveaux ombre d'un vieux Romain,
> Simple et brave soldat, qui dans ta rude main
> D'un peuple as pris les destinées [1].

Le secours si longtemps attendu arriva enfin, et le canon de Navarin annonça au monde que la Grèce était libre.

Le poète entonne, à pleins poumons, un chant d'allégresse. *Navarin* est un morceau à grand orchestre, où le tapage des sons et des couleurs dépasse tout ce qu'on avait vu jusqu'alors ! La pièce débute par une apostrophe à Canaris, le démon des mers :

> Canaris ! Canaris ! pleure ! cent vingt vaisseaux !
> Pleure ! Une flotte entière ! — Où donc, démon des eaux,
> Où donc était ta main hardie ?
> Se peut-il que sans toi l'Ottoman succombât ?
> Pleure comme Crillon exilé d'un combat :
> Tu manquais à cet incendie !

L'ombre seule du héros, le souvenir de ses ravages et de ses exploits suffit pour illuminer les flots d'un sanglant reflet. On se perd au milieu de cet entassement de turbans, de sabres courbés, de voiles, de tentes, de pelisses de vizirs et de sayons de matelots, de tous ces débris accumulés, quand le nocher, voyant flamboyer l'horizon rouge, dit en souriant :

> C'est Canaris qui passe....

Par la seule force de l'imagination, le peintre enlumineur nous rend au vif l'aspect de Navarin, qu'il n'a jamais vue :

> Enfin ! — C'est Navarin, la ville aux maisons peintes,
> La ville aux dômes d'or, la blanche Navarin.

---

1. *Enthousiasme*, ode IV (1827).

La description de la bataille est un tumultueux fouillis où les images et les métaphores débordent, se heurtent, se croisent, se confondent avec une richesse et une profusion tout orientales. La strophe se brise, se tord, se gonfle ou se resserre en replis sinueux.

> La bataille enfin s'allume :
> Tout à la fois tonne et fume.
> La mort vole où nous frappons.
> . . . .
> L'abordage ! l'abordage !
> On se suspend au cordage.
> On s'élance des haubans.

Tout ici parle aux yeux, et ne vise à rien autre chose. Mais l'ivresse de la victoire s'allie à celle de la description sans fin, dans cette longue énumération des navires et des embarcations turques, où semble se dérouler tout un dictionnaire de l'art nautique :

> Adieu, sloops intrépides,
> Adieu, jonques rapides,
> . . . .
> Adieu, la barcarolle.
> . . . .
> Adieu, la caravelle,
> Etc. . . . . .

On a opposé à cette profusion de détails intempérants la sobriété et presque la sécheresse de Pindare rappelant en quelques vers discrets et contenus, les victoires de Cumes et de Salamine, qui assurèrent, elles aussi, la liberté de la Sicile et de la Grèce, en d'autres temps [1]. Victor Hugo, tenant sa palette chargée de couleurs éblouissantes, s'en donne à cœur joie, avec la prodigalité d'un artiste qui s'amuse de son pinceau. Puis, faisant la part du sentiment, il reprend l'hymne de délivrance en remerciant tour à tour l'Angleterre, la Russie et l'Autriche alliées à la France, dans cette œuvre de justice et de réparation :

> Ah ! c'est une victoire ! — Oui, l'Afrique défaite,
> Le vrai Dieu sous ses pieds foulant le faux prophète,

---

1. Voy. *Pyth. et Isthm.*, v. 18.

> Les tyrans, les bourreaux criant grâce à leur tour ;
> Ceux qui meurent enfin sauvés par ceux qui règnent.
>> Hellé lavant ses flancs qui saignent,
>> Et six ans vengés dans un jour !

Bien que la guerre de l'Indépendance grecque ait été en partie l'occasion et même l'aliment du poème, les *Orientales* se rattachent, comme nous l'avons dit, plutôt encore à un système littéraire qu'à une idée politique, ou même à un centre commun d'inspirations. Elles ont été pour l'auteur ce qu'avait été pour Gœthe son *Divan oriental*, un thème de variations poétiques où il fait tout entrer : le *Feu du ciel*, *Canaris*, le *Sultan Achmet*, *Sara la Baigneuse*, la *Sultane favorite*, *Grenade*, l'*Alhambra*, *Nourmahal la rousse*, la *Jeune Espagnole*, *Mazeppa* renouvelé de Byron, et *Lui*, c'est-à-dire Napoléon.

Cette ombre grandiose du conquérant obsède de plus en plus l'imagination du poète, fasciné et dominé par l'admiration.

> Toujours Lui ! Lui partout ! — Ou brûlante ou glacée,
> Son image sans cesse ébranle ma pensée.
> Il verse à mon esprit le souffle créateur.
> Je tremble, et dans ma bouche abondent les paroles.
> Quand son nom gigantesque, entouré d'auréoles,
> Se dresse dans mon vers de toute sa hauteur.

La vision revient et reviendra sans cesse à travers les fluctuations et les contradictions de sa longue existence, partagée entre la monarchie et la république, entre l'*Ode à la Colonne* et les *Châtiments*.

> Tu domines notre âge : ange ou démon, qu'importe !
> Ton aigle, dans son vol, haletants nous emporte.
> L'œil même qui te fuit te retrouve partout.
> Toujours dans nos tableaux tu jettes ta grande ombre ;
> Toujours Napoléon, éblouissant et sombre,
>> Sur le seuil du siècle est debout.

C'était en 1828 qu'il écrivait ces vers, en face des Bourbons ses bienfaiteurs, du roi Charles X, qui venait de prendre sa défense, contre l'Académie s'opposant à la représentation d'*Hernani*. Plus tard, quand il semble avoir abjuré toutes ses vieilles adorations, le jour même où il écrit *Napoléon le Petit*, il rend encore hommage par l'antithèse à Napoléon le Grand.

III

Un autre maître de la lyre romantique, Lamartine, plus détaché, par ses inspirations spiritualistes, des événements et des intérêts contemporains, n'en a pas moins subi, lui aussi, l'ascendant ou le contre-coup de cette renommée qui s'impose à tous les esprits. Le poète des *Méditations*, qui lui garde rancune du long esclavage de la pensée humaine étouffée sous le règne du sabre, ne peut s'empêcher de s'arrêter devant l'écueil de Sainte-Hélène.

« Cette *Méditation*, nous dit-il, fut écrite à Saint-Point, dans la petite tour du Nord, au printemps de l'année 1821, peu de mois après qu'on eut appris en France la mort de Bonaparte à Sainte-Hélène. Elle fit une immense impression dans le temps. Je n'aimais pas Bonaparte; j'avais été élevé dans l'horreur de sa tyrannie. L'inquisition de cet homme contre la pensée était telle, que la police de Paris ayant été informée qu'un jeune homme, âgé de dix-sept ans, prenait des leçons de langue anglaise d'un prisonnier de guerre en résidence dans cette ville, le préfet vint chez le père de ce jeune homme lui signifier au nom de l'empereur, de faire cesser cette étude de son fils, s'il ne voulait pas porter ombrage au gouvernement. En écrivant cette ode, qu'on a trouvée quelquefois trop sévère, je me trouvais moi-même trop indulgent. »

Malgré ses opinions royalistes et son antipathie légitime pour ce despotisme inquisiteur, Lamartine, plus équitable que Chateaubriand à cette époque, laisse au Titan foudroyé sa formidable grandeur.

Ici-gît... Point de nom ! Demandez à la terre !
Ce nom, il est écrit en sanglant caractère
Des bords du Tanaïs au sommet du Cédar,
Sur le bronze et le marbre, et sur le sein des braves,
Et jusque dans le cœur de ces troupeaux d'esclaves,
 Qu'il foulait tremblants sous son char.

Qui de nous n'a présents à la mémoire ces beaux vers de Juvénal sur la vanité de la gloire humaine, sur Alexandre et Annibal :

> *Expende Annibalem, quot libras in duce summo*
> *Invenies ?*

ou bien encore :

> *Æstuat infelix angusto in limite mundi,*
> *Sarcophago contentus erit.*

Lamartine a rajeuni l'idée par l'énergie et l'éclat de l'image :

> Il est là !... sous trois pas un enfant le mesure !
> Son ombre ne rend pas même un léger murmure ;
> Le pied d'un ennemi foule en paix son cercueil.
> Sur ce front foudroyant le moucheron bourdonne,
> Et son ombre n'entend que le bruit monotone
>   D'une vague contre un écueil.

Cette *Méditation* est presque déjà une page d'histoire qui représente la fluctuation, le roulis de l'opinion publique partagée entre la haine et l'admiration, entre le souvenir des gloires, des prodiges et aussi des fautes et des crimes commis. Le poète, s'instituant juge et confident de cette mystérieuse pensée, de cette conscience souillée par une tache que la gloire n'a pu laver, le condamne comme Macbeth, comme Richard, à voir se dresser devant lui le fantôme de sa victime :

> Et toujours, en passant, la vague vengeresse
>   Lui jetait le nom de Condé.

A la fin, cependant, sa haine paraît fléchir devant la popularité posthume de ce grand nom :

> Et vous, fléaux de Dieu, qui sait si le génie
>   N'est pas une de vos vertus ?

Depuis, l'auteur se reprocha ces deux vers, y voyant un sacrifice immoral fait à la gloire, qui rend le crime plus illustre sans l'excuser, et il les remplaça par cette variante assez médiocre :

> Et vous, peuples, sachez le vrai prix du génie
>   Qui ne fonde pas des vertus !

Plus tard Lamartine, à la Chambre des députés, combattit presque seul le retour des cendres, qui devait nous ramener le second empire.

Une autre pièce politique, le *Chant du Sacre ou la Veillée des armes*, en l'honneur de Charles X, est loin de valoir la précédente, malgré l'étendue et l'importance que le poète lui a données. C'est là une composition bizarre, épico-lyrique et dramatique, où il s'efforce de grouper autour du trône l'ancienne et la nouvelle noblesse : les maréchaux de l'empire, Reggio, Bellune, Albuféra, Moncey, Macdonald, unis aux Montmorency, aux La Trémoille, aux La Rochejaquelein, sans compter de Sèze, le généreux défenseur du roi martyr, et Chateaubriand,

> Soutien de la couronne et de la liberté.

Après un long dialogue avec l'archevêque de Reims, Charles X rappelle ses malheurs passés, et semble entrevoir sa fin prochaine avec une touchante résignation. Quoi que le poète ait fait pour nous attendrir sur les bonnes intentions du monarque restauré, sur ce jeune Astyanax, espoir de la dynastie, entre les bras de sa mère la duchesse de Berry, cette pièce officielle, qui ressuscitait des vieilleries mortes depuis longtemps, fut loin d'obtenir le même succès que la chanson de Béranger sur le *Sacre de Charles le Simple*, qui en est la contre-partie.

Une cause plus sympathique et plus populaire allait l'inspirer. Le *Dernier Chant du pèlerinage d'Harold* est une page ajoutée à cette généreuse explosion poétique en faveur de la Grèce. Si étranger qu'il soit d'abord aux passions contemporaines, le grand rêveur des *Méditations* ne pouvait rester sourd à la voix du libéralisme, qui couvait déjà et devait se révéler bientôt en lui. Quoiqu'il n'ait jamais connu personnellement Byron, il sentait d'instinct un frère, non par le scepticisme qu'il réprouvait, mais par le génie et la noblesse des sentiments. Ce fut au nom de cette fraternité qu'il osa entreprendre de compléter le pèlerinage de *Childe Harold*, en mettant à profit l'histoire de Pouqueville sur la régénération de la Grèce, les chants populaires de la Grèce moderne traduits par Fauriel, et le témoignage de Flechter[1], le confident et l'élève de Byron. L'apostrophe placée dans la bouche du poète anglais, s'adressant à l'Italie pour lui reprocher sa mollesse, sa voluptueuse servitude, et la quittant pour aller combattre en Grèce avec des hommes libres,

> Je vais chercher ailleurs (pardonne, ombre romaine !)
> Des hommes, et non pas de la poussière humaine,

valut à l'auteur un duel avec le colonel, depuis général Pepe. En même temps qu'elle soulevait contre lui l'amour-propre national des Italiens, cette pièce le compromettait aux yeux du gouvernement français, dont il était le représentant à Florence, comme secrétaire d'ambassade.

Bien que le poème soit trop long et parfois traînant, il contient nombre de beaux vers dont le ton hardi pouvait inquiéter ses amis. Ainsi cette déclaration dès le début :

> Remplis seul aujourd'hui ma pensée et mes vers,
> Toi qui naquis le jour où naquit l'univers,
> Liberté !

Allait-il donc se laisser attirer dans les rangs du parti libéral, au souffle brûlant de Byron ? Sur ce point l'auteur a cru devoir donner des explications dans sa préface.

« La liberté, qu'invoque dans ce nouvel ouvrage la Muse de *Childe Harold*, n'est point celle dont le nom profané a retenti depuis trente ans dans les luttes des factions; mais cette indépendance naturelle et légale, cette liberté fille de Dieu qui fait qu'un peuple est un peuple, et qu'un homme est un homme : droit sacré et imprescriptible, dont aucun abus criminel ne peut usurper ou flétrir le beau nom. »

Lamartine est encore à cette époque un amant platonique de la liberté. Son *Épître à Casimir Delavigne* (1824) devait rassurer son entourage, et nous montre les appréhensions timides de l'écrivain royaliste devant les hardiesses libérales du poète bourgeois. Plus tard Lamartine ira bien au delà du chantre des *Messéniennes*, dans la voie de l'émancipation sociale et politique. Mais alors il éprouve des scrupules et des craintes devant cette idole antique, encore

---

1. Dans la *Revue de Westminster*.

tachée de sang, qui s'appelle du nom sacré de Liberté.

> De son bonnet sanglant ta main l'a décoiffée.
> Ah! j'en rends grâce à toi! Nous pouvons adorer
> Celle qu'avant tes vers il nous fallait pleurer.
> Son culte entre les mains est pur et légitime,
> Tu renierais tes dieux, s'ils commandaient le crime.
> Pour moi, tremblant encor du nom qu'elle a porté,
> J'aborde ses autels avec timidité,
> Craignant à chaque instant qu'arraché de sa base
> Le Dieu mal affermi ne tombe et nous écrase.

L'auteur des *Girondins* et de l'*Ode sur les Révolutions* aura fait du chemin, à l'approche de 1848. Pour le moment, il est encore un serviteur fidèle de la monarchie légitime.

CHAPITRE XV

FIN DE LA RESTAURATION — RÉVOLUTION DE 1830

Barthélemy et Méry : *La Villéliade ; Napoléon en Égypte ; le Fils de l'homme ; Némésis*.
Auguste Barbier : *la Curée, la Popularité, l'Idole*.

I

Parmi les poètes militants de la Restauration, il nous reste à citer deux noms qui firent un moment grand bruit dans le camp de l'opposition libérale et bonapartiste : ceux de Barthélemy et Méry, les deux frères siamois de la Muse marseillaise. Tous deux, mettant en commun leur talent de versificateurs redondants et ambulants, étaient venus à Paris chercher gloire et fortune en même temps que leurs compatriotes Thiers et Mignet. Ils venaient là, comme d'autres iront plus tard en Californie, pour découvrir une mine à exploiter, dans ce champ nouveau qu'ouvraient alors la liberté de la presse et les luttes politiques si vives et si passionnées. Barthélemy, qui devait laisser le triste souvenir d'une plume vénale et d'une Némésis injurieuse, flétrie un jour par Lamartine, appartient à la race de ces forgeurs de vers infatigables, qu'André Chénier a désignés sous le nom de *Cyclopes littéraires*, possédés de la soif du lucre ou de la vengeance plutôt que du saint amour de l'art et de la liberté. Méry, plus délicat, plus honnête au fond, est un bel esprit méridional transporté de la Cannebière sur le boulevard parisien, où il fait luire les mille paillettes de sa verve bariolée : rimeur, causeur et conteur, plus brillant que solide et vigoureux.

Malgré quelques différences de nature et de tempérament, on peut dire qu'ils sont bien l'un et l'autre des écrivains marseillais, de cette race emphatique, spirituelle et sonore, aimant le bruit et l'éclat, tapageuse et ferrailleuse en paroles plus encore qu'en action. Leur poésie, ou plutôt leur versification est un perpétuel carillon de sons et de couleurs. D'un autre côté, leur collaboration même prouve que le savoir-faire, le talent de l'instrumentiste l'emporte chez eux sur l'inspiration, qui est chose toute personnelle. On dirait deux virtuoses jouant un morceau à quatre mains sur le piano. Dans cette exécution, quelle part revient à chacun? Si nous essayons d'en juger par les aptitudes et le tempérament littéraire, d'après certains morceaux faits séparément, Barthélemy doit fournir la basse, les notes graves; Méry, les vocalises, les trilles, les notes légères et pimpantes.

Sainte-Beuve a essayé d'expliquer ce singulier mode de production : « On s'est souvent demandé, dit-il, comment ces jumeaux de Marseille pouvaient composer leurs vers à deux : rien n'est plus facile à concevoir, quand on les lit : leur vers est doublement bourré, chargé, et pour ainsi dire rimé à deux coups. Ils excellent à la manœuvre. On sent que c'est une gageure, une émulation entre deux ouvriers habiles, et que c'est à qui renchérira sur l'autre. Au reste, tout ce métal sonne creux, et n'est pas de bonne trempe : je ne sais qui disait que cela faisait l'effet d'un beau fusil à deux coups, mais en fer-blanc[1]. » L'effet est bien plus sensible encore aujourd'hui que le fusil n'est plus neuf et a cessé de tirer. « En résumé, ajoute Sainte-Beuve, ce couple méridional, ce *par nobile fratrum*, a du trait, de la main-d'œuvre, de la facture : ce qui lui a toujours manqué, c'est l'invention, l'élévation et le sérieux. »

A cela nous trouvons une première cause, l'absence de conviction arrêtée. Elevé chez les oratoriens de Juilly, à peine sorti du collège, Barthélemy se révélait tout d'abord comme un bravo de plume, en lançant une satire contre les capucins. Puis bientôt, changeant de parti, il écrivait dans le *Drapeau blanc* une lettre contre la liberté de la presse. Tant il a hâte de mettre en pratique cette fameuse

---

1. *Chroniques parisiennes*, nov. 1844.

maxime qu'il étalera cyniquement dans sa *Justification* :

> L'homme absurde est celui qui ne change jamais.

Sa vie est un démenti et une contradiction perpétuels. Point commun, a-t-on dit, avec Victor Hugo : oui, mais il y a cette différence, que Victor Hugo est sincère, loyal, aussi bien que Lamartine, dans ses transformations, tandis que Barthélemy est un caméléon sans constance, sans pudeur et sans foi. Le roi Charles X, espérant s'assurer en lui un défenseur des bons principes, lui octroie une pension de quinze cents francs sur sa cassette. Dans la première effusion de son zèle royaliste, il compose, en même temps que Victor Hugo et Lamartine, une *Ode sur le Sacre du souverain* :

> Charles, vois près de toi la France rassemblée,
> Vois de tentes, au loin, la campagne peuplée,
> Entends ce cri d'amour, ce cri de mille voix.

Puis, n'ayant reçu pour prix de ses vers que trois cents maigres francs, et se jugeant trop mal payé, il tourne à l'opposition, et déclare la guerre au ministre Villèle, l'Harpagon financier, qui a lésiné avec lui sur le chapitre des munificences royales. Les trente-deux éditions de la *Villéliade* nous disent assez quel succès obtint cette invective, que les imprimeurs et les libraires n'osaient d'abord publier, et que le gouvernement tolérant des Bourbons laissa passer. Malgré sa vogue, ce poème héroï-comique en six chants est une œuvre assez médiocre, calquée en partie sur le *Lutrin* de Boileau. Le sujet en est des plus minces. De quoi s'agit-il? D'un portefeuille que se disputent les deux fractions du parti royaliste, les *Modérés* et les *Ultras*, comme le prélat et le chantre se disputaient la possession d'un lutrin. Les luttes parlementaires, ramenées aux proportions d'une bouffonnerie épique, nous offrent une sorte de *Batrachomyomachie* politique, qui a perdu aujourd'hui tout intérêt. Nous ne ferons pas à cette pantalonnade rancunière l'honneur de voir en elle une œuvre patriotique.

Convient-il mieux d'accorder ce titre aux enluminures artificielles du *Napoléon en Égypte*, poème de circonstance et de parti, qui termine et couronne le rayonnement de la légende napoléonienne, à la fin de la Restauration (1829)? Nous avons dit des *Orientales* qu'elles étaient une œuvre plus littéraire que politique : nous dirions volontiers le contraire du *Napoléon en Égypte*. Son titre inexact, car il eût fallu dire *Bonaparte en Égypte*, réveillait l'idée d'une dynastie toujours disposée à revenir, et rajeunissait, avec le chauvinisme militaire, les vieux souvenirs de la gloire impériale, présents à toutes les imaginations. C'est sur ce fonds qu'ont travaillé et spéculé les deux compères, en joueurs acharnés à ponter sur un numéro, qui devait sortir un jour. Véritables *impresarii*, d'une plume hâtive qui s'échauffe au feu de la collaboration, ils ont improvisé leur poème comme un drame du cirque fait pour frapper les yeux et les oreilles. Par là on peut dire qu'il se rapproche des *Orientales* : mais la forme en est bien moins moderne, et se rattache à l'ancienne école plus qu'au romantisme. Du reste, peu importe aux auteurs. En fait de drapeau et de foi littéraire, Barthélemy n'en a guère plus que de foi religieuse et politique. Entre les deux camps, il se déclare neutre :

> Je n'ai point arboré de cocarde à mon feutre :
> Qu'un vers soit de Dumas, qu'il vienne de Soumet [1],
> Au prestige d'un nom aucun ne me soumet,
> Et, sans intervenir entre les deux écoles,
> L'équitable *bon sens* dresse mes protocoles.

Par cette place même qu'il accorde au bon sens, par son éducation et ses réminiscences littéraires, comme par la forme qu'il donne à ses œuvres, Barthélemy suit encore la tradition classique et voltairienne. Son vers est jeté dans le vieux moule alexandrin du xviiie siècle et de l'école impériale : il n'a pas la désinvolture capricieuse et libre, les enjambements, les césures et les coupes variées de la jeune école. Il procède de Marie-Joseph bien plus que d'André Chénier. De la nouvelle génération, il n'a que la rime riche dont il abuse, tant elle lui est facile.

Les auteurs ont pris dans la vie du héros la page la plus romanesque, la plus faite pour éblouir. Ils ont brodé sur

---

[1]. On n'en voit guère la différence.

le canevas de l'histoire un poëme héroïque, tenant à la fois de la chronique rimée et du drame militaire, divisé en huit chants ou tableaux, qui se succèdent comme les pièces d'une lanterne magique ou d'un panorama, avec décors, paysages, costumes, enluminures de toutes sortes, mais, en somme, froid, sans intérêt et sans passion. Les descriptions, qui ont été jadis la grande ressource des Scudéry et des Chapelain dans l'*Alaric* et la *Pucelle*, tiennent aussi une large place dans le *Napoléon en Égypte*. Pour des versificateurs plus riches de mots et de couleurs que de pensées, l'Orient, avec ses horizons immenses, son ciel et son soleil, sa végétation, ses types, et ses costumes originaux, pittoresques et bigarrés, ses tons éclatants, offrait bien des tentations. Aussi avouent-ils que le pinceau a été le principal auxiliaire de leur poésie : les dessins de Raffet viendront plus tard en compléter l'effet. La peinture du palais et des jardins de Mourad-Bey, la scène du bivouac nocturne au désert, sont des morceaux où brille le talent du poète décorateur.

> Assis sur des tambours, couchés sur les affûts,
> Les vétérans conteurs accoutumés aux veilles,
> De leurs premiers travaux redisent les merveilles,
> Alors qu'au mont Cenis, d'un geste de sa main,
> Le jeune Bonaparte imposait un chemin,
> Et que, du haut des monts, l'armée enorgueillie
> Contemplait à ses pieds l'éclatante Italie.
> Ils passent tour à tour, dans leur rapide élan,
> De Crémone à Lodi, de Mantoue à Milan,
> Et répètent sans fin cette magique histoire
> Où chaque nom de ville est un nom de victoire.
> Cependant, autour d'eux leurs compagnons assis
> Des Homères du camp écoutent les récits;
> Et l'étrange bivac que la nuit enveloppe
> Dans un cadre d'Asie offre un tableau d'Europe.
> Les pieds heurtent souvent les sabres africains,
> Les turbans, dont les plis recèlent des sequins;
> Des étalons sans maître, errant à l'aventure,
> Passent en hennissant parmi la foule obscure.
> Vers le fond de la scène, acteurs silencieux
> Des Mamelouks captifs on voit luire les yeux,
> Et sur les rangs pressés des groupes circulaires
> S'allonge pesamment le cou des dromadaires.

La marche à travers le désert, cet océan de sable sans rivage et sans borne; les effets du mirage trompant l'œil par la vue d'un château ou d'une oasis, qui s'évanouit bientôt en vapeur dans le lointain; l'arrivée subite du simoun, ce vent de feu soulevant des vagues de sable et de poussière, sont autant d'épisodes plus descriptifs que dramatiques. Les chantres du *Napoléon* n'ont guère en vue, outre le plaisir des yeux, que l'apothéose d'un homme et d'un nom. A cet homme ils pardonnent tout. Son départ clandestin d'Égypte, pour revenir en Europe veiller aux intérêts de son ambition, devient un sacrifice douloureux fait à la patrie qui le réclame.

> Le père de l'armée, en quittant cette rive,
> A surpris dans ses yeux une larme furtive,
> Mais il porte en son âme un regret moins amer,
> Ses soldats sont heureux, il leur laisse Kléber.

Le *Napoléon en Égypte* était, comme nous l'avons dit, une entreprise à la fois littéraire et politique. Les auteurs, non contents du bruit que l'œuvre avait fait en France, où elle obtint jusqu'à vingt-cinq éditions, moins que *la Villéliade*, et presque autant que *la Henriade*, songeaient à la faire parvenir au fils du héros qu'ils avaient chanté. Tandis que Méry en portait un exemplaire à la reine Hortense, en Italie, Barthélemy se mettait en route pour Vienne, espérant y rencontrer le jeune duc de Reichstadt, chétif héritier d'un grand nom. A l'approche de la révolution, dont le sourd grondement se faisait entendre, bien des chimères et des calculs pouvaient se bâtir sur ce nom, objet d'espérance pour les uns, d'épouvante pour les autres. Les souverains de France et d'Autriche avaient pris, il est vrai, leurs précautions, d'un commun accord, pour épargner au prince adolescent les dangers de la tentation. Barthélemy essaya vainement de s'introduire dans le palais, et de forcer les barrières dressées de tous côtés par la vigilance des ministres et des précepteurs. Un soir, au théâtre, il entrevit au fond d'une loge le pâle et blond jeune homme, mais sans pouvoir l'aborder, ni lui parler, ni lui écrire, ni faire arriver jusqu'à lui le volume révélateur. Il revint en France avec ses dépits, ses soupçons injurieux pour la cour de Vienne, et en composa un poème qu'il intitula le Fils de l'Homme :

> Poète aventureux, dans mon lointain essor,
> A la cour de Pyrrhus j'ai vu le fils d'Hector.

Et songeant à cette couronne que son père lui jetait jadis en guise de hochet, dans son berceau :

> Petit-fils d'un César et fils d'un empereur,
> Légataire du monde, en naissant roi de Rome,
> Tu n'es plus aujourd'hui rien que le *Fils de l'Homme*.

C'est le nom dont il se flatte de l'avoir baptisé. Puis, à travers ses rêves d'avenir, il se demande ce qui arriverait en France si

> L'homme au pâle visage, effrayant météore,
> Venait en agitant un drapeau tricolore;
> Si sa voix résonnait à l'autre bord du Rhin [1].

Imprudente évocation, qui mit en émoi les cabinets européens, et fit trembler, sur son trône chancelant, le vieux roi Charles X. L'auteur, traduit devant les tribunaux, fut condamné comme perturbateur du repos public, coupable d'appel à la rébellion, et d'outrage envers les gouvernements étrangers. Le coup n'en était pas moins porté. Plus d'un combattant de Juillet crut travailler pour le duc de Reichstadt.

II

La révolution de 1830 ouvrait un nouveau champ à la muse ambulatoire de Barthélemy. Malgré ses attaches bonapartistes, il semblait disposé à servir la nouvelle dynastie, et répétait à sa façon le mot de La Fayette sur la *meilleure des républiques*. Il disait de Louis-Philippe et de sa famille :

> Sous lui, sous sa féconde race,
> Vivons, sans ployer les genoux,
> Soyons fiers d'avoir parmi nous
> Un roi que La Fayette embrasse.

---

[1]. Une idée qui traversera un jour la tête de Louis-Napoléon, et lui inspirera son aventure de Strasbourg.

Ce roi, ménager de sa cassette, avait cru s'acquitter par une mince pension de 1200 livres. Il y avait là, tout au plus, pour le poète besogneux et joueur effréné, de quoi payer une soirée de bouillotte ou de lansquenet. Barthélemy avait été à la bataille : quand vint l'heure de la curée, il trouva qu'on lui donnait trop peu de part au butin. Il montra les dents, de ces longues dents faites pour dévorer plusieurs budgets ; et, sous prétexte que la monarchie de Juillet avait trompé son attente et celle du peuple, s'alliant aux républicains, il annonça au monde qu'il ressaisissait le fouet de Némésis, pour châtier les traîtres et les ingrats.

La *Némésis* est moins un poème qu'un journal hebdomadaire, où l'auteur s'engage à verser, chaque semaine, un flux de vers satiriques sur les personnages et les scandales du jour. Le *prospectus-spécimen*, titre donné à la première pièce, nous indique assez dans quel esprit l'œuvre est conçue. Il promet de s'attaquer à tout : au monde politique, administratif, financier, littéraire, théâtral. En même temps il défie le parquet, la police, et tous les pouvoirs publics, qui ne lui refuseront pas, sans doute, la faveur de quelques poursuites, autre moyen de réclame dans un pays toujours enclin à l'opposition. C'était, à coup sûr, une grande et noble image que celle de la Némésis antique, telle qu'elle reparaissait un jour aux yeux d'André Chénier, en face du crime triomphant :

> . . . . La tardive déesse,
> Qui frappe le méchant sur son trône endormi.

Homère en faisait déjà, sous le nom d'*Até*, la compagne des *Prières boiteuses*, arrivant d'un pas lent, mais sûr, jusqu'au trône de Jupiter. Est-ce là l'austère et grave déesse que Barthélemy va nous offrir ? Non, hélas ! Mais bien plutôt une bacchante, une furie échevelée, secouant la torche de la guerre civile, poussant le peuple à l'émeute, hurlant à pleins poumons le *Ça ira* et la *Carmagnole*. Sa *Némésis*, sortie des barricades, du ruisseau et du pavé, affecte d'être peuple par le langage plus qu'elle ne l'est réellement : le défaut de son style est moins encore la licence que la vulgarité.

> Voilà mon style à moi : c'est la vérité crue :
> Pour la traduire en vers, je l'emprunte à la rue.

> Et je me fais l'écho du trivial bon sens
> Que jette, en mots grossiers, la bouche des passants [1].

La grossièreté n'est pas toujours l'énergie quoi qu'en pense et qu'en dise l'auteur. En affublant de la carmagnole et du bonnet rouge la satire démocratique, il se flatte de s'élever au-dessus des scrupules du bon goût et de la noblesse grammaticale :

> Dans Paris policé, moi je reste barbare ;
> Dût le centre indigné me traduire à sa barre [2].

Mais n'est pas barbare qui veut. Barthélemy a beau faire ; l'ancien élève des oratoriens est et reste un lettré capable de mauvais goût. Il promet encore plus qu'il ne peut donner, lorsqu'il ajoute :

> Mon désespoir brutal crée une langue amère,
> Elle invente des sons, des syllabes, des cris,
> Qui brûlent en tombant le papier où j'écris.

Eh bien ! non, cette prétendue langue nouvelle pétrie de fiel et de haine, ces mots de feu qui brûlent le papier, il les a rêvés plus encore qu'il ne les a créés. Tout ce débordement de lave satirique, dont le flux hebdomadaire pouvait faire illusion aux contemporains, nous semble aujourd'hui bien refroidi et bien figé. Quelle différence avec les *Tragiques* de d'Aubigné et les *Châtiments* de Victor Hugo ! La *Némésis* n'était qu'un journal : elle a eu le sort de ces feuilles volantes que la presse jette chaque matin à tous les vents, *ludibria ventis*. Deux choses lui ont manqué pour vivre et durer, la solidité du fond et le prestige de la forme.

Barthélemy n'a point eu la bonne fortune d'être, à une certaine heure, comme Horace et Boileau, comme Perse et Juvénal, l'interprète de la raison et de la conscience humaine. Il n'a traduit, exprimé, que des passions éphémères, des rancunes et des appétits. Il a laissé la réputation d'un *condottiere*, d'un batailleur et d'un ferrailleur de plume, versificateur plutôt que poète, agitateur plutôt qu'apôtre ou prophète, malgré quelques prédictions accom-

---

1. *La Conférence de Londres.* — 2. *Apologie du Centre*, t. II.

plies; allié douteux et infidèle dans les grands combats du droit et de la liberté. Arrivé au terme de la première année, l'auteur, après avoir tourné cinquante-deux fois, en douze mois, la meule de la satire, avoua que ses forces étaient épuisées. En réalité, d'où venait cet arrêt subit? Que s'était-il donc passé? — Némésis avait laissé tomber son fouet vengeur dans la caisse des fonds secrets! Elle fit mine de vouloir le reprendre quelques années plus tard (1836), pour leurrer les républicains, ses anciens amis, en écrivant les *Douze Journées de la Révolution* : œuvre déclamatoire et fausse, sans conviction, sans sincérité, où l'éloge des massacreurs de Septembre se trouve associé à l'apologie du 18 Brumaire. Barthélemy vécut assez pour glorifier le coup d'État du 2 Décembre : il y rencontrait l'occasion de se déshonorer encore une fois, et ne manqua pas d'en profiter.

III

Au faux Juvénal, sycophante et démagogue, nous opposerons un nouvel Archiloque à l'âme de feu, un vrai poète doublé d'un honnête homme, avec Auguste Barbier, l'auteur des *Iambes*. Celui-ci nous offre un produit spontané de la révolution de 1830, un phénomène curieux d'insolation poétique, sous cette ardente canicule de Juillet, qui échauffe et met en mouvement les têtes et les pavés; qui amène tour à tour la prise de la Bastille, la chute de Robespierre et celle des Bourbons [1].

Le paisible fils de bourgeois s'était borné jusqu'alors à cueillir les pâquerettes innocentes de l'idylle, quand le souffle de 1830 le transforma tout à coup en chantre ardent, étincelant, de la Révolution, en créateur d'un genre nouveau. Ce que Platon raconte de l'enthousiasme, du délire sacré des poètes, s'est réalisé pour lui comme pour Rouget de Lisle. Le génie ou le démon de la Révolution est venu le saisir : d'un bond il s'est élevé dès sa première pièce, *la Curée*, au niveau des plus grands, des plus illustres. L'heure de la fièvre passée, il est descendu de ces hauteurs pour

---

[1]. 14 Juillet, 9 Thermidor, 27, 28 et 29 Juillet.

rentrer dans la placidité de ses instincts bourgeois et débonnaires. Il laissera la lyre et le clairon pour reprendre, avec son ami Brizeux, le chalumeau rustique, après avoir jeté tant d'éclairs fulgurants au début. C'est dans ce plein midi resplendissant que nous allons le saisir et l'étudier tout d'abord. Barthélemy, dans la satire, a tant soit peu l'air d'un pourfendeur, faisant grand bruit de son verbiage sonore et truculent. Auguste Barbier, si loin qu'il porte l'audace et la crudité de l'expression, n'a jamais compromis l'honneur de sa plume ni la dignité de l'art. Il a le droit d'écrire dans son *Prologue*, en renvoyant à son époque la responsabilité de certaines couleurs trop vives, dont il a chargé ses tableaux :

> Le cynisme des mœurs doit salir la parole,
> Et la haine du mal enfante l'hyperbole.
> Or donc je puis braver le regard pudibond :
> Mon vers rude et grossier est honnête homme au fond.

C'est précisément cet accent de loyauté, de probité, qui fait de lui, non plus seulement un pamphlétaire, mais le peintre le plus vrai, le philosophe le plus profond, le moraliste le plus éloquent et le plus austère de ces premières heures de 1830. Chez lui, point de ces personnalités odieuses, de ces médisances, de ces calomnies, de ces scandales, dont Barthélemy s'est fait si souvent l'écho. Sans reculer devant les détails précis, il s'en tient aux traits généraux, aux grandes lignes, dont se contente le penseur, l'artiste et l'écrivain.

Par ses sympathies littéraires, par son étude attentive d'André Chénier, par le mouvement lyrique qu'il allait communiquer à la satire, par la nouveauté et la hardiesse des expressions et des images qu'il osait introduire dans le style poétique, l'auteur des *Iambes* devait être acclamé comme un allié de la jeune école. L'emploi du mot propre, le dédain de la périphrase élégante, la vigueur du coloris, la franchise et la netteté des traits et des contours, semblaient faire de lui une des espérances et des gloires du romantisme. Il ne croit pas néanmoins devoir arborer de drapeau, ni annoncer par une de ces préfaces solennelles, dont usaient alors si volontiers, et Victor Hugo, et Alfred de Vigny.

et tant d'autres bien moindres, la forme nouvelle donnée à la satire. Une courte notice, placée en tête du volume, explique, sans fracas, le titre d'*Iambes* attaché à ces pièces. Cette simplicité et cette modestie du poète ne nous dispensent pas de rappeler que le genre iambique fut une des gloires de la poésie grecque, si fort estimé qu'Archiloque ne le cédait, disait-on, qu'à Homère, et disputait à Pindare la palme du lyrisme. André Chénier retrouvait d'instinct, moins encore la forme que le mouvement de l'ïambe antique, pour flétrir le honteux triomphe des *Suisses de Châteauvieux* et les *Bourreaux barbouilleurs de lois*. Auguste Barbier peut être appelé de nos jours le second créateur de l'ïambe moderne.

L'alliance de l'inspiration et de l'art, de la fougue et de la raison, de la crudité dans l'expression et de la pudeur dans le sentiment, est un trait saillant de ce talent sobre, loyal et vigoureux. Sa poésie ne déborde pas en strophes jaillissantes et bondissantes au hasard, comme dans le dithyrambe ou dans l'ode de Lamartine et de Victor Hugo; elle s'épanche plutôt en larges nappes, en scènes, en tableaux qui se succèdent et se joignent ou se raccordent l'un à l'autre semblables aux volets d'un triptyque. Dans chaque compartiment les traits se rassemblent, la lumière se condense autour d'une image, d'une comparaison, d'une idée principale ainsi que sur une toile de Rembrandt. L'unité d'impression sort de l'ensemble. C'est d'après ce système qu'il a composé trois pièces capitales, disons le mot, trois chefs-d'œuvre : *la Curée, la Popularité, l'Idole*. N'eût-il écrit que ces trois pages, Auguste Barbier serait sûr de l'immortalité, plus que bon nombre de ses confrères entrés avant lui à l'Académie, qui ne s'avisa de l'appeler dans son sein qu'au moment où tout le monde le croyait mort.

La Curée nous ramène au mois d'août 1830 : elle est toute chaude des émotions, toute remplie des bruits et des ardeurs de la lutte. L'auteur a vu la révolution de Juillet; il a suivi toutes les péripéties de ce grand drame populaire, non pas seulement en badaud, en admirateur crédule et enthousiaste grisé du chant de la *Marseillaise* et de la *Parisienne*, mais en observateur, en témoin et en juge impartial et indépendant. Barthélemy a gardé rancune aux doctrinaires de 1830, à ces rogues et hautains régulateurs de la révolution, qui ne lui ont fait ni son lot, ni sa place : son ressentiment personnel ne se dissimule pas, et lui-même a pris soin de l'exposer, en note, rappelant ses griefs contre Casimir Perier, son ancien protecteur, qui s'est lassé de l'alimenter; contre le ministre d'Argout, un financier qui ferme ses coffres, au lieu de les ouvrir. Barbier assiste en personnage désintéressé au partage des dépouilles et du butin, n'ayant rien à réclamer pour son propre compte. Sa conscience n'en est pas moins révoltée de voir ceux qui ont été à la peine, avoir si peu de part à l'honneur et au profit. Seulement, au lieu d'une déclamation banale comme celle de Barthélemy, il va d'abord faire revivre à nos yeux cette fièvre héroïque des *Trois Journées*.

En quelques traits frappants, concis, énergiques, il nous peint la bataille avec son soleil de feu, son tocsin, sa fusillade, ses chants mêlés au grondement du canon, qui forme la basse du concert; puis l'acteur principal, le peuple dans toute sa misère et sa nudité, héros trivial et sublime à la fois :

> Oh ! lorsqu'un lourd soleil chauffait les grandes dalles
> Des ponts et de nos quais déserts,
> Que les cloches hurlaient, que la grêle des balles
> Sifflait et pleuvait par les airs;
> . . . .
> C'était sous des haillons que battaient les cœurs d'hommes
> C'était alors de sales doigts
> Qui chargeaient les mousquets et renvoyaient la foudre ;
> C'était la bouche aux vils jurons
> Qui mâchait la cartouche, et qui, noire de poudre,
> Criait aux citoyens : Mourons !

La classe intelligente et lettrée avait sans doute aussi ses héros et ses martyrs : l'École polytechnique offrait en holocauste à la liberté Vanneau, et l'École normale, Farcy. Mais enfin, c'est au peuple surtout qu'appartient l'honneur de la victoire. Le poète le décrit avec toute la liberté, franche et crue, d'un style qui ne craint pas de rappeler les *sales doigts* et les *vils jurons* du grand athlète. Des mots à faire dresser les cheveux sur la tête des vieux classiques, élevés à l'école de Delille.

En face des héros de la rue, un second tableau nous présente les héros de salon, soigneusement abrités contre la mitraille :

> Quant à tous ces beaux fils aux tricolores flammes,
> Au beau linge, au frac élégant,
> . . . .
> Que faisaient-ils, tandis qu'à travers la mitraille,
> Et sous le sabre détesté,
> La grande populace et la sainte canaille
> Se ruait à l'immortalité ?

A ces amants platoniques de la liberté il va rappeler ce qu'elle est, non pas en rêve, en théorie, mais en réalité, dans les temps de révolution. Il n'essaye pas d'en adoucir, d'en tempérer les traits. Loin de là, il les grossit, les exagère, au point de faire reculer d'effroi les timides adorateurs de la terrible déesse.

> C'est que la Liberté n'est pas une comtesse
> Du noble faubourg Saint-Germain....

On connaît le reste, et la dernière aventure de la vierge fougueuse qui, après avoir renversé la Bastille et mis le peuple en rut, s'amourache et se fait *vivandière d'un capitaine de vingt ans.*

Le drame finit par une scène suprême d'hallali révolutionnaire, où le vieux pouvoir succombe comme le sanglier blessé, traqué, blanchi de bave et la langue tirée, bientôt mis en pièces par la meute hurlante et affamée, qui se partage ses lambeaux. Chaque mâtin veut apporter son lopin, sa part de ripaille à la chienne orgueilleuse qui l'attend au seuil du chenil, et lui crier

> ..... En jetant son quartier de charogne :
> « Voici ma part de royauté ! »

La seconde pièce, intitulée *la Popularité*, composée d'après le même système, est encore supérieure, sinon pour l'exécution, au moins pour la portée morale et philosophique. Entre les forces vives issues de la révolution, il en est une qui substitue au *bon plaisir* des rois le *bon plaisir* des peuples. La grâce d'en bas, souvent aussi mobile, aussi capricieuse et aussi aveugle que celle d'en haut, a ses flatteurs non moins serviles, s'inclinant devant la foule ainsi que d'autres l'ont fait devant les Césars. Le poète, au cœur indépendant et fier, s'indigne des flagorneries et des mensonges, par lesquels on s'efforce d'endormir la conscience et de troubler la raison du nouveau maître :

> D'entendre autour de lui mille bouches mielleuses,
>   Souillant le nom de citoyen,
> Lui dire que le sang orne des mains calleuses,
>   Et que le rouge lui va bien ;
> Que l'inflexible loi n'est que son vain caprice,
>   Que la justice est dans son bras,
> Sans craindre qu'en ses mains l'arme de la justice
>   Ne soit l'arme des scélérats.

Défenseur jaloux de la Liberté, il proteste en son nom contre de pareils avilissements :

> A peine relevé faut-il qu'on se rabaisse ?
>   Faut-il oublier, avant tout,
> Que la Liberté sainte est la seule déesse
>   Que l'on n'adore que debout ?

A ces lâches adulateurs de la multitude, le poète oppose l'idéal du vrai citoyen, du serviteur de la chose publique, tel qu'il l'a rêvé, le jour où la popularité porte au pinacle un puissant moteur des foules, comme elle y portera Mirabeau, La Fayette, Robespierre, Bonaparte, Lamartine ou Gambetta.

> Alors je lui crierais de ma voix de poète
>   Et de mon cœur de citoyen :
> « Homme placé si haut, ne baisse pas la tête,
>   Marche, marche et n'écoute rien !
> . . . .
> Marche pour la patrie, et, sans qu'il nous en coûte,
>   Marche en ta force et le front haut ;
> Et dût ton pied heurter à la fin de ta route
>   Le seuil sanglant d'un échafaud,
> Dût ta sublime tête, ô royale victime !
>   Tomber au bruit d'un vil tambour ;
> Du peuple, quel qu'il soit, ne cherche que l'estime,
>   Ne redoute que son amour !

Il y a là une page admirable d'entrain, de verve, d'élévation et de sentiment patriotique, qu'il faudrait relire à tous les amants du pouvoir et de la faveur populaire. Dans une de ces images grandioses, dont il a l'audace et le secret, Barbier personnifie cette puissance enivrante et décevante :

> La Popularité ! — C'est la grande impudique
> Qui tient dans ses bras l'Univers.
> . . . .
> C'est la mer, c'est la mer ! — D'abord calme et sereine,
> La mer aux premiers feux du jour.

Cette mer revêt les formes et les couleurs les plus diverses. C'est d'abord une reine jeune et souriante :

> Et berçant sur sa gorge ondoyante et lascive
> Son peuple brun de matelots.

Plus tard se redressant géante, caracolant et mugissant comme un combat de cent taureaux, puis devenant une bacchante affolée, épuisée de son délire et de sa rage :

> N'en pouvant plus, et sur le flanc
> Retombant dans sa couche, et lançant à la plage
> Des têtes d'hommes et du sang !

Nul tableau de la Révolution n'a rendu en traits plus expressifs ces ondulations et ces tempêtes de la faveur et de la marée populaire, montant et descendant tour à tour.

La pièce de *l'Idole* l'emporte peut-être encore sur les deux précédentes, par la variété des tons, l'ampleur et la majesté de la composition. *L'Idole*, c'est la statue de l'empereur qu'il s'agit de refondre et de replacer sur la colonne, d'où la main des cosaques et des royalistes forcenés l'a fait descendre. Solennelle réparation, qui devait flatter l'amour-propre national humilié par la défaite, et réveiller le fétichisme pour le demi-dieu. Les poètes les plus libéraux s'étaient faits, dès longtemps, les complices de ce retour à l'idolâtrie. L'auteur des *Iambes* ne s'est pas laissé prendre au prestige trompeur de la gloire, achetée au prix du sang et de la liberté. Pensif, il s'est arrêté devant la fournaise où bouillonne le métal en fusion. A l'entendre, on croirait d'abord qu'il partage l'enthousiasme général :

> Allons, chauffeur, allons, du charbon, de la houille,
> Du fer, du cuivre et de l'étain !
> Allons, à large pelle, à grands bras, plonge et fouille,
> Nourris le brasier, vieux Vulcain !
> . . . .
> Dans le moule profond, bronze, descends esclave,
> Tu vas remonter empereur.

Et alors la grande image se dresse devant lui, non pour l'éblouir, mais avec le souvenir de ce qu'elle a coûté. Le cœur du patriote et du citoyen saigne encore des blessures de la patrie vaincue et rançonnée : il maudit le Hun stupide et insolent, qu'il a vu camper dans les Tuileries ; il flétrit les grandes dames effrontées, ces *ignobles libertines*, comme il les appelle, caracolant en croupe derrière un cosaque. Puis se retournant tout à coup vers celui qu'il déclare le véritable auteur de tous ces maux, c'est à lui qu'il renvoie la meilleure part de l'anathème, en laissant échapper cette exclamation :

> Sois maudit, ô Napoléon !

Ce cri, qui résonne tel qu'un coup de foudre inattendu à la fin de l'ardent couplet, était chez le poète de 1830 un acte d'indépendance et de hardiesse, presque un défi jeté à l'opinion.

Ce n'était là encore qu'un cri, mais il va l'étendre, le développer, l'expliquer en rappelant les ivresses de la première heure et la triste fin de l'Empire. Alors éclate cette magnifique apostrophe, qui est dans toutes les mémoires et dans tous les recueils de littérature :

> O Corse à cheveux plats ! que ta France était belle
> Au grand soleil de Messidor !

Page épique et lyrique à la fois, d'un élan et d'un coloris à défier tous les pinceaux. Dans cette course effrénée à travers le monde et l'histoire, le vers bondit et vole comme la cavale aux jarrets d'acier, sous l'éperon de son impétueux centaure. Le poète lui-même s'est fait cavalier pour enfourcher l'iambe au galop sonore, en digne émule d'Eschyle et d'Archiloque, par la hardiesse et la rapidité des images. Jamais peut-être la magie de la métaphore ne s'est révélée en traits plus éclatants :

> C'était une cavale indomptable et rebelle,
> Sans frein d'acier ni rênes d'or ;
> Une jument sauvage à la croupe rustique,
> Fumante encor du sang des rois,
> Mais fière, et d'un pied libre heurtant le sol antique,
> Libre pour la première fois.

La grande chevauchée impériale passe ainsi devant nos yeux au bruit des tambours et des canons, à travers des monceaux de ruines et des flots de sang.

> Quinze ans son dur sabot, dans sa course rapide,
> Broya les générations ;
> Quinze ans elle passa, fumante, à toute bride
> Sur le ventre des nations.

L'image de la cavale se prolonge, se multiplie de la sorte avec un mélange de fougue endiablée et de majesté sereine, jusqu'à ce qu'elle se brise dans une chute suprême, qui est elle-même une audace et une surprise par la familiarité bizarre de l'expression.

> Mourante, elle tomba sur un lit de mitraille,
> Et du coup te cassa les reins.

Bientôt, avec un autre couplet, s'étale un nouveau spectacle, celui de l'apothéose où le monarque déchu, le voleur de couronnes, l'égorgeur de la liberté,

> Ce triste et vieux forçat de la Sainte-Alliance,

reparaît triomphant et radieux sur sa colonne. Les poètes ont entonné l'*Hosanna* de ce glorieux réveil :

> Non, non, Napoléon n'est plus souillé de fanges :
> Grâce aux flatteurs mélodieux,
> Aux poètes menteurs, aux sonneurs de louanges,
> César est mis au rang des dieux.

La foule crédule et dupée suit en aveugle, folle de joie et

d'enthousiasme, comme elle suivra encore dix ans plus tard le retour des cendres :

> Inondant de bouquets de fleurs
> Ce bronze que jamais ne regardent les mères,
> Ce bronze grandi sous leurs pleurs.

Mais qu'importe le souvenir de ces hécatombes humaines faites à la gloire d'un nom !

> Paris, d'un pied joyeux, danse la *Carmagnole*
> Autour du grand Napoléon.

Il la dansera encore une fois autour de Napoléon le Petit, jusqu'au jour où une nouvelle chute viendra noyer, dans le même abîme, le prestige de l'oncle et la fortune du neveu.

Après ces pages d'histoire transfigurée, arrive la leçon philosophique, comme la morale qui suit la fable. En présence de ce fétichisme béat et populaire, glorifiant, sanctifiant par ses admirations les abus de la force brutale, du despotisme égoïste et ombrageux, l'auteur se sent pris d'une pensée amère et d'un sombre désenchantement.

> Ainsi, passez, passez, monarques débonnaires,
> Doux pasteurs de l'humanité !
> . . . .
> Passez, passez, pour vous point de haute statue,
> Le peuple perdra votre nom ;
> Car il ne se souvient que de l'homme qui tue
> Avec le sabre ou le canon.

CHAPITRE XVI

LA MONARCHIE DE JUILLET (1830-1848)

LA RÉVOLUTION AU DEHORS. — LA QUESTION SOCIALE.

Casimir Delavigne : *la Parisienne, la Varsovienne*. — Béranger : les *Tombeaux de Juillet; Poniatowski*. — Auguste Barbier : Suite des Iambes : *Varsovie, le Lion, la Cuve, Desperatio*. — *Il Pianto, Lazare*. — Victor Hugo : les *Feuilles d'Automne*, les *Chants du Crépuscule*.

I

La révolution de 1830 avait vu surgir brusquement, avec Auguste Barbier, un poète de haut vol, mais troublant et déconcertant pour les vainqueurs, et surtout pour les picoreurs du lendemain. Cependant les mentors bourgeois, qui dirigeaient le mouvement, avaient appelé bien vite à leur aide le chantre populaire des *Messéniennes*, l'apôtre de la liberté sage et modérée, Casimir Delavigne. Il s'agissait de composer une *Marseillaise* à l'usage de l'ordre nouveau, moins orageuse et moins turbulente que l'ancienne, adoucie, tempérée, où les souvenirs républicains s'allieraient à la foi monarchique. On trouva un air allemand, westphalien dit-on [1], sur lequel on adapta des paroles plus ou moins françaises et poétiques : de là naquit la *Parisienne*. L'œuvre n'est pas sortie d'un jet comme l'hymne enflammé de Rouget de Lisle. Elle s'est faite en collaboration, chacun fournissant un trait, ainsi que pour un vaudeville politique ou pour un discours de cabinet [2]. Le refrain, tant soit peu

---

1. V. Weckerlin, *Chants de musique française*.
2. Pierre Lebrun, présent à l'opération, nous a raconté jadis personnellement, et nous racontera sans doute un jour dans ses *Mémoires*, quand ils paraîtront, l'histoire plaisante de cet enfantement.

calqué sur celui de la *Marseillaise*, sans en avoir le feu, ressemble à un *pont-neuf* belliqueux assez vulgaire :

> En avant, marchons
> Contre leurs canons !
> A travers le fer, le feu des bataillons,
> Courons
> A la victoire !

La Liberté, la grande idole du jour, partage les honneurs du premier couplet avec la nation victorieuse :

> Peuple français, peuple de braves !
> La Liberté rouvre ses bras.

Les trois couleurs et la colonne en sont le complément et le symbole obligatoire, cher aux bonapartistes et aux républicains. Puis vient la stance monarchique, habilement placée sous l'ombre du drapeau, en mémoire de Valmy et de Jemmapes :

> Soldat du drapeau tricolore,
> D'Orléans, toi qui l'as porté,
> Ton sang se mêlerait encore
> A celui qu'il nous a coûté.

L'humeur pacifique de Louis-Philippe eut bientôt rassuré l'Europe à cet égard. Le chant se termine par une strophe grave et solennelle sur les funérailles des héros morts pour la patrie :

> Tambours, du convoi de nos frères
> Roulez le funèbre signal.

La Parisienne, avec ses idées moyennes et son enthousiasme tempéré, n'en obtint pas moins un grand succès de vogue, auprès de la garde nationale surtout. Elle devint l'hymne officiel, alternant avec la *Marseillaise* et finissant même par la remplacer. Depuis, elle a partagé le sort de la dynastie à laquelle elle était consacrée, et n'a pu triompher de sa médiocrité littéraire et musicale. Elle reste comme un document historique, et rien de plus.

Béranger, bien qu'il eût renoncé à la poésie, crut devoir apporter aussi son tribut aux tombeaux de Juillet :

> Des fleurs, enfants, vous dont les mains sont pures,
> Enfants, des fleurs, des palmes, des flambeaux !
> De nos Trois Jours ornez les sépultures,
> Comme les rois, le peuple a ses tombeaux[1].

---

1. *Les Tombeaux de Juillet.*

Les héros de Juillet furent ensevelis d'abord dans le jardin placé devant la colonnade du Louvre, au Champ de Mars, autour des Halles, un peu partout : puis, transportés dix ans plus tard sous la colonne de la Bastille, où ils reposent aujourd'hui.

Cette révolution, qui semblait ouvrir une ère libératrice pour les peuples, allait avoir son contre-coup en Belgique, en Italie, en Allemagne, et surtout en Pologne. Notre vieille et fidèle alliée avait toujours l'œil tourné vers la France. En même temps que l'orage éclatait à Paris, Varsovie se soulevait par une sorte de commotion électrique. Le grand-duc Constantin, assailli dans son château du Belvédère, se voyait contraint de fuir devant l'émeute victorieuse. Un cri d'enthousiasme accueillit cette nouvelle en France et surtout à Paris, ce foyer de l'agitation révolutionnaire. « L'héroïsme des Polonais, dit Louis Blanc, fut célébré sur tous les théâtres. On s'abordait dans les rues avec ce mot : *La Pologne est libre!* » Ce fut en France une fête nationale, une seconde révolution de Juillet. Appui à nos frères de Pologne! disait-on de toutes parts[1]. »

Casimir Delavigne, cette fois encore, se fit l'interprète du sentiment populaire en composant *la Varsovienne*, nouveau chant bourgeois et libéral, sur le même ton que *la Parisienne* : œuvre de circonstance plutôt encore que d'inspiration véritable. Les souvenirs de Kosciusko, le héros de l'indépendance, des martyrs de Praga, des victoires et des défaites partagées en commun, sont rappelés ici comme un lien fraternel entre les deux peuples :

> A nous Français! les balles d'Iéna
> Sur notre sein ont inscrit nos services,
> A Marengo le fer le sillonna ;
> De Champ-Aubert comptez les cicatrices.
> Vaincre et mourir ensemble autrefois fut si doux !
> Nous étions sous Paris. Pour de vieux frères d'armes
>   N'avez-vous que des larmes ?
> *Frères, c'était du sang que nous versions pour vous.*

Ce dernier vers ne manque ni d'éloquence ni d'émotion sincère.

---

1. *Histoire de Dix Ans*, t. II, chap. v.

Béranger, de son côté, évoquant la noble image de Poniatowski et de sa fin héroïque dans l'Elster, faisait entendre ce cri d'appel de la Pologne :

> Au bord du gouffre un peuple entier nous crie :
> « Rien qu'une main, Français, je suis sauvé ! »

Mais entre la France et la Pologne il y avait la Prusse et l'Autriche, alliées de la Russie, et intéressées autant qu'elle à maintenir un partage dont elles avaient profité. Casimir Perier, comprenant les difficultés et les périls d'une intervention, essaya vainement d'intéresser les puissances européennes au sort d'un peuple malheureux. Il vint se heurter contre l'égoïsme et la froideur de l'Angleterre. Les monarchies voisines s'inquiétaient en voyant la révolution se propager en Belgique et dans les États du pape. D'autre part, les émeutes de Lyon et de Paris, la crise ouvrière, les entreprises de la duchesse de Berry dans le Midi et en Vendée, ajoutaient aux embarras du gouvernement. Enfin les divisions intestines, ce fléau permanent de la Pologne, les déplorables massacres de Varsovie, et bientôt le canon de Paskéwitch noyèrent dans le sang cette révolution avortée. Le ministre des affaires étrangères, le maréchal Sébastiani, put apprendre aux Chambres françaises que *l'ordre*, c'est-à-dire la terreur et la mort, *régnait à Varsovie*. La Pologne égorgée rentra une fois encore dans son tombeau, et devint, pour les déclamateurs de la tribune et de la presse, comme pour la jeunesse ardente de nos Écoles, un sujet éternel de manifestations aussi bruyantes que stériles, malgré la noblesse et la générosité des sentiments.

II

Cependant que faisait Auguste Barbier, ce nouveau poète qui s'était révélé avec tant d'éclat au soleil de Juillet ? Le chantre de *la Curée* pouvait-il rester insensible aux malheurs de la Pologne ? — Non. Il a trouvé pour elle aussi des ïambes vengeurs. Mais, au lieu d'une déclamation ou d'une complainte banale, il a imaginé une sorte de trilogie lugubre entre *la Guerre*, *le Choléra Morbus* et *la Mort*, sous le titre de *Varsovie*, la cité martyre livrée à ces trois puissances. Ailleurs, rappelant le souvenir de 93, il déplore l'inertie de la France épuisée après trois jours d'efforts :

> Oh ! nous n'avons plus rien de ton antique flamme,
> Plus de force au poignet, plus de vigueur dans l'âme,
> Plus d'ardente amitié pour les peuples vaincus ;
> Et quand parfois au cœur il nous vient une haine,
> Nous devenons poussifs, et nous n'avons d'haleine
>   Que pour trois jours au plus.

C'est à ce commun foyer d'inspiration que se rattachent encore, sous le nom d'*Iambes*, un certain nombre de pièces politiques telles que *le Lion*, *l'Émeute*, *la Cuve*, etc., empreintes des mêmes images et des mêmes couleurs crues, hardies et parfois risquées. Telle est cette allégorie du peuple sous les traits d'un Lion s'étalant vainqueur aux Tuileries :

> Haletant, je l'ai vu de sa croupe géante,
> Inondant le velours du trône culbuté,
> *Y vautrer tout du long sa fauve majesté.*

Du reste, malgré les touches vigoureuses, les rudesses et les audaces d'expression qu'il se permet, l'auteur des *Iambes* n'est pas un représentant de ce réalisme brutal qui dégrade et avilit l'honneur des lettres, sous prétexte d'exactitude. Ennemi de tous les abaissements, en esthétique comme en morale, comme en politique, il porte haut le diapason de l'art. Les deux pièces intitulées *Melpomène* et *Terpsichore* sont une protestation éloquente du spiritualisme, contre l'invasion du matérialisme sur notre théâtre :

> O fille d'Euripide, ô belle fille antique,
> O Muse ! qu'as-tu fait de la blanche tunique ?

La danse, cette autre forme de l'art, que les Grâces décentes, en s'unissant aux Nymphes, enseignaient jadis à la terre :

> *Junctæque Nymphis Gratiæ decentes,*

a perdu, ainsi que le drame, le sentiment de sa dignité.

> O pudeur, ô vertu, douce et belle pensée,
> O chevelure d'Ève à longs flots dispersée !

> Pudeur, voile de pourpre, adorable manteau,
> Déchire-toi devant cet ignoble tableau!

Le poëte jette un regard attristé sur ce monde qu'il voudrait voir pur, honnête, moral, ennobli par la liberté. Les rêves généreux de l'idéal se trouvent chez lui aux prises avec les bassesses de la réalité. A la fièvre succède bientôt le désenchantement : le chantre des temps nouveaux s'est pris à regretter le passé :

> Nous avons tout perdu, tout, jusqu'à ce gros rire
> Gonflé de gaîté franche et de bonne satire,
> Ce rire d'autrefois, ce rire des aïeux,
> Qui jaillissait du cœur comme un flot de vin vieux[1].

La Cuve, Desperatio, l'Amour de la Mort, sont loin de nous ramener à ce rire d'autrefois. L'accent en est grave, amer; les couleurs sombres et tristes. Paris, ce Paris qu'il a vu si beau dans sa colère de lion déchaîné, lui produit l'effet d'une cuve immense, d'un gouffre béant,

> Où la fange descend de toute nation,
> Et qui, de temps en temps, plein d'une vase immonde,
> Soulevant ses bouillons, déborde sur le monde[2].

Cette *sainte canaille*, qu'il vouait à l'immortalité, se montre singulièrement amoindrie sous l'aspect du voyou parisien, étrange composé d'héroïsme et de dépravation précoce :

> La race de Paris, c'est le pâle voyou
> Au corps chétif, au teint jaune comme un vieux sou.

La grande infirmité du siècle, à ses yeux, c'est l'absence de foi. Bien qu'il ne soit ni clérical ni dévot, Barbier déplore la perte du sentiment religieux, ce précieux foyer d'inspiration pour l'artiste et pour le malheureux.

> Plus de Dieu, rien au ciel ! Ah ! malheur et misère
> Sans les cieux maintenant, qu'est-ce donc que la terre[3]?

Le suicide est la conséquence fatale de cette vie sans espoir et sans lendemain. A la lassitude, à la crainte de la lutte

---

1. *Le Rire* — 2. *La Cuve.* — 3. *Desperatio.*

vient s'ajouter l'orgueil, l'ostentation d'une mort jetée comme un reproche et un défi à la société :

> Une froide parade et, sans savoir pourquoi,
> Le désir d'occuper les langues après soi [1].

L'auteur désespère lui-même, et arrive à douter des plus nobles conquêtes de l'humanité. L'imprimerie, cette reine du monde, se faisant la complice du mensonge et de l'outrage ; la machine, ce triomphe des fils de Prométhée, devenant un instrument de misère et de cupidité ; le progrès, cette douce vision dont s'enivrent les cœurs généreux, sont-ils autant de bienfaits ou de leurres ?

> O pauvres insensés qui, le front ceint de chêne,
>   Devant l'univers transporté,
> Au soleil de Juillet entonnions d'une haleine
>   L'hymne brûlant de Liberté [2] !

Déception profonde, où s'éteint par degrés la verve du poète, si étincelante à ses débuts.

Les deux pièces qui suivent les *Iambes*, *Il Pianto* et *Lazare*, bien qu'offrant encore de grandes beautés, portent déjà la trace de cet affaiblissement. *Il Pianto*, comme l'indique son nom, est une lamentation sur l'Italie esclave. L'Italie avec ses tristesses et ses grâces impérissables, à travers ses ruines et ses chefs-d'œuvre, lui semble une autre Juliette couchée dans le tombeau, mais pour laquelle il rêve la résurrection :

> Divine Juliette au cercueil étendue,
> Toi qui n'es qu'endormie et que l'on croit perdue,
> . . . .
> La Mort, planant sur toi comme un heureux amant,
> Pour toujours ne t'a pas clouée au monument.

Dans sa tendresse inquiète et ombrageuse, il l'engage à se défier du secours de l'étranger : *Italia farà da se*.

> Belle ressuscitée, ô princesse chérie,
> N'arrête tes yeux noirs qu'au sol de la patrie ;
> Dans les fils réunis cherche ton Roméo,
> Noble et douce Italie, ô mère du vrai beau !

---

1. *L'Amour de la Mort.* — 2. *Le Progrès.*

Le Roméo attendu, parti des cabanes de Savoie, a été fort heureux de trouver un compagnon, un frère d'armes étranger, pour l'aider à tirer sa fiancée du tombeau. L'ingrate Juliette l'a un peu oublié, dit-on, et reçoit les hommages des caporaux allemands, ses anciens geôliers.

Le même sentiment généreux qui attirait Barbier vers l'Italie, le pousse vers l'Angleterre et l'Irlande, pour s'y faire encore une fois le peintre et l'avocat des douleurs humaines. *Il Pianto* était le chant de la mélancolie : *Lazare* est le poème de la faim. Si pauvre, si déchue que fût l'Italie, elle gardait du moins son soleil, ses chefs-d'œuvre de l'art, et ses ruines encore si belles dans leur majesté. Le ciel moins clément de la Grande-Bretagne réservait au poète de plus sombres tableaux.

> Je m'en vais aborder ce grand vaisseau de houille
> Qui fume au sein de l'Océan,
>
> La nef aux flancs salés qu'on nomme l'Angleterre :
> O sombre et lugubre vaisseau,
> Je vais voir ce qu'il faut de peine et de misère
> Pour le faire flotter sur l'eau !

La Lyre d'airain résume, dans ses modulations diverses, les réclamations et les plaintes du prolétariat. On dirait déjà un cantique de l'*Internationale* :

> Écoutez, écoutez, enfants des autres terres !
> Enfants du Continent, prêtez l'oreille aux vents
> Qui passent sur le front des villes ouvrières,
> Et ramassent au vol, comme flots de poussières,
> Les cris humains qui montent de leurs flancs.

Auguste Barbier s'est fait ainsi, par bonté d'âme, un des premiers interprètes de la poésie démocratique et socialiste, en exprimant ce cri de la misère et de la faim, que Pierre Dupont recueillera et traduira plus tard en couplets retentissants. L'un des premiers, pénétrant au fond des mines de Newcastle, dans les ateliers de Manchester et de Birmingham, il a su revêtir de couleurs dantesques cet enfer de l'industrie moderne. Contre ces fatalités de l'existence, qu'Alfred de Vigny a peintes sous le triste aspect des *Destinées*, l'auteur ne voit qu'un remède : l'esprit de solidarité entre les riches et les pauvres, la justification, l'excuse de la fortune par le bon usage qu'on en fait. Les mineurs de Newcastle ne demandent rien de plus dans leur prière à Dieu :

> Ce dont nous te prions, enfants de la misère,
> C'est d'amollir le cœur des puissants de la terre,
> Et d'en faire pour nous un plus solide appui ;
> C'est de leur rappeler sans cesse, par exemple,
> Qu'en laissant dépérir les fondements du temple,
> Le monument s'écroule et tout tombe avec lui.

Barbier tire de la poésie un enseignement moral, humanitaire, au sens le plus libéral et le plus généreux du mot. En revendiquant les droits, en déplorant les souffrances des faibles, son grand mérite est de n'avoir jamais excité les passions haineuses, jalouses, propres à diviser la société. Poète de la Révolution, il a une horreur profonde du démagogue prêchant l'émeute, jetant le désordre dans les esprits et dans les âmes, pour satisfaire ses ambitions ou ses rancunes. Il en a tracé le portrait dans un drame allégorique et satirique, dont les proportions grandioses et confuses ont le tort de compromettre l'effet : ce drame a pour titre *Érostrate*, personnification de l'orgueil impuissant en quête de célébrité.

III

La question sociale, ce point noir et aussi ce problème inévitable de l'âge nouveau, se trouvait posée par les poètes au lendemain de la révolution de 1830, sous la forme encore vague d'un sentiment humanitaire, tandis que les disciples de Saint-Simon et de Fourier se mettaient à l'œuvre de leur côté. Victor Hugo lui-même, dans ses *Feuilles d'Automne* (1831), tout en nous assurant que son volume est un recueil d'émotions intimes, personnelles, étrangères à la politique, n'en fait pas moins entendre ce flot montant de la démocratie.

> Écoutez, écoutez, à l'horizon immense,
> Ce bruit, qui parfois tombe et soudain recommence,

> Ce murmure confus, ce sourd frémissement
> Qui roule et qui s'accroît de moment en moment,
> C'est le peuple qui vient ! c'est la haute marée
> Qui monte incessamment par son astre attirée [1] !

Le dernier morceau du recueil est une protestation contre la tyrannie qui triomphe à Varsovie, à Naples, à Milan, à Venise, à Lisbonne. L'écrivain, royaliste jusqu'alors, sans abdiquer encore formellement ses croyances monarchiques, embrasse la cause des peuples opprimés.

> Oh ! la Muse se doit aux peuples sans défense.
> J'oublie alors l'amour, la famille, l'enfance,
> Et les molles chansons, et le loisir serein,
> Et j'ajoute à ma lyre une corde d'airain.

Il s'apprête donc à combattre. Mais de quel côté diriger ses coups, ses affections, ses espérances ? La révolution de 1830, loin de résoudre ses doutes, les a redoublés. Rien de plus embarrassant du reste que ces époques de transition.

Les *Chants du Crépuscule*, publiés en 1835, expriment à la fois l'état particulier du poète et l'état général de la société : le malaise, l'indécision d'un âge où rien n'est fixé, arrêté, au lendemain d'une révolution qui semble avoir posé tous les problèmes, sans en résoudre aucun. La pièce initiale, intitulée *Prélude*, brille, non comme un phare lumineux, mais comme une lanterne sourde, projetant ses rayons obliques à travers un amas de nuages. Nous voyons là les incertitudes d'un cœur généreux, d'un esprit vacillant qui cherche où est la lumière, le progrès, l'avenir véritable de la société :

> Seigneur, est-ce vraiment l'aube qu'on voit éclore ?
> Oh ! l'anxiété croît de moment en moment.
> N'y voit-on déjà plus ? N'y voit-on pas encore ?
> Est-ce la fin, Seigneur, ou le commencement ?

A la suite du *Prélude*, les *Vers dictés après Juillet 1830* expriment bien cette espèce de fluctuation où se trouve son âme, les émotions et les affections contraires qui la partagent. Homme de révolution en littérature, il ne saurait

---

1. *Rêverie d'un passant à propos d'un roi.*

être un rétrograde en politique. D'instinct, de sympathie, il est avec les combattants de Juillet, jeunes et vaillants comme lui :

> Trois jours vous ont suffi pour briser vos entraves.
> Vous êtes les aînés d'une race de braves,
> Vous êtes les fils des géants !

Il maudit ces ministres insensés, ces conseillers funestes du parjure, nés pour la perte des dynasties. Mais il se souvient des bienfaits qu'il a reçus, et pense que l'heure de l'infortune est celle où il est le moins permis d'oublier. L'hymne de la révolution triomphante est subitement interrompu, coupé au milieu par une noble élégie lyrique sur cette monarchie qui disparaît pour la troisième fois.

> Oh ! laissez-moi pleurer sur cette race morte
> Que rapporta l'exil, et que l'exil remporte,
> Vent fatal qui trois fois déjà les enleva !
> Reconduisons au moins ces vieux rois de nos pères.
> Rends, drapeau de Fleurus, les honneurs militaires
> A l'oriflamme qui s'en va !

Le respect des vaincus est une religion que Victor Hugo a enseignée de bonne heure à la France, et que les passions humaines n'ont guère pratiquée jusqu'ici. Pourtant l'insulte à l'exil et au malheur est de toutes les vengeances la plus lâche, la moins digne d'un homme de cœur et d'un grand peuple. Le journal le *Globe*, dont la pensée n'était pas suspecte, approuva l'œuvre tout entière, félicitant le poète loyal et généreux d'être resté citoyen de la nouvelle France, sans rougir des souvenirs de l'ancienne. L'auteur, écho de la joie publique, partage l'ivresse des premiers instants :

> Oh ! l'avenir est magnifique !
> Jeunes Français, jeunes amis,
> Un siècle pur et pacifique
> S'ouvre à vos pas mieux affermis.

C'est l'heure où l'on s'embrasse, sans se connaître, sous la cocarde nationale.

Au soleil radieux de Juillet succèdent bientôt les brumes d'octobre, les mécontentements, les déceptions, les émeutes républicaines, et ce conflit inévitable où le monde oscille entre deux mouvements contraires, l'un qui le ramène en arrière, l'autre qui le pousse en avant. Au fond, tout royaliste qu'il est encore, Victor Hugo se sent toujours un certain faible pour l'émeute, en politique comme en littérature. Témoin cette lettre qu'il écrivait à Sainte-Beuve après l'insurrection républicaine de 1832 : « Si les faiseurs d'ordre public essayent une exécution politique, et que quatre hommes de cœur voulussent faire une émeute pour sauver les victimes, je serai le cinquième. » Il ajoutait : « Oui, c'est un triste, mais un beau sujet de poésie que toutes ces folies trempées de sang. Nous aurons un jour une république, et quand elle viendra, elle sera la bonne. Mais ne cueillons pas en mai le fruit qui ne sera mûr qu'en août. Sachons attendre. La république proclamée par la France entière sera la couronne de nos cheveux blancs. » Le poète pensait-il être si bon prophète ? Provisoirement, il acceptait volontiers la monarchie libérale et constitutionnelle, assistait aux réceptions de Saint-Cloud et de Versailles en costume d'officier de la garde nationale, et entrait plus tard à la Chambre des pairs. Néanmoins l'horizon lui semble toujours chargé de nuages et d'éclairs incertains : son baromètre politique n'est jamais au *beau fixe*.

A travers les lueurs crépusculaires du passé ou de l'avenir, il voit défiler d'augustes ombres, celle de Napoléon par-dessus toutes : ce nom se mêle encore à son chant triomphal de Juillet, ainsi qu'il se mêlait aux acclamations de la foule idolâtre. Tandis qu'on replaçait la statue du César populaire, avec son petit chapeau et sa redingote grise, sur le faîte de la colonne, une pétition demandait à la Chambre de ramener les restes du grand homme au pied de ce monument, que sa main victorieuse avait élevé. La proposition fut écartée par un ordre du jour. Victor Hugo, plus que jamais épris de son héros, lança contre le parti des avocats, des robins, une nouvelle *Ode à la Colonne*, plus enflammée, plus étincelante que la première : ode sortie de la fournaise comme la colonne elle-même ; comme elle, bouillonnant et s'élevant d'un jet magnifique vers les cieux. Ces strophes animées d'un souffle héroïque, chargées d'hyperboles retentissantes, s'étagent et montent l'une sur l'autre avec cette fougue impétueuse du géant chassant les rois, et glanant les canons sur les champs de bataille :

> Et lui, poussant du pied tout ce métal sonore,
> Il courait à la cuve où bouillonnait encore
>   Le monument promis.
> Le moule en était fait d'une de ses pensées,
> Dans la fournaise ardente il jetait à brassées
>   Les canons ennemis !
>
> Puis il s'en revenait gagner quelque bataille ;
> Il dépouillait encore à travers la mitraille
>   Maints affûts dispersés ;
> Et, rapportant ce bronze à la Rome française,
> Il disait aux fondeurs penchés sur la fournaise :
>   En avez-vous assez ?

Jamais ces ivresses, ces délires de la gloire faits pour tourner la tête d'un peuple entier, n'ont été exprimés d'une façon plus sublime, plus éclatante. A l'enthousiasme s'ajoute l'ironie amère et dédaigneuse, pour ceux que des rancunes, souvent légitimes, et une antipathie prévoyante avaient rendus hostiles au retour des cendres impériales. Est-ce amour austère de la liberté ? Non, s'écrie le poète :

> Non : s'ils ont repoussé la relique immortelle,
> C'est qu'ils en sont jaloux ! qu'ils tremblent devant elle !
>   Qu'ils en sont tout pâlis !
> C'est qu'ils ont peur de voir l'empereur sur leur tête,
> Et de voir s'éclipser leurs lampions de fête
>   Au soleil d'Austerlitz !

Le jour où le soleil d'Austerlitz éclairera l'attentat du 2 Décembre, Victor Hugo en sera moins ravi.

Un autre motif plus sérieux, c'est que le fils du grand homme vivait encore, et que plus d'un l'eût préféré aux d'Orléans. Cette crainte ou cet espoir disparut bientôt. Deux ans plus tard s'éteignait à Schœnbrünn celui qui ne fut jamais que de nom Napoléon II. L'enfant impérial, dont la naissance avait été saluée par tant d'insipides cantates, plus heureux après sa mort, inspirait à Barthélemy et à Méry un long poème, et à Victor Hugo une des plus belles méditations lyriques qu'il ait composées. A la poésie il appartient de commenter ainsi l'histoire, et de l'élever aussi haut que l'éloquence d'un Bossuet, en rappelant la fragilité des ambitions et des espérances humaines, avec ces grandes et terribles leçons que Dieu donne aux rois et aux empereurs. La pièce s'ouvre et se déroule comme un drame solennel. D'abord les rêves, les ivresses du père et du conquérant, qui croit avoir enchaîné la fortune et fixé l'avenir, en se donnant un héritier :

> L'avenir ! l'avenir ! l'avenir est à moi !

A ce tressaillement de l'orgueil humain va répondre une voix sévère, qui rappelle celle du chœur antique :

> Non, l'avenir n'est à personne,
> Sire ! l'avenir est à Dieu !

Et l'histoire devenant une sorte de prophétie rétrospective, la série des *Lendemains* se dévoile en un panorama grandiose qui nous fait songer déjà au poème de l'*Expiation*, dans les *Châtiments* :

> Demain, c'est le cheval qui s'abat blanc d'écume,
> Demain, ô conquérant ! c'est Moscou qui s'allume,
>   La nuit, comme un flambeau.
> C'est votre vieille garde, au loin jonchant la plaine,
> Demain, c'est Waterloo ! demain, c'est Sainte-Hélène !
>   Demain, c'est le tombeau !

Cette sombre image de la mort reparaît plus d'une fois dans les *Chants du Crépuscule*. C'est elle qui, à la fin de la pièce de *Noces et Festins*, frappe à la porte de la salle, et saisit au collet les convives attablés, comme dans une autre *Danse macabre*. Cependant la Mort qui détruit et renverse, est aussi la même qui fonde, ennoblit et consacre les renommées pour la postérité. Témoin cet hymne funèbre, le plus beau peut-être qu'on ait composé en l'honneur des victimes de Juillet :

> Gloire à notre France éternelle !
> Gloire à ceux qui sont morts pour elle !
> Aux martyrs ! aux vaillants ! aux forts !
> A ceux qu'enflamme leur exemple,
> Qui veulent place dans le Temple,
> Et qui mourront comme ils sont morts !

Véritable cantique d'amour et de foi, que nous voudrions graver dans la mémoire de nos jeunes gens, à défaut des refrains patriotiques de Béranger, qu'on ne connaît plus guère aujourd'hui. Puissent-ils se rappeler que l'avenir appartient, en ce monde, à ceux qui savent mourir au service d'une cause ou d'une idée noble et généreuse !

CHAPITRE XVII

LA MONARCHIE DE JUILLET (*Suite*).

Indifférence de la poésie. — Un fils de la démocratie : Hégésippe Moreau. — Sa vocation républicaine : *Vive le Roi! Diogène, l'Hiver, A Joseph Bonaparte, A Henri V, Merlin de Thionville, Les 5 et 6 juin 1832, Si j'étais Béranger!*
Les Bousingots littéraires : Pétrus Borel et les *Jeune France*. — Théophile Gautier : Le sybarite indifférent : *Épître à un jeune tribun; Le 28 juillet 1840*. — Alfred de Vigny : *Paris, la Frégate la « Sérieuse »*. — Alfred de Musset : son scepticisme politique : *Dupont et Durand, la Paresse*.
Victor Hugo : les *Voix intérieures* (1837); les *Rayons et les Ombres* (1840).

I

La dynastie de Juillet, bien qu'elle ait vu s'épanouir une seconde saison de l'école romantique, a trouvé peu de poètes pour la chanter. Ses mœurs et ses allures bourgeoises ne prêtaient guère d'ailleurs aux élans du lyrisme ni aux splendeurs de l'épopée. La Restauration avait été relativement mieux partagée. Louis XVIII en rentrant dans le palais de ses pères, le duc de Bordeaux à sa naissance, Charles X le jour de son sacre, avaient vu des chantres illustres accorder leur lyre pour les célébrer. Le vieux monarque, en prenant la route de l'exil, inspirait à Victor Hugo quelques-uns des vers les plus sincères et les plus émus qu'il ait écrits. Pour la monarchie nouvelle, la poésie est plus sobre de manifestations à sa venue comme à son départ. Casimir Delavigne, malgré son affection très dévouée, n'ajoute rien au fameux couplet de la *Parisienne* rappelant le roi citoyen. Victor Hugo, bien que nommé pair de France en vertu d'une ordonnance royale, n'a point songé à immortaliser sa reconnaissance par un de ces témoignages qui restent dans la mémoire des hommes. Lamartine passe de la monarchie légitime à la république avec la fierté d'un gentilhomme, qui dédaigne l'entre-deux bourgeois. L'histoire des *Girondins* aura son influence dans le mouvement de 1848. Si l'on en excepte la pièce touchante d'Alfred de Musset sur la *Mort du duc d'Orléans*, et le *Rhin Allemand* du même poète, les œuvres de circonstance et surtout d'émotion patriotique sont assez rares alors.

Cependant la fermentation des esprits est grande dans les camps politiques et littéraires. Les conspirations et les émeutes républicaines, la querelle des romantiques et des classiques, les prédications saint-simoniennes, fournissent un élément d'activité et de dispute à l'intérieur. Au dehors, si l'Europe est calme, notre jeune armée d'Afrique offre aux rimeurs et aux historiens de nouveaux exploits à enregistrer. Mais cette guerre de conquête patiente et lointaine, qui nous laisse en paix avec le reste du monde, sans mettre en péril nos frontières, n'éveille point chez nous ce frisson patriotique qu'inspire la présence de l'étranger à nos portes et sur notre sol.

II

Parmi les poètes sortis de la révolution de 1830, il en est un que nous ne saurions oublier à un double titre : comme compatriote et comme fils de la démocratie; c'est Hégésippe Moreau, l'auteur du *Myosotis*. Lui-même s'intitule

Bluet éclos parmi les roses de Provins,

bien qu'il soit né à Paris rue Saint-Placide; mais élevé et nourri à Provins, d'où il a rapporté ses deux plus pures et plus charmantes inspirations : *la Voulzie* et *la Fermière*. Moreau est un vrai poète, et rien que cela : chose légère, ailée, voltigeante, tendre comme une sensitive, flexible comme un roseau. Faible et bon à la fois; né pour les affections douces et pacifiques, la misère a fait de lui un réfractaire et un misanthrope. Enfant naturel, orphelin, sans fortune, sans famille, il s'est trouvé jeté de bonne heure dans ce monde, dont il n'a compris ni les exigences ni les conditions sociales. Tour à tour prote d'imprimerie ainsi que Béranger, maître d'étude ainsi que Pierre Dupont et Jules Vallès, finalement vagabond sans feu ni lieu, il déteste la vie plus que les hommes. La tourmente révolutionnaire est venue le saisir et l'entraîner par un sentiment généreux. Ame fière et indépendante, il s'est voué tout jeune et d'instinct à la muse républicaine.

La première poésie qui lui échappe, en 1828, est un cri d'enthousiasme pour la Liberté et pour la Grèce, dont le nom a frappé son oreille :

> Dieu ! laisse-moi respirer quelque temps,
> Le temps d'aller mourir aux Thermopyles :
> J'ai dix-huit ans !

La seconde pièce, composée à l'occasion d'une visite du roi Charles X à Provins, a pour titre : *Vive le Roi!* Tel était le mot d'ordre officiel répété par toutes les bouches, et pour lequel son patron et bienfaiteur, l'excellent M. Lebeau, avait demandé au jeune apprenti de composer quelques vers de circonstance. Il s'y résigna pour la forme, en improvisant ce couplet banal :

> Par l'aspect d'un bon roi dont la France s'honore
>   Déjà Provins s'est ennobli [1].
>   Aujourd'hui, plus heureux encore,
> Il voit en même temps Henri IV et Sully [2].

Mais en revanche des méchants vers que lui avait arrachés le désir d'être agréable à son maître, il composait, pour l'acquit de sa conscience, une chanson animée d'un tout autre esprit :

> Vive le roi!.... Comme les faux prophètes
> L'ont enivré de ce souhait trompeur !
> Comme on a vu grimacer à ses fêtes
> La Vanité, l'Intérêt et la Peur !

1. Souvenir du temps où Henri IV dut reprendre Provins sur les Ligueurs. — 2. Martignac.

> Au bruit de l'or et des croix qu'on ramasse,
> Devant le char tout s'est précipité ;
> Et seul, debout, je murmure à voix basse :
> Vive la Liberté !

Que dire de ce petit prote d'imprimerie qui, à dix-huit ans, devant ce *chorus* universel de *vivats* en l'honneur du roi, murmure tout bas en lui-même son refrain de *Vive la Liberté !* portant, comme jadis La Boëtie, au fond du cœur, le culte de sa déesse !

Moreau prit-il une part active à la révolution de Juillet ? Il s'en vante dans une lettre à Mme Guérard[1], sa protectrice, qu'il a chantée dans la jolie pièce de la *Fermière*. Ailleurs encore, dans son *Diogène*, il rappelle avec une certaine crânerie ce souvenir des *Trois Journées*, en parlant de la Liberté :

> . . . . Ce nom plein d'harmonie
> Sur mes lèvres de feu n'est point une ironie ;
> Car je l'ai confessé, non tout bas, à huis clos,
> Dans des refrains qu'on jette à des murs sans échos ;
> Non comme l'orateur du banquet populaire,
> Dont la flamme du punch attise la colère ;
> Comme un bouffon de club dans ses parades ; non !
> Mais les pieds dans le sang, en face du canon !

Peut-être, ainsi que le supposait son ami et confident M. Vallery-Radot père, l'auteur, grisé par la poudre, s'est-il exagéré à lui-même son rôle belliqueux, dans une lutte où il apportait toute l'inexpérience d'un écolier et d'un novice. Pourtant, si avancé qu'il soit dans le parti de la Révolution, il n'est dupe ni de l'éloquence des banquets populaires attisée à la flamme du punch, ni des clubs où pérorent les orateurs plus ou moins grotesques. Ceux qui ont fait d'Hégésippe Moreau le poète complaisant de la démagogie hurlante et débraillée se trompent singulièrement. Il y a chez lui un fond de bon sens et de conscience qui finit par l'emporter.

Le succès éphémère de Barthélemy dans sa *Némésis* a pu le tromper et l'enivrer un moment. Au fouet de la *Némésis*

---

[1] Voy. l'intéressante notice de M. R. Vallery-Radot sur *Hégésippe Moreau*. Édit. Lemerre.

il a entrepris de substituer la lanterne de *Diogène*, en se parant d'un cynisme qui n'était ni dans sa nature ni dans ses moyens. Le chantre délicieux de *la Voulzie* s'abaisse et se compromet, lorsqu'il prend le cornet à bouquin de l'émeute, pour jeter un défi à la société :

> J'ameuterai le peuple à mes vérités crues,
> Je prophétiserai sur le trépied des rues ;
> Chaque mur, placardé d'un vers républicain,
> Sera pour mes lazzis le socle de Pasquin.

Avec la naïveté et la simplicité d'un enfant, il a la fierté ombrageuse du pauvre honteux de son indigence, les accès de colère et de rancune injuste, que la démocratie moderne mêle trop souvent à ses réclamations les plus légitimes. La misère, cette plaie hideuse qui désole et ronge les ateliers de Lyon et de Paris, n'est point pour Moreau un simple thème de déclamation, mais une triste réalité dont il a sa part. Après un long jeûne, car il ne mange pas tous les jours ; après une nuit passée sous un pont ou sous un arbre du bois de Boulogne, car il n'a pas toujours un gîte pour s'abriter ; il écrit sa lamentable pièce de *l'Hiver*, où il oppose les jouissances et les plaisirs du riche aux souffrances et aux privations du pauvre. Il entrevoit l'heure fatale où, sous le coup désespéré d'une nouvelle Jacquerie, Paris s'embrasera, où la vengeance céleste fera grêler le sel sur le terrain fumant :

> Et moi j'applaudirai : ma jeunesse engourdie
> Se réchauffera bien à ce grand incendie [1].

Mais à ce mouvement de haine succède tout à coup une parole de réconciliation et de pitié : le poète retire son anathème :

> Ainsi je m'égarais à des vœux imprudents,
> Et j'attisais de pleurs mes ïambes ardents.
> Je haïssais alors, car la souffrance irrite ;
> Mais un peu de bonheur m'a converti bien vite.
> Pour que son vers clément pardonne au genre humain,
> Que faut-il au poète ? Un baiser et du pain.

Et cette pièce, toute enfiellée d'abord de malédictions, se

---

1. *L'Hiver*, 1833.

termine par une prière à Dieu, pleine d'amour et de fraternité :

> Aux petits des oiseaux toi qui donnes pâture,
> Nourris toutes les faims ; à tout dans la nature
> Que l'hiver soit léger : et, son règne fini,
> Le poëte et l'oiseau chanteront : « Sois béni ! »

Ce meurt-de-faim, qui sort de l'hôpital, où il rentrera bientôt pour y finir ses jours, n'en dira pas moins son mot à tous les prétendants bonapartistes ou royalistes, qui viennent quémander la couronne de France. Moreau, fidèle à ses convictions républicaines, avec l'orgueil d'un plébéien libre penseur, nargue toutes ces ambitions princières mises en éveil après 1830, en face de l'émeute qui gronde et d'un trône mal affermi. Il raille le vieux Joseph Bonaparte, invoquant son acte de naissance pour réclamer l'héritage de son frère, l'*Homme-Gloire*. Il lui rappelle son cri honteux de *Sauve qui peut!* en désertant les Tuileries, à l'approche des armées alliées.

> Mais le géant n'est plus, et les nains de sa race
> Dormiraient aisément blottis dans sa cuirasse ;
> Tous ses parents obscurs, frères, sœurs et neveux,
> Qui pour son héritage osent former des vœux,
> De l'astre impérial satellites sans nombre,
> Depuis qu'il est éteint, sont retombés dans l'ombre.

Un autre fantôme, qui apparaît encore à l'horizon, est celui de la légitimité représentée par Henri V. Loin de l'insulter, le poëte éprouve une sorte de pitié, de respect sympathique pour cet enfant ingénu, que ses prétendus fidèles poussent vers l'abîme, en lui présentant la garde d'une épée dont la France lui oppose la pointe. C'est à cette coterie impuissante qu'il adresse ses railleries et ses malédictions :

> Qu'as-tu donc pour appui ? Quelques têtes ridées,
> Dont les cheveux de neige ont glacé les idées,
> Des menins du Régent, des docteurs ès blason,
> Imbéciles Calebs de la vieille maison,
> Dont le sang rare et froid, se figeant sous la hache,
> A la main du bourreau ne ferait point de tache.

Le Jérémie de la royauté lui-même, Chateaubriand, qu'il admire et glorifie avec Béranger, n'a pu sauver l'édifice croulant. Qui donc songerait à le relever? Rappelant le désastre de Quiberon, il engage le royal héritier à laisser là tous les rêves de restauration, pour venir, en vrai fils de France, prendre sa place dans le grand chœur unanime de la Liberté. Convier un Bourbon à se faire républicain, c'était lui demander beaucoup. Il lui était plus facile de renoncer à la couronne et de s'ensevelir, comme d'un linceul, dans son drapeau blanc. Sachons-lui gré au moins de nous avoir épargné les frais et les horreurs d'une guerre civile.

En même temps qu'il chante si volontiers le *De Profundis* des monarchies, Moreau s'est fait l'apologiste ardent, enthousiaste de la première, de la grande Révolution. Il la glorifie dans le vieux conventionnel provinois Christophe Opoix, malgré sa boule blanche en faveur de Capet; et surtout dans ce Merlin de Thionville dont il célèbre les funérailles, en évoquant les luttes gigantesques auxquelles il s'est trouvé mêlé, payant de sa parole et de sa personne : ici pour dénoncer les trahisons de Dumouriez, là pour renverser la tyrannie de Robespierre. Combats épiques, dont le poète comprend et partage l'ivresse, portant ses sympathies des Girondins aux Montagnards, vainqueurs et vaincus tour à tour, artisans de la même œuvre, à laquelle ils ont donné leur sang.

> Au Dieu qu'ils confessaient votant d'horribles fêtes,
> Pour lui bâtir un temple ils entassaient les têtes,
> Et, quand il le fallait, résignés au malheur,
> Couronnaient l'édifice en y portant la leur[1].

Ce fatalisme révolutionnaire, dont on a fait depuis une doctrine, s'épanche naïvement chez Moreau. Il entrevoit le jour où la république triomphante, réparant les sévérités de l'opinion, rendra à ces grandes mémoires l'honneur qui leur appartient :

> A l'anathème, un jour, substituant l'éloge,
> On fera de leurs noms un saint martyrologe,

---

1. *Merlin de Thionville.*

> Un jour, on votera des honneurs immortels
> A leurs tombeaux maudits, transformés en autels.

Fils de la démocratie, Moreau lui reste fidèle, même dans ses fautes et ses défaites. Plus encore que Victor Hugo et avec plus de raison que lui, il est du parti de l'émeute. C'est à ce titre qu'il compose un chant funèbre en l'honneur des victimes des 5 et 6 juin 1832, dans le soulèvement républicain provoqué par les funérailles du général Lamarque. Tandis que la fusillade retentissait autour de Saint-Merry, le poète étendu sur son lit d'hôpital prêtait l'oreille, et se désolait de ne pouvoir prendre sa part du péril et de l'honneur. Il se dédommageait en chantant ses frères d'armes.

> La place d'un frère était vide :
> Mais nous ne formions qu'un concert,
> Et nous chantions tous la patrie,
> Moi sur la couche de Gilbert,
> Vous sur l'échafaud de Borie [1].

Dans cette période de fermentation intérieure, qui remplit les dix premières années du règne de Louis-Philippe, partagées entre les séditions, les attentats, et les procès politiques, Moreau s'associe de cœur et d'idée à toutes les luttes du parti républicain. Quand vient le fameux procès d'avril 1835, qui met en ébullition toutes les têtes, et amène, sur les bancs de la Cour des pairs, les principaux chefs de la démocratie lyonnaise et parisienne, Godefroy Cavaignac, Guinard, Armand Marrast, Lagrange, etc., le poète bondit d'indignation. Trop faible et trop obscur pour avoir l'espoir de se faire entendre, désolé de son impuissance, il s'afflige, il s'étonne du silence gardé par Béranger. Le Tyrtée plébéien, retiré du monde comme le Rat de La Fontaine, rassasié de gloire et de popularité, ne se souciait pas de rentrer dans la lice, et restait coi, au grand désespoir du parti, qui n'osait cependant l'accuser d'indifférence ou de trahison, ainsi qu'on le fera plus tard. Moreau tente de l'arracher à ce *farniente* opiniâtre, en répétant ce

---

[1]. Un des sergents de la Rochelle exécutés en 1822.

refrain flatteur, qui doit retentir comme un son de clairon à l'oreille du chansonnier :

> Ah ! Dieu ! si j'étais Béranger !
> Il dort sous les ombrages verts,
> Quand la Liberté le rappelle ;
> Il dort, le poète, infidèle
> A ces captifs qui, dans les fers,
> Attendaient l'aumône d'un vers.
> Et pas de lyres qui les plaignent,
> Pas un Blondel pour soulager
> Tous ces *Cœurs de Lion* qui saignent !
> Ah! Dieu ! si j'étais Béranger !

III

Les poètes, certes, ne manquent point alors, ils pullulent de tous côtés, surtout depuis la seconde floraison de l'école romantique en 1830. Néanmoins, après Béranger qui se tait, avant Pierre Dupont qui ne chante pas encore, Hégésippe Moreau est presque le seul et vrai chantre de la démocratie. Il l'est bien autrement que les Pétrus Borel, les Philothée O'Neddy, et toute cette bohème littéraire des *Bousingots*, qui s'intitulent, pour rire, républicains. Leur républicanisme a tout l'air d'une charge d'atelier, faite pour effrayer et, comme on disait alors, pour *épater* le bourgeois. Malgré le bonnet rouge et le poignard de Brutus dont il s'affuble, Pétrus Borel, le *chef du camp des Tartares*, le futur grand homme annoncé et attendu, s'exprime ainsi dans sa profession de foi : « Je suis républicain comme l'entendrait un loup-cervier : mon républicanisme, c'est de la *lycanthropie*. Si je parle de la république, c'est parce que ce mot me représente la plus large indépendance que puisse laisser l'association et la civilisation. Je suis républicain parce que je ne puis être Caraïbe. » En résumé, toute cette confrérie des *Jeune France*, dont Théophile Gautier nous a retracé si plaisamment l'histoire, après en avoir été le chef un moment, ne nous a laissé, à part ses excentricités, ni un sentiment, ni une idée, ni un vers à conserver. Au point de vue patriotique et national, elle nous paraît aussi vide et aussi creuse que les *Décadents* de nos jours.

L'indifférence est du reste la première vertu prêchée par Théophile Gautier, dans cette religion de *l'art pour l'art*, dont il va devenir le pontife attitré. Sensualiste en littérature, idolâtre de la forme, vrai païen d'imagination, il ne voit dans la poésie qu'un objet de luxe et un plaisir, sans application et sans but social. Il semble avoir pris pour devise la contre-partie de ce précepte d'Horace, si cher à l'école classique du xviie siècle :

Omne tulit punctum qui miscuit utile dulci.

« En général, dès qu'une chose est utile, elle cesse d'être belle. Elle rentre dans la vie positive : de poésie elle devient prose. » Ces leçons de haute morale, de raison pratique, qu'Horace trouvait dans l'*Odyssée* et dans l'*Iliade*, bien mieux que dans les livres de Chrysippe et de Crantor, lui paraissent insignifiantes et de peu de prix. La poésie, pour être vraiment digne de ce nom, doit demeurer étrangère à toute idée, à toute croyance en dehors de l'art.

Véritable sybarite du *farniente*, il fait parade de son insensibilité pour ce qu'on appelle la chose publique.

> Il est dans la nature, il est de belles choses,
> Des rossignols oisifs, de paresseuses roses,
> Des poètes rêveurs et des musiciens,
> Qui s'inquiètent peu d'être bons citoyens,
> Qui vivent au hasard, et n'ont d'autre maxime
> Sinon que tout est bien, pourvu qu'on ait la rime [1].

Pour ces lazzaroni de l'art, dormant le ventre au soleil, le reste n'importe guère, pourvu qu'ils aient le soir leur *macaroni* poétique assuré. Et pourtant, s'il est des roses bonnes sans doute à respirer, il est aussi des idées à défendre, des iniquités à combattre, des droits à revendiquer, des souffrances à consoler, des vertus et des héroïsmes à célébrer. Le poète ne s'honore-t-il pas en se faisant l'interprète de ces sentiments et de ces pensées, en se souvenant qu'il est homme et citoyen? Théophile Gautier semble l'avoir trop oublié.

Un jour cependant [2], il lui arrivera de composer un hymne en l'honneur des héros de Juillet transportés,

---

1. *Épître à un jeune Tribun.* — 2. 28 juillet 1840.

de leurs tombes éparses, sous la colonne de la Bastille, après dix ans d'attente.

> Dix ans, dix ans déjà ont renversé leur urne
> Dans ce tonneau sans fond qu'on nomme éternité,
> Depuis que déclassés dans leur tombe anonyme,
> A tous les carrefours, sous le *pavé sublime*,
> Gisent les saints martyrs morts pour la liberté.

Le poète s'acquitte ici de sa fonction à demi officielle avec un enthousiasme réservé, en artiste qui développe un thème, plutôt qu'en fidèle et en croyant :

> Le soleil de Juillet, le *soleil tricolore*
> Dans le *ciel triomphal* va rayonner encore.

Outre le *pavé sublime*, le *soleil tricolore* et le *ciel triomphal* sentent un peu le décor de commande, les banderoles flamboyantes des pompes funèbres avec les feux de Bengale. A cet éloge du peuple souverain, qu'il révère modérément, Gautier a trouvé moyen d'ajouter un appendice, en l'honneur de la dynastie de Juillet et du comte de Paris, qui vient de naître. Évoquant d'une façon imprudente le double souvenir des ducs de Reichstadt et de Bordeaux, deux héritiers du trône voués au malheur, il promet au jeune dauphin un sort plus prospère, et tire, en sa faveur, un de ces horoscopes que l'avenir se chargera de démentir encore une fois. Le nouveau Marcellus a, pour le défendre,

> La sage Liberté, fille du saint Devoir :

un noble patronage, à coup sûr :

> Enfant, une telle marraine
> Protège un roi de tout péril,
> Et sa baguette souveraine
> Conjure la chute et l'exil.

Elle ne conjurera ni l'un ni l'autre, et c'est en vain que le poète assure au royal poupon, agitant son hochet en guise de sceptre,

> Qu'il est marqué pour être roi.

On sait comment la prédiction s'est accomplie.

IV

Le dédain des questions politiques et sociales, une certaine indifférence superbe ou railleuse, tel est, si l'on en excepte de plus en plus Victor Hugo, le trait dominant chez les représentants de l'école romantique, chez Alfred de Vigny comme chez Alfred de Musset. L'un, enfermé dans sa tour d'ivoire ou dans sa *Maison du Berger*, jette, de haut et de loin, un regard de pitié sur cette pauvre humanité. Il entrevoit, à travers un brouillard confus, la fin probable de Paris, de cette Babylone athée et impie, condamnée à périr après avoir chassé Dieu de ses murs et de ses écoles. Telle est la sinistre vision qui se présente à lui sous forme de point noir à l'horizon :

> Et je crois entrevoir ce rocher ténébreux
> Qu'annoncèrent jadis les prophètes hébreux :
> — *Lorsqu'une roche énorme*, ont-ils dit. — Il me semble
> La voir. — *Apparaîtra sur la Cité*. — Je tremble
> Que ce ne soit Paris. — *Dont les enfants auront
> Effacé Jésus-Christ du cœur comme du front.*
> — Vous l'avez fait. — *Alors que la ville enivrée
> D'elle-même, aux plaisirs du sang sera livrée.*
> — Qu'en pensez-vous ? — *Alors l'ange la rayera
> Du monde, et le rocher du Ciel l'écrasera*[1].

Simple boutade chagrine, à laquelle se mêle un sincère amour de ce Paris qui reste, aux yeux du poète, l'axe immortel, la lumière ou le fanal de l'univers ; tel enfin que, s'il venait à disparaître, il faudrait s'écrier

> *Que* pour longtemps le monde est dans la nuit.

Ailleurs, dans un moment d'enthousiasme rétrospectif, il lui prend fantaisie de réveiller les échos de Roncevaux en l'honneur du paladin Roland[2], ou bien encore de chanter la *Frégate « la Sérieuse »*, renouvelant dans la baie d'Aboukir les exploits du *Vengeur*. Mais ce sont là de courtes échappées sur le terrain de la réalité et de l'histoire nationale, pour le poète mystique d'*Eloa*.

---

1. Paris. — 2. Voy. *la Poésie patriotique au moyen âge*, chap. II, p. 53.

De son côté, le chantre de *Rolla* et de *Mardoche*, enveloppé de son scepticisme gouailleur, ne croit guère aux illusions ni aux promesses des révolutions. Cet étourdi, qui à beaucoup de folie joint aussi beaucoup de bon sens, comme son ami *Fantasio*, en fêtant la naissance du comte de Paris, s'avise de faire la leçon à cette vieille France toujours en fièvre et en délire, au milieu de ses changements perpétuels.

> En est-ce assez pour toi d'avoir, en cinquante ans,
> Vu tomber Robespierre et passer Bonaparte,
> Charles X, pour l'exil partir en cheveux blancs,
> D'avoir imité Londre, Athènes, Rome et Sparte ;
> Et d'être enfin Français n'est-il pas bientôt temps ?

Ennemi du pathos et de la déclamation, les fanfares de l'éloquence tribunitienne et les rêves des réformateurs ne l'émeuvent guère, ou lui fournissent tout au plus un élément comique pour son dialogue de *Dupont et Durand*. Il raille et nargue toutes les puissances du jour, qui s'appellent la presse, la tribune, l'opinion :

> Le seigneur Journalisme et ses pantalonnades :
> Ce droit quotidien qu'un sot a de berner
> Trois ou quatre milliers de sots à déjeuner.
> . . . .
> Ce bel art si choisi d'offenser poliment,
> Et de se souffleter parlementairement.
> . . . .
> Les lamentations des chercheurs d'avenir,
> Ceux qui disent : *Ma sœur, ne vois-tu rien venir ?*
> Puis un mal dangereux qui touche à tous les crimes,
> La sourde ambition de ces tristes maximes
> Qui ne sont même pas de vieilles vérités,
> Et qu'on vient nous donner comme des nouveautés :
> Vieux galons de Rousseau, défroque de Voltaire,
> Carmagnole en haillons volée à Robespierre,
> Charmante garde-robe, où sont emmaillottés
> Du peuple souverain les courtisans crottés [1].

Enfant gâté de la fortune et de la Muse, recherché, choyé dans toutes les sociétés, alliant aux élégances du

---

1. *Sur la Paresse.*

dandy les succès de l'homme du monde et du bel esprit, Alfred de Musset n'a point connu, comme Hégésippe Moreau, la faim, le froid, les souffrances et les humiliations de la misère. Sans doute il nous dira que son premier bien, en ce monde, *est d'avoir quelquefois pleuré*. Mais de quoi a-t-il pleuré? De quoi a-t-il souffert? De ses amours trompées, de ses illusions déçues, du pli de rose qu'il a senti sur son divan capitonné. Les vraies épreuves, les luttes où s'épuisent les forces, la santé, l'énergie morale, la volonté, les a-t-il jamais connues? On comprend son insouciance pour tant de questions, qui inquiètent aujourd'hui les esprits les plus graves et les âmes les plus généreuses. Est-ce à dire qu'il soit insensible à tout? — Non. Nous le retrouverons bientôt, Français de cœur et de race, quand il s'agira de relever, au nom de la patrie, le défi hautain d'un barde teuton; ou de pleurer la mort d'un prince bien-aimé, dans lequel il regrette l'espoir de la France nouvelle, en même temps qu'un camarade de collège et un ami. Quoi qu'il en soit, la politique reste pour lui une variété du *genre ennuyeux*, qu'il fuit et repousse avec horreur.

> La politique, hélas! Voilà notre misère.
> . . . .
> Être rouge ce soir, blanc demain, ma foi non!
> . . . .
> Si deux noms par hasard s'embrouillent sur ma lyre,
> Ce ne sera jamais que Ninette et Ninon.

V

Le véritable apôtre, le prophète de l'école romantique, ayant charge d'âmes, ainsi qu'il le dit lui-même, entrant résolument dans les questions politiques et sociales, à mesure qu'il avance en âge, c'est Victor Hugo. On peut lui appliquer le mot dont il s'est servi à propos de Napoléon :

> Toujours Lui! Lui partout!

Les *Voix Intérieures* (1837), les *Rayons* et les *Ombres* (1840) nous laissent encore dans ces limbes indécis, qui entourent les premières années de la monarchie de Juillet. Cependant l'écrivain s'enhardit et prend confiance dans l'âge présent. Il convie les poètes, ses confrères, à l'œuvre commune du progrès social :

> Hâtons l'ère où viendront s'unir, d'un cœur loyal,
> Le travail populaire et le labeur royal;
> Où colère et puissance auront fait leur divorce;
> Où tous ceux qui sont forts auront peur de leur force,
> Et d'un saint tremblement frémiront à la fois.
> Rois, devant leurs devoirs, peuples, devant leurs droits [1].

A cette époque, Victor Hugo rêve encore une monarchie libérale travaillant d'accord avec le peuple. Plus tard, il déclarera l'alliance impossible.

Dans cette région des *Rayons* et des *Ombres*, un autre songe mélancolique est venu le saisir en face de l'arc de triomphe de l'Étoile, où le nom de son père a été omis. Le poète s'est chargé de réparer cet oubli dans une longue méditation, qui est loin d'avoir l'élan et la fougue de l'*Ode à la Colonne*, mais qui doit tenir aussi sa place dans les souvenirs patriotiques :

> O vaste entassement ciselé par l'histoire !
> Monceau de pierre, assis sur un monceau de gloire !
>   Édifice inouï [2] !

Comme Alfred de Vigny, l'auteur se reporte à trois mille ans au delà, quand Paris aura subi le sort de Ninive et de Babylone ; quand, du milieu des ruines et au-dessus de la campagne déserte, surgira, tel qu'un géant couronné de mousses, de lichens et de lierres grimpants, cet arc immense attestant la grandeur des hommes disparus.

> Arche, alors tu seras éternelle et complète.
> Quand tout ce que la Seine en son onde reflète
>   Aura fini pour jamais.

Un double regret termine la pièce :

> Je ne regrette rien devant ton mur sublime
> Que Phidias absent et mon père oublié.

---

1. *Les Voix Intérieures*, I : *Sunt lacrymæ rerum*. — 2. Ibid. *A l'Arc de Triomphe*.

A défaut de Phidias, il y a Rude et Étex qui ne sont point à mépriser. Quant au père oublié, il a obtenu justice depuis. Le fils, plus heureux encore, s'arrêtera un jour dans son cercueil sous cet Arc triomphal, sa première étape sur le chemin du Panthéon.

CHAPITRE XVIII

LA MONARCHIE DE JUILLET (FIN).

Le patriotisme sous le drapeau : Guerre d'Algérie. — *Constantine* par Edgar Quinet. — *Mazagran* par Duvivier. — *Milianah* par Autran. — Un poète bourgeois et patriote.
La société bourgeoise : positivisme et ploutocratie. — La question d'Orient (1840). — *Le Rhin Allemand* d'Alfred de Musset : la *Marseillaise de la Paix* de Lamartine. — Le retour des cendres de l'Empereur : Victor Hugo, Lamartine, Gérard de Nerval. — Différends avec l'Angleterre : l'opéra de *Charles VI*. — Mort du duc d'Orléans (1842) : Vers d'Alfred de Musset. — Mouvement des esprits. — Béranger prophète : *le Déluge*. — Lamartine : Préface de *Jocelyn*; *Cantique à l'Esprit saint*; *Ode sur les Révolutions*; l'*Histoire des Girondins*. — Alexandre Dumas : *Chant des Girondins*. — Révolution de 1848.

I

Si le prestige des gloires impériales remplissait encore toutes les imaginations, la France nouvelle avait, elle aussi, des hauts faits à célébrer. En dépit des émeutes et des discordes intérieures, au milieu du règne des intérêts matériels et positifs qui dominent de plus en plus la société, l'héroïsme voyait s'ouvrir un coin de terre où flottait le drapeau français. L'Algérie devenait pour nos soldats une école d'application militaire et de patriotisme en action. Là se forment de jeunes talents et de jeunes renommées bientôt consacrés par la popularité : les Lamoricière, les Changarnier, les Bedeau, les Cavaignac, les Bosquet, les d'Aumale, et leur maître à tous, Bugeaud, le héros à la *casquette*[1]. De nouveaux noms de victoires inscrits dans nos annales et sur nos drapeaux décorent nos rues et nos ponts.

Cependant le bruit de la conquête d'Alger avait été couvert par celui de la révolution, où sombrait encore une fois la vieille royauté. La moindre émeute avait alors plus de retentissement que la prise de Bône ou de Blidah. Ce sont les grandes épreuves, surtout, qui ébranlent le sentiment patriotique. La première expédition et la retraite désastreuse, mais héroïque, de Constantine vinrent piquer l'amour-propre de la nation : d'une commune voix, on réclamait une revanche digne de la France. Un historien poète et philosophe, le collaborateur de Michelet au Collège de France, Edgar Quinet, traduisait sous le titre de *Siège de Constantine* l'impression de la classe intelligente et libérale, d'accord avec le sentiment populaire.

> Comme un coursier qui sent l'aiguillon des batailles,
> Vers Cirtha la Numide, aux moresques murailles,
> Va, cours, vole, marchant sur tes ailes d'airain,
> Et rasant de l'Atlas les épaules d'ébène,
> Réveille de ton cri, sous la neige africaine,
> Les morts décapités qui bordent le chemin [2].

La chute de Constantine assurait le triomphe de la domination française, mais rallumait, avec le désir des représailles, le fanatisme et l'ambition de notre ennemi Abd-el-Kader, devenu plus que jamais le « Commandeur des croyants ». De nouvelles épreuves nous attendaient. La défense de Mazagran, petite place forte située à 7 kilomètres de Mostaganem, est restée une page mémorable de nos chroniques algériennes. Jacques Arago, homme d'esprit plutôt que poète, en consacrait le souvenir dans un vaudeville assez médiocre :

> Ce carré blanc, illustré par la gloire,
> L'Arabe altier l'appelait Mazagran,
> Nom ignoré, mais que notre victoire
> A, dans trois jours, fait désormais si grand.

---

1. On connaît le refrain :
> As-tu vu la casquette, la casquette,
> As-tu vu la casquette du pèr' Bugeaud ?

Revue des Deux Mondes, mai 1837, t. X, 4ᵉ série.

Un autre rimeur peu connu, originaire de la Nièvre, Antonin Duvivier, a entrepris de nous léguer ce récit héroïque des 4, 5 et 6 février 1840. En tête de sa pièce, tant soit peu prosaïque d'ailleurs, il cite une lettre, bien autrement imagée, d'un Arabe racontant l'impression que lui ont laissée ces trois ou quatre journées. « On se battit quatre jours et quatre nuits. C'étaient de grands jours, car ils ne commençaient pas et ne finissaient pas au son du tambour. C'étaient des jours noirs, car la fumée de la poudre obscurcissait les rayons du soleil, et les nuits étaient des nuits de feu, éclairées par les flammes des bivouacs et par celles des amorces. »

La place était commandée par le capitaine Lelièvre, *un rude lapin*, disaient ses soldats. Abd-el-Kader, jaloux de venger la prise de Constantine, avait réuni toutes les tribus arabes en proclamant la guerre sainte. — Ce petit poème d'un provincial obscur n'aspire guère à l'honneur du genre épique. C'est le *sermo pedestris* appliqué à la narration :

>Mazagran est remise au bataillon d'Afrique,
>A cent vingt-trois soldats d'une trempe héroïque,
>D'un courage vraiment français :
>A des hommes de fer comme en avait l'Empire ;
>A chacun d'eux le général peut dire :
>« Va te faire tuer ! » — Il répondra : « J'y vais ! »

Ces cent vingt-trois hommes, assiégés par une armée, devaient payer de ruse et d'audace. Silencieux et couchés à plat ventre, ils font les morts jusqu'au moment où ils accueillent les cavaliers arabes à bout portant, et les foudroient. Vingt fois Abd-el-Kader voit ses efforts se briser contre ce mur d'acier : ses soldats découragés tournent bride.

>Mahomet est vaincu, notre cause est perdue,
>Répondent-ils : pour nous Allah ne combat pas !
>C'était écrit !

Cette guerre d'Algérie, trop négligée par les chantres parisiens, a rencontré son poète dans la personne d'un bon et honnête bourgeois de Marseille, devenu un jour membre de l'Académie française, et qui eut nom Joseph Autran. Bien qu'il soit Marseillais d'origine comme Barthélemy et Méry, Autran n'a pas au même degré ce don de l'enluminure, ce brio tapageur dont ceux-ci ont revêtu leur *Napoléon en Égypte*. Poète patriote du genre tempéré, il appartient au juste milieu littéraire avec Casimir Delavigne, flottant entre l'école de Delille et celle de Victor Hugo. Bourgeois de race et d'éducation, il s'est fait le chantre des paysans, des marins et des soldats, réunissant ses œuvres sous le titre de *Flûtes et Tambours*, sans arriver pourtant jusqu'à la foule, comme le fera si vite Pierre Dupont avec ses *Bœufs* et son *Chant des Ouvriers*. Le public d'Autran est celui de la *Revue des Deux Mondes*, gens d'élite et de bon ton, calmes et rassis, qui peuvent conduire un écrivain à l'Académie, mais qui ne feront jamais voler bien loin une renommée. Autran n'en a pas moins sa valeur, ses qualités et sa place, dans la galerie des poètes patriotes du XIXe siècle.

Le soldat de l'armée d'Afrique n'est plus le vieux sergent chevronné de la République et de l'Empire, le *Grenadier* superbe de Charlet ou le *Cuirassier* grandiose de Géricault. C'est le jeune *pioupiou* sorti la veille de l'atelier ou de la charrue, malin et rieur comme un Parisien, naïf et bonasse comme un paysan ; c'est le zouave au pantalon flottant, débrouillard, impétueux à l'attaque, escaladant les cimes les plus inaccessibles aussi vivement qu'il avale un verre de vin ; puis le spahis, beau cavalier au faste oriental ; le zéphyr, un bandit dont une discipline de fer et l'appât du danger feront à certains moments un héros ; le turco, cet indigène francisé, qui reste fidèle à son officier et à son drapeau, et viendra se faire tuer bravement dans les champs de Metz et de Sedan, aux jours de l'*Année terrible*. Telle est la physionomie de la jeune armée, qui marche sous la conduite des nouvelles recrues de Saint-Cyr, et des princes leurs camarades. Nous n'avons plus là sans doute la grande chevauchée épique de l'empire, allant de Madrid à Moscou et couvrant l'Europe de ses gigantesques exploits : le tableau est plus resserré, plus étroit, mais n'est pas moins héroïque.

Autran va devenir le peintre de cette petite épopée en raccourci. A l'heure où les drames d'Alexandre Dumas et de Victor Hugo occupent toute l'attention publique, il nous retrace l'épisode tragique de *Milianah*, et réclame pour l'histoire une part de l'intérêt qu'on accorde au roman.

> Dans ce siècle bruyant, de vanités si gros,
> Où tout émeut hormis le trépas des héros,
> Où de crédules pleurs nous arrosons sans honte
> Tant de malheurs fictifs qu'un romancier nous conte,
> Où l'art des Roscius est seul glorifié,
> Où Thersite applaudi voit Achille oublié,
> Ma voix s'élèvera, forçant un auditoire
> A recueillir la rude et véridique histoire ;
> Et nous nous souviendrons, une heure encor du moins,
> De ce vaste holocauste accompli sans témoins.

Milianah, un autre exemple d'héroïsme simple et sublime comme Mazagran, est le sujet d'un poème en quatre chants, composé d'après le *Journal* du colonel d'Illens, gouverneur de la place. Le comte de Castellane a inséré cette glorieuse page dans ses *Souvenirs de la vie militaire en Afrique*, mais Autran l'a précédé de plusieurs années.

C'était en 1840, le maréchal Valée avait confié à treize cents soldats le soin d'occuper cette position stratégique, qui commandait tout le pays. Le moment de la séparation étant venu,

> L'armée au roulement du tambour qui résonne,
> Bientôt loin de la ville étendit sa colonne ;
> Et s'accoudant au mur, longtemps le cœur en deuil,
> Les soldats qui restaient là suivirent de l'œil.

Le vieux commandant Partarieux dirigeait les travaux, destinés à relever les murailles délabrées. Les soldats de la légion étrangère, Bavarois, Irlandais, Italiens, chantaient des airs de leur pays pour s'animer à la tâche. Tout à l'entour, l'armée des Arabes déploie ses tentes, sous la conduite d'Abd-el-Kader.

> Abd-el-Kader, front double, émir et marabout,
> Homme mystérieux qu'enveloppe un prestige :
> De ses aïeux, au ciel, il fait monter la tige,
> Et pour mieux accomplir ses terrestres desseins,
> Il se dit l'interprète et l'héritier des saints.

Une première attaque des assaillants est repoussée victorieusement : mais elle coûte la vie au brave commandant Partarieux.

> La balle d'un Kabyle a traversé sa tête,
> Il est tombé le soir au déclin de la fête,
> La face à l'ennemi,

comme Roland à Roncevaux. Pas de cercueil pour l'ensevelir : on l'enfouit enveloppé de son vieil uniforme, sur le bord d'un sillon :

> Les tambours jettent seuls un dernier roulement.
> La poudre des fusils est muette à l'absoute.
> La poudre ! Aux ennemis on la réserve toute.
> Mais le donjon témoin du trépas glorieux
> Se nomme désormais : *Redoute Partarieux*.

Ainsi finit le premier chant. Le deuxième, intitulé *Douleurs*, nous peint les menaces croissantes de la famine, l'incendie allumé par les Arabes, dévorant les vergers, les vignes, les pâturages; puis le souffle ardent du simoun, apportant avec lui la peste; la mosquée transformée en hospice, les soldats en infirmiers; et auprès de ces mourants, pas un prêtre pour les consoler :

> Le prêtre a disparu de nos champs de bataille :
> Nos fils sont à la mort conduits comme un troupeau,
> Hélas ! où Dieu n'est plus, qu'est-ce que le drapeau ?

C'est encore quelque chose, Dieu merci ! mais après tout on comprend ce soupir d'un catholique. Un soldat irlandais, ayant une sainte relique et une Bible usée dans sa besace, s'improvise prêtre et récite les prières des agonisants.

Cependant l'horreur de la situation s'accroît encore : la fièvre et la faim consument les soldats, tandis que les Arabes, se ruant comme des essaims de guêpes acharnées, tentent un nouvel assaut. Un cri d'alarme vient secouer les moribonds sur leurs lits :

> Aux armes ! l'ennemi s'apprête à l'escalade,
> Que la force aujourd'hui revienne à tout malade !
> Debout, agonisants ! Debout, aux arsenaux !
> Aux canons ! courons tous pour sauver les créneaux.

Les fiévreux, pris d'un saint délire, saisissent leurs armes, et se dressent semblables à des spectres dont la vue épouvante l'ennemi. Le vaillant colonel d'Illens, qui a partagé la maladie, la famine et le délabrement commun, donne l'exemple :

> Marche déguenillé la tête et les pieds nus.

Au début du quatrième chant, intitulé *les Morts*, Milianah n'est plus qu'un vaste cimetière défendu par quelques ombres errantes. Tout espoir est perdu, quand des éclairs de feu apparaissent à l'horizon : puis un bruit sourd et lointain se fait entendre :

> Une voix tout à coup, à travers la distance,
> Gronde : c'est le canon, c'est la voix de la France.

Une joie subite enflamme tous les cœurs : les mourants eux-mêmes se raniment pour saluer

> . . . . . . l'étendard sauveur venu de l'Orient.

D'Illens descend à mi-côte du mont, que gravissent bientôt les colonnes françaises.

> On s'aborde. A cheval, en tête de l'armée,
> Changarnier se présente ; un de ceux dont le nom
> Retentit en Afrique à l'égal du canon.

Il s'étonne de ne pas voir la garnison venir au-devant de lui. Où est-elle ? Le gouverneur morne et baissant la tête :

> Général, pardonnez : l'obstacle était puissant.
> — Quoi ! Morts ? dit Changarnier. — Morts, et nous voilà cent.

La chute est d'un effet poignant et dramatique.

L'année suivante (1841), le poète, associant ses vers aux voix bruyantes de ses compatriotes, fêtait le retour du 17e léger avec son jeune colonel, le duc d'Aumale, et son vieux drapeau, noble haillon lacéré et noir de poudre :

> C'était comme aux vieux jours où, de Rome sortie
> La foule se pressait aux rivages d'Ostie,
> Lorsque les légions revenaient, un matin,
> Du champ Carthaginois au rivage Latin.

Une de ces ovations, telles que Marseille sait les offrir, le jour où le patriotisme fait taire les défiances et les rancunes des partis.

II

Malgré cet intermède épique de notre histoire, le règne de Louis-Philippe marque surtout le triomphe du positivisme bourgeois, l'avènement de cette *ploutocratie* dont nous subissons encore aujourd'hui la domination. Au milieu de ce monde d'affaires et d'intérêts matériels, deux événements sont venus cependant toucher la fibre nationale et patriotique : la *Question d'Orient* et le *Retour des cendres de l'Empereur*.

La question d'Orient, cet éternel ferment de discorde entre les puissances rivales ou alliées, avait eu pour effet d'exclure la France du concert européen. Nos sympathies pour l'Égypte et son souverain Méhémet-Ali nous valaient cette avanie. En faisant conclure et signer à notre insu le traité de Londres, lord Palmerston s'était joué de nous *à l'anglaise*, et avait dupé notre ambassadeur Guizot. Le chef du cabinet, Thiers, piqué au vif dans sa dignité de ministre et de Français, avait fait mine de se fâcher, et menaçait de rompre cette paix dont Louis-Philippe avait été jusqu'alors le plus ferme appui. La France, lasse du repos qui commençait à lui peser, furieuse surtout de se voir ainsi humiliée par l'Angleterre, sentait renaître en elle de vieilles ardeurs belliqueuses toujours faciles à réveiller. L'opinion publique encourageait le gouvernement à ne point céder. Les manifestations éclataient de toutes parts au bruit du canon de Beyrouth, qui semblait le prélude de la canonnade sur le Rhin. Dans tous les théâtres on entonnait la *Marseillaise*, on répétait, avec le *Vieux Sergent* de Béranger :

Le Rhin, lui seul, peut retremper nos armes.

L'Allemagne, de son côté, rallumant les souvenirs de 1813, nous renvoyait en défi le *Rhin allemand* de Becker :

« Ils ne l'auront pas le libre Rhin allemand, quoiqu'ils le demandent dans leurs cris comme des corbeaux avides ; aussi longtemps qu'il roulera paisible, portant sa robe verte ; aussi longtemps qu'une rame frappera ses flots.

« Ils ne l'auront pas le libre Rhin allemand, aussi longtemps que les cœurs s'abreuveront de son vin de feu : aussi longtemps que les rocs s'élèveront au milieu de son courant ; aussi longtemps que les hautes cathédrales se refléteront dans son miroir.

« Ils ne l'auront pas le libre Rhin allemand, aussi longtemps que de hardis jeunes gens feront la cour aux jeunes filles élancées. »

Il faut avouer que ce chant ne manque ni d'élan ni de verve patriotique; qu'il était fait pour exalter les courages. Aussi le reprendra-t-on avec fureur au début de la guerre de 1870.

Pour répondre à ce défi tudesque, la France trouva un digne champion dans Alfred de Musset. Malgré son indifférence pour les questions politiques, le chantre de *Mimi Pinson* se souvint, ce jour-là, qu'il était Français et Gaulois, en mêlant à l'orgueil de la race la raillerie dédaigneuse et cavalière. Moins grave et moins solennelle que le chant de Becker, la pièce de Musset a l'allure impertinente et vive d'un gentilhomme ripostant d'un coup de cravache. Au refrain tant de fois répété : « *Ils ne l'auront pas le libre Rhin allemand* », il oppose cette redite qui reparaît en tête de chaque couplet :

Nous l'avons eu votre Rhin allemand.

Véritable partie d'escrime poétique, où chaque mot est lestement relevé : le Rhin avec sa *robe verte* et son *vin de feu*, les *hautes cathédrales* se mirant dans ses eaux, et ses *jeunes filles* à la taille élancée. Tout cela revient sous une forme ironique dans les vers du poète français.

Nous l'avons eu votre Rhin allemand :
 Il a tenu dans notre verre.
. . . .
Nous l'avons eu votre Rhin allemand.
 Si vous oubliez votre histoire,
 Vos jeunes filles sûrement
 Ont mieux gardé notre mémoire;
Elles nous ont versé votre petit vin blanc.

Ce *petit vin blanc*, dit-on, fut le trait le plus sensible aux Allemands. En même temps, avec la fierté d'un citoyen libre, qui se compare à ce peuple de serfs et de vassaux ligués un jour pour écraser Napoléon, il continue :

> S'il est à vous, votre Rhin allemand,
> Lavez-y donc votre livrée :
> Mais parlez-en moins fièrement.
> Combien, au jour de la curée,
> Étiez-vous de corbeaux contre l'Aigle expirant ?

Entre les deux champions de l'Allemagne et de la France échangeant leurs cartels, s'élevait une troisième voix, plus calme, plus grave, plus auguste, substituant aux cris de haine, aux railleries et aux bravades les paroles de paix et de conciliation. C'est le poète des *Harmonies*, Lamartine, l'apôtre de la fraternité entre les peuples comme entre les hommes, l'ennemi de ces tueries sanglantes qui ont attristé le monde, dans la première partie du siècle. A la *Marseillaise de la Guerre*, qu'on entonne alors des deux côtés avec passion, il oppose la *Marseillaise de la Paix*. Cette pièce, qui est à la fois une ode et un cantique, s'épanche avec la majesté tranquille du fleuve, en strophes sonores et harmonieuses :

> Roule libre et superbe entre tes larges rives,
> Rhin, Nil de l'Occident, coupe des nations !
> Et des peuples assis qui boivent tes eaux vives
> Emporte les défis et les ambitions !

Le temps des guerres est passé. Plein d'une généreuse illusion, Lamartine ne suppose pas que les vieilles haines puissent se rallumer.

> Et pourquoi nous haïr, et mettre entre les races
> Ces bornes ou ces eaux qu'abhorre l'œil de Dieu ?
> De frontières au ciel voyons-nous quelques traces ?
> Sa voûte a-t-elle un mur, une borne, un milieu ?
> Nations ! mot pompeux pour dire : Barbarie !
> L'amour s'arrête-t-il où s'arrêtent vos pas ?
> Déchirez ces drapeaux ; une autre voix vous crie :
> « L'égoïsme et la haine ont seuls une patrie :
> La fraternité n'en a pas. »

Théorie magnanime sans doute, mais pleine d'illusions et de périls. Faire de l'humanité une grande famille est un beau rêve, mais l'homme, borné dans son intelligence comme dans sa vie, l'est aussi dans ses affections. Aimer également et indifféremment tous les êtres humains de toutes les parties du globe, est une chimère impossible. D'ailleurs Lamartine ne se doute pas qu'il calomnie le patriotisme, en lui donnant pour mobile l'égoïsme et la haine : il oublie que ce sentiment a été, à toutes les époques, le principe des plus nobles sacrifices, des plus beaux dévouements, avec Décius aussi bien qu'avec Jeanne d'Arc. A l'exemple de Platon, dans sa *République*, il cède ici à l'attrait de ces mirages qui l'entraînent sur la route de l'idéal :

> Je suis concitoyen de tout homme qui pense :
> La vérité, c'est mon pays.

De pareilles doctrines, si élevées qu'elles soient, ne feront, en somme, ni des citoyens ni des soldats, deux éléments dont il faut bien tenir compte, dans une société qui veut vivre et se défendre, au besoin, contre la servitude et l'invasion. Si les hommes étaient des sages ou des anges, sans doute le vœu de Lamartine pourrait se réaliser : mais nous n'en sommes pas encore là. Il nous faut renvoyer à un lointain plus ou moins reculé

> L'étendard sympathique, où le monde déploie
> L'unité, ce blason de Dieu [1].

Le songe de la paix universelle, cette douce utopie des poètes et des philosophes, devait être pour nous, à quelques années de là, une amère et cruelle déception.

Louis-Philippe, désireux d'éviter le fléau de la guerre, après avoir accordé à l'amour-propre national et à l'humeur belliqueuse de son ministre, Thiers, les apparences d'une démonstration énergique, se contenta humblement de la petite porte ouverte par la *Convention des Détroits*, pour rentrer dans le concert européen. Rentrée peu brillante, dont le nouveau ministre Guizot prit la responsabilité, heureux d'échapper ainsi à une conflagration générale.

Un autre grand événement, le retour des cendres impé-

---

1. *Poésies diverses*, Saint-Point, 18 mai 1841.

riales, allait exalter le chauvinisme et réveiller les vieux souvenirs de gloire toujours subsistants dans les masses. La voix puissante de Victor Hugo entonnait encore une fois l'hymne de fête pour solenniser ce grand jour réclamé et préparé par lui :

> Sire, vous reviendrez dans votre capitale
> Sans tocsin, sans combat, sans lutte et sans fureur,
> Traîné par huit chevaux sous l'arche triomphale,
>   En habit d'empereur !

Quelques mois auparavant, Lamartine avait fait entendre, à la tribune de la Chambre, un langage bien différent, en opposant aux ivresses de l'enthousiasme la voix austère de la raison. « Je ne me prosterne pas, devant cette mémoire, disait-il ; je ne suis pas de cette religion napoléonienne, de ce culte de la force, que l'on veut depuis quelque temps substituer, dans l'esprit de la nation, à la religion sérieuse de la liberté. »

Un nouveau dissident, Gérard de Nerval, sous le pseudonyme de Gustave Delorme, osait protester aussi contre ce fétichisme, au risque de se faire lapider par les dévots de l'idole impériale, si nombreux alors.

> Payez donc des bouffons pour pleurer sur sa tombe,
> Pour qu'on y vienne en deuil et qu'une larme y tombe :
> Il en a trop coulé sous ses pas triomphants ;
> Faites un mausolée, et placez-y son urne.
> Des mères sont encore, à qui ce fier Saturne
>   Venait dévorer leurs enfants.

Les deux échos de l'opinion se trouvent ainsi répercutés dans ces discours et dans ces chants animés d'un esprit contraire. Louis-Philippe avait cru faire un coup de politique habile, en ramenant de Sainte-Hélène la fameuse relique si chère aux Français. Il espérait en recueillir le bénéfice, que d'autres allaient bientôt réclamer.

Ces images de la gloire impériale devenaient un grief de plus contre le roi et le ministre Guizot, partisans de la paix à tout prix. Les taquineries jalouses de l'Angleterre aux îles Marquises et à Tahiti, les scandales de l'affaire et de l'indemnité Pritchard exploités par les journaux de l'opposition, les concessions trop visibles faites à la perfide Albion qui semblait se jouer de nous, avaient blessé profondément la fierté nationale. Ces sentiments se manifestèrent à l'occasion de *Charles VI*, opéra des frères Casimir et Germain Delavigne. Toute la France reprit en chœur le fameux refrain :

> Guerre à l'Anglais! Jamais, jamais en France,
> Jamais l'Anglais ne régnera!

La censure craignant l'effet trop vif du cri : « *Guerre à l'Anglais!* exigea qu'on y substituât : *Guerre aux tyrans!* Mais l'effet n'en fut pas moins très puissant, et le chant de *Charles VI* passa au rang d'hymne patriotique. Ajoutons que la musique d'Halévy, supérieure aux paroles, eut une large part dans le succès.

III

Cependant, malgré la tranquillité apparente qui avait succédé aux agitations des premières années, la foi monarchique faiblissait et déclinait chaque jour. La mort subite du duc d'Orléans (1842) vint enlever à la dynastie l'espoir d'un rajeunissement, qui pouvait accroître ses chances de durée. Alfred de Musset, dans une pièce touchante et partie du cœur, s'est fait l'interprète de la douleur publique et des espérances ensevelies dans ce tombeau.

> Il vivait avec nous, il était de notre âge.
> Sa pensée était jeune, avec l'ancien courage;
> Si l'on peut être roi de France, il l'eût été.
>
> Je le pense et le dis à qui voudra m'en croire,
> Non pas en courtisan qui flatte la douleur,
> Mais je crois qu'une place est vide dans l'histoire.
> Tout un siècle était là, tout un siècle de gloire,
> Dans ce hardi jeune homme appuyé sur sa sœur [1],
> Dans cette aimable tête et dans ce brave cœur [2].

Il restait sans doute encore des frères intelligents et courageux, mais la couronne devait retomber sur la tête d'un enfant.

---

1. La princesse Marie, auteur de la statue de Jeanne d'Arc. — 2. *Le 13 juillet. Stances.*

Tandis que le vieux roi s'obstinait plus que jamais dans la pratique du gouvernement personnel, et partageait l'impopularité de son ministre Guizot, le mouvement des esprits continuait à s'accentuer. Politiciens, philosophes, économistes, poètes, théoriciens et rêveurs de toute espèce, agitaient à l'envi le problème du lendemain. Béranger, qui avait cru voir dans la royauté constitutionnelle un pont jeté entre la monarchie et la république, le sentait près de crouler dans un avenir prochain. Comme le Raminagrobis de Rabelais, il se mettait à prédire un nouveau déluge, qui devait emporter les rois.

> Toujours prophète en mon saint ministère,
>   Sur l'avenir j'ose interroger Dieu.
> Pour châtier les princes de la terre,
> Dans l'ancien monde un déluge aura lieu.
>   Déjà, près d'eux, l'Océan sur ses grèves
> Mugit, se gonfle : il vient, maîtres, voyez ;
>   Voyez, leur dis-je. — Ils répondent : Tu rêves.
> — Ces pauvres rois, ils seront tous noyés.

Ces vers étaient composés en 1840. Lamartine, se faisant prophète à son tour, en même temps qu'il écrivait la préface de *Jocelyn*, entonnait, dans ses *Harmonies*, le *Cantique à l'Esprit-Saint*, élan d'enthousiasme et de confiance vers l'avenir :

> Je le vois, mon regard devance
> Le pas des siècles plus heureux !
> La colonne de l'Espérance
> Marche et m'éclaire de ses feux.

L'*Esprit-Saint*, qu'il chante ici, c'est l'esprit de vie et de progrès, qui anime le monde, et le conduit dans sa marche à travers les siècles.

> Tu revêts la forme sanglante
> D'un héros, d'un peuple, d'un roi ;
> Tu foules la terre tremblante,
> Qui passe et se tait devant toi.

Il s'incarne un jour dans saint Paul, dans Pierre l'Ermite, dans Mirabeau, dans Lamartine lui-même. L'ancien garde d'honneur de Louis XVIII, le secrétaire d'ambassade à

---

1. *Harmonies*, livre IV, xvii.

Florence, a fait du chemin, on le voit, depuis le jour où il s'effrayait des hardiesses de Casimir Delavigne, et ne s'approchait qu'en tremblant de l'autel de la Liberté. L'*Invocation à l'Esprit-Saint* est le prélude de l'*Ode sur les révolutions*. Ce premier cri de l'*Alea jacta est*, répété en 1848, date de 1841 :

> Enfants de six mille ans qu'un peu de bruit étonne,
> Ne vous troublez donc pas, d'un mot nouveau qui tonne,
> D'un empire éboulé, d'un siècle qui s'en va !
> Que nous font les débris qui jonchent la carrière ?
> Regardez en avant, et non pas en arrière :
>   Le courant roule à Jéhovah.

L'*Histoire des Girondins*, ce poème en prose de la Révolution, embrasait les imaginations et préparait les voies au mouvement qui devait remporter dans l'exil la dynastie nouvelle, sortie des barricades. Les émeutes de Buzançais (1847) provoquées par la misère et la famine, les scandales du procès Teste, un prototype enfantin de notre *Panama*, la question de la réforme électorale et l'agitation des banquets, déterminaient cette révolution qui était dans l'air, telle que l'orage au milieu d'une atmosphère chargée d'électricité. Une étincelle devait suffire pour amener l'explosion. Un drame historico-romanesque d'Alexandre Dumas, *le Chevalier de Maison-Rouge*, où se trouvait représenté le fameux banquet des Girondins, et un refrain ressuscité de Rouget de Lisle, achevaient de mettre le feu aux poudres. Paris se réveilla un matin, au bruit du tocsin, de la fusillade, en répétant à tue-tête :

> Par la voix du canon d'alarmes,
> La France appelle ses enfants.
> — Allons, dit le soldat, aux armes
> C'est ma mère, je la défends,
>   Mourir pour la patrie, (*bis*)
> C'est le sort le plus beau, le plus digne d'envie (*bis*).

Ce chant, frère bâtard de la *Marseillaise*, partagea avec elle les honneurs de la popularité. Auxiliaire et parrain d'une révolution à laquelle il se trouvait associé, comme jadis la *Parisienne*, médiocre comme elle de style, et sur une musique d'emprunt, il eut le même sort éphémère, et s'éteignit avec les circonstances qui l'avaient vu naître.

CHAPITRE XIX

LA RÉVOLUTION DE 1848. — LE SECOND EMPIRE.

Les poètes de la démocratie. — Pierre Dupont : le chantre de la nature et de l'atelier. — *Chant des ouvriers* (1846) ; le *Pain* (1847) ; la *Jeune République* (1848) ; le *Chant des étudiants* ; les *Journées de Juin* ; le *Chant des soldats* ; le *Chant des paysans* (1849) ; le *Cuirassier de Waterloo* (1852). — Guerre de Crimée : le *Chant du Danube* ; la *Paix de Zurich* (1856) ; l'*Exposition universelle* (1855) ; *la Race*.
Gustave Mathieu : *Chanteclair*, la *Chasse du peuple*, le *Chant du vote* (1869) ; le *Plébiscite* (1870).

I

La révolution de 1830 avait trouvé, dans Hégésippe Moreau, un digne interprète de la démocratie : par une singulière coïncidence, c'est encore à un poète d'origine provinoise[1], Pierre Dupont, que la révolution de 1848 devra ses refrains les plus populaires. Comme chansonnier, il est sans contredit un des talents les plus originaux et les plus féconds, dans ce genre éminemment français. Poète et musicien, sans avoir appris la musique, composant d'instinct ses couplets avec ses airs qui jaillissent en même temps, il est l'héritier direct de nos troubadours et de nos trouvères. Amant naïf et passionné de la nature, peintre

---

1. Né à Lyon, Pierre Dupont avait pour grand-père un vigneron de Saint-Brice, près Provins, où il passa une partie de son enfance. C'est de là qu'il a rapporté l'idée de sa *Vigne*. C'est à Provins qu'il trouva ses premiers protecteurs pour le sauver de la conscription ; une imprimerie hospitalière, celle où avait débuté Hégésippe Moreau, pour éditer sa première œuvre, *les Deux Anges* ; enfin, c'est là encore qu'il a eu l'honneur de donner son nom à une des rues de la ville, la ci-devant rue des *Allemands*.

de la vie rustique, digne émule de Burns par la simplicité et la vérité de l'expression, il a transporté la pastorale dans la chanson. Primitif et lettré à la fois, rêveur mystique et humanitaire tout en restant bon Français, il a su, même après la *Marseillaise* et le *Chant du Départ*, même après les hymnes patriotiques de Béranger, trouver des accents et des refrains nouveaux pour émouvoir et entraîner les masses.

Mis à l'index par la société bourgeoise, Pierre Dupont n'occupe certainement pas dans notre histoire littéraire, ni dans notre répertoire musical, la place qui lui appartient. Bien des fois nous nous sommes demandé pourquoi des œuvres charmantes ou même superbes, telles que *la Vigne*, *les Sapins*, si fort admirés de Lamartine lui-même, *les Louis d'or*, *les Fraises*, *la Mère Jeanne*, *l'Aiguille*, et surtout *le Rêve du paysan* :

> Rêve, paysan, rêve,...

une des plus belles mélodies et des plus élevées que nous connaissions ; pourquoi ces chefs-d'œuvre de grâce et de sentiment n'étaient pas cent fois préférés aux fades romances qu'on nous répète dans nos salons, et aux facéties ineptes dont on nous abreuve dans les cafés-concerts, sans respect du public et de l'esprit français. Peut-être les rancunes politiques et les jalousies de métier ont-elles nui au poète-musicien.

En faisant cette réclamation, nous ne prétendons pas surfaire ni exagérer sa valeur et ses mérites. Dupont n'est point un écrivain ciseleur à la façon de Béranger, ce Benvenuto Cellini de la chanson, soignant avec amour son style et sa composition, comme La Fontaine soignait ses *Fables*. Il laisse aller plus librement sa veine, se permet des négligences, des faiblesses et des vulgarités, qui lui échappent ainsi qu'à Désaugiers : mais il a dans son genre des grâces et des coquetteries singulières, des cris du cœur avec un mélange de naïveté et de candeur qu'on ne trouve guère chez Béranger. Le chantre de la *Mère Jeanne* est plus près de la nature que le chantre de *Lisette*. On rencontre chez lui moins d'esprit sans doute, moins de malice ironique et profonde, mais peut-être aussi plus d'imagination et de sensibilité véritable. Enfin il a par-dessus tout l'instinct musical, dont Béranger nous paraît médiocrement pourvu. Dupont chante comme l'oiseau.

C'est, à coup sûr, la chanson rustique qui nous ravit le plus chez lui, et ce n'est pas d'elle que nous avons à parler ici. Les chants politiques, qui demeurent son principal titre aux yeux de la démocratie moderne, forment encore une assez belle part de son bagage poétique. Ils ont l'avantage de nous offrir, sous une forme saisissante et vive, un écho et un reflet de l'histoire contemporaine. La *question sociale*, dont tout le monde s'occupe aujourd'hui, a été de bonne heure posée par Pierre Dupont dans ses chansons. Non pas qu'il soit un grand, un profond politique, ni un agitateur de profession, à la façon de certains harangueurs de clubs : mais une sorte d'instinct divinatoire, particulier aux poètes vraiment inspirés, semble l'avoir averti. Au lendemain de l'immense succès obtenu par sa chanson des *Bœufs*, ce bout d'idylle champêtre répété partout, sur le théâtre, à travers les rues, dans les ateliers et dans les salons, Dupont lançait son *Chant des ouvriers*.

C'était en 1846, à l'heure où la monarchie de Juillet se croyait mieux assise que jamais ; où la bourgeoisie, sa commère, s'était assoupie dans sa quiétude égoïste, sur la foi de la phrase célèbre : *Enrichissez-vous !* Le socialisme, il est vrai, ce ver rongeur de la société moderne, commençait à saper et à miner le vieux monde par la plume de Louis Blanc, de Considérant, de Cabet, et bientôt de Proudhon, quand éclata tout à coup ce chant nouveau qu'on a pu nommer la *Marseillaise de l'atelier*. Marseillaise pacifique en apparence, comme la *Démocratie* de Considérant, mais d'un élan, d'une poussée telle que toutes les vitres de l'antique édifice social en tremblèrent. Depuis longtemps, jamais peut-être, pareil refrain n'avait retenti à l'oreille des masses. C'était le premier appel de l'évangile démocratique, de la fraternité universelle :

> Aimons-nous, et quand nous pouvons
> Nous unir pour boire à la ronde,
> Que le canon se taise ou gronde.
>   Buvons (*ter*)
> A l'indépendance du monde !

Ce chant, qui sera bientôt celui de l'*Internationale*, passait par-dessus les frontières et les gouvernements, sans souci de la paix ou de la guerre éveillée par l'ambition des rois. L'auteur, petit-fils de paysan et fils d'artisan, élevé lui-même au milieu des canuts de Lyon, des forgerons et des mineurs de Saint-Étienne, a connu tout jeune les misères et les souffrances de la population ouvrière. Il s'en est fait l'écho dans ces couplets émus que d'autres transformeront en menaces :

> Nous dont la lampe, le matin,
> Au clairon du coq se rallume, etc.

Avec son amour instinctif de la nature, le poète rêve pour les ouvriers la vie au grand air, en plein soleil : chose difficile à réaliser, surtout pour les mineurs, il faut l'avouer.

> Mal vêtus, logés dans des trous,
> Sous les combles, dans les décombres,
> Nous vivons avec les hiboux
> Et les larrons amis des ombres ;
> Cependant notre sang vermeil
> Coule impétueux dans nos veines ;
> Nous nous plairions au grand soleil,
> Et sous les rameaux verts des chênes.

Les mineurs de Newcastle faisaient entendre déjà les mêmes plaintes et les mêmes regrets dans le *Lazare* de Barbier. Dupont est surtout un apôtre de la paix, protestant au nom de la démocratie, lasse de fournir aux princes cet horrible tribut de la chair à canon :

> L'amour est plus fort que la guerre.

Il y revient encore dans la *Chanson du Sauvage* (1846) :

> Quand la nature verra-t-elle
> Ses nombreux enfants réunis,
> Troupe joyeuse et fraternelle
> Sous ses rameaux, dans ses doux nids !

Vœux innocents, qu'allait trop tôt anéantir la froide et dure réalité. Le spectre de la famine, le soulèvement de Buzançais et les représailles qui en furent la suite, arrachaient au poète un cri de pitié et de révolte contre l'imprévoyance et les rigueurs du gouvernement :

> La faim arrive du village
> Dans la ville par les faubourgs.
> Allez donc barrer le passage
> Avec le bruit de vos tambours ;
> Malgré la poudre et la mitraille,
> Elle traverse à vol d'oiseau,
> Et sur la plus haute muraille
> Elle plante son noir drapeau[1].

Présage sinistre annonçant la chute prochaine de la monarchie, qui s'écroulait, quelques mois après, sous l'imprudente manifestation des banquets. Républicains, légitimistes, bonapartistes, unis dans une commune haine, renversèrent le trône de Juillet en un tour de main. Au milieu de la tourmente et de la surprise générale, la République, acceptée et acclamée de tous les partis, apparaissait comme le seul port de salut, le seul point de ralliement possible. Pierre Dupont fut un des premiers à saluer avec enthousiasme sa radieuse aurore, y voyant une autre résurrection :

> Paris est sorti du tombeau
> En renversant la sentinelle,
> Radieux comme un Christ nouveau ;
> Répandons la bonne nouvelle.

Une fois encore, en 1848 de même qu'en 1830, la France si sage, si pacifique qu'elle fût restée sous la tutelle prévoyante de Louis-Philippe, donna l'impulsion au monde entier. La révolution, partie de Paris, s'allumait à Berlin, à Vienne, à Milan. La Hongrie se soulevait avec Kossuth et Gœrgey, l'Italie avec Charles-Albert, Mazzini et Garibaldi, le Caucase avec Schamyl, la Pologne elle-même s'agitait dans son cercueil. Pierre Dupont est devenu l'apôtre naïf de cette révolution cosmopolite, dont Lamartine s'efforçait de conjurer l'embrasement et les dangers par son « Manifeste à l'Europe ». Moins prudent et

---

1. *Le Pain.*

moins tenu à la réserve, le chantre des *Ouvriers*, reprenant sa thèse de la paix et de la fraternité universelle, conviait les peuples à s'unir sous le drapeau de la République. C'était le même appel qui avait retenti au lendemain de 89 :

> Peuples, venez de toute part
> Voir la république nouvelle,
> Douce comme une tourterelle,
> Formidable comme un rempart.
> Frères, serrons-nous autour d'elle [1].

Pour la fête du Champ de Mars, en 1848, il composait un chant rustique sur l'air des *Bœufs*, et portait un toast aux nations amies.

> Puisque ce banquet nous rallie,
> Il faut porter une santé
> A la Pologne, à l'Italie,
> Qui réclament leur liberté;
> A l'Allemagne, à l'Amérique,
> Qui de loin nous tendent la main.

De bien loin, en effet, de si loin même qu'elles finiront par la tourner contre nous. Mais le chantre de la foi nouvelle ne doute pas un instant :

> Car il faut que la République
> Règne sur tout le genre humain.

Depuis, la France, plus réservée et plus contenue dans ses affections, s'est corrigée de cette fièvre de prosélytisme, qui lui a valu plus d'ennemis et plus d'ingrats que d'amis.

Dans son ardent apostolat, en même temps qu'il s'adressait aux ouvriers, le chansonnier faisait appel aux étudiants, prêchant le rapprochement des classes et l'union de toutes les bonnes volontés.

> Enfants des Écoles de France,
> Gais volontaires du progrès,
>
> . . . .
> Éclairons les routes nouvelles
> Que le travail veut se frayer;
> Le socialisme a deux ailes,
> L'étudiant et l'ouvrier [2].

1 *La Jeune République*, 1848. — 2. *Le Chant des Étudiants*, 1848.

Il leur offre dans son refrain, comme modèle, Robert Blum, l'étudiant martyr fusillé par les balles autrichiennes.

Sur le terrain politique, la jeunesse des Écoles avait été, depuis 1830, et durant le règne de Louis-Philippe, sympathique aux républicains. Mais le socialisme, en s'attaquant à la société bourgeoise, où elle avait ses affections et ses intérêts les plus chers, l'inquiétait et l'effrayait. Demander aux gens de s'exécuter et de s'exproprier eux-mêmes, c'était beaucoup exiger. Aussi les couplets de Dupont n'obtinrent-ils pas, dans les Écoles, le même succès que son *Chant des Ouvriers*, dans les ateliers. Les déplorables journées de Juin, surtout, achevèrent de rompre l'alliance un moment rêvée. Trompé dans ses espérances et le cœur navré de ce grand deuil public, le poète citoyen compose alors un chant funèbre, une sorte de *nænia* patriotique, où il montre la France comme une autre Niobé pleurant sur ses enfants. Sans distinguer entre les vainqueurs et les vaincus, les enveloppant tous d'une même pitié, chaque couplet se termine par ce refrain, qui est un appel à la concorde :

> Offrons à Dieu le sang des morts
> De cette terrible hécatombe,
> Et que la haine et les discords
> Soient scellés dans leur tombe !

Malgré son amour de la paix, Pierre Dupont entrevoyait que, pour régler les affaires de l'Europe, il faudrait engager une dernière et suprême bataille. Le *Chant des Nations*, composé dès 1847, était déjà l'annonce d'un grand branle-bas général, d'où allait sortir l'émancipation des peuples esclaves.

> Le jour des grands destins se lève
> Au son du cuivre et du tambour.
> O guerre ! c'est ton dernier jour !
> *Le glaive brisera le glaive,*
> *Et du combat naîtra l'amour.*

Le *Chant des Soldats* (1849), avec un accent plus mâle, plus entraînant, animé d'un souffle révolutionnaire qui pouvait avoir ses dangers, était une invite à l'union de la plèbe, de l'armée et de toutes les nations entre elles, en même temps qu'un défi jeté à la vieille Europe monarchique :

> Toute l'Europe est sous les armes,
> C'est le dernier râle des rois :
> Soldats, ne soyons point gendarmes,
> Soutenons le peuple et ses droits.
> . . . .
> Les peuples sont pour nous des frères.
> Et les tyrans des ennemis.

L'intervention armée, la propagande par l'action, lui semble une mission sacrée, dévolue à notre race.

> Que la République française
> Entraîne encor ses bataillons,
> Au refrain de la *Marseillaise*,
> A travers de rouges sillons.
> Que la Victoire, de son aile
> Touche nos fronts, et cette fois,
> La République universelle
> Aura balayé tous les rois.

Ce coup de balai final devait se faire attendre longtemps encore. La République elle-même était mise en péril par l'élection d'un président peu soucieux de la conserver : la réaction trouvait en lui un auxiliaire et un complice, qui songeait à se servir d'elle au profit de son ambition. Le *Chant des Paysans* succède au *Chant des Soldats* comme une plainte amère de la démocratie, qui se voit déçue une fois de plus (1849).

> Oh ! quand viendra la belle !
> Voilà des mille et des cents ans
> Que Jean Guêtré l'appelle,
> République des paysans !
>
> Napoléon est sur son siège,
> Non point l'ancien, mais un nouveau,
> Qui laisse les blés sous la neige
> Et les loups manger son troupeau.
> Quand l'Aigle noir fond sur tes plaines,
> Terre d'Arcole et de Lodi,
> Il se tient coi.... Dedans ses veines,
> Le sang du Corse est refroidi.

Le même sentiment de dépit et d'indignation s'exhale dans le *Cuirassier de Waterloo*, dont l'idée lui fut inspirée sans doute par la belle toile de Géricault, exposée au musée du Louvre.

> Rentre ta bête à l'écurie,
> Ton cheval si fier au galop,
> Et va pleurer sur la patrie,
> Beau cuirassier de Waterloo !

Dupont a exprimé ainsi sous une forme tour à tour naïve, enthousiaste et désolée, les déceptions de cette République qui devait être de si courte durée. Il n'en persiste pas moins à croire encore au prochain triomphe de la démocratie, au règne futur des ouvriers et des paysans, devenus les maîtres à leur tour. Trompé par cette vision d'une *Icarie* prochaine, semblable à celle que rêvait l'honnête et malheureux Cabet, il convie l'humanité à ce grand banquet où tous viendront s'asseoir :

> Affamés, venez tous en foule
> Comme les mouches sur le thym.
> Les blés sont mûrs, le pressoir coule,
> Voilà du pain, voilà du vin [1] !

La date de 1852, où devaient avoir lieu les élections nouvelles, lui apparaît comme le terme fatidique de la régénération sociale et de la République universelle.

> C'est dans deux ans, deux ans à peine
> Que le coq gaulois chantera.

Le coq gaulois chanta en effet, mais ce fut pour annoncer au monde le coup d'État du 2 Décembre, le retour du despotisme approuvé par cinq millions de suffrages. Que devenaient les rêves du poète ? Le grand banquet populaire était encore une fois ajourné.

Pierre Dupont, pour se consoler, retournait aux champs, à la nature, et leur devait encore plus d'une délicieuse inspiration, telle que la chanson des *Foins*, des *Cerises* et des *Abeilles*. Malgré son peu de sympathie et d'estime pour le gouvernement impérial, qui essaye un moment de l'atti-

---

1. *Chant des Paysans.*

rer, l'auteur ami de la Pologne, de Kossuth et de Schamyl, animé d'une vieille rancune contre la Russie, ne put s'empêcher de tressaillir au bruit de l'expédition de Crimée. Il composa coup sur coup un *Chant du Danube* et un autre, intitulé la *Nouvelle Alliance* (1854).

> La France est avec l'Angleterre,
> Le droit est avec nos canons.

Il eut bien aussi un chant de victoire pour célébrer la prise de Sébastopol (1855), et un chant de paix pour le traité de Zurich (1856). Mais ces hymnes de guerre et de triomphe furent loin d'avoir le même retentissement que les chansons antérieures du poète démocrate.

D'un autre côté, il annonçait la transformation du monde par le travail, les découvertes modernes, toutes ces conquêtes de la science et de l'activité humaine qui s'étalaient dans l'enceinte de l'*Exposition universelle* (1855). Toujours épris de ces grandes idées de fraternité et de concorde qui le dominent, il voit là encore un trait d'union entre les peuples, et ne se doute pas des convoitises et des jalousies qui vont s'éveiller.

> Quelle est cette arche d'alliance
> Où tant de peuples sont unis !
> Dans tes rameaux, terre de France,
> Que d'oiseaux de toute nuance
> Ont fait leurs nids !

Parmi les exposants, il en est un dont il signale les produits, sans prévoir l'usage qu'il doit en faire un jour contre nous :

> Fusils de tir et longs sabres de guerre,
> Canons d'acier ! La Prusse militaire
> Fait à l'Europe ces présents,
> Entremêlés d'ambre et d'orfèvrerie.
> Meure la guerre ! on sert mieux sa patrie
> Avec des outils d'artisans.

Sans doute : mais les canons Krupp viendront nous prouver que la guerre n'est pas morte, hélas ! et qu'elle est encore la plus coûteuse et la plus ruineuse des folies ou des nécessités.

Poète philosophe et penseur autant que naturaliste, sans escalader ces hautes cimes où se plaisent les Leconte de Lisle et les Sully Prudhomme, il comprend et exprime à sa façon la genèse de la société moderne, ses évolutions et ses progrès. Nul n'a su mieux que lui célébrer les merveilles de la science et de l'industrie associées dans un commun effort : il chante les chemins de fer, le gaz, l'électricité ; il entrevoit la navigation aérienne, et prêche avant tout au peuple le travail et l'action :

> Agir, c'est vivre ;
> Être inactif, c'est être déjà mort[1].

Un jour vint où Napoléon III, sortant d'une apathie voulue et se rappelant des engagements antérieurs, parut disposé à réaliser ces vœux de Dupont en faveur de l'Italie :

> Que les Alpes soient des collines
> Pour les chevaux et le canon !

L'ancien carbonaro, averti par la bombe d'Orsini et stimulé par la parole de Cavour, venait de jeter le gant à l'Autriche. C'était, pour le chansonnier, une belle occasion de rattacher aux souvenirs d'Arcole et de Rivoli les gloires de Magenta et de Solférino. Mais, il faut bien le dire, ni le départ, ni le retour triomphal de l'empereur, ni les manifestations populaires du faubourg Saint-Antoine, ne rallumèrent dans le cœur des poètes les vieilles ardeurs, dont ils avaient brûlé jadis pour l'indépendance italienne. Auguste Barbier oublie alors la *Juliette* qu'il avait chantée autrefois. Un froid glacial semble avoir frappé la Muse française, depuis qu'elle porte le deuil de la liberté avec son maître exilé à Jersey. Pierre Dupont resta silencieux, lui aussi, craignant peut-être de passer pour courtisan et flatteur d'un régime politique qu'il désapprouvait. Est-ce à dire qu'il fut indifférent ? Non. Il n'est pas de ceux chez qui le socialisme a tué l'âme du citoyen. Il reste sincèrement patriote, et presque chauvin. Il l'est déjà dans sa

---

1. *L'Action.*

chanson de *la Vigne*, comme l'était notre vieil Eustache Deschamps narguant l'Anglais buveur de bière :

> Bon Français, quand je vois mon verre
> Plein de son vin couleur de feu,
> Je songe, en remerciant Dieu,
> Qu'ils n'en ont pas (*bis*) dans l'Angleterre.

Il l'est encore lorsque, répondant aux jérémiades des vieux partis sur la décadence de la France moderne, il riposte vigoureusement :

> On a parlé de décadence,
> Qui donc est tombé jusqu'ici ?
> Des soldats, mais non pas la France,
> Elle est vivante, Dieu merci !

Tout en plaignant ses amis déportés à Lambessa, il applaudit à la campagne du général Randon en Kabylie :

> Plus d'un vaincu boit son calice
> Jusqu'à la lie, et sourira
> D'apprendre que notre milice
> Vient d'occuper le Jurjura.

Et, avec le sentiment de la fierté nationale, il répète ce refrain :

> Gardons le sang,
> Gardons la race,
> Gardons nos rangs,
> Dignes enfants des Gaulois et des Francs [1].

Dans une préface écrite à Saint-Brice, le 12 août 1859, au lendemain de Magenta et de Solférino, l'auteur disait : « Il est de braves gens qui dépensent un peu d'huile enthousiaste en illuminations le jour d'une victoire, souvent pour être mieux vus dans leur quartier, et qui ne se doutent pas que la lampe vigilante du poète et de l'écrivain conserve, entretient, comme un feu de Vestale, le courage et le patriotisme dans le cœur des jeunes générations. » Équitable pour le passé tout en étant l'homme de l'avenir, il ajoute : « Ne faisons pas remonter notre histoire seulement à 89,

1. *La Race*.

qui a été le résultat des travaux antérieurs. Il y a un esprit français, un génie français, une âme française. »

Dupont préparait-il, ainsi qu'on l'a dit et qu'il l'a dit peut-être lui-même, un *Chant des Alpes* et une élégie, où il eût rappelé les actions héroïques de notre jeune armée? En tout cas, le temps et la force lui ont manqué pour tenir sa promesse. Mais ce qu'il a gardé jusqu'au bout, et proclamé dans ses vers comme dans sa prose, c'est sa foi dans le rôle providentiel de la France, dans son étoile inspiratrice et guide des peuples.

> Ne regardons pas en arrière :
> Le monde suit nos mouvements ;
> L'ondoiement de notre bannière
> Lui donne des tressaillements.
> Notre pensée est électrique,
> De la terre elle fait le tour ;
> Elle est guerrière et pacifique,
> C'est le droit tempéré d'amour[1].

Sachons gré à Pierre Dupont d'avoir cru au génie de la France, au triomphe de la république et de la démocratie : pardonnons-lui d'avoir cédé parfois à de généreuses illusions, d'avoir entrevu dans un avenir trop prochain le bonheur de l'humanité. Il était du nombre des simples, des bons, des croyants : c'est quelque chose après tout, quoi qu'en pensent les indifférents et les sceptiques.

II

A Pierre Dupont nous joindrons un autre chantre démocratique, son admirateur et son émule, qui fut loin de l'égaler, Gustave Mathieu. Né en 1808, à Nevers, mort en 1877, issu d'une vieille famille bourgeoise, Gustave Mathieu, après d'excellentes études faites au collège de sa ville natale, s'embarque au Havre comme simple matelot, navigue sous toutes les latitudes avec des grades divers, devient tour à tour chef de corsaires dans l'océan Pacifique,

---

1. *La Race.*

marchand de tableaux, commis voyageur en vins, et poète de fantaisie à ses heures. Au milieu des hasards de sa vie aventureuse, il eut la bonne fortune de produire une charmante légende poétique, celle du *Grand Etang*, devenue populaire dans les pensionnats de demoiselles; et de rencontrer à la fin de sa carrière un généreux patron, Richard Wallace, qui se chargea de faire publier ses œuvres, avec grand luxe, sous le titre de *Parfums, Chants et Couleurs* (1873).

Ainsi qu'Émile Debraux, avec lequel il offre du reste plus d'un trait commun, Gustave Mathieu a eu son quart d'heure de vogue et de célébrité dans les sociétés chantantes et populaires, où il payait de sa personne. Entre lui et Pierre Dupont, son ami Petrus, comme il l'appelle dans un *Nocturne* à deux voix, où il le qualifie de *divin Petrus*, il y a la même distance qu'entre Émile Debraux et Béranger. Si Debraux a sa *Colonne* et son *Dis-moi, t'en souviens-tu?* Gustave Mathieu a son *Jean Raisin*, le frère de *Jean Grain d'Orge* de Burns, et son *Chanteclair* ou le *Coq gaulois*.

> L'éperon haut, portant sa crête
> Comme un bonnet de liberté,
> Chanteclair va dressant la tête,
> Marquant le pas, ferme planté.

Chanteclair, c'est le clairon de la république sonnant la charge contre l'aigle impériale. Le belliqueux trompette de la démocratie n'a qu'un tort, c'est d'être par trop tapageur et menaçant; d'entonner le *Dies iræ* pour prélude à la république, et de jeter dans les âmes plus de terreur et de défiance que de conviction. La *Chasse du peuple* (1852), cet hallali de la Révolution triomphante, ne fait que semer l'alarme tout à l'entour.

> Tayaut! tayaut! le peuple chasse
> A coups de pieux, à coups de faux!
> . . . .
> Le jour est clair, la brise est belle,
>   Nous pendrons les voleurs
>   De toutes les couleurs;
> Gens de justice et de gabelle,
> Bancocrates, usuriers,
> Qui mangeraient les ouvriers.

> Les maisons et la terre,
> Si nous les laissions faire.
> Tayaut ! etc.

Le poète démocrate ne se doute pas qu'en évoquant ces fantômes et ces menaces, il se fait innocemment le complice et le compère du *Spectre Rouge* inventé par Romieu, et fournit au prétendant l'occasion de sauver la société. Le coup d'État du 2 Décembre est une réponse à *la Chasse du peuple*. L'effet produit s'annonce dans la pièce suivante intitulée *Liberté, Égalité, Fraternité*.

> La République spoliée,
> Debout, pleurant sur ses débris,
> Cache sa face humiliée,
> Ses pieds sanglants, ses bras meurtris.

Après tant d'appels retentissants et inutiles, où il s'époumonne à souffler dans sa trompe de chasse, comme un vieux piqueur de la meute démocratique, Gustave Mathieu a fini par s'apercevoir que l'heure de la curée était venue pour d'autres, et que les tyrans restaient encore debout :

> On exile, on vole, on assomme,
> On embastille les meilleurs.
> Qui nous sauvera ? Dieux vengeurs,
> Plus de citoyens ! Pas un homme !

A qui la faute ? N'est-elle pas un peu à ceux qui ont affolé, effrayé la France par des terreurs chimériques ou par des prétentions et des menaces insensées ? La chanson a sa part de responsabilité dans cet effarement et dans ces folies. Gustave Mathieu, si honnête homme qu'il soit au fond, n'a-t-il rien à se reprocher lorsqu'il écrit :

> Le jour des sublimes colères
> Se lève enfin pour les derniers,
> Qui vont devenir les premiers
> Par la faux, la flamme et les pierres.

« Ote-toi de là que je m'y mette », sera malheureusement chez nous, longtemps encore, la devise des révolutions. Et chose plus grave, la faux, la flamme et les pierres semblent être les seuls arguments invoqués en faveur du droit. Cependant l'auteur entrevoit pour l'avenir une autre arme plus pacifique et plus sérieuse : le bulletin de vote.

> Plus de fusils, de plomb, de poudre,
> Pour le triomphe du bon droit !
> Le bulletin, c'est la cartouche
> Qu'on déchirait à belles dents ;
> Et le nom, c'est le plomb qui touche ;
> Tout notre avenir est dedans [1].

Cette force terrible, qui devait assurer la souveraineté du nombre, capable de condamner un jour Socrate et Jésus, allait être confisquée par un pouvoir habile à s'en faire un instrument de règne, *instrumentum regni*, comme dit Tacite. Le plébiscite resta, jusqu'à la fin, le grand jeu de l'Empire et son dernier va-tout.

Mathieu, avec l'orgueil naïf d'un démocrate à outrance, ne se doutant pas de l'usage qu'on peut faire de cet instrument, n'y voit qu'une occasion d'exalter et de glorifier le peuple souverain :

> A vous maintenant, citoyens,
> De répondre à la valetaille
> Osant interroger son roi !
> Ce magnifique *Rien-qui-vaille*,
> Le *Peuple-Tout*... Justice et Loi [2] !

Maxime imprudente, contre laquelle protestent notre conscience et notre raison. Non, le peuple n'est pas tout ; non, il n'est pas la *Justice* ; non, il n'est pas la *Loi*. On se souvient de ce vieux courtisan montrant au jeune roi Louis XV, du haut du balcon de Versailles, la foule immense et tous les lieux d'alentour, en lui disant : « Sire, tout cela est à vous ». Le poète tient ici le même langage au peuple. Quand l'équilibre, le bon sens, la mesure manquent aux écrivains moteurs des esprits, doit-on s'étonner de les voir manquer aux masses ?

1. *Le Chant du Vote*, 1863. — 2. *Le Plébiscite*, 1870.

CHAPITRE XX

LE SECOND EMPIRE (*suite*).

Retour en arrière. — Dernières chansons de Béranger : *les Tambours, les Journées de Juin, Adieu à la France, Un prétendu Meâ culpâ.* — La poésie française sous le second Empire. — Guerre de Crimée : Brizeux et Autran. — Théophile Gautier : *Les Vieux de la Vieille.*
Victor Hugo : *Les Châtiments : le Manteau impérial, l'Expiation, Ultima Verba.*

I

La seconde République, après des rêves d'or, aboutissait à d'amères déceptions, comme le second Empire, après le clinquant de brillants succès, devait aboutir à l'effondrement. Cependant, que devenaient les anciens représentants de la Muse nationale et patriotique au milieu de ces traverses? Le vieux Béranger vivait encore au début, continuant, à de rares intervalles, son rôle de prophète sceptique et désenchanté, philosophant et faisant du socialisme spéculatif avec son ami La Mennais, et chantant, plutôt que désirant, la chute prochaine des rois. Au lendemain de 1848, quand Chateaubriand lui dit : « Eh bien ! votre république, vous l'avez. — Oui, réplique-t-il, mais j'aimerais mieux la rêver que l'avoir » : tant il trouve la réalité inférieure à l'idéal. Porté, malgré lui, par l'enthousiasme populaire sur les bancs de l'Assemblée nationale, il donne sa démission en réclamant, comme prophète, le droit à la retraite et au désert. Les manifestations tapageuses de la rue, le vacarme perpétuel du rappel et de la générale, l'irritent et l'agacent :

> M'étourdirez-vous donc toujours,
> Tambours, tambours, maudits tambours !

Il voit déjà venir le chef des tambours sous les traits d'un mannequin empanaché, brandissant la canne du commandement.

> Mais, peuple épris en politique
> Du tapage et des galons d'or,
> Pour présider la République,
> Faisons choix d'un tambour-major.

Le tambour-major s'appellera un matin Napoléon III.

Les journées de Juin sont venues jeter un crêpe funèbre sur cette République qu'il voulait pure et innocente :

> Je chantais un peuple de frères,
> Le tambour bat, j'avais rêvé.
> Le sang de maints partis contraires
> Fraternise sur le pavé [1].

C'est au milieu de ce sang qu'un nouveau César viendra ramasser la couronne. Béranger vit le 2 Décembre, ainsi qu'il avait vu le 18 Brumaire, sans protester, mais en pleurant la chute de ses espérances, encore une fois déçues.

Après *les Tambours* nous ne trouvons plus de lui, dans son dernier recueil, qu'un chant patriotique à signaler, son *Adieu à la France*.

> France, je meurs, je meurs ; tout me l'annonce.
> Mère adorée, adieu. Que ton saint nom
> Soit le dernier que ma bouche prononce !

Malgré les avances, les caresses, par lesquelles l'empire s'efforça de confisquer à son profit le vieux poète de la Liberté, au risque de le compromettre, son silence ne pouvait avoir l'air d'une approbation. D'autre part, quelques amis, trop zélés sans doute, crurent devoir lui prêter un *Meâ culpâ* qu'il n'a jamais revendiqué ni désavoué. C'était en 1856, aux funérailles de David d'Angers : quelques jeunes gens, ayant reconnu Béranger, se mirent à crier *Vive la liberté !* Ils furent aussitôt arrêtés et conduits en prison. Peu de jours après circulait une chanson attribuée à l'auteur du *Vieux Drapeau*, et qui n'était certaine-

---

1. *Les Tambours.*

ment pas de lui. Elle offre un pastiche assez habile, tout plein des souvenirs du chansonnier [1] :

> Pauvres enfants ! Quoi ? Vous croyez encore
> Qu'on peut crier : Vive la Liberté !
> Et sous les plis du drapeau tricolore,
> Fêter celui qui l'a ressuscité.
> . . . .
> Oui, j'ai chanté l'épopée héroïque
> Des habits bleus par la victoire usés ;
> C'étaient les fils de notre République
> Battant vingt ans les rois coalisés.
> Mais ce sergent bien brossé qui vous guette
> Et vous tuerait pour passer officier,
> Est-ce le mien trinquant à la guinguette ?
> Ah ! pardonnez au pauvre chansonnier !

La journée du 2 Décembre était pour l'armée une triste victoire, qu'elle devait expier plus tard. Et cependant la France allait avoir à inscrire plus d'une belle page dans ses annales militaires. Mais, sous le second comme sous le premier Empire, en face des exploits héroïques accomplis par nos soldats en Crimée, en Italie, en Chine, au Mexique, la poésie reste muette et indifférente [2]. En vain le vieux Belmontet, le chantre complaisant et attitré des gloires impériales, essaye d'ajouter une corde nouvelle à son luth démodé, et s'écrie désespéré :

> Le patriotisme est-il mort ?

Un rimeur narquois lui répond :

> Tu demandes pourquoi la Muse
> N'a plus de chants pour les héros.
> . . . .
> Pourquoi, sans qu'aucun cri réponde,
> Seule en vain, la voix du canon
> Apporte aux quatre coins du monde
> Nos triomphes et notre nom ?

---

1. Elle a été reproduite dans la *Nouvelle Revue Internationale*, 15 novembre 1891. — 2. Le siège de Sébastopol a inspiré depuis, à un ancien officier de l'armée, M. Ch. Rabourdin, un poème en six chants, venu trop tard (1890) pour attirer l'attention publique occupée par d'autres événements. Nous ne citerons de cette chronique rimée par un soldat patriote et honnête homme, que les deux derniers vers, triste et juste conclusion :

> A qui donc profita cette effroyable guerre ?
> Le Sarde est à Gaëte et l'Anglais est au Caire !

> Pourquoi, sur la terre étrangère
> Quand nos fils bravent le danger,
> Les Achilles n'ont plus d'Homère,
> Les trois couleurs de Béranger ?
> . . . .
> Cher Belmontet, cherche et devine
> Pourquoi !

Les *Châtiments* de Victor Hugo s'étaient chargés de l'expliquer.

Cependant, quand éclate la guerre de Crimée, les vieilles sympathies pour la Pologne se réveillent. Deux voix catholiques et provinciales se font entendre pour prêcher la guerre sainte : le breton Brizeux et le marseillais Autran, unis par une foi et une passion communes. Brizeux, le chantre de *Marie* et de la vieille Bretagne bretonnante, n'est point, à coup sûr, un ami de l'empire. Il a rappelé et vanté la résistance des conscrits réfractaires aux levées homicides de Napoléon Ier, qu'il précipite dans l'enfer au milieu d'une mare de sang[1]. Mais le jour où il s'agit de combattre l'ours du Nord, le bourreau de la Pologne catholique, le doux et pacifique Brizeux entonne le chant de guerre, un peu faible, un peu mou peut-être, mais sincère et patriotique :

> Honte, au jour du combat, aux discussions folles !
> Kleber et Jeanne d'Arc, mêlez vos banderoles !
> Quand le pays commande, à chacun d'obéir !

Mais quoi ! s'armer pour la défense de l'Infidèle, appeler les fils des croisés au secours des sectateurs de Mahomet ! Il a prévu l'objection, et y répond :

> Non, la Croix ne va pas soutenir le Croissant !
> Elle soutient le faible et combat le puissant[2].

Bien qu'il ne soit guère plus bonapartiste que son ami Brizeux, Autran s'est retrouvé patriote pour chanter la guerre de Crimée, comme il l'était jadis pour rappeler les exploits de nos soldats en Algérie.

---

1. *La Harpe d'Armorique : Chant des conscrits de Ploumer*, écrit en breton. — 2. *La Paix armée*.

> Chaque fois que j'entends retentir dans l'espace
> Ces fanfares d'airain de la France qui passe,
> Fussé-je enseveli sous un poids de langueur,
> Je relève la tête, et sens battre mon cœur[1].

C'est ainsi qu'il a repris son luth pour célébrer la mort glorieuse de son compatriote le général de Pontevès, tué à l'assaut de Sébastopol. D'abord un hommage rendu aux vainqueurs, qui ne sont pas les soldats de César, mais de la France ; puis un bel éloge de Pontevès, soldat et chrétien :

> Dors loin de nous, hélas ! dans la paix éternelle.
> Cette paix du Seigneur, qui t'a pris sous son aile,
> Après tant de combats sera douce pour toi.
> Ton âme en son espoir n'a pas été trompée,
> Soldat mort en baisant la croix de ton épée,
>   Mort pour la France et pour la foi.

Plus tard, quand viendront les rudes épreuves de 1870, Autran sera là encore pour rappeler à la France vaincue les glorieux souvenirs de son passé, dans la *Légende des Paladins* et pour jeter son mépris à la face du capitulard résigné de Sedan.

Par un phénomène assez singulier, la légende napoléonienne décline et s'abaisse à partir du jour où Napoléon III monte sur le trône : on peut dire que c'est lui qui achève de la ruiner par la catastrophe finale de son règne. Pourtant il faut avouer qu'au milieu des pauvretés de la poésie impériale des Belmontet, des Lesguillon, et autres rimailleurs officiels ou officieux, une pièce se détache vraiment belle et d'une fière allure : *les Vieux de la Vieille*, par Théophile Gautier. Le parnassien indifférent qui, tout occupé de la forme et de la musique du vers, semble s'inquiéter fort peu du sentiment et de l'idée, a été ce jour-là merveilleusement inspiré par une sorte de choc en retour. Il a recueilli les dernières bribes de cette friperie impériale ; il a immortalisé cette défroque épique avec un élan, un brio incontestables. On est enlevé, emporté quoi qu'on pense, et subjugué, quand le poète nous dit d'un ton impérieux et souverain :

---

1. *La Musique du Régiment.*

> Ne les raillez pas, camarade,
> Saluez plutôt, chapeau bas,
> Ces Achilles d'une Iliade
> Qu'Homère n'inventerait pas.

On a beau se rappeler les caricatures du *Charivari* sur *Ratapoil* et les *Décembraillards* ses acolytes, tout cela s'oublie et s'efface devant ces glorieux mutilés, ces estropiés de la victoire, manchots, boiteux, jambes de bois, s'acheminant vers la colonne.

> Là, fiers de leur longue souffrance,
> Reconnaissants des maux subis,
> Ils sentent le cœur de la France
> Battre sous leurs pauvres habits.

En face d'une génération indifférente, occupée d'affaires et de plaisirs, blasée et désenchantée des vieilles superstitions comme des vieilles étoiles, auxquelles elle ne croit plus, ceux-là n'en restent pas moins les représentants d'un âge héroïque :

> Ils furent le jour dont nous sommes
> Le soir, et peut-être la nuit.

II

Le chantre qui avait le plus largement contribué, avec Béranger, à bâtir et à populariser cette légende napoléonienne, allait être le premier à la démolir, en lançant contre elle la foudre de ses *Châtiments*. Les *Châtiments* éclatent comme une explosion de la conscience révoltée, de la loi outragée, du droit méconnu, de la liberté foulée aux pieds, de la France vaincue, humiliée, baisant la main qui la bâillonne, et acceptant la servitude pour gage et prix de son prétendu salut. Nous avons vu déjà ce qu'est devenu l'iambe d'Archiloque avec André Chénier et Auguste Barbier. Victor Hugo allait reprendre la lyre d'airain et la faire vibrer plus terrible encore sous des formes plus variées. Retiré d'abord à Jersey, puis à Guernesey, il emportait avec lui ce feu sacré du lyrisme qui brûlait au fond de son âme, associé aux indignations, aux tressaillements du patriote et du citoyen. Cette *vendetta* poétique aura ses violences, ses rancunes, ses iniquités, communes à toute revanche passionnée. Aussi ne remuerons-nous pas jusqu'au bout cette fange, dans laquelle le poète justicier se plaît à traîner parfois telle ou telle renommée, qui méritait peut-être plus de respect ou de pitié.

Pour expliquer ces emportements, il ne faut pas oublier que Victor Hugo *voit gros* naturellement, selon l'expression de Sainte-Beuve ; qu'il est sous le coup de la colère et de l'exaspération, qu'inspire aux proscrits le spectacle du crime impuni, triomphant et applaudi. Du reste, avouons-le, malgré certains jets de flamme, certaines explosions superbes ou terribles amenées par l'indignation, les pièces où l'auteur est resté le plus maître de lui-même, sont aussi les meilleures du recueil. Nous en citerons deux qui nous semblent, surtout dans leur genre, des chefs-d'œuvre : *le Manteau impérial* et *l'Expiation*.

La première est une simple odelette, où le miel de la poésie lyrique et le fiel de la satire se trouvent artistement mêlés. Rien de plus délicat, de plus exquis et de plus amer en même temps, que cette apostrophe aux abeilles du manteau impérial :

> Chastes buveuses de rosée,
> Qui, pareilles à l'épousée,
> Visitez le lis du coteau,
> O sœurs des corolles vermeilles,
> Filles de la lumière, abeilles,
> Envolez-vous de ce manteau.

Par la sobriété, par la grâce, on dirait une fleur détachée de l'Anthologie grecque, une de ces épigrammes ou de ces idylles finement ciselées dans l'École d'Alexandrie, au temps de Théocrite et de Callimaque. Joignez-y la pointe acérée d'Archiloque :

> Acharnez-vous sur lui, farouches,
> Et qu'il soit chassé par les mouches,
> Puisque les hommes en ont peur [1] !

La seconde pièce, *l'Expiation*, d'une tout autre étendue et d'une bien autre portée, avec ses proportions épiques, est le développement d'une grande pensée philosophique et

---

1. Livre V, III.

religieuse. Le monde moral, de même que le monde physique, a ses lois fatales et certaines de flux et de reflux, d'action et de réaction. L'histoire nous en offre la preuve à chaque page, s'appliquant aux nations, aux dynasties comme aux individus. Tout outrage fait au droit, à la justice, à l'humanité, tout abus de la force, de la puissance ou de la fortune est suivi fatalement, un jour ou l'autre, d'une expiation : l'idée de la *Némésis* est sortie de là. Ce poème de l'*Expiation* contient et résume en lui toutes les notes épiques, satiriques, depuis les plus hautes jusqu'aux plus basses dont l'auteur a pu faire usage dans les *Châtiments*. Nous avons là un drame qui se divise naturellement en cinq actes ou tableaux : *Moscou, Waterloo, Sainte-Hélène, le Tombeau des Invalides, le 2 Décembre.*

Jadis Henri Heine, après avoir lu l'*Histoire de la campagne de Russie* par le comte de Ségur, n'hésitait point à la déclarer *la véritable épopée du* XIXe *siècle*. De grands artistes contemporains, le baron Gros, Meissonier, Yvon, Gérôme, lui ont prêté tour à tour la magie de leur pinceau. Victor Hugo est venu la revêtir encore de bien autres couleurs. Nous ne connaissons, ni dans l'antiquité, ni dans nos chansons de geste, aucune mise en scène plus grandiose, d'une émotion plus profonde et plus intense que cette retraite morne, silencieuse, où le courage et le génie ne peuvent rien contre les éléments conjurés.

> Il neigeait. On était vaincu par sa conquête.
> Pour la première fois l'aigle baissait la tête.
> Sombres jours ! L'empereur revenait lentement,
> Laissant derrière lui brûler Moscou fumant.
> Il neigeait.

Ce mot revient quatre ou cinq fois au début du vers, comme cette neige impitoyable qui tombe et s'accumule sans cesse et sans bruit, faisant

> Pour cette immense armée un immense linceul.

Ici des cavaliers transformés en statues de glace :

> On voyait des clairons à leur poste gelés
> Restés debout, en selle et muets, blancs de givre,
> Collant leur bouche en pierre aux trompettes de cuivre,

Là de longues files de fantômes glissant à travers la brume, sous la bise et sur le verglas, tenant d'une main leurs fusils pour repousser les vautours fauves, les cosaques qui voltigent autour d'eux :

> Ce n'étaient plus des cœurs vivants, des gens de guerre ;
> C'était un rêve errant dans la brume, un mystère,
> Une procession d'ombres sur le ciel noir.

Au milieu de cette désolation, l'empereur, tel qu'un vieux chêne ébranlé par la cognée du *Malheur*, ce sinistre bûcheron, commence à tressaillir et à douter de son étoile. L'homme, vaincu par la nature, se tourne alors vers Dieu :

> Est-ce le châtiment, dit-il, Dieu des armées ?
> — Alors il s'entendit appeler par son nom,
> Et quelqu'un qui parlait dans l'ombre lui dit : Non !

Cette voix mystérieuse, qui retentit à la fin de chaque épreuve, est d'un effet puissamment tragique, et d'un merveilleux sobre et simple, qui en augmente encore la majesté.

Un autre tableau succède : c'est *Waterloo*, la dernière lutte, le dernier enjeu de cette grande partie engagée contre la fortune, contre la nature, contre le monde entier :

> D'un côté c'est l'Europe, et de l'autre la France.

La morne plaine de Waterloo, avec son cirque de bois, de coteaux, de vallons, se transforme en un gouffre béant, non plus sous un linceul de neige ainsi qu'à Moscou, mais sous une pluie de mitraille :

> Gouffre où les régiments, comme des pans de murs,
> Tombaient ; où se couchaient, comme des épis murs,
> Les hauts tambours-majors aux panaches énormes.

Un moment Napoléon, la lunette à la main, a cru ressaisir la victoire, acculer Wellington contre un bois ; il regarde à l'horizon :

> Soudain, joyeux, il dit : Grouchy ! — C'était Blücher !

Terrible déception, qui trouble et renverse toutes les combinaisons du génie. Nous assistons à l'hécatombe héroïque de la vieille garde gravissant, l'arme au bras, les pentes du Mont-Saint-Jean, sous le feu des batteries anglaises.

> La garde impériale entra dans la fournaise.

Ce n'est plus un, ce sont des milliers de Décius, qui se dévouent à la mort pour leur patrie et surtout pour leur dieu, qu'ils saluent encore en passant du cri de *Vive l'empereur!* comme les gladiateurs entrant dans l'arène : *Ave, Cæsar, morituri te salutant.* Lui, haletant, penché sur sa garde, son dernier va-tout,

> Voyait, l'un après l'autre, en cet horrible gouffre,
> Fondre ces régiments de granit et d'acier,
> Comme fond une cire au souffle d'un brasier.

Le reste de l'armée attend en suspens l'issue de ce grand duel, où la garde porte avec elle la fortune de la France et de l'empereur. Ainsi Grecs et Troyens s'arrêtent au moment où Achille en vient aux mains avec Hector. Quand le sacrifice est consommé, quand la garde entière a disparu dans l'abime, un spectre horrible se dresse sur le champ de bataille comme la Tisiphone de Virgile :

> La Déroute, géante à la face effarée,
> . . . .
> La Déroute apparut au soldat qui s'émeut,
> Et, se tordant les bras, cria : — *Sauve qui peut!*

Admirable puissance de la poésie, qui fait ainsi d'un cri un personnage, et d'une déroute un tableau en quatre vers :

> Comme s'envole au vent une paille enflammée,
> S'évanouit ce bruit qui fut la Grande Armée.

Une armée qui n'est qu'un bruit, expression digne d'Eschyle et de Bossuet. Le géant, terrassé sous cette nouvelle épreuve, lève les mains au ciel en s'écriant :

> Est-ce le châtiment cette fois, Dieu sévère ?
> — Alors parmi les cris, les rumeurs, le canon,
> Il entendit la voix qui lui répondait : Non !

De l'épopée nous passons au drame, au début du *Prométhée enchaîné* : Sainte-Hélène fournit le rocher, et l'Angleterre le vautour. Le Destin armé de clous, de marteaux et d'entraves, ainsi que la *Force* et la *Puissance* dans la tragédie d'Eschyle, vient attacher sur un autre Caucase ce voleur du tonnerre, qui a si longtemps troublé le sommeil des peuples et des rois. Après avoir été l'âme d'un monde, d'un siècle, se trouver seul avec soi-même :

> Toujours l'isolement, l'abandon, la prison ;
> Un soldat rouge au seuil, la mer à l'horizon.

Il n'a point, comme le Prométhée antique, cette douce haleine des Océanides qui viennent consoler le géant vaincu ; mais la voix rauque de la sentinelle veillant à sa porte :

> Un caporal anglais lui disait : Halte-là !

Nulle affection humaine sur laquelle il puisse compter :

> Son fils aux mains des rois, sa femme au bras d'un autre.
> . . . .
> Son Sénat, qui l'avait adoré, l'insultait.

A ce long supplice de l'inaction, de la solitude et de l'ennui, la mort paraît devoir mettre un terme : il croit en avoir fini avec l'expiation.

> Alors, géant broyé sous le talon des rois,
> Il cria : La mesure est comble cette fois,
> Seigneur ! C'est maintenant fini ! Dieu que j'implore,
> Vous m'avez châtié ! — La voix dit : Pas encore !

Ici le châtiment reste un moment suspendu : une sorte d'entr'acte divise et coupe le drame inachevé. Un retour de fortune et de faveur publique vient chercher le héros dans son tombeau :

> Enfin, mort triomphant, il vit sa délivrance,
> Et l'Océan rendit son cercueil à la France.

Endormi désormais sous le dôme des Invalides, amnistié par la nation et par l'histoire, sous la garde de ses vétérans, à l'ombre des drapeaux conquis par ses victoires, il semblait pouvoir reposer en paix et ne plus rien devoir à Némésis. Il se trompait. Le Destin lui réservait un châtiment suprême : l'attentat du 2 Décembre. Une nuit donc, un affreux cauchemar est venu l'assaillir dans son tombeau :

> O terreur! Une voix qu'il reconnut lui dit :
> — Réveille-toi. Moscou, Waterloo, Sainte-Hélène,
> L'exil, les rois geôliers, l'Angleterre hautaine
> Sur ton lit accoudée à ton dernier moment,
> Sire, cela n'est rien. — Voici le Châtiment!

Et alors se déroule à ses yeux une ignoble comédie, où il est devenu acteur et comparse à son insu. Le ton et la forme changent tout à coup : le drame tourne à la farce, et l'épopée finit par une scène de tripot.

> . . . Tu mourus, comme un astre se couche,
> Napoléon le Grand, empereur; tu renais
> Bonaparte, écuyer du cirque Beauharnais.

Par un de ces contrastes qui lui sont chers, l'auteur se plaît à opposer aux géants du passé les pygmées du présent, au sublime le trivial, au tragique le bouffon. Des splendeurs de l'épopée et du grandiose de la tragédie antique, nous passons subitement à l'invective, à la parodie grotesque.

> Cartouche essaie et met la redingote grise;
> On quête des liards dans le petit chapeau.

Si viles, si basses que soient les expressions, Victor Hugo vous répondra qu'elles sont à la hauteur des personnages et du sujet. Mais la colère, même légitime, gagne à se dominer, fût-ce dans la satire. On serait tenté de renvoyer au poète ces deux vers, hélas! si bien justifiés :

> Commencer par Homère et finir par Callot!
> Épopée! Épopée! Oh! quel dernier chapitre!

Et nous n'avions pas encore Sedan! — Le ton se relève à la fin. L'horrible vision s'achève et s'explique. Éperdu, effrayé de cette voix qui le poursuit jusque dans la tombe, le glorieux mort lui crie :

> Qui donc es-tu? — Je suis ton crime, dit la voix.

Et alors deux mots flamboyants comme ceux du festin de Balthazar apparaissent à travers les ombres de la nuit :

Dix-huit Brumaire. Le 2 Décembre, qui en est la copie, en devient aussi le châtiment. En dehors de tout esprit de parti et de toute passion politique, au point de vue de l'art, on ne saurait nier la puissance et l'originalité de cette composition dantesque et shakespearienne à la fois.

Après la pièce de *l'Expiation*, il semble qu'on n'ait plus qu'à fermer le volume, rien ne pouvant lui être comparé. Cependant nous ne saurions omettre les *Ultima Verba*, qui couronnent cette œuvre de protestation. D'Aubigné nous a raconté jadis le nouveau serment d'Annibal que son père lui fit prêter tout enfant, devant les créneaux d'Amboise, où pendaient les têtes des conjurés : ce serment, il le tient encore en écrivant les *Tragiques*, qu'il achève et publie à Genève. Victor Hugo, en posant le pied sur la terre d'exil pour rester libre, a prêté le même serment dans ses *Ultima Verba* :

> Je ne fléchirai pas ! Sans plainte dans la bouche,
> Calme, le deuil au cœur, dédaignant le troupeau,
> Je vous embrasserai dans mon exil farouche,
> Patrie, ô mon autel ! Liberté, mon drapeau !

En dépit de toutes les défaillances, de toutes les désertions, il demeurera jusqu'au bout à son poste d'exilé volontaire bravant Sylla :

> Et s'il n'en reste qu'un, je serai celui-là[1] !

Au moment où il achevait son œuvre vengeresse, un bruit de guerre venait frapper son oreille ; la campagne de Crimée allait s'ouvrir. Toujours prophète, il voit dans la guerre une route mystérieuse qui doit ramener la France à la liberté :

> La guerre, c'est la fin. O peuples, nous y sommes.
> Pour l'entendre sonner, je monte sur ma tour ;
> Formidable angélus de ce grand point du jour,
> Dernière heure des rois, première heure des hommes[2] !

La guerre faillit devenir un jour, en effet, la fin, non pas seulement de l'Empire, mais de la France. Le poète, ce jour-

---

1. Jersey, décembre 1852. — 2. *La Fin*.

là, voulut prendre sa part des périls et des souffrances communes : il rentra dans sa patrie pour combattre et succomber avec elle.

> Quand l'empire en Gomorrhe avait changé Lutèce,
>   Morne, amer,
> Je me suis envolé dans la grande tristesse
>   De la mer.
>
> Mais aujourd'hui qu'arrive avec sa sombre foule
>   Attila,
> Aujourd'hui que le monde autour de toi s'écroule,
>   Me voilà !

Nous entrons dans l'*Année terrible*, dernier chapitre de l'*Expiation*. La nation sera châtiée comme le chef, dont elle a partagé et encouragé les fautes.

1. Août 1870.

Le malheureux voulait-il vivre ou voulait-il mourir, ainsi que semble l'attester le romancier plus ou moins historien? La mort refusa-t-elle de le prendre, lui réservant un autre châtiment? Quoi qu'il en soit, l'impression fut la même chez tous, amis et ennemis : la mort eût été un bienfait pour lui et pour les siens.

> . . . . Le mot de l'abîme était dit.
> Et l'Aigle noire, ouvrant ses griffes, attendit.

Alors éclate le dernier coup de scène; une de ces accumulations foudroyantes où excelle V. Hugo : tous les souvenirs glorieux du passé, tous les noms de victoires et de héros, l'honneur et l'orgueil de la France, viennent s'engloutir et s'effondrer dans cette honte suprême de Sedan.

> Alors la Gaule, alors la France, alors la gloire,
> Alors Brennus, l'audace, et Clovis, la victoire,
> . . . .
> Et tous ces chefs de guerre, Héristal, Charlemagne,
> Charles Martel, Turenne, effroi de l'Allemagne,
> Condé, Villars, fameux par un si fier succès,
> Cet Achille, Kleber, ce Scipion, Desaix,
> Napoléon, plus grand que César et Pompée,
> Par la main d'un bandit, rendirent leur épée [1].

Nul ne sait aussi bien que le poète des *Châtiments* faire d'une litanie une imprécation, et de l'histoire un pilori. Il se constitue lui-même exécuteur des hautes œuvres nationales, et décapite une renommée, d'un vers tranchant comme un coup de hache.

Cependant il lui en coûtait d'entrer en guerre avec l'Allemagne, qu'il avait jadis visitée, aimée, célébrée. De secrètes affinités le rattachaient à ses rêveurs philosophes et poètes. Il rappelle à la grande nation teutonne qu'elle a autrefois combattu pour la liberté avec Hermann contre César, avec Luther contre le pape. Mais, en dépit de ces glorieux souvenirs, l'ambition des princes fait oublier aux peuples leurs intérêts communs. Les deux larrons couronnés lui paraissent dignes l'un de l'autre:

> . . . . Ici le Jocrisse du crime ;
> Là, follement servi par tous ceux qu'il opprime,

[1]. Sedan.

> L'ogre du droit divin, dévot, correct, moral,
> Né pour être empereur et resté caporal [1].

Son aversion s'accroît encore lorsqu'il a vu Paris, la ville sainte devenue martyre, bloquée, bombardée.

> O Ville, tu feras agenouiller l'Histoire !

s'écrie-t-il, en s'agenouillant lui-même : extrême en tout, dans ses tendresses comme dans ses rancunes. Prenant à partie les sept chefs de l'hégémonie allemande, coalisés pour détruire Paris, il nous les montre

> Hideux, casqués, dorés, tatoués de blasons,

rugissant de fureur contre la grande cité flambeau du monde, foyer de lumière et de liberté. Ses imprécations s'adressent moins à la tourbe des truands et des soudards, qu'à ces princes et à ces ministres transformés en détrousseurs de grands chemins.

> Soit, princes ! Vautrez-vous sur la France conquise.
> De l'Alsace aux abois, de la Lorraine en sang,
> De Metz qu'on vous vendit, de Strasbourg frémissant,
> Dont vous n'éteindrez pas la tragique auréole,
> Vous aurez ce qu'on a des femmes qu'on viole,
> La nudité, le lit, et la haine à jamais [2].

La haine, c'est en effet tout ce qu'ils ont recueilli jusqu'ici, pour prix de leur victoire.

Flétrissant cette guerre d'espionnage et de trahison, sans honneur et sans foi, il lui ôte le bénéfice de la gloire dans un mouvement superbe, qui rappelle les plus belles pages des *Châtiments*.

> Là-haut au loin, le groupe altier des *Renommées*,
> Immobile, indigné, les ailes refermées,
> Tourne le dos, se tait, refuse de rien voir ;
> Et l'on distingue, au fond de ce firmament noir,
> Le morne abaissement de leurs trompettes sombres [3].

Ni Dante, ni Milton ne sont plus grandioses et plus tragiques : nous sortons de l'invective souvent brutale, pour revenir à la haute poésie.

---

1. Septembre, 3. — 2. Novembre, 3 : *A tous ces Princes*. — 3. Novembre, 3.

Homme d'action autant que de parole, il s'impatiente des lenteurs et des hésitations de Trochu, ce Fabius dévot, attendant toujours un secours du ciel, qui ne vient pas. Il demande qu'on aille bravement

> A la levée en masse, à l'abîme, au danger !

Avec la foule, il réclame une sortie, une trouée vigoureuse à travers l'armée prussienne :

> Aux armes, citoyens ! Aux fourches, paysans [1] !

Cependant les mois s'écoulent : Paris tient toujours, mais les désastres s'accumulent. La France, dans sa détresse, jette en vain autour d'elle un regard anxieux, pour trouver des alliés parmi ceux qu'elle a obligés et secourus autrefois. Un acte de félonie et d'ingratitude internationale, le message du président Grant, est venu soulever le cœur du poète. Il évoque le souvenir de Washington, de Franklin, de La Fayette, de Rochambeau, de John Brown, de Lincoln, pour flétrir le misérable politicien, sans mémoire et sans vergogne, qui a imprimé cette tache à l'étendard étoilé des Etats-Unis.

> Tu sais de quel cœur tendre et filial je t'aime,
> Amérique, je pleure....
> Je pleure !... Ah ! sois maudit, malheureux qui mêlas,
> Sur le fier pavillon qu'un vent des cieux secoue,
> Aux gouttes de lumière une tache de boue [2] !

Depuis, la statue de la *Liberté éclairant le monde*, échangée comme gage d'amitié, a rétabli et consacré l'alliance des deux républiques faites pour se comprendre.

Après Grant, l'Américain positif qui la renie sans pudeur, c'est Gladstone, le libéral, qui délaisse son alliée de Crimée, au nom du grand principe égoïste de l'indifférence politique ; c'est Bancroft, le juge, qui l'outrage en vertu du droit qu'on a d'insulter les malheureux. La nation martyre, mise en croix, a subi les hontes de la flagellation et des crachats : le double souvenir du Christ et de Prométhée se confond dans l'esprit et

---

1. Novembre, 7. — 2. Décembre, 3.

dans l'imagination du poète. C'est à cette heure que, reprenant la belle apostrophe de Béranger :

> Reine du monde, ô France, ô ma Patrie !

il lui jette cette parole de tendresse et de piété filiale :

> Ma Patrie et ma gloire et mon unique amour !

Même dans la défaite, il ne désespère point de la victoire définitive. Un jour viendra où l'idée l'emportera sur la force, et c'est par l'idée que la France prendra sa revanche en préparant l'émancipation des peuples.

> Sachez-le, puisqu'il faut, Teutons, qu'on vous l'apprenne,
> Non, vous ne prendrez pas l'Alsace et la Lorraine,
> Et c'est nous qui prendrons l'Allemagne.

C'est le *Græcia capta* renouvelé :

> Frères, vous nous rendrez notre flamme agrandie.
> Nous sommes le flambeau, vous serez l'incendie.

Le socialisme berlinois est à l'œuvre pour le moment. Ainsi se termine, par l'annonce d'un embrasement général, ce morne et douloureux *Journal de Décembre*, un mois maudit, qui a vu le soleil d'Austerlitz pâlir éclipsé par la honte du coup d'État.

Janvier succède, ouvrant un nouvel an plus lugubre encore que celui qui finit. Malgré les tristesses du présent, le grand-père bonhomme, qui chez V. Hugo s'allie au poète sublime et au citoyen, voudrait réjouir le cœur de ses petits-enfants, et s'est mis en quête de leur trouver des étrennes, des pantins et des poupées, dans ce Paris qui manque de bois et de pain. En même temps, il envoie par ballon monté, à une dame de ses amies, une épître demi-héroïque et demi-folâtre sur les misères du siège, dont il rit bravement.

> Paris terrible et gai combat....

Cette note joyeuse, que nous avons signalée jadis dans le

poème d'Abbon, au temps du siège de Paris par les Normands,

Parisius ridet media imperterrita tela [1],

est un trait particulier, et l'on pourrait dire héréditaire du patriotisme gaulois. Le poète, avec une belle humeur faite pour désespérer les Prussiens, si l'épître venait à tomber entre leurs mains, raconte plaisamment les étranges repas qui font du ventre des assiégés une nouvelle Arche de Noé, logeant tous les animaux à la fois :

> Nous mangeons du cheval, du rat, de l'ours, de l'âne.
> . . . .
> On vit de rien, on vit de tout, on est content.

Les femmes surtout donnent l'exemple de l'héroïsme, et lui paraissent tout simplement sublimes. Pour elles, il a retrouvé dans sa mémoire quelques beaux vers de Juvénal qu'il leur applique, en les comparant aux matrones romaines.

> Elles acceptent tout, les femmes de Paris,
> Leur âtre éteint, leurs pieds par le verglas meurtris,
> Au seuil noir des bouchers les attentes nocturnes,
> La neige et l'ouragan vidant leurs froides urnes,
> La famine, l'horreur, le combat, sans rien voir
> Que la grande patrie et que le grand devoir.

Puis, comme suprême confort des âmes, l'espérance qui aide à supporter les privations, l'opiniâtre illusion de la délivrance prochaine :

> Paris avant un mois chassera les Prussiens [2].

Chose bonne encore à leur faire savoir, s'ils pouvaient en être informés et convaincus.

Mais l'illusion s'efface devant les mécomptes de la réalité : il ne lui reste plus qu'à maudire la *bêtise de la guerre* :

> Ouvrière sans yeux, Pénélope imbécile,
> Berceuse du chaos où le néant oscille.

---

1. Voy. *la Poésie patriotique au moyen âge*, p. 141. — 2. Janvier, 2.

La seule idée de voir Paris tomber aux mains des Prussiens lui paraît une monstruosité impossible, une profanation sacrilège. Et se tournant vers Trochu l'*apathique*, il le gourmande, il le somme d'ouvrir les écluses à ce torrent de la furie française, qui ne demande qu'à déborder pour engloutir l'envahisseur.

> Laissez la *Marseillaise*, ivre de son refrain,
> Se ruer éperdue à travers les batailles [1] !

Toujours la grande légende de la levée en masse, de l'inondation populaire, emportant tout dans son cours. Esprit cultivé et réfléchi, Trochu était d'une autre école. Sans audace et sans génie, ayant aussi peu de confiance en lui-même que dans les troupes dont il disposait, effrayé des conséquences terribles d'une défaite, qui livrerait la ville sans défense aux représailles du vainqueur; avec la modestie d'un sage et les scrupules d'un honnête homme, il n'avait eu dès le début qu'une idée fixe, sauver Paris de la destruction. Le sort de Tyr, de Jérusalem, de Numance ne lui semblait point enviable. Un nouveau siège de Saragosse, dans une ville de trois millions d'hommes, lui eût paru un acte de barbarie abominable, un crime pour ceux qui l'auraient commis ou provoqué, un deuil éternel pour ceux qui l'auraient subi.

Tout en regrettant qu'il n'ait pas osé davantage, tenons compte à cet infortuné Trochu de ses scrupules, de sa patience, de ses sacrifices d'amour-propre et du silence modeste qu'il a gardé depuis.

II

A mesure que nous avançons, l'exaltation s'accroît, l'équilibre se rompt dans le cerveau comme dans le style du poète. L'heure de la capitulation venue, il s'est fait l'écho de l'indignation populaire, de ses déceptions, de ses colères, qui provoqueront bientôt l'explosion de la Commune.

> Quand on était là prêts à sortir, trois cent mille,
> Ce tas de gens de guerre a rendu cette ville [2] !

---

1. Janvier, 5 : *Sommation*. — 2. Janvier. 13 : *Capitulation*.

C'est aux chefs de l'armée qu'on attribue la honte de la reddition : les *capitulards*, comme on les appelle, sont livrés aux risées et aux malédictions de la foule.

Tout ce ferment de rancunes et d'orgueil national humilié bouillonne dans les vers du poète. Il a senti les angoisses et les affres de la guerre civile prête à éclater. A-t-il provoqué la Commune? Non. L'a-t-il combattue? Pas davantage. Il se contente de l'approuver dans ses protestations patriotiques, dans ses fiertés légitimes ; de la plaindre et de la blâmer dans ses excès et ses fureurs, quand elle assassine les généraux Lecomte et Clément Thomas, première tache indélébile, premier sang versé sans motif ni raison. Il condamne les massacres d'où qu'ils viennent, de Paris ou de Versailles. Ennemi des représailles, il est avant tout l'homme de la clémence et du pardon : son aveugle pitié s'étendrait volontiers même aux criminels, même aux traîtres :

> Je sauverais Judas, si j'étais Jésus-Christ [1].

Au milieu de cet enfer qui l'entoure, son imagination s'égare, sa conscience et sa raison, tout en voulant rester impartiales, se troublent et se débattent contre des folies et des attentats qu'il ne saurait approuver, mais qu'il condamne et flétrit mollement. La mort des otages l'embarrasse d'une façon visible : il la réprouve et qualifie les assassins de bandits; mais, en même temps, il déplore les terribles châtiments qui viendront plus tard. Sous prétexte d'équité, il tient un livre en partie double où il inscrit les torts de Paris et ceux de Versailles. Telle est la pièce intitulée *les Deux Trophées*. Il a vu des mains françaises renverser cette Colonne qui lui a jadis inspiré de si beaux vers. Devant ce crime de lèse-nation, son cœur a bondi, ses yeux se sont mouillés de larmes. Mais pour comparer les torts et rétablir la balance des comptes entre les deux partis, il nous montre les boulets de Mac-Mahon s'abattant sur l'Arc de Triomphe de l'Étoile, cet autre trophée, cet autre monument sacré dont ils écornent le front. Assimiler le déboulonnement systématique de la Colonne, cette

---

1. Avril : *Pas de représailles*.

infamie gratuite, voulue, préméditée, secondée par des repris de justice, des souteneurs, des filles publiques, et sans doute des agents secrets de Bismarck ; assimiler un pareil acte, odieux, exécrable, antifrançais, aux dégâts involontaires causés par les batteries du siège, que dirige un général honnête homme, que desservent des soldats loyaux, dévoués, soumis à la discipline et au devoir, serait manquer de justice et d'impartialité.

Mais ce n'était point assez d'avoir souffleté toutes nos gloires en face du drapeau tudesque ; nous devions offrir à l'ennemi stupéfait de tant de démence un spectacle plus étrange, plus hideux encore : celui de Paris se brûlant lui-même. Paris devenant un autre Moscou, sans avoir pour excuse le désespoir sauvage et patriotique d'un Rostopchine, mais pour unique motif la haine, l'envie, la rage de détruire par amour de la destruction. En face de cet acte monstrueux, difficile à justifier, le poète indulgent trouve un biais pour détourner du peuple l'accusation :

> Non, ce n'est pas toi, peuple, et tu ne l'as pas fait,
> Non, vous les égarés, vous n'êtes point coupables.

Mais alors à qui revient la faute ? — Au passé, à ses lois détestables, à l'ignorance, à la misère, à la société, qui n'a pas su prévenir ces déplorables excès :

> Votre société, la vieille criminelle,
> La scélérate, a fait tout ce que nous voyons [1].

Véritable querelle d'Allemand intentée à cette pauvre société, qui n'en peut mais ; qui garde, si l'on veut, sa part d'égoïsme, ses étroitesses, ses défauts, mais qui n'en a pas moins fondé, depuis longtemps déjà, les hôpitaux, les crèches, les salles d'asile, les bureaux de bienfaisance, les refuges pour les vieillards et les enfants abandonnés, l'enseignement primaire gratuit, les bourses dans les lycées, dans les grandes écoles du gouvernement, etc. Rendre la société bourgeoise (car c'est elle surtout qu'on incrimine) responsable des bandits, des scélérats et des fous qu'elle porte dans son sein, nous paraîtrait un étrange système

[1]. Mai, 1er.

de morale, supprimant, au profit des criminels, la conscience et la liberté.

Quoi que l'on pense des faiblesses et des indulgences de Victor Hugo, son excuse est dans cette immense pitié qu'il a vouée aux *misérables* :

> Je suis le compagnon de la calamité,
> Je veux être — je prends cette part la meilleure —
> Celui qui n'a jamais fait le mal, et qui pleure [1].

Ne pas faire le mal, c'est bien : mais l'empêcher, le prévoir et le réprimer au besoin, c'est mieux encore. Il se dit avant tout

> L'homme des accablés et des abandonnés.

Pourtant, en prenant la défense des *fusillés*, est-ce à dire qu'il les approuve en tout ? Non.

> Vos chefs vous égaraient, je l'ai dit à l'Histoire ;
> Certes je n'aurais pas été de la victoire,
> Mais je suis de la chute ; et je viens grave et seul,
> Non vers votre drapeau, mais vers votre linceul.

L'*Année Terrible*, qui se termine en juillet 1871, a pour couronnement une longue suite de divagations et de déclamations solennelles, d'hallucinations et de visions prophétiques, où surnage une idée dominante, celle de l'avenir et des métamorphoses qu'il doit apporter avec lui.

> On entend vaguement le chant d'une âme immense.
> C'est quelque chose d'âpre et de grand qui commence.
> C'est le siècle nouveau qui de la brume sort.

Le poète reste fidèle à son rôle d'oracle, et nous montre dans un lointain nébuleux le triomphe définitif du progrès. Le *Vieux Monde*, que Gringore mettait jadis en scène sur les tréteaux de la Farce au temps de Louis XII, reparait ici, s'inquiétant de voir monter le Flot qui lui crie :

> Tu me crois la marée, et je suis le déluge.

Tâchons de nous construire une arche, avant qu'il arrive.

---

1. Juin, 13 : *A ceux qu'on foule aux pieds*.

III

Cette guerre néfaste et maudite, dont on connaît maintenant le véritable auteur, qu'un journaliste anglais a osé appeler *le plus grand criminel du siècle*, si elle a coûté cher à la France en hommes et en argent, si elle lui a fait perdre deux de ses provinces les plus vaillantes et les plus vraiment françaises, lui a donné du moins une génération nouvelle de poètes ou de chantres patriotes, telle qu'elle n'en avait pas vu depuis 1789. Jamais peut-être la Muse nationale, qui était restée à peu près muette, indifférente à nos victoires de Crimée et d'Italie, n'a trouvé de plus nobles accents pour déplorer et venger nos défaites. Jeunes et vieux se mettent à l'œuvre avec une généreuse émulation.

Parmi les vétérans nous citerons tout d'abord Victor de Laprade, l'auteur de *Psyché*, des *Poèmes évangéliques*, des *Symphonies*. Poète mystique et rêveur, formé à l'école de Lamartine, le patriotisme a fait de lui un écrivain d'action. Il a quitté les vieux chênes séculaires, avec lesquels il se plaisait à s'entretenir comme un ami du temps passé, pour se mêler aux luttes et aux passions de ce monde. Lui aussi, il est devenu le poète des circonstances, sentant que la plume a son devoir et son office à remplir autant que l'épée, à certaines heures. Chrétien et royaliste par tradition, libéral d'esprit et de sentiment, Français avant tout, il s'est armé un jour du fouet de la satire, pour combattre deux ennemis qu'il déteste : le despotisme et l'étranger envahisseur.

Avant l'*Année Terrible*, Laprade avait déjà engagé contre l'Empire un premier combat. Ses *Poèmes Civiques*, publiés en 1859, étaient une attaque en règle contre le nouveau régime, une critique de cet abaissement moral, de ce positivisme étroit et prosaïque dont la jeunesse du temps semblait elle-même atteinte :

> Quels fruits, quelles moissons portera l'avenir,
> Quand déjà le printemps voit les feuilles jaunir ?

Pourtant faut-il désespérer du lendemain ? Son noble cœur s'y refuse.

> Lève-toi dans ta force, ô divine Jeunesse !
> Souris sur le vieux monde, afin que tout renaisse.

La satire, en effet, n'est pas sa véritable vocation. Malgré son aversion pour l'Empire, avec Brizeux, avec Autran, poète catholique et provincial comme eux, quand vient la guerre de Crimée, il a senti bouillir en lui le vieux sang de France, et compose l'*Hymne à l'Épée* :

> Fils des Francs ! aimons notre Épée,
> Son acier nous va mieux que l'or,
> Et Dieu, qui l'a si bien trempée,
> Veut par nous s'en servir encor.

Mais la guerre, légitime et sainte lorsqu'elle a pour objet la défense du droit, de la justice et du sol natal, devient criminelle, quand elle est faite uniquement pour servir l'ambition des princes. C'était le cas de la Prusse arrachant au Danemark le Slesvig-Holstein, et préparant la campagne de Sadowa.

> Lorsque vos fils, armés pour les droits de leurs villes,
> Teindront de leur sang généreux
> Les sentiers de l'Argonne ou ceux des Thermopyles,
> Mères, ne pleurez pas sur eux [1].

Au moment où le gouvernement impérial, qu'il n'aime et n'estime point, vient de lancer la nation dans les hasards et les folies d'une guerre dont il n'a pas prévu les conséquences, le poète a senti de nouvelles douleurs et de nouvelles indignations s'éveiller en lui. Après les humiliations de la défaite, sont venues les horreurs de la guerre civile : il a vu se dresser au milieu de Lyon terrorisé le hideux spectre de la Commune. Les jacobins, maîtres du pouvoir, se vengent des Prussiens, qu'ils n'ont pu vaincre, sur des Français innocents, qu'ils peuvent martyriser. Laprade a retenu d'abord sa colère : il est resté coi, silencieux, consterné, s'abstenant d'ajouter un souffle de haine à ce brasier. Mais un Breton son ami, Émile Grimaud, s'étonne de son silence et lui écrit de Nantes :

> Laprade, es-tu donc mort que tu ne chantes plus ?

---

[1]. *La Guerre*, 1866.

C'est pour lui répondre que le poète se décide à écrire son *Ode aux soldats et aux poètes bretons* (1er novembre 1870). Que n'est-il au milieu de ces braves Vendéens, qui ont gardé le courage et la foi de leurs pères! Avec eux, il entonnerait l'hymne des batailles:

> Mes vers, sonnant la charge et jamais la retraite,
> Seraient votre clairon, Cathelineau! Charette!

Mais que faire dans ces sombres murs où il achève de vivre en ce moment, au milieu d'énergumènes impies, furieux et avinés, crachant le blasphème et l'injure.

> Sur l'hôtel communal, comme du haut d'un bouge,
> Flotte un sanglant torchon, le hideux drapeau rouge,
> Pour dire à tous les yeux, attestant nos excès,
> Que les gens et le sol n'ont plus rien de Français.
> . . . .
> Mais pour vous, ô Bretons, ô Celtes de l'Arvor!
> Pour vous, ô Vendéens! je suis poète encor.

Et il le prouve en leur adressant cet appel patriotique, cette demi *Marseillaise-Bretonne*:

> Aux armes, Vendéens, dont la race héroïque
>   De paysans soldats,
> Quand l'Europe tremblait devant la République.
>   Seule ne trembla pas.
>
> Bretons et Vendéens, famille encor meurtrie
>   De nos injustes coups,
> Vengez-vous, ô martyrs, en servant la patrie;
>   Les bleus comptent sur vous.

Ce fut ainsi que l'on vit les soldats de Charette accourir à l'appel de Gambetta. A cette heure, le patriotisme l'emportait sur tous les dissentiments politiques et religieux. La même pensée inspirait à Laprade, le mois suivant, cette verte *Épître au roi de Prusse*[1], notre ennemi et vainqueur impitoyable. Le poète monarchique a perdu ici le respect de la dignité royale, pour flétrir et maudire le chef des bandits. Le début cependant est calme et grave comme un sermon.

---

1. Décembre, 1870.

> Roi, l'homme qui vous parle est un homme de paix,
> Un homme de prière, ami des bois épais,
> Soumis aux justes lois, fidèle aux justes maîtres,
> Nourri dans le respect des rois et des ancêtres.

Il rappelle que ses aïeux sont morts sur l'échafaud au service de la royauté. Et alors, au nom de la vérité et de sa conscience, sur un ton qui ressemble un peu au discours de Saint-Vallier dans *le Roi s'amuse* de Victor Hugo (singulier rapprochement à coup sûr), il apostrophe ainsi le souverain homicide :

> Tu poursuis une guerre, une victoire infâmes,
> O toi, sombre assassin des enfants et des femmes !
> . . . .
> Mais Dieu vous a jugé, Guillaume le Maudit,
> Vous n'êtes pas un roi, vous êtes un bandit !

Si humiliée, si écrasée que soit cette pauvre France, le poète n'en garde pas moins une foi inébranlable dans son rôle providentiel et sa victoire future.

> Tu vaincras ! Dieu te garde une ère magnifique ;
> Mon indomptable foi me l'a su découvrir.
> L'amour à ton enfant donne un cœur prophétique.
> Va, je le sentirais, si tu devais mourir [1].

Les Allemands ont beau railler la Grande Nation, en opposant leurs victoires à son orgueil, ils ne l'empêcheront pas d'avoir été dans le monde la servante dévouée, la tutrice fidèle du droit et de la liberté, laissant à d'autres le triste honneur de proclamer la souveraineté de la force brutale. Cet honneur, il le renvoie à l'Allemagne, en s'excusant d'avoir cru jusque-là à ses vertus.

> Bons Allemands, on vous faisait injure,
> On vous tenait pour un peuple penseur.
> On vous aimait chez nous, je vous le jure,
> De votre Muse on vantait la douceur.
> . . . .
> On vous disait humains, loyaux, honnêtes :
> Pardonnez-nous ces mauvais sentiments;
> Nous savons mieux enfin ce que vous êtes,
>   Bons Allemands, bons Allemands [2].

1. A *France*, décembre 1870. — 2. *Bons Allemands*.

L'*Épître à Gretchen* est encore une pièce satirique, à propos des envois faits par les pillards germains à leurs maîtresses ou à leurs femmes. Le mobilier, la toilette, les bijoux, les châles, les chapeaux et même les chemises, tout y a passé. Ce brigandage organisé est resté un des côtés comiques et honteux de cette guerre, digne de forbans plus que de soldats. Les grandes dames elles-mêmes en ont pris leur part, depuis la femme du général et du ministre jusqu'à celle du sergent.

> Gardez à jamais, nobles dames,
> Nos rubans, nos chapeaux fanés,
> Si nous les rapportions, nos femmes
> Nous les jetteraient par le nez.
>
> Et d'ailleurs une paix loyale
> Éteint tous nos ressentiments....
> Continuez, bons Allemands,
> A salir notre linge sale[1].

Mais la satire, comme nous l'avons dit, n'est qu'une arme d'occasion aux mains de Laprade. Il est de la race des enthousiastes et des croyants plus encore que des railleurs. Si nous voulons retrouver le patriote avec toute sa passion naïve, sincère et parfois implacable, c'est dans le *Livre d'un père ou Conseils donnés à ses fils*, qu'il nous faut aller le chercher. C'est là qu'il a mis la meilleure part de son âme et quelques-uns de ses plus beaux vers. Envoyé par ses concitoyens sur les bancs de l'Assemblée nationale, il avait vu dans cette mission moins encore un honneur qu'un fardeau et un devoir civique, en se disant à lui-même :

> Restons autant que le danger[2].

C'est alors qu'il achève ce *Testament moral* légué à ses fils :

> Si vous voulez dans votre cœur,
> Quand mes os seront sous la terre,
> Sauver ce que j'eus de meilleur,
> Gardez mon âme tout entière.

---

1. *A Gretchen*, février 1872. — 2. *A Versailles*, décembre 1873.

> Aimez, sans vous lasser jamais,
> Sans perdre un seul jour l'espérance,
> Aimez-la, comme je l'aimais,
> Aimez la France[1].

« Servez la France, souffrez pour elle, mourez pour elle » ; ainsi finit chaque strophe de cette instruction paternelle.

Au risque de se trouver en contradiction avec son maître Lamartine, il se défie de ce cosmopolitisme humanitaire qui lui semble trop souvent un mensonge ou une duperie.

> Qu'on ne me parle plus de ces peuples nos frères !
> Où sont-ils, et lequel nous a tendu la main ?
> Je suis Français, la France a les destins contraires :
> J'ai souci d'elle seule, et non du genre humain[2].

Il répète les mêmes conseils à la jeunesse française, dans une pièce lue à l'inauguration de la plaque commémorative consacrée, par l'Association des anciens élèves du lycée de Lyon, au souvenir des camarades morts pour la patrie, pendant la guerre de 1870-1871.

> Depuis ces quarante ans, la lyre s'est trompée
> En nous prêchant l'amour de nos voisins jaloux ;
> Réparez son erreur, enfants, à coups d'épée ;
> Vous aimerez après !... Mais d'abord vengez-vous !

On peut juger par là du fiel laissé au fond des âmes, même chez les plus pacifiques et les plus sages.

IV

Un confrère de Laprade, que nous avons rencontré déjà sur la route de Milianah et de Sébastopol, Joseph Autran, se retrouve cette fois encore, non plus pour exalter, mais pour déplorer ce vaste écroulement où succombent la fortune et l'honneur de la France. Le paisible bourgeois de Marseille est saisi d'indignation après Sedan, et lance, à la face du chef déshonoré, le mépris d'une Muse qui n'a connu jusque-là, sous le drapeau français, que des héros à glorifier. Dans cette suprême immolation au devoir,

---

1. *La France*, novembre 1875. — 2. *Serment*, 23 février 1874.

il ne voit qu'un déserteur apathique et indifférent, allant porter au vainqueur une épée qu'on ne daigne point accepter.

> A cette heure où chacun, sous le canon qui tonne,
> Tombe et meurt, et se dit : « Je fais ce que je dois »,
> Lui fumeur somnolent, que ce spectacle étonne,
> Circulait en wagon, sa cigarette aux doigts [1].

Le fait a été contesté, nié formellement: mais une gravure du temps l'avait consacré, quand le poète s'en est emparé. Abandonnée par son chef, la nation doit se ressaisir elle-même, et travailler à son salut.

> Agissons, travaillons du cœur et de l'épaule,
> Ne reconnaissons pas que le coup soit mortel;
> Soyons les dignes fils de cette vieille Gaule
> Qui ne craignait jadis que la chute du ciel.

Pour oublier les amertumes du présent, le poète se réfugie dans le passé en écrivant la *Légende des Paladins*.

> Mère des Paladins errants,
> France, dont le nom seul m'enivre,
> C'est toi qui m'as fourni ce livre,
> Et c'est à toi que je le rends.
> A ce récit, peuple des Francs,
> Si ton cœur bat, tu peux revivre.

1. *A la France de 1871.*

CHAPITRE XXII

LES FRANCS-TIREURS DE LA POÉSIE (suite).

(GUERRE DE 1870-1871)

Paul Déroulède : *Chants du soldat*. — Eugène Manuel : *Pendant la guerre*. — Théodore de Banville : *Idylles prussiennes*. — Henri de Bornier : *Paris et la Guerre ; la Fille de Roland*. — Jules Barbier : *le Franc-Tireur*.

I

A côté de ces voix graves et attristées, retentit, comme un son de clairon aigu et strident, une voix plus jeune et plus ardente encore, partie des rangs de la milice improvisée dans ces jours de malheur : celle de Paul Déroulède. Rien qu'à le voir, on le devine : ses grandes jambes qui dévorent l'espace, les basques flottantes de sa longue redingote verte ou de sa capote militaire, l'animation qui règne sur son visage, lui donnent l'aspect d'un apôtre inspiré ou d'un capitaine en marche. Il est par-dessus tout le chantre et le poète de l'action. Sa plume est la compagne et la confidente de son épée. Tous n'ont pas, autant que lui, partagé les misères, les privations, les souffrances de la guerre et de la défaite, les longues marches à travers la neige, sans feu, sans abri et sans pain : tous n'ont pas offert à la patrie une part de leur chair et de leur sang. C'est pourquoi nous lui donnons une place d'honneur à l'avant-garde, parmi les volontaires de la poésie et de l'armée. Sans doute il ne fut pas le seul : nous en pourrions citer bien d'autres qui, dans les rangs de la garde nationale mobile ou de l'armée active, ajoutent à leurs chants patriotiques l'exemple du sacrifice jusqu'à la mort. Même parmi les sédentaires, les isolés, que d'autres devoirs retenaient éloignés du combat, en est-il un qui n'ait senti le contre-coup de cette grande douleur accablant l'âme de la France? Nul ne l'a mieux comprise et exprimée que Déroulède.

Il a été, dès le début, l'homme et le poète de la résistance et de la revanche, dans ses *Chants du soldat*. Fils respectueux et reconnaissant, à qui a-t-il dédié son livre? A ceux qui lui ont appris à aimer la France : à son père et à sa mère. Son premier cri est une protestation contre les cœurs défaillants, qui médisent et désespèrent de la patrie vaincue. *Vive la France!* c'est le mot qu'il prononce après la première défaite :

> Oui, France, on t'a vaincue, on t'a réduite même;
> Et, comme il n'a pas eu pour preuve le succès,
> A ton courage encore on jette l'anathème,
> Et les Français s'en vont rabaissant les Français.

Déroulède s'est fait le défenseur intrépide, énergique, des soldats, des généraux, de ceux qu'on appelle les capitulards de Metz et de Sedan, en rappelant les actes d'héroïsme accomplis par eux à Frœschwiller, à Gravelotte, à Borny, luttant un contre quatre, écrasés sous le nombre et la mitraille. La revanche, qui va devenir chez lui une idée fixe, lui apparaît, comme un résultat certain, inévitable:

> Et la revanche doit venir, lente peut-être,
> Mais en tous cas fatale, et terrible à coup sûr;
> La haine est déjà née, et la force va naître ;
> C'est au faucheur à voir si le champ n'est pas mûr.

Toutes les impressions et les images de la guerre se reflètent dans ces courts épisodes, qui ont le mérite de l'exactitude et de la concision. L'*Arrière-Garde* débute par une description morne et sombre :

> C'était après un jour de lutte et de défaite,
> — Hélas ! de pareils jours furent nombreux pour nous! —
> L'armée en désarroi commençait la retraite,
> Et la neige montait, froide, jusqu'aux genoux.

A la vérité, à la sobriété des peintures se joint le pathétique contenu, sans emphase ni déclamation. Rien de plus simple et de plus touchant que cette fin du vieux capitaine qui, se sentant blessé à mort, enfonce son sabre dans la terre et dit à ses hommes :

> C'est ici, mes enfants, que je veux qu'on m'enterre,
> Honte à qui laisserait mon corps à l'ennemi.

La pièce intitulée *le Turco* est un petit virelai mélancolique et doux, comme une berceuse, sur la mort d'un jeune turco, expirant entre les bras d'un vieil Arabe, son compagnon d'armes.

> C'était un enfant, dix-sept ans à peine,
> De beaux cheveux blonds et de grands yeux bleus.

Le bon Arabe veillant sur l'enfant avec la tendresse d'une mère, au bord d'une source, au fond d'un ravin, le réconforte et le console, à ses derniers moments, par l'illusion d'une victoire sur les Prussiens :

> Oui, petit Français, tu les as vaincus.

Parmi ces pages vivantes, il en est une surtout vraiment belle, c'est *Bazeille*, épisode douloureux et sanglant, dont le héros est un curé de village. Au milieu du massacre général, voyant les femmes et les enfants tomber sous les coups furieux des Bavarois, l'homme de prière, le vieux pasteur, pousse le cri de : *Aux armes, mes enfants!*

> Et passant sa soutane aux plis de sa ceinture,
> Faisant aux paysans signe de l'imiter,
> Il ramasse un fusil que la mort lui procure :
> Chacun s'arme, chacun s'excite et se rassure,
> Et la poudre aussitôt recommence à chanter [1].

Le poète, qui comprend et partage cette haine sainte de l'envahisseur, absout le prêtre devenu soldat :

> Le blâme qui voudra, moi je l'aime ce prêtre
> Est-ce sa faute à lui s'il perdit la raison,
> Si des frissons de haine ont traversé son être,
> Lorsque les Bavarois, les poings pleins de salpêtre,
> Brûlaient homme par homme, et maison par maison?

---

1. *Faire chanter la poudre* est une expression employée par les Arabes.

Le sac de Bazeille, ne l'oublions pas, fut une abominable tuerie. Un dernier mot justifie le pasteur immolé avec ses brebis :

> Le curé de Bazeille est mort pour son pays !

Les *Chants du soldat* expriment toutes les idées généreuses, héroïques, sensées, et même folles, qui traversent l'imagination du poète patriote. Parmi ses rêves, il en est un qui l'obsède sans cesse. A peine rétabli de sa blessure par les soins du docteur Dolbeau, il lui parle de son idée fixe : la *Revanche*.

> La revanche est la loi des vaincus ; nous le sommes.
> Je la demande à Dieu terrible et sans recours,
> Prochaine et sans merci ; je la demande aux hommes.
> Les chemins les plus sûrs sont parfois les plus courts [1].

Nous retrouvons ici l'impatience et la fougue de l'auteur, chez lequel domine trop souvent la *furie française*. C'est elle qui emporte les zouaves attaquant à la baïonnette les canons prussiens, tuant les artilleurs sur leurs pièces, puis se voyant au nombre de neuf avec dix canons sur les bras, et tombant eux-mêmes avec leur prise entre les rangs de l'armée ennemie, où ils croient rencontrer des compagnons [2]. Héroïque folie, dont notre histoire a donné plus d'un exemple depuis Poitiers jusqu'à Reichshoffen.

Au milieu de ces chants de guerre douloureux, passionnés, la malice et la gaieté ont aussi leur part dans le *De Profundis du Marseillais*. A cette pochade comique, nous préférons la chanson ou complainte de *la Déroute*. Encore un plaidoyer en faveur de nos soldats, auxquels l'opinion ingrate attribue tous nos malheurs :

> Au premier bourg où l'on passe :
> « Qu'ils sont pâles ! » a-t-on dit ;
> Et d'un accent qui les glace :
> « C'est qu'ils ont eu peur, pardi ! »
> Alors un pauvre mobile
> Triste et fier se retourna,
> Et forçant sa voix débile :
> « Il n'a pas peur le soldat ! »

---

1. *Épître au docteur Dolbeau.* — 2. *A la baïonnette.*

> « Nous fuyons ; la chose est triste,
> Mais comment faire à la fin ?
> Voilà trois jours qu'on résiste,
> En voilà huit qu'on a faim.
> Avoir froid, on s'habitue,
> On se réchauffe, on se bat ;
> Mais ne pas manger, ça tue.
> — C'est un homme, le soldat ? »

Le poète, qui a partagé les misères, les souffrances et les humiliations de la défaite, se sent pris de commisération et de tendresse pour ses frères d'infortune, et les défend contre les injustices de la voix publique, toujours sévère à l'égard des vaincus.

Au milieu des tristes épreuves de la guerre, c'est à Corneille qu'il demande de raviver les âmes par un souffle bienfaisant, à l'idée de devoir et de patrie. Il dépose, devant le buste du vieux poète, des stances récitées par Coquelin sur la scène du Théâtre-Français. Avec Laprade, il maudit les apôtres du cosmopolitisme indifférent, les contempteurs de l'esprit national, qui énervent et abaissent les cœurs au nom d'une fraternité bâtarde envers l'étranger.

> Ah ! faiseurs de pamphlets et chercheurs de doctrines,
> C'est vous, les impuissants, qui nous avez détruits !
> C'est votre esprit qui vient crier sur nos ruines :
> « Ne sois d'aucun devoir, tu n'es d'aucun pays. »
>
> Et toi, Corneille, toi, père du grand courage,
> Redis-nous ces leçons dont tu formais les cœurs,
> Le calme dans l'effort, la haine après l'outrage ;
> Redis-nous la Patrie et refais-nous vainqueurs !

Le premier recueil des *Chants du soldat*, le seul dont il sera question ici[1], se termine par un cri de haine et de vengeance : le *Væ Victoribus* opposé au *Væ Victis* que les Prussiens ont lancé contre nous. C'est une exécration en règle, un *Delenda Carthago*, qui a peut-être le tort de ne

---

[1]. M. Déroulède a publié depuis : *Nouveaux Chants du soldat*, 1875 ; — *Marches et sonneries*, 1881 ; — *Refrains militaires*, 1889 ; — *Chants du paysan*, 1894 ; — toutes œuvres qu'anime la même flamme patriotique.

laisser à chacun des deux peuples d'autre issue que l'extermination :

> Que tout s'arme contre eux, contre eux que tout conspire !
> Que, quels que soient le chef, la route et les moyens,
> La France et les Français n'aient qu'un seul but : détruire
> La Prusse et les Prussiens !

On ne détruit pas ainsi un peuple, une nationalité. Que d'années il a fallu pour tuer la Pologne ! Et encore est-elle bien morte ? N'avons-nous pas vu la Grèce et l'Italie sortir du tombeau ? La Némésis vengeresse ou la justice *immanente*, comme on voudra l'appeler, a, dans l'histoire, des retours subits et inattendus.

II

Au poète soldat enfiévré, partageant les élans, les colères et les rancunes implacables qu'inspire la guerre, nous opposerons le poète du foyer domestique, rêveur et moraliste, se faisant aussi le pourvoyeur de la Muse nationale, avec Eugène Manuel. Le chantre des *Ouvriers*, de la *Mort du Saltimbanque*, des joies intimes de la famille, se rattache par l'esprit et le sentiment à l'école d'Andrieux, de Collin d'Harleville et de Ducis. Cependant la guerre a fait de lui, comme de tant d'autres, un écrivain patriote. Enfermé avec nous dans Paris et associé à sa longue résistance, il a connu les privations, les espoirs, les désenchantements et toutes les émotions du siège ; il s'en est fait l'écho, non pas seulement dans ses vers, mais sur le théâtre, où la plupart de ses pièces ont été récitées. Grâce à la précieuse collaboration de Mlle Favart et de Coquelin aîné, il a obtenu des succès qui n'ont pu suffire jusqu'ici à lui ouvrir les portes de l'Académie française — si peu exigeante quelquefois, — mais qui lui ont créé des titres sérieux à la reconnaissance publique.

Lui-même nous explique dans sa préface, toute chaude encore des impressions de la veille, comment ces pièces sont nées sous le coup des événements contemporains. La première, datée de juillet 1870, à l'heure où la guerre va être déclarée, est une protestation au nom de l'humanité, un appel à la sagesse des souverains :

> Il en est temps : que Dieu l'inspire,
> O toi qui, le premier des deux,
> Diras : C'est trop payer l'empire
> Au prix de ce fléau hideux !

Quelques semaines après, la guerre comptait assez de victimes pour qu'on s'occupât de venir en aide aux blessés. Le Théâtre-Français, qui faisait bientôt de son foyer une ambulance, préparait une représentation au bénéfice de la Société de secours organisée en leur faveur. Sous l'impulsion d'une généreuse inspiratrice, Mme Coralie Cahen, les femmes de France s'étaient transformées en volontaires de la charité, et rivalisaient, avec nos admirables religieuses, de courage et de dévouement. Le poète apporta son tribut à l'œuvre commune, en composant une pièce de circonstance. Mais il fallait se hâter. Quelle forme adopter ? Une déclamation sentimentale, une élégie, une complainte ? Non, mais un dialogue en action, une petite scène dramatique où figuraient un jeune soldat blessé et une jeune femme, une de ces sœurs de charité laïques improvisées par la guerre.

L'auteur nous raconte, dans l'avant-propos, au milieu de quelles émotions et de quelles angoisses eut lieu la représentation. Dans l'intervalle, un faux message annonçant une grande victoire, l'enthousiasme crédule porté au comble par un succès tant désiré, les drapeaux hissés aux fenêtres : puis bientôt la certitude trop évidente d'un odieux coup de bourse, la nouvelle d'un désastre irréparable à Frœschwiller et à Reichshoffen, tandis qu'on se réjouissait à Paris, et ce cri désespéré, à demi honteux : « Retirez les drapeaux ! » Le soir on se retrouvait au Théâtre-Français le cœur ulcéré, brisé, silencieux : le public ne prêtait qu'une oreille distraite aux beaux vers de Corneille et de Ponsard, au *Rhin Allemand* de Musset et au *Départ* de Pailleron, quand cette scène pathétique, idéale et réaliste à la fois, du jeune soldat blessé et de la jeune femme, vint fondre et réunir toutes les âmes dans un sentiment unanime de compassion et d'attendrissement.

L'ambulance, ainsi transportée sur le théâtre, devient l'occasion d'un petit drame ou plutôt d'une conversation, où s'épanchent les tristesses et les réflexions du jour. D'abord le blessé s'étonne de voir à son chevet une femme du monde, au lieu de la cornette blanche d'une religieuse.

> C'est le devoir nouveau qui s'impose à la France,

dit la jeune infirmière. Moins nouveau pourtant qu'elle ne le suppose. Déjà, au temps des croisades, nous avons vu, dans le *Poème d'Antioche*, le « bataillon des femmes » portant des barils d'eau, du linge pour les pansements, des remèdes pour les malades, et accompagnant les hommes jusque sous les murs de Jérusalem. L'héroïsme est moins une nouveauté qu'une tradition pour les femmes, dans le pays de sainte Geneviève, de Jeanne d'Arc, de Jeanne Hachette, de Mme Roland et de Charlotte Corday. Puis le jeune soldat nous raconte en peu de mots son histoire. Nous avons là en raccourci, sous une forme sobre et discrète, un de ces tableaux que M. Zola s'est plu à nous décrire depuis, avec une exubérance de détails et une puissance de coloris qui font de la guerre un cauchemar effrayant.

> La plaine n'était plus qu'une paille hachée,
> Où le sang abreuvait la terre desséchée.

Au milieu des ardeurs de la lutte, le sentiment de l'humanité et de la pitié l'emporte. M. Manuel évidemment ne sait point haïr,... même les Prussiens : c'est le seul reproche que l'on serait tenté parfois de lui adresser. Quand la jeune femme s'écrie :

> Mais vous haïssez donc ceux que l'on vous oppose ?

Le blessé répond avec calme :

> Non ! l'on ne hait personne : on ne sait qu'une chose,
> C'est qu'il faut soutenir partout le vieil honneur.

L'honneur, cet antique principe de la monarchie, se trouve ici doublé de la vertu républicaine, qui lui apprend à

> Périr pour une idée ou bien pour un devoir !

Un petit souffle cornélien circule, comme l'air de la maison, à travers cette bluette patriotique, passant du foyer sur la scène du Théâtre-Français. La jeune femme résume ainsi dans un vers final le double symbole que le poète a voulu représenter dans ce dialogue :

> Vous êtes le Courage, et je suis la Patrie.

C'est encore à Mlle Favart que reviendra l'honneur de célébrer sur la même scène les *Pigeons de la République*, une idylle du siège, mélancolique et tendre. La sympathique comédienne, telle que nous la dépeint Théophile Gautier, sous son adorable robe blanche, satinée et duvetée comme un plumage de tourterelle, avec sa voix caressante et mélodieuse, s'adressait, dans un doux roucoulement, à ces messagers aériens, pour leur raconter les inquiétudes, les espérances et l'attente de la cité prisonnière :

> Deux millions de détenus
> Attendent qu'un ramier réponde;
> Et la cité, reine du monde,
> Demande : Êtes-vous revenus?

Une lueur d'espoir avait brillé du côté d'Orléans, de ce point même d'où jadis était parti le salut, avec Jeanne d'Arc. Aurelle de Paladines venait de battre, disait-on, les Prussiens à Patay, où la Pucelle avait autrefois terrassé les Anglais. L'armée triomphante s'avançait vers Paris. Aussi tous les cœurs palpitaient lorsque l'actrice, d'une oreille attentive, tendant la main vers l'horizon, s'écriait :

> On vient! Votre aile palpitante
> Bat plus joyeuse au colombier!
> Béni soit ce frêle papier,
> Espoir d'une héroïque attente[1]!

On vient! et Paris, dans une fiévreuse impatience, l'oreille et les regards tournés vers Orléans, croyait chaque matin voir apparaître les éclaireurs de Paladines, forçant le cercle infernal qui nous étreignait. *On vient!* Mais, hélas! non : on ne venait point et l'on ne devait point venir; et Paris

---

1. 25 octobre 1870.

allait se débattre encore pendant trois mois contre l'inaction, la famine, l'émeute, le désespoir, avant de se résigner à la honte d'une capitulation.

Le pathétique discret et tempéré reste la note dominante chez Eugène Manuel. La *Visite au fort* nous offre un tableau touchant de l'amour maternel, encadré dans une de ces sombres journées, qui terminent si tristement cette néfaste année 1870. La pauvre mère, une simple femme des faubourgs, vivant de son travail, retourne chaque dimanche avec son panier, visiter son fils enfermé, comme mobile, dans le fort dont il partage la défense. Elle lui apporte ses avis, ses conseils et en même temps quelques provisions : un gilet de flanelle, une paire de souliers, des douceurs, des gâteries, telles du moins qu'on pouvait se les procurer au temps du siège, où l'on était réduit à vivre de viande de cheval et de pain de son. Le ciel est gris, les chemins boueux : tout annonce la confusion et le désarroi tumultueux d'une sortie malheureuse. La bonne femme, en gravissant la pente, rencontre

> Des soldats en désordre, avec leurs cantinières,
> Sordides, harassés, mornes, à moitié gris,
> Et l'arme à volonté, retournant dans Paris.

Puis, dans les groupes, autour du fort, des plaintes, des murmures, des bruits de trahison,

> Les seuls qui font chez nous accepter les défaites,

et qui servent de prétexte aux poltrons pour excuser leur lâcheté. Un mot a fait tressaillir la pauvre mère :

> Ces enfants, le canon n'en fait qu'une bouchée!

Elle s'étonne de ne plus trouver son fils à sa place ordinaire, et va s'enquérant partout autour d'elle. A ses questions suppliantes un planton a répondu d'un ton bref : « Absent! » — Absent ou disparu, mot sinistre et de mauvais augure, dont elle n'ose encore pénétrer le sens. Elle se tient debout, immobile près de la porte, quand la voix de la sentinelle lui crie :

> Allons, la mère, au large ! Il faut vous éloigner.

Et le cœur gros, les larmes aux yeux, reprenant son panier, elle murmure en elle-même : « Absent! » Elle se retire à petits pas, retournant ses regards vers le fort, d'où elle espère encore voir sortir son fils.

> Lentement, elle fit deux cents pas sur la route,
> Puis s'assit près du bord, prise d'un dernier doute :
> Et l'âpre jour d'hiver était à son déclin,
> Qu'on l'y voyait encore, avec son panier plein [1].

C'est là, selon nous, dans son genre un petit morceau achevé, d'une émotion simple et vraie, d'un ton bourgeois et populaire, sans rien de trivial ni de grossier. Tout ce monde parle la langue des honnêtes gens, sans jurons, sans épithètes de mauvais lieu, qui n'ajoutent rien, quoi qu'on en pense, à la vérité ni à la couleur locale.

Si peu fait qu'il semble pour la haine, le poète humain et charitable a senti la colère et l'indignation lui monter au cœur en face du cadavre d'Henri Regnault, devant ce crime stupide de la guerre, fauchant dans sa fleur un beau génie. Il a ressaisi l'ïambe vengeur d'Auguste Barbier, pour exprimer sa douleur patriotique.

> Maudit sois-tu, soldat! toi, ton peuple, et la guerre,
> Et ton vieux roi tout le premier,
> Puisqu'il n'aura fallu qu'un paysan vulgaire,
> Fils de l'étable et du fumier,
> Quelque bouvier pétri pour les œuvres serviles,
> Marchant sous la crosse et les coups,
> Un balayeur peut-être échappé de nos villes,
> Encor puant de nos égouts,
> Pour trouer au hasard, bêtement, cette face,
> Comme par un défi moqueur ;
> Pour trancher dans sa sève abondante et vivace
> Tout ce génie et tout ce cœur ;
> Étouffer à son aube une lueur si pure,
> Éteindre un tel rayonnement,
> Que la France mourante en ressent la blessure
> Jusque dans cet écroulement [2] !

Après cette pièce, la plus éloquente, la plus passionnée du recueil, on serait tenté de s'arrêter : mais on nous re-

---

1. Décembre 1870. — 2. 25 janvier 1871.

procherait d'omettre celle qui termine si dignement le volume, le *Dernier Délai*. Rien de plus navrant que ce petit drame qui s'ouvre dans une humble chaumière, au pays annexé, sur la *terre de captivité*, ainsi qu'on l'appelle aujourd'hui, et qui s'achève sur le sol de France, le sol béni et vénéré. Le pauvre garde-chasse, pris d'un coup de froid, est étendu mourant sur son lit, quand vient de sonner l'heure décisive pour l'option entre les deux pays. En face de la misère et de l'exil, avec sa femme enceinte, il a longtemps hésité, ajourné, et semble, comme tant d'autres, s'être résigné à devenir Prussien de nom, en restant Français de cœur. Mais le remords le poursuit ; il se reproche d'avoir renié sa patrie, et, songeant à ce fils qui va naître, il ne veut pas léguer à la Prusse un soldat et un esclave de plus. Il conjure sa femme d'aller déposer sur la terre française cet enfant, qui doit porter son nom.

Le mari mort, la noble femme se met en route un paquet à la main, franchissant les monts, les vallées des Vosges, cheminant sous les ardeurs du soleil, à travers les ravins et les sentiers les plus inaccessibles, haletante, épuisée, cherchant de l'œil la frontière trop éloignée encore, et parlant à l'enfant qui palpite dans son sein, et veut entrer dans la vie :

. . . . . Non, non ! ne viens pas, mon doux être,
Attends, prends patience encore, ô mon amour !

Perdue dans l'immensité des bois, la malheureuse mère interroge en vain l'horizon, s'égare, désespère. Enfin, à bout de forces, chancelante, elle aperçoit des masures, un pont, une borne, un poteau :

C'est la France ! . . . .
. . . . . . Elle se traîne encor :
Elle a passé la borne, elle a touché le port ;
Une maison est proche : elle frappe à la porte.
Et tombe, inerte et froide.

On la recueille, on la sauve, et bientôt elle entend une voix dire : « Un fils ! »

— « O Dieu ! tu m'exauçais :
Sois loué ! c'est un fils ! dit-elle. Il est Français ! »

III

Le patriotisme va trouver un interprète d'un ton et d'un genre bien différents avec Théodore de Banville. L'auteur des Odes funambulesques, l'acrobate du vers français, connu jusque-là par ses cascades fantastiques, prenait rang parmi les francs-tireurs de la poésie, entre les vétérans et les conscrits[1]. Usant à la fois d'un double moyen de publicité, du journal et du théâtre, dans les colonnes du National et sur la scène du Vaudeville, il darde ses flèches aiguës et sifflantes contre le lourd Goliath teuton, sans le terrasser malheureusement. Ces pièces, qu'il intitule Idylles prussiennes, en prenant le mot dans le sens primitif, εἰδύλλιον, petite image, sont la vengeance de l'esprit contre la force, deux puissances éternellement ennemies. Ce qui domine en lui, ce n'est plus la haine patriotique ou l'enthousiasme guerrier comme chez Déroulède, le sentiment de la pitié comme chez Manuel, mais l'ironie amère, gouailleuse, narguant le génie infernal d'un Bismarck et les lauriers sanglants du vieux Guillaume. Parodiant les paroles historiques du Méphistophélès allemand, à propos de cette guerre maudite où il pousse son souverain malgré lui : « Le roi hésite, mais il faudra bien que le vieux cheval marche encore », le poète répète :

> Il est bien las, le vieux cheval !
> Après les fêtes sans pareilles
> De son féroce carnaval,
> Il a du sang jusqu'aux oreilles.

Non content de nous enlever nos pendules, les Prussiens n'ont-ils pas eu la prétention de nous voler notre Marseillaise, cet hymne national où palpite l'âme de la France et de la Révolution. Ils s'avisent d'adapter des paroles allemandes à cet air de feu, qui les embrase malgré eux. Mais prussianiser le chant sacré qui a conduit jadis à la victoire les soldats de Valmy, de Jemmapes et de Fleurus, n'était-ce pas une profanation grotesque et impudente à la fois ?

[1]. Né en 1823.

Banville a trop beau jeu contre ces audacieux faussaires, accapareurs du bien d'autrui :

> Allons donc ! l'hymne au vol de feu.
> L'hymne de gloire et de souffrance.
> Volant sur nous dans le ciel bleu,
> N'a pas un cri qui ne soit : France !
>
> Ame, elle emporte sur ses pas
> Hoche et Marceau comme Gavroche :
> Teutons, on ne démarque pas
> Cela, comme un mouchoir de poche.

Le couronnement impérial de Guillaume dans le palais de Versailles, cette immense boursouflure flatteuse pour l'orgueil et la naïveté germaniques, apparait au poète railleur comme une simple mascarade, où le héros principal a tout l'air d'un polichinelle bravache et matamore, dont un compère industrieux fait mouvoir les fils. Les ombres de Louis XIV et de Charlemagne sortent de leur tombe pour l'avertir et le narguer[1]. — La dignité du souverain allemand n'est guère plus respectée dans la pièce intitulée : *A Meaux-en-Brie*, conçue au moment où Guillaume vient de quitter Ferrières pour se transporter dans cette ville. Par une de ces boutades qui rappellent un peu trop le ton des *Odes funambulesques*, l'auteur évoque à la fois, en face du nouvel empereur, le double souvenir de Bilboquet, le philosophe pratique des *Saltimbanques*, et celui de Bossuet, le grand aigle de l'éloquence française, comparé à l'aiglon du casque prussien. Quelles que soient les libertés du genre satirique, la plaisanterie nous semble d'un goût douteux : on ne gagne rien d'ailleurs, nous l'avons déjà dit, à trop rabaisser ses ennemis.

Ces petites pièces écrites au jour le jour, en quatrains sautillants, qui se succèdent, joignent au défaut de la composition hâtive celui de l'uniformité. On regrette que Banville, si habitué à jouer avec tous les modes du rythme, n'ait pas donné à ses idylles une forme plus variée. Que de cabrioles plaisantes ce clown du vers, capricieux et fantasque, eût pu se permettre sur le dos de ces damnés

---

1. *L'Empereur.* — *Un vieux Monarque.*

Prussiens! Ses couplets, trottinant du même pas, ont trop souvent l'air d'une complainte moqueuse ou d'une scie d'atelier aux refrains monotones. Pourtant, bien que l'ironie domine et l'emporte, le sentiment s'y rencontre aussi et s'étend même parfois jusqu'à l'ennemi, qu'on a le droit de maudire. Témoin cette réflexion attendrie sur *Un Prussien mort* :

> N'ayant pas dix-huit ans encor,
> . . . .
> Il dormait le jeune barbare,
> Avec un doux regard ami ;
> Un volume grec de Pindare
> Sortait de sa poche à demi.

Banville ne peut se défendre d'une sympathie naturelle pour ce confrère en Apollon.

Une autre mort plus touchante encore, celle de Henri Regnault, l'a profondément ému. Cependant il faut avouer que l'avantage reste à Manuel sur ce thème favori, que reprendront tour à tour les poètes et les artistes, et qu'immortalisera le ciseau de Chapu.

Mais la douleur suprême, le deuil ajouté à tous les deuils sera cette date du 29 janvier, où Paris épuisé, mourant de faim et de fatigue, met bas les armes avec la rage dans le cœur et des larmes dans les yeux. La capitulation est signée ; ordre est donné aux bataillons mobilisés et campés au dehors de rentrer dans Paris, sans avoir le droit de brûler leurs dernières cartouches.

> Tristes d'une douleur austère,
> Nos combattants, mornes, surpris,
> Et leurs fronts baissés vers la terre,
> Viennent de rentrer dans Paris.

Le poète termine ses chants par un adieu à la rime, qui a été la joie et la passion, on ne saurait dire le tourment, de sa vie. C'est elle qui lui a fourni les meilleures flèches de son carquois contre les Prussiens, le baume consolateur pour panser les plaies de la Patrie. Maintenant il ne lui reste plus qu'à pleurer en silence :

> O Rime, exhale tes sanglots
> Tout bas, tout bas, à mon oreille.

Que si plus tard, l'horrible plaie étant fermée, la France retrouve son gai sourire d'autrefois,

> Elle entendra ton chant joyeux,
> Qui la caresse et qui la venge,
> Monter éclatant dans les cieux
> Et pareil à la voix d'un ange [1].

Le cri d'espoir est au bout de ces strophes désolées, écrites à l'heure du crépuscule avec l'attente du lendemain.

IV

Ce lendemain, un autre poète patriote, à la voix plus grave, plus sévère, Henri de Bornier, allait le montrer possible en le méritant par la souffrance, l'effort et la résignation. L'âme d'un gentilhomme sous l'enveloppe d'un écrivain modeste et réservé, qui a le respect de l'art comme de son nom, tel est l'auteur de la *Fille de Roland*. Il a pu dire avec une légitime fierté :

> Jamais, d'une lèvre flétrie,
> Je n'outrageai, pas même un jour,
> La liberté, Dieu, la patrie,
> L'art sévère et le chaste amour.

Ce petit homme trapu, nerveux, bouillant d'un feu intérieur, a des tressaillements héroïques, des rugissements terribles et des appels éloquents, en réclamant des canons :

> Il faut à la cité plus belle et plus vivante
> La ceinture de fer et la robe d'airain,
> Afin que l'insulteur recule d'épouvante
> Devant son regard souverain.
>
> Mêlons à ces canons, à leur brûlante lave,
> La lave de nos cœurs, le courroux de nos fronts,
> Le mépris de la mort, l'héroïsme qui lave
> Les fautes comme les affronts [2].

A l'exemple d'Eugène Manuel, Henri de Bornier a fait du Théâtre-Français l'auxiliaire et le porte-voix de ses

---

1. Février 1871. — 2. *Pour les Canons*, 5 octobre 1870.

doléances et de ses élans patriotiques. C'est par la bouche de Coquelin qu'il célèbre l'héroïque résistance de Châteaudun, l'humble cité sans fortifications, sans soldats, martyre volontaire de son dévouement.

> Elle a voulu mourir ! Dans la grande détresse,
> Parmi nos pleurs, parmi ces deuils que nous menons ;
> Rien ne la défendait, ni tours, ni forteresse,
>   Ni mitrailleuses, ni canons.
>
> Vivre, elle le pouvait sans honte et sans reproche ;
> Sa rançon, aux vainqueurs elle pouvait l'offrir ;
> De plus forts ont cédé, lorsque l'orage approche ;
>   Mais non : elle a voulu mourir [1] !

Grande leçon, dont Paris saura profiter pour y puiser le sentiment du devoir, l'esprit de résignation et de sacrifice. La Babel moderne, naguère enivrée de ses prospérités, victime de ses imprudences, doit racheter ses faiblesses passées. Plus sévère que Victor Hugo, le poète ne craint pas de dire à ce Paris, trop encensé peut-être et trop disposé à s'admirer lui-même, la vérité :

> Souffre donc ! Souffre encor ! Lutte, espère, mais souffre !
> Souris dans ton malheur aux malheurs qui viendront,
> Et, vainqueur ou vaincu, plonge-toi dans le gouffre
>   D'où l'on sort une étoile au front [2] !

Entre toutes les œuvres patriotiques de Henri de Bornier, la plus populaire, la plus vivante, est sans contredit le beau drame de *la Fille de Roland*. Bien que cette pièce eût été composée et même reçue au Théâtre-Français dix ans avant la guerre, elle répondait si bien aux émotions du jour, qu'elle fut acceptée, acclamée comme un écho du sentiment national. On vit dans le traître Ganelon un autre Bazaine. La France y trouvait une explication de sa défaite, en se disant qu'elle avait été vendue et livrée comme le glorieux paladin de Roncevaux. Le retentissement de cette œuvre égala presque, de nos jours, celui du *Siège de Calais* dans le siècle précédent. La récompense, il est vrai, ne fut pas la même, quoique la pièce nouvelle fût très supérieure à

---

1. *Châteaudun*, 4 novembre 1870. — 2. *Ibid.*

l'ancienne par le style et par l'intérêt dramatique. De Belloy y avait gagné à la fois le double titre de citoyen de Calais et d'académicien. Henri de Bornier dut attendre plus longtemps : l'Académie française se décida cependant, après vingt ans de réflexion, à lui rendre l'hommage dû à sa personne et à son talent.

V

C'est encore à un écrivain dramatique, Jules Barbier, cousin de l'auteur des *Iambes*, que nous revenons avec le *Franc-Tireur* : vrai chant de guerre et de vengeance portant cette épigraphe significative : *Delenda est Borussia!* Mort à la Prusse! » Malgré le titre du volume et la devise qui l'accompagne, l'auteur est moins encore un homme de guerre qu'un homme de lettres.

> Je ne sais pas tuer, je suis de ceux qu'on tue,

dit-il humblement dans son prologue. Héritier de Favart, de Sedaine et de Scribe, il s'est fait une petite province littéraire dans le domaine de l'opéra-comique, avant de nous donner son grand drame national de *Jeanne d'Arc*. Tout bon Français qu'il est, il n'a pas songé comme Autran à chanter nos victoires d'Algérie, pas même celles des princes d'Orléans dont il a été le camarade au lycée, et dont il est resté l'ami, sans en être jamais le courtisan. Plus tard, sous le second Empire, il a vu défiler devant lui les triomphes de Crimée et d'Italie, sans les célébrer davantage, estimant que cette gloire militaire, dont la France se trouvait rassasiée, était une maigre rançon de la liberté perdue. Mais quand sont venus les jours d'épreuve, quand il a vu la France vaincue, envahie, démembrée, l'âme du patriote et du citoyen a tressailli :

> J'étais comme la cendre où gît une étincelle ;
>   Étranger devant nos succès,
> Je m'endors.... Le glas sonne et la France chancelle....
>   Je me suis réveillé Français !

Une passion qu'il ignorait jusqu'alors, la haine, s'est éveillée en lui, ardente, implacable, presque démesurée :

l'horreur du Prussien, pour lequel il éprouve une antipathie toute gauloise, détestant en lui le ton rogue, pédantesque, autoritaire, associé aux brutalités et aux pesanteurs de l'ogre tudesque, rapace et glouton. Méconnaissant trop, peut-être, certaines qualités d'ordre, de discipline, de résignation et d'opiniâtreté patiente, qui ont leur prix dans une armée, il voit surtout l'ennemi par ses vilains côtés odieux ou ridicules. Dans cette guerre ténébreuse, où la ruse et l'hypocrisie se mêlent à la tactique savante, les Prussiens ont introduit un double élément contre lequel proteste la loyauté du poète : le mensonge et l'espionnage.

> A Berlin, quand on est en âge,
> Les travaux d'écolier finis,
> On entre dans l'espionnage
> Comme dans les droits réunis [1].

Le siège et le bombardement de Strasbourg, cette pluie de feu s'abattant sur la ville sainte où naquit la *Marseillaise*, apprenaient à l'Alsace de quelle tendresse fraternelle était prête à l'étreindre sa prétendue sœur d'Outre-Rhin. Victime de son attachement à la France, la vaillante cité bravait toutes les horreurs d'une nouvelle invasion de Vandales, et repoussait comme une injure ce titre de ville allemande qu'on prétendait lui imposer.

> Tu pensais des Germains y retrouver la trace ?
> Non, Guillaume !... Ils étaient Français [2].

Et ils restent tels, en dépit des caresses ou des menaces dont on les enveloppe.

D'autres deuils plus sombres encore allaient exciter la colère et l'indignation du poète. La capitulation de Sedan n'était plus seulement un grand désastre comme Azincourt, Pavie ou Waterloo, mais une honte, la pire de toutes. Une armée de cent vingt mille hommes faite prisonnière de guerre, rendant ses armes, ses étendards, s'acheminant en troupeau vers l'Allemagne, sous la verge des sergents prussiens ! Et son chef vivait encore ! Et ce chef s'appelait Napoléon !

---

1. *Les Espions*, septembre 1870. — 2. *Ibid.*

> O poète naïf, tu croyais que cet homme,
> Encor qu'il fût parjure et méprisé des siens,
> Conserverait du moins au nom dont il se nomme
> Quelqu'honneur devant les Prussiens !

Cet opprobre suprême mettait fin à la légende napoléonienne, et permettait à l'auteur de s'écrier :

> Plus d'Empire, plus d'aigle, et plus de Bonaparte !
> C'est fini, n'est-ce pas ?... Jamais !

Si bas que fût tombée la France dans l'ignominie, elle devait y descendre plus profondément encore, grâce à la trahison de Bazaine. Metz, le dernier boulevard de notre frontière, cette cité imprenable qui avait défié jadis les assauts de Charles-Quint et de Philippe II, Metz, la plus française de nos villes par la langue et par le cœur, allait être vendue, livrée avec sa population, ses soldats, ses canons, ses drapeaux, son honneur et celui de la patrie, le tout en bloc, par un général maquignon traitant avec des aigrefins politiques. *Le Jour des Morts* [1], tel est le titre et la date de cette pièce qui rappelle un grand deuil national :

> Metz, une cité vierge et jusque-là sacrée,
> Jalouse de son nom, fière de sa vertu,
> Par son défenseur même à l'ennemi livrée,
> Voit déchirer le lin dont son corps est vêtu,
>   Et meurt déshonorée,
>   Sans avoir combattu !

La statue de Fabert, le glorieux enfant de la Lorraine, voilée d'un crêpe noir le jour où fut signé ce pacte infâme, était le plus éloquent témoignage de la douleur et de l'indignation publiques. Par un retour personnel, le poète rappelle que son propre père repose dans ce cimetière de Metz, où l'hommage d'un fils n'a plus le droit d'aller le retrouver :

> Toi, mon père, en un coin de l'humble cimetière
> Tu m'attends, et ce jour s'écoulera sans moi !

Ce ne sont pas là seulement des vers plus ou moins bien tournés, mais l'expression d'un cœur meurtri et révolté

---

1. 2 novembre.

contre les lâches et les traîtres, qui ont livré les vivants et les morts.

Patriote fervent et convaincu, s'il flétrit l'ignoble marchandage de l'honneur français, la poltronnerie des bourgeois trembleurs qui veulent la paix à tout prix, il rend hommage à la fière attitude et au dévouement civique de Gambetta, en protestant contre les calomnies dont on paye le gouvernement de la Défense nationale :

> Tuez-vous donc le corps et torturez-vous l'âme,
> Pour sauver ces citoyens-là !

Avec son esprit loyal, Barbier dénonce et réprouve cette mesquine et honteuse conjuration des égoïsmes coalisés, de la finance et de la bourgeoisie rétrograde, unies contre le vaillant tribun :

> Ces braves gens sur toi, victime expiatoire,
> Vengeront leurs écus !
> Les écus et les Dieux courtisent la victoire !
> Avec le vieux Caton [1], moi, je me ferai gloire
> D'honorer les vaincus [2].

Cette loyauté s'étend jusqu'à l'ennemi. Malgré son antipathie contre la Prusse, il repousse avec indignation l'idée d'une *Sainte Vehme* mettant à prix la tête de Guillaume et de Bismarck.

> L'assassinat ?... Jamais !...
> Qu'un soldat les ajuste et les frappe à la tête,
> Dans quelque coup de main servi par le hasard,
> Et ce jour-là sera pour nous un jour de fête :
> Mais à bas le poignard

A la haine du Prussien il en joint une autre non moins sincère et non moins ardente, celle de la Commune. Et ce n'est point ici le bourgeois égoïste, affolé, craignant pour son or, menacé dans son repos et sa propriété : c'est le patriote révolté de voir la Commune ajouter aux maux de

---

1. *Victrix causa Diis placuit, sed victa Catoni.*
(Lucain, *Pharsale*.)

2. 1ᵉʳ décembre 1870.

la guerre étrangère les horreurs de la guerre civile; décharger ses fusils contre une manifestation pacifique de citoyens, sur la place Vendôme ; renverser la Colonne aux applaudissements de l'armée allemande; et assassiner son ami Chaudey, le plus pur des républicains. Il n'a point assez de malédictions pour ce drapeau rouge devenu le symbole de l'émeute et de l'anarchie. Il lui lance cette méprisante apostrophe :

> Drapeau payé par le Prussien,
> Tu n'es pas celui de la France[1] !

1. Nov. 1870.

CHAPITRE XXIII

LES FRANCS-TIREURS DE LA POÉSIE (Suite)

(1870-1871)

François Coppée : *Lettre d'un mobile breton; Plus de sang! Aux amputés de la guerre; A un sous-lieutenant; le Lion de Belfort.* — Sully Prudhomme : *les Épreuves; Impressions de la guerre.* — Leconte de Lisle : *le Soir d'une bataille; le Sacre de Paris.* — Émile Bergerat : *les Cuirassiers de Reichshoffen; le Maître d'école.* — Édouard Pailleron : *le Départ; Prière pour la France.* — Le ban et l'arrière-ban des lettrés : Catulle Mendès, Auguste Lacaussade, André Theuriet, Albert Delpit, Félix Franck.

I

Dans ce vaste recrutement de la Muse patriotique, l'Académie, le journalisme, le théâtre, les sociétés chantantes, l'atelier, l'armée, la province, fournissent tour à tour leur contingent. Comment leur faire place à tous, au milieu de cette immense symphonie, tant soit peu confuse, dont la librairie Lemerre a recueilli en grande partie les échos multiples? Comment n'en point oublier? Et pourtant il est bien des cœurs et bien des noms qui mériteraient de figurer ici.

Parmi ces interprètes du sentiment national, citons d'abord un aimable poète, un émule de Remy Belleau dans le genre gracieux, François Coppée. Belleau est à la fois le chantre d'*Avril* et de *Moncontour*. Il y a ainsi deux notes chez Coppée : l'une douce, tendre et mélancolique, celle du *Passant*; l'autre virile, honnête et courageuse, celle des

Forgerons et de *Plus de sang!* Poète bourgeois d'inspiration et de style, ayant aussi ses quarts d'heure d'élan héroïque, il a trouvé moyen d'associer les deux éléments et les deux formes dans une heureuse combinaison. La *Lettre d'un mobile breton* nous offre un exemple de cet alliage. La vieille Bretagne catholique et royaliste, oubliant ses griefs et ses rancunes d'autrefois, avait envoyé ses paysans et ses gentilshommes au secours de la patrie en danger. On avait vu les zouaves pontificaux de Charette verser leur sang à côté des chemises rouges de Garibaldi, sous le drapeau tricolore de la république. C'est là une des belles pages de notre histoire contemporaine, et un grand honneur pour les poètes d'alors, jeunes et vieux, d'avoir largement contribué à cette fusion des âmes et des esprits.

La *Lettre* débute sur le ton simple et naïf d'un paysan écrivant avec son cœur, non sans regret du foyer natal, mais résigné et courageux.

> Maman, et toi vieux père, et toi, ma sœur mignonne,
> Ce soir, en attendant que le couvre-feu sonne,
> Je mets la plume en main.

Le grand art de l'auteur est de poétiser les détails vulgaires de la vie intime, sans le secours de la périphrase à la Delille, en appelant les choses par leur nom, et les décrivant d'après nature. C'est le conscrit lui-même qui, avec son imagination représentative, nous peint la maison paternelle, le repas du soir, le poiré moussant dans les pots, la soupière de choux qui fume et sent bon. Délicieux souvenir en face de la maigre pitance qu'on lui sert sous le fort de Bicêtre, où il est campé. Pourtant, rien qui ressemble à la pleurnicherie ou même à la mauvaise humeur d'un estomac mécontent. La pièce nous présente un mélange d'attendrissement, de naïveté et de patriotisme résolu à faire son devoir jusqu'à la mort. Bien que notre mobile ne soit pas un poltron, les blessures des camarades tombés à ses côtés ne laissent pas de lui causer un certain frisson :

> Mais nos vieux officiers prétendent qu'on s'y fait.
> . . . .
> Moi, j'ai toujours tiré des coups dans la fumée,
> Et j'ai marché toujours en avant, sans rien voir.

Aveu naïf d'un héroïsme inconscient, et de ces entraînements auxquels obéissent de jeunes troupes, sous la conduite d'un chef intrépide.

> Un vieux en képi d'or, qui tordait sa barbiche,
> Nous a dit : « Nom d'un nom ! Mes enfants ! c'est très bien ! »
> Et quoiqu'il blasphémât, c'est vrai, comme un païen,
> Et qu'il lançât sur nous un regard diabolique,

parce qu'ils étaient Bretons, sans doute, et peut-être suspects comme dévots et royalistes,

> Nous avons tous crié : Vive la République !
> Ce mot-là, c'est toujours du français, n'est-ce pas ?

Un de ces vers charmants et candides, que sait trouver M. Coppée. Habile à saisir les nuances et les délicatesses du sentiment, faisant la part de l'idée religieuse sans tomber dans la bigoterie, l'auteur exprime, avec mesure et réserve, les petits froissements qui ont pu atteindre le Breton catholique, dans ses croyances et ses respects traditionnels :

> Quelques-uns d'entre nous se plaignent bien tout bas,
> Et sont avec raison mécontents qu'on ricane
> De notre vieil abbé, qui trousse sa soutane,
> Marche à côté de nous, droit, au-devant du feu,
> Et parle à nos blessés du pays et de Dieu ;
> Mais aux mauvais railleurs nous faisons la promesse
> De leur montrer comment on meurt après la messe.

Cette promesse, ils l'ont tenue à Patay, à Jargeau, à Coulmiers et ailleurs.

La *Lettre du mobile* est subitement interrompue par le son du clairon qui l'appelle. En terminant, il rend grâces aux leçons de l'école qui lui permettent de correspondre avec sa famille, par l'entremise d'un ballon. Ce Breton est un ami de l'instruction et du progrès. Son petit savoir a fait de lui un caporal. Que deviendra-t-il ? Son plus cher désir serait de revoir les clochers de Saint-Servan et de Saint-Malo. Mais il n'y songera pas avant d'avoir accompli sa tâche de soldat et de Français.

> Si je ne reviens pas, ô ma mère et mon père,
> Songez que votre fils est mort en défenseur
> De notre pauvre France : Et toi, mignonne sœur,

> Quand tu rencontreras Yvonne à la fontaine,
> Dis-lui bien que je l'aime, et qu'elle soit certaine
> Que dans ce grand Paris, effrayant et moqueur,
> Je suis toujours le sien, et lui garde mon cœur.

Cette pointe d'amour chaste et discret ajoute encore à l'attendrissement. Nous avons là une petite idylle sentimentale, rustique et militaire à la fois, écrite au bruit du canon par un vrai paysan, avec une saveur et un cachet particuliers.

Coppée excelle à découvrir dans les accidents et les scènes de la vie réelle et de la nature, des sujets de tableaux et de récits familiers et touchants. Le poète transformé en garde national, l'arme au bras sur les remparts, reconnaît les lieux où il a jadis promené ses rêveries :

> Sur le rempart, portant un lourd fusil de guerre,
> Je vous revois, pays que j'explorai naguère,
> Montrouge, Gentilly, vieux hameaux oubliés,
> Qui voilez vos toits bruns parmi les peupliers [1].

Ailleurs c'est l'ambulance du Couvent, où les bonnes sœurs font la conquête d'un vieux grognard blessé qu'on leur amène, pestant, jurant contre les béguines et les cagots qu'il déteste ; puis, vaincu par les prévenances et les soins dont il est l'objet, finissant par s'humaniser et devenant presque un bon chrétien.

Mais une question plus grave allait se présenter. C'était l'heure où la Commune, affolée et déjà souillée du sang des généraux Lecomte et Clément Thomas, semblait vouloir entrer dans l'ère des emprisonnements, des exécutions sommaires et des massacres. Le poète laisse échapper alors ce cri généreux de protestation : *Plus de sang* [2] ! En face d'énergumènes et de fous furieux, il n'ignorait pas à quels périls l'exposait sa modération, et n'en lançait pas moins son manifeste, en adressant à la France cette éloquente apostrophe :

> Je sais que la terreur va régner sur la ville,
> Que peut-être aux tribuns de la guerre civile

---

1. *En faction.* — 2. Avril 1871.

> On va me désigner du doigt.
> Je le sais; mais il faut fulminer l'anathème,
> Et le poète obscur, qui te pleure et qui t'aime,
> Aura du moins fait ce qu'il doit.

Les critiques dédaigneux, qui reprochent à Coppée de manquer de vigueur, seront bien forcés d'avouer qu'il en a montré ce jour-là, non seulement en paroles, mais en action.

Son patriotisme jaloux, opiniâtre, inquiet du lendemain, éclate dans sa pièce *Aux Amputés de la guerre*. La France, sortie de l'invasion et de la Commune, n'a point encore échappé à tous les dangers. Il en est un autre à combattre et à prévenir : l'indolence, la mollesse, le goût du repos et du bien-être trop tôt reconquis.

> Car hélas ! je sens que l'oubli
> A suivi la paix revenue ;
> Que notre rancune a failli,
> Que la colère diminue.
> . . . .
> Amputés, aux tronçons humains,
> Racontez-nous votre martyre,
> Et, de vos pauvres bras sans mains,
> Apprenez-nous à mieux maudire.

Le même sentiment d'impatience et d'inquiétude lui inspire cette leçon au jeune sous-lieutenant, qu'il voit passer tout fringant, enchanté de sa fortune et de sa personne.

> Vous portez, mon bel officier,
> Avec une grâce parfaite,
> Votre sabre à garde d'acier,
> Mais pensez à notre défaite.
>
> On lit votre intrépidité
> Dans vos yeux noirs aux sourcils minces ;
> Aucun mal d'être bien ganté !
> Mais on nous a pris deux provinces.

Puis sans rancune, et souriant à ce satisfait de l'épaulette et du galon, il termine en lui disant :

> Tout galonné, sur le chemin,
> Pensez-vous à la délivrance ?
> Jeune homme, donnez-moi la main,
> Crions un peu : Vive la France !

Nous félicitons M. Coppée de ne pas partager le quiétisme indifférent de ces gens heureux buvant à toutes les patries, sans songer à ceux qui n'en ont plus.

Le poète, qui n'a jamais été un bretteur de plume ni d'épée, garde cependant la plaie saignante au cœur de tout Français digne de ce nom. Il contemple le *Lion de Belfort* avec une émotion patriotique, et lui demande de rester là comme un témoin vivant de nos défaites et de nos douleurs passées, éloquent dans son silence, et n'oubliant pas :

> Attends, sois, comme tous, patient et muet,
> Mais si la haine sainte en nous diminuait,
> Rugis, pour rappeler son devoir à la France !

Dans un pays aussi oublieux que le nôtre, le *memento* a son prix.

II

Un autre jeune maître de la lyre moderne, moins mêlé aux vulgarités de ce monde, nageant dans les horizons bleus de l'idéalisme philosophique, Sully Prudhomme, s'est senti ramené vers la terre par le sentiment de la solidarité humaine. *Homo sum*, tel est le premier cri qui lui échappe en s'accusant lui-même d'avoir été jusque-là un rêveur égoïste, désœuvré et inutile. Nous ne connaissons pas d'aveu plus loyal et plus honorable pour son auteur. L'homme de *contemplation* se reproche d'avoir oublié cette grande loi de *l'action*, qui devient un devoir en face des épreuves communes.

> J'aimais froidement ma patrie
> Au temps de la sécurité,
> De son grand renom mérité
> J'étais fier sans idolâtrie.
> Je m'écriais avec Schiller :
> « Je suis un citoyen du monde ! »

Mais depuis, la réflexion est venue. Il a compris que la patrie n'est pas seulement un mot, mais une chose réelle;

qu'il a reçu d'elle son foyer, son pain, son idéal même :

> Ces tendresses, je les ramène
> Étroitement sur mon pays,
> Sur les hommes que j'ai trahis
> Par amour de l'espèce humaine [1].

N'eût-elle produit que cet effet sur une élite d'esprits élevés, de cœurs généreux, la guerre nous aurait du moins rendu service en ravivant un sentiment que la prospérité avait émoussé ou endormi parmi nous.

> Car je t'aime dans tes malheurs.
> O France! depuis cette guerre,
> En enfant, comme le vulgaire
> Qui sait mourir pour tes couleurs [2].

La forme est restée simple comme la pensée, sans aspiration vers le sublime, sans ces coups d'aile supérieurs que le poète de large envergure se permet à certains moments : il s'en tient à la confession et au repentir.

L'artiste reparaît, avec sa palette et ses pinceaux, en nous parlant de *la Mare d'Auteuil* et de ses antiques ombrages, que la guerre a fait tomber pour la défense nationale. On connaît la touchante élégie de Ronsard sur les arbres de la forêt de Gastine, dans sa *Dryade violée* :

> Forêt, haute maison des oiseaux bocagers !

Sully Prudhomme éprouve une émotion analogue en saluant ce rendez-vous préféré des poètes, des amants et des oiseaux. Mais une idée nouvelle et consolante se mêle à ses regrets. Ici, du moins, les arbres, ainsi que les hommes, ont été sacrifiés et sont morts pour la patrie; ils sont devenus des instruments de défense contre l'ennemi :

> Ils s'arment comme nous, fils de la même terre,
> Leur sève et notre sang auront tous deux coulé
> Pour cet illustre sol impudemment foulé !
> Tandis que sous nos murs l'aigle à la froide serre
> Amène ses pillards par les sentiers des loups,
> Et que les autres bois font avec eux la guerre,
> Ceux-là du moins la font pour nous.

---

1. *Repentir*. — 2. *Ibid.*

C'est la première fois peut-être qu'on ait songé à transformer les arbres en combattants. La guerre a laissé partout des traces de son passage, sur le sol et dans les cœurs. Les amours sont demeurés muets et glacés par la défaite : mais une génération nouvelle va naître bientôt avec les fleurs printanières.

> O peuple futur qui tressailles
> Aux flancs des femmes d'aujourd'hui.
> Ce printemps sort des funérailles,
> Souviens-toi que tu sors de lui[1].

Toujours cet appel aux souvenirs du passé, qui doit rester une leçon. En avons-nous profité suffisamment ? Quelques esprits se permettent d'en douter.

III

Dans ces mêmes régions de la poésie philosophique et descriptive à la fois, nous rencontrons un écrivain habitué à planer d'un vol superbe, comme le condor des Andes, au-dessus des cimes et des neiges éternelles. Leconte de Lisle est descendu, lui aussi, pour contempler et peindre l'œuvre de la guerre, le spectacle de l'humanité souffrante, en lui prêtant des tons et des traits eschyliens. *Le Soir d'une bataille* nous représente le morne aspect de la plaine couverte de cadavres, après les fureurs de la tuerie.

> Victorieux, vaincus, fantassins, cavaliers,
> Les voici maintenant blêmes, muets, farouches,
> Les poings fermés, serrant les dents, et les yeux louches.
> Dans la mort furieuse étendus par milliers.

Le poète, rêveur et ulcéré, ne peut que déplorer ces luttes fratricides entre les enfants de la terre :

> O boucherie ! O soif de meurtre ! Acharnement
> Horrible ! odeur des morts qui suffoques et navres !
> Soyez maudits devant ces cent mille cadavres
> Et la stupide horreur de cet égorgement !

---

1. *Le Renouveau.*

La guerre lui semble une folie monstrueuse, née de l'ignorance et de l'orgueil, faite pour des brutes plutôt que pour des hommes. Et cependant l'âme du citoyen tressaille et s'émeut, en songeant que ces morts ont combattu pour une sainte cause.

> Mais sous l'ardent soleil ou sur la plaine noire,
> Si, heurtant de leur cœur la gueule du canon,
> Ils sont morts, Liberté, ces braves en ton nom,
> Béni soit le sang pur qui fume vers la gloire [1] !

La forme, parfois un peu tourmentée, a ce don de la vigueur sobre et contenue, qui distingue l'auteur des *Erinnyes* et des *Poèmes barbares*. L'être pensant plus que l'être sensible se révèle dans cette peinture sombre et triste, d'où part, en guise d'encens, la fumée du sang répandu au service de la liberté.

Le *Sacre de Paris*, strophes dites par Mlle Agar (de la Comédie-Française) en janvier 1871, est encore un tableau sinistre et grandiose, où la majesté des images s'ajoute au dernier râle de Paris agonisant.

> Ville auguste, cerveau du monde, orgueil de l'homme,
> Ruche immortelle des esprits,
> Phare allumé dans l'ombre où sont Athène et Rome,
> Astre des nations, Paris !

Comme Victor Hugo, comme la population parisienne, il réclame un suprême effort, une sortie furieuse, héroïque, désespérée, où l'on joue le tout pour le tout. Cette dernière partie, que Trochu refusa de risquer avec une opiniâtre et prudente inaction, lui semble la seule issue possible, dût-on y succomber.

> O Paris, qu'attends-tu ? la famine ou la honte ?
> Furieuse, et cheveux épars,
> Sous l'aiguillon du sang qui dans ton cœur remonte,
> Va, bondis hors de tes remparts !

Avec son imagination tragique, toute pleine des grandes visions du passé, de ces catastrophes mémorables qui ont immortalisé le dernier jour d'un peuple, il rêve pour Paris

---

[1]. 10 janvier 1871.

une fin comparable à celle de Tyr, de Jérusalem, de Numance s'ensevelissant elle-même sous ses ruines, au milieu des flammes :

> Arbore sur ton front l'auréole enflammée
> De l'inoubliable bûcher !

Le feu purificateur effacera les taches d'autrefois :

> Consume les erreurs, les fautes, les ivresses,
> A jamais, dans ce feu si beau,
> Pour qu'éternellement, Paris, tu te redresses,
> Impérissable, du tombeau.

Fin sublime, tant qu'on voudra, mais qui n'en est pas moins l'abdication et la ruine, non seulement d'une ville, mais d'une race et d'une nation. La Commune, qui fut le délire d'un jour, voulut, elle aussi, entraîner Paris dans sa chute, en allumant l'incendie autour d'elle; mais le génie vivace de la France protesta contre cette destruction barbare. Des patriotes plus calmes, plus sensés, ont cru avec raison que le suicide n'est pas plus permis aux peuples qu'aux individus, quand on a devant soi l'espoir du lendemain; quand on peut compter sur la revanche, en ayant foi dans sa force et dans son courage. C'est ce qu'a fait la France, et elle n'a pas lieu de s'en repentir aujourd'hui. Sans doute elle n'a point donné au monde la leçon qu'en attendait le poète lui disant :

> Offre ta libre gloire et ta grande agonie
> Comme un exemple à l'univers.

Elle lui a présenté un spectacle plus fortifiant et plus consolant, celui d'une nation qui se relève par le travail, la patience, l'énergie et l'accord des bonnes volontés.

IV

Un autre grand exemple d'immolation volontaire et d'héroïsme surhumain était offert au public du Théâtre-Français, dans les *Cuirassiers de Reichshoffen*, par Émile Bergerat. Le journaliste, le dramaturge et le conteur se trouvent associés en lui au poète de sentiment, capable d'exprimer ce qui se passe dans l'âme d'une armée et d'une nation. Avant de dérouler devant nous ce tableau d'une charge immortelle, l'auteur nous peint le rideau mystérieux des bois, derrière lequel l'artillerie prussienne, blottie et dissimulée, foudroie à distance les lignes de notre infanterie. Vainement les turcos s'avancent en rampant comme des reptiles jusqu'à la gueule des canons ennemis, sans parvenir à déloger ces maudits. La forêt elle-même croule sous la grêle meurtrière des boulets.

Ce premier tableau n'est qu'un prélude, pour mettre en scène le héros principal : Mac-Mahon, le grand sacrificateur, qui va offrir au Moloch de la guerre et à l'honneur français cette douloureuse hécatombe, où la défaite devient plus glorieuse qu'une victoire.

> Mac-Mahon à cheval, parmi ses généraux,
> Laissait courir son âme en ces cœurs de héros ;
> Mais, comme dominé d'une angoisse secrète,
> Il attendait, les yeux rivés à l'horizon.

Il attend, il espère la venue d'un secours qui n'arrive pas :

> Grouchy ! toujours Grouchy ! le traînard du Destin.

Encore un souvenir de Waterloo, qui se mêle à nos tristesses. Les cartouches manquent. Pour remplir cet intermède du combat, il faut que des victimes se dévouent. Le général appelle à lui ses cuirassiers, et, s'adressant au colonel, il lui montre les mamelons occupés par les Prussiens. Sur quoi, celui-ci demande :

> Combien sont-ils ? — Ils sont sans nombre. — C'est la mort ?
> — Oui. — J'y vais ! Maréchal, dit-il avec effort,
> Voulez-vous me donner la main, car je suis père.

Le poète a compris et fait sentir le côté humain du sacrifice, d'autant plus méritoire, d'autant plus héroïque qu'il est voulu et raisonné. Cette main qu'il lui demande,

> L'homme de Magenta ne la lui donna pas ;
> Mais il se découvrit, et, prenant dans ses bras

Celui qu'il envoyait mourir, non sans envie,
Il l'embrassa devant l'armée et devant Dieu ;
Et l'immortalisant par ce sublime adieu,
Il lui fit une mort plus belle que la vie.

Nous ne sortons pas de l'héroïsme avec la pièce du *Maître d'école*, aussi simple, aussi touchante dans son genre que la *Visite au Fort* et le *Dernier Délai* d'Eugène Manuel. Le maitre d'école, prisonnier des Prussiens et sur le point d'être fusillé, était naguère un homme pacifique et bon, à l'esprit sain, au cœur droit, quand la guerre est venue faire de lui un tueur impitoyable. Il s'est improvisé franctireur. Marié à une Allemande du duché de Bade, il a cru à la fraternité des peuples. L'ambition des princes en a décidé autrement. Son cœur a été déchiré d'une vive douleur à la nouvelle de la guerre. Il a vu tout le village partir dans la forêt, sous la conduite du maire et du curé. Resté seul avec sa femme, il a mis le feu à son école : puis il est venu à Bade, rendre à sa famille la compagne qu'il n'a cessé d'aimer, et les cent écus qu'elle apportait en dot. S'adressant à son beau-père, il lui a dit :

Je ne puis rien tenir de vous, étant Français !

Puis, se retournant vers sa femme :

Et toi, pardonne-moi de t'avoir épousée !

Le vieux père attendri lui prend les mains :

. . . . Pauvres enfants !
Disait-il, vous payez les gloires de l'empire.

A ces mots la femme pâlit :

Que ferai-je du fils que je porte en mes flancs ?
Cria-t-elle. Ah ! messieurs ! la guerre est bien infâme.

Légitime protestation de la nature et de la raison, s'échappant du cœur des humbles et des petits contre les atrocités de la politique. Magnanime jusqu'au bout et digne de son gendre, le vieux Badois reprend :

. . . . Va-t'en... tu le dois.
. . . .
Tu méritais ma fille : elle est veuve, c'est bien.
Mérite ta Patrie à présent ! — Citoyen,
Venge-la, c'est ton droit.

Chimène n'est pas plus héroïque disant à Rodrigue :

> Tu n'as fait le devoir que d'un homme de bien ;
> Mais aussi, le faisant, tu m'as appris le mien[1].

Revenu au pays, l'instituteur s'est trouvé pris d'indignation et de dégoût devant l'œuvre de la clémence prussienne, en face des cadavres pourrissant dans la boue, des chevaux éventrés sous les caissons, du village réduit en cendres et fumant encore, tandis que du clocher tombait une pluie de feu :

> Mais quand je vis cela, je compris qu'en effet
> Vous vouliez à jamais *germaniser* l'Alsace.

Sans rien cacher, avec le dédain résolu d'un homme prêt à la mort, il raconte sa vie et ses exploits de franc-tireur devant les ennemis qu'il brave. Il a dérobé le fusil d'un uhlan et ses quarante balles : il ne lui en reste que huit : toutes les autres ont été bien employées. Maintenant il accepte son sort :

> Donc en joue ! — A jamais vive la France ! — Feu ! —
> Et, quant à mon enfant, messieurs, je vous le lègue,

avec l'espoir de la haine, qu'il portera plus tard aux Prussiens.

Ces deux œuvres sont à coup sûr les deux meilleures qu'ait écrites M. Bergerat dans ses *Poèmes de la guerre*.

V

Les plus indifférents et les plus sceptiques en apparence sentent courir en eux le frisson du patriotisme. M. Édouard Pailleron, un fin railleur, sur la même scène où il promènera tour à tour la verve ironique du *Monde où l'on s'amuse* et du *Monde où l'on s'ennuie*, faisait entendre, par la bouche de Delaunay, un nouveau *Chant du Départ*, le 6 août 1870. Cette pièce du *Départ*, simple déclamation patriotique, n'eut pas le retentissement du fameux chant de Marie-Joseph

---

1. *Le Cid*, acte III, sc. iv.

Chénier, animé par la musique de Méhul : elle ne conduisit point, hélas ! nos soldats à un nouveau Fleurus. Cependant le poète s'inspire des souvenirs de cette grande époque, et les rappelle avec un entrain électrique, qui put faire illusion d'abord.

> Ah ! comme ces jours-là nos pères étaient beaux,
> Alors qu'à larges pas, rythmant la *Marseillaise*,
> Ils se ruaient ensemble à la grande fournaise !

Puis se retournant vers leurs petits-fils, héritiers de leurs traditions, vainqueurs de Malakoff et de Solférino, il leur prédit avec confiance :

> Soldats, et vous aussi du fer de votre épée
> Vous bâtirez au siècle une grande épopée.

La *Débâcle* en prose, de Zola, sera le seul poème épique sorti de cet effondrement. Mais on ne connaissait point encore les amertumes de la défaite. L'auteur, dans une sorte de baptême final et solennel, les envoie à la victoire :

> Allez donc, fils de ceux qui ne reculaient pas,
> . . . .
> Allez, frères ! la France est calme et dit : J'attends !

Enivrée de ses triomphes passés, la France se croyait alors trop sûre de l'avenir. Erreur bien pardonnable au poète, si l'on songe que bon nombre de nos généraux la partageaient : les organisateurs de notre armée, les Frossard, les Lebœuf, ces Nestors du commandement, se déclaraient prêts et certains du succès.

Après avoir entonné l'hymne du *Départ* et de l'espérance, Pailleron, un an plus tard et sur le même théâtre, par la voix gémissante de Mlle Favart, exprimait les douleurs de la patrie vaincue et abaissée. C'est le 16 juillet 1871, après les humiliations de la défaite, après les horreurs, les folies et la sanglante répression de la Commune, que monte vers le ciel ce cri d'angoisse et de supplication. Jamais la scène française n'a retenti d'une prière plus fervente et plus sincère, non pour des malheurs simulés, mais pour des infortunes réelles et présentes. L'artiste était émue jusqu'aux larmes, et s'adressait à un auditoire non moins affligé, lorsqu'elle exhalait ces plaintes :

> C'est pour la France encor vivante que je prie.
> Mon Dieu, je viens à vous, car notre âme meurtrie
> Est lasse de combattre et de désespérer.
> Regardez-nous, Seigneur, daignez considérer
> Que nous sommes à bout de sang et de souffrance,
> Et de hontes..., et que ce pays — c'est la France[1].

Avec une merveilleuse flexibilité de talent, l'auteur de tant de pièces légères a subitement renouvelé les nobles accents que Racine empruntait à l'Écriture Sainte, pour composer l'admirable prière d'Esther, demandant à Dieu de sauver son peuple :

> . . . . O mon souverain roi,
> Me voici donc tremblante et seule devant toi.
> Mon père mille fois m'a dit, dans mon enfance,
> Qu'avec nous tu juras une sainte alliance[2].

Ainsi la France semblait prédestinée et marquée dans les desseins de Dieu : elle était celle dont l'histoire se trouvait résumée dans ces mots : *Gesta Dei per Francos*.

> Elle était le soldat de l'idée immortelle,
> Et quand on la voyait, on disait : La voilà !
> Et son âme sur nous rayonnait... et cela
> C'était hier.... Seigneur, votre droite est terrible !
> Et ces temps ont passé comme l'eau dans un crible.

Image vraiment biblique, sans que le style ait rien de recherché ni de forcé. Le ton reste simple, naturel, mais d'une émotion intense et contenue qui serre le cœur. C'est le tableau de nos misères et de nos souffrances, mises à nu dans toute leur affreuse réalité:

> Plus d'armée, un troupeau ! Plus de combats, des crimes !
> D'un côté des bourreaux, de l'autre des victimes.

Comme une autre *Mater dolorosa*, elle s'est vu arracher par le vainqueur ses deux filles bien-aimées, l'Alsace et la Lorraine, double perte dont elle ne se consolera jamais. C'est

---

1. *Prière pour la France*. — 2. *Esther*, acte I, sc. iv.

à ce prix qu'il lui a fallu acheter une paix plus honteuse que la guerre.

Et pourtant une autre honte pire encore l'attendait : la hideuse Commune, amenant avec elle la lutte fratricide en face de l'ennemi, stupéfait lui-même de notre démence.

> Nous avons descendu les marches de l'abîme,
> La faute, le malheur et la honte et le crime ;
> Puissants hier, vaincus aujourd'hui... mais demain
> Que serons-nous ? Seigneur, où mène le chemin
> Que gravit en pleurant, depuis plus d'une année,
> Celle que votre Église avait pour fille aînée ?

L'épreuve du malheur ramène ainsi à l'idée religieuse les sceptiques les plus endurcis. Le spectre de la Pologne apparaît au poète comme un lugubre avertissement. La France doit-elle s'acheminer sur la même pente, vers le même tombeau ?

> Est-ce que cette nuit c'est déjà le passé ?
> Est-ce vrai que tu vas mourir, ô ma Patrie ?

Il n'en veut rien croire, mais il a besoin de compter sur la miséricorde divine, pour raviver dans les âmes ce foyer de la vie nationale près de s'éteindre.

> Pour seule ambition et pour pâture unique,
> Et pour tourment fécond et des nuits et des jours,
> Donnez-nous cet amour fait de tous les amours,
> Le tien, Patrie ! et que ton image voilée
> Soit debout dans nos cœurs, ô grande inconsolée !

M. Pailleron nous a prouvé que, s'il est passé maître dans l'art de divertir le public français, il sait aussi l'instruire et l'édifier au besoin.

VI

Le ban et l'arrière-ban de la littérature envoie ses volontaires, romanciers, critiques, fantaisistes, sous le drapeau de la Muse patriotique. Un héritier lointain de Benserade et de Gentil Bernard, un brillant rimeur formé à l'école de Théophile Gautier, M. Catulle Mendès, jusque-là peu soucieux comme son maître des affaires publiques, s'est senti touché au cœur par les malheurs de son pays. Il oublie un moment les ruelles et les salons galants, pour nous exprimer *la Colère d'un franc-tireur*, poème récité par Coquelin à la Comédie-Française, le 3 décembre 1870.

Le franc-tireur est un brave Alsacien condamné à garder l'hôpital, quand on se bat autour de lui. Il demande avec instance au chirurgien de le débarrasser de sa maudite jambe blessée, et de lui rendre le champ de bataille, où la victoire, redevenue française, ne lui laissera bientôt plus de Prussiens à culbuter. Vision chimérique, hélas! il en restera trop encore pour s'en délivrer si aisément.

La même illusion se retrouve dans la petite pièce intitulée *Odelette guerrière*, offerte au public du même théâtre, quelques semaines plus tard [1], par la bouche d'une gracieuse artiste aux lèvres roses, au frais sourire, Mlle Croisette. Cette bluette galante et patriotique à la fois, qui rentre bien dans le genre du poète érotique et mondain, est une *Marseillaise* de boudoir, entonnée par une Glycère de la Chaussée-d'Antin. Bien qu'elle se flatte d'avoir en elle le cœur des femmes de Sparte sous son corsage de satin, c'est une Spartiate qui met des gants, trempe ses doigts délicats dans la poudre de riz plus encore que dans la poudre à canon, et tremble à l'idée de voir apparaître un jour, à sa porte, la voiture d'ambulance à la croix rouge, lui ramenant celui qu'elle aime, mourant ou mort. Elle lui demande de rapporter comme trophée, non un drapeau, mais un simple casque prussien, qu'elle placera sur son étagère entre deux vases du Japon :

> Et pour humilier la guerre,
> Dont j'eus le cœur si tourmenté,
> Dans ce casque effrayant naguère,
> Maintenant contrit et dompté,
>
> Nous cacherons les amulettes
> De notre amour, billets, cheveux,
> Et le bouquet de violettes
> Qui t'a fait mes premiers aveux !

---

1. 22 décembre 1870.

En somme, cette demi-mondaine, si charmante qu'elle soit, ne vaut pas à coup sûr, pour la crânerie et la fierté patriotique, la bonne grosse et vaillante *Boule de Suif*, l'héroïne et peut-être le chef-d'œuvre de ce pauvre Guy de Maupassant.

Le *Cri de guerre*[1], poussé par Auguste Lacaussade, est d'un accent plus mâle et plus énergique. L'aimable et paisible écrivain, le fin et délicat critique formé à l'école de Sainte-Beuve, dont il fut le secrétaire, Bordelais d'origine, né à l'île de la Réunion, alliant aux ardeurs généreuses d'un Girondin créole le bon sens pratique d'un esprit sage et pondéré, n'a guère l'aspect d'un Jupiter foudroyant. Cependant la première strophe de son *Cri de guerre* éclate comme une bombe, chargée de mitraille ou de malédictions : on dirait que le souffle de Vergniaud a passé sur lui.

> Il est souillé le sol sacré de la Patrie !
> Nos cités, nos moissons, nos champs sont saccagés ;
> Nos toits fument ! Debout pour la sainte tuerie !
> Frappez ! fauchez ! hachez ! des deux mains égorgez !

Ce chant de guerre et de haine, au début, se termine par un vœu en faveur de la paix et de la concorde universelle :

> Dieu paternel, fais luire enfin sur notre tête
> Le jour de ta justice et de ta volonté.
> Sur la terre apaisée et sous le ciel en fête
> Fais éclore et fleurir ce rêve du poète,
> Le règne de l'amour et de la liberté.

Le sentiment philanthropique l'emporte sur les rancunes nationales.

A l'aspect des hordes allemandes s'abattant ainsi qu'une avalanche humaine sur nos frontières, les petits-fils se rappellent les récits de leurs pères sur la première Révolution : la levée en masse, l'explosion de l'enthousiasme populaire à l'appel de « la Patrie en danger ! » Les deux dates de 1794 et de 1870 flamboient comme deux météores sanglants, à l'aurore des deux républiques : malheureusement Valmy et Jemmapes nous manqueront et, à leur place, nous aurons

---

[1]. Septembre 1870.

Sedan et Metz. Dès la première heure, le rapprochement s'est fait dans tous les esprits. C'est ainsi qu'un jeune romancier, dont le nom a grandi singulièrement depuis, M. André Theuriet, nous présentait dans ses *Paysans de l'Argonne* une page d'épopée nationale racontée aux enfants, pour leur apprendre comment leurs pères accueillaient l'étranger envahisseur, aux jours de la Révolution[1].

Le héros du poème est le maître charbonnier, un grand vieillard à l'air rigide, à la parole brève et ferme, saisissant son fusil, remplissant sa poire à poudre et bouclant son carnier, pour se mettre à la tête des paysans, bûcherons, braconniers, etc. qu'il conduit à une embuscade contre les Prussiens. Il les poste à l'entrée d'une gorge étroite auprès d'un gouffre béant, et leur dit : C'est par là qu'ils viendront !

>   Les paysans avaient barricadé la route,
>   Ils attendaient le cœur plein d'angoisse et de doute,
>   Lorsque vers le ravin, penchant son front noirci,
>   Le charbonnier leur dit : « Écoutez, les voici ! »

Tandis que la troupe ennemie s'avance dans le défilé, à travers la pluie et les rafales du vent entremêlées d'éclairs, une grêle de rochers et de troncs d'arbres s'abat sur les envahisseurs qu'elle écrase par vingtaines. Les coups de fusil éclatent et se croisent en tous sens, puis tout à coup : *A l'arme blanche !* s'écrie un vieux paysan, et soudain les villageois descendent tels qu'une nuée de démons, armés de la faux, du hoyau, de la serpe, de tout ce qui peut tuer. Les Prussiens sont broyés sous les blocs de pierre comme les raisins sous le pressoir :

>   . . . . Ce fut une sombre vendange,

dit l'auteur. L'œuvre de vengeance et de destruction achevée,

>   Il se fit un silence. Alors terrible et fier,
>   Debout sur le talus, tandis qu'un large éclair
>   Promenait sur les bois sa silhouette immense,
>   Le maître charbonnier cria : *Vive la France !*

---

1. La scène se passe en 1792 après la prise de Verdun, avant la bataille de Valmy.

Dans ce bataillon sacré de la poésie, figure un autre romancier, fils de la libre Amérique. Français de cœur et d'origine, Albert Delpit efface, par son dévouement et par ses vers, la tache qu'a imprimée au drapeau étoilé des États-Unis l'indigne conduite du président Grant. Chantre et soldat volontaire comme Déroulède, Delpit s'est fait, comme lui, le défenseur de cette armée dont il a partagé les fatigues et les misères. Il rappelle les gloires passées de l'humble *Pioupiou*, à Sébastopol, à Solférino ; et son héroïsme désespéré au soir de la défaite. La chanson :

> Petit pioupiou,
> Soldat d'un sou....

est une noble riposte à ses détracteurs. Les deux volumes de l'*Invasion* et des *Dieux qu'on brise*, évoquant le souvenir fraternel de 1787, payaient la dette du citoyen reconnaissant envers la France, libératrice de son pays et institutrice de sa jeunesse.

> O France immortelle et féconde,
> Dont le peuple est le peuple-roi,
> Et qui fais frissonner le monde
> D'admiration devant toi !
> . . . .
> . . . . . Des larges coups d'épée
> Avec lesquels tu te défends,
> J'ai voulu faire une épopée,
> Pour la léguer à tes enfants [1].

A ce bilan de la guerre se rattachent encore les *Chants de colère* [2] de Félix Franck, divisés en trois parties : l'*Empire*, l'*Invasion*, les *Épaves*. L'œuvre débute par cet anathème : *Écrasons l'Infâme*.

> Quand tout nous trahit en ces jours mauvais
> Où le droit vaincu gît blessé par terre,
> Il faut que, s'armant du cri de Voltaire,
> Chacun irrité dise enfin : *Je hais !*

Ces pièces, composées sous l'impression du jour, se ressentent de la hâte et de la passion qui président à leur nais-

---

1. *L'Invasion : A la France.* 1ᵉʳ nov. 1870. — 2. Lemerre, 1871.

sance. Les vers *Après Sedan* semblent faibles à côté des hyperboles foudroyantes de Victor Hugo. Les *Héros de Châteaudun* rappellent, sans les égaler, les belles strophes de Henri de Bornier. Le *Cri de Paris*, contre les capitulards, est moins la voix de la justice que la vengeance de l'orgueil national humilié. L'hymne à Gambetta, *Exsecratus*, rend un hommage légitime au fougueux apôtre de la résistance. Un certain élan patriotique anime et soutient jusqu'au bout ces strophes, où les idées et les sentiments valent souvent mieux que la rime et l'expression. Il faut rappeler cependant cette maxime finale à ceux qui seraient tentés de l'oublier aujourd'hui :

> Patrie, œuvre de nos aïeux,
> Patrie, ô famille agrandie,
> Honte au fils qui te répudie ! !

1. *Vive la République !*

CHAPITRE XXIV

LES FRANCS-TIREURS DE LA POÉSIE (Suite)

(1870-1872)

Alphonse Daudet : *Contes du Lundi*. — Louis Gallet : *Patria*. — Édouard Grenier : *Marcel*. — Mme Ackerman : *la Guerre*. — Joséphin Soulary et la Muse lyonnaise. — Chantres bourgeois, ouvriers et soldats : le colonel Grégoire ; le général Pittié ; le Cuirassier de Gravelotte ; Un mobile de Seine-et-Marne. — Chansonniers du Siège et de la Commune : Paul Avenel, Eugène Pottier, Jean-Baptiste Clément, Charles Vincent, Eugène Grangé.

I

Parmi les créations poétiques nées de l'invasion, nous ne saurions omettre, bien qu'écrits en prose, ces *Contes du Lundi* réunis par Alphonse Daudet sous ce titre : *la Fantaisie et l'Histoire* (1872). L'auteur de *Tartarin*, de *Numa Roumestan*, de *l'Immortel* et de tant d'autres œuvres originales, comiques et sérieuses à la fois, a trouvé dans cette peinture de nos misères nationales, une source de pathétique contenu sous une forme simple et familière, qui a bien aussi sa poésie. Ces courts récits restent dans l'esprit comme des eaux-fortes vigoureuses, gravées par un burin patriotique. Rappelons-nous la *Partie de billard du Maréchal*, insensible au canon qui gronde, aux appels de ses aides de camp effarés, aux souffrances de ses soldats hachés, décimés par la mitraille et condamnés à l'inaction, tandis que leur chef, laissant perdre la bataille, achève de gagner sa partie. Ou bien encore la *Vision du juge de Colmar*, une page de Dante ajoutée au supplice des traîtres et des renégats : le rond de cuir déposé sur sa tombe par Bismarck, éternel sujet de risée et de honte. Ailleurs, la *Dernière Classe* du vieux maître d'école alsacien : parlant encore une fois français à ses élèves avant de les quitter, et traçant avec la craie, sur le tableau noir, cette silencieuse protestation : *Vive la France !* au moment où le son des trompettes annonce l'entrée de l'étranger vainqueur dans le village, devenu désormais prussien. Enfin le *Porte-Drapeau*, cet épisode si touchant du sergent Hornus, à l'heure de la capitulation de Metz, quand on entasse dans les fourgons prussiens nos étendards vendus par Bazaine. Fou de douleur, éperdu, Hornus arrache à l'officier allemand son enseigne bien-aimée, embrasse une dernière fois cette sainte relique de la patrie, et tombe foudroyé.

Ce livre, si humble qu'il soit, a pris place dans le cœur des populations opprimées : on se le passe en cachette, car la lecture en est sévèrement interdite dans l'Alsace-Lorraine. C'est le feu couvant sous la cendre.

II

Encore un douloureux *memento* que ce petit volume de *Patrie* publié par M. Louis Gallet, en 1872. L'auteur dit lui-même :

> S'il n'est pas la promesse, il est le souvenir.

Ces souvenirs de la veille se sont transformés dans son esprit en visions et en scènes dramatiques, dont la poésie double l'effet. Dans la pièce qui a pour titre *Patrie*, une femme au visage austère, à la voix grave et impérieuse, la *Patrie* personnifiée, vient réclamer à l'humble paysanne son mari, son père, son fils, tour à tour victimes de la guerre, et lui laisse pour dernier espoir l'enfant qu'elle porte dans son sein.

> Nourris l'homme qui vient avec le pain des forts :
> Celui-là doit un jour venger ceux qui sont morts.

Homme de cœur et d'imagination, l'écrivain, émule de Jules

Barbier dans l'opéra-comique, avec son entente du théâtre et de la mise en scène, a fait du *Chêne* et du *Spectre* deux petits drames en action.

Le *Chêne* jadis planté comme arbre de la Liberté, le jour où naissait l'aïeul, est resté pour lui un vieil ami de quatre-vingts ans. Cependant les maux du siège s'accroissent, le bois manque autant que le pain dans la cité désolée. Les pauvres gens, les femmes et les enfants grelottent transis de froid, l'estomac vide ; les soldats peuvent à peine tenir leurs armes de leurs doigts glacés. La servante, émue de pitié en racontant à son maître les souffrances des assiégés, fait observer : que le grand chêne suffirait à réchauffer bien des familles. L'aïeul tressaille à l'idée d'immoler son vieux compagnon. Puis, en y réfléchissant, il a compris que l'heure du sacrifice est venue pour tous deux. La complainte du *Chêne*, dans la bouche du vieillard, ressemble bien un peu à une barcarolle d'opéra, mais elle est relevée par la noblesse des sentiments patriotiques.

> Tombe, ô mon chêne ! c'est ton heure,
> Voici nos derniers jours venus.
> . . . .
> Il est juste qu'on nous rassemble.
> Le même âge pèse à nos fronts ;
> Ayant grandi tous deux ensemble,
> Ensemble aussi nous tomberons.
>
> Mais tes racines sont là pleines
> De cette sève dont tu vis,
> Et mon sang coule dans les veines
> De ces enfants, fils de mon fils.

Cette pensée de la résurrection ou de la transfusion du sang et de la sève, entre les générations qui se succèdent, apparaît comme un baume consolateur :

> Aucune source n'est tarie ;
> Tombe sans regrets, chêne altier ;
> Grande image de la Patrie,
> Tu peux revivre tout entier !

Le *Spectre* est une autre vision fantastique de cette guerre ténébreuse et perfide, qui a tout l'air d'un guet-

apens, où nos soldats succombent foudroyés sous une grêle
de bombes et de boulets, que lance un ennemi invisible,
blotti au fond des bois. Tandis que les morts et les blessés
s'accumulent, un fantôme se dresse tout à coup à cheval,
droit sur ses étriers, conviant encore une fois la furie
française au combat, et poussant le cri de : *En avant!*

> La main du cavalier brandit un sabre nu,
> Une arme de géant dont la puissante lame
> Étincelle en la nuit comme un croissant de flamme.
> Cette vision, c'est le Spectre de Marceau.

Marceau, le vainqueur de l'Allemagne, le héros de la Révolution, avec son dolman, sa haute coiffure et les nattes flottantes de ses cheveux.

> En vain le soldat meurt, en vain la charge sonne,
> Chaque pas que l'on fait centuple les périls,
> La plaine est un désert. Le Spectre, qui s'étonne,
> Arrête son cheval et demande : « Où sont-ils ? »

De rouges lueurs sinistres, sur une longue ligne, apparaissent seules à l'horizon. C'est là qu'est l'ennemi, hors de vue et de portée.

> En avant! crie encor le Fantôme. Ils repartent,
> Mais l'ouragan de fer les couche par milliers.

Quand le clairon qui sonnait la charge est tombé le dernier, le Spectre, resté seul debout dans la nuit grise, se rappelle avec amertume les luttes héroïques du temps passé : ces combats corps à corps où l'homme cherchait l'homme, au lieu de se cacher et de se dérober. Indigné, révolté de ces misérables victoires enveloppées d'ombre et de mystère, il brise son sabre devenu désormais inutile. C'est le vieil héroïsme qui abdique et s'en va, dans la dernière charge du général Margueritte à la tête de sa cavalerie.

> Deux larmes ont roulé de sa sombre paupière :
> Il pleure, mais son cœur hautain ne fléchit pas.
>
> En regardant ces bois où vont, dans leur tanière,
> S'endormir les tueurs, de leur besogne las,
> Un souverain mépris crispe sa lèvre altière;
> Il murmure : « Ceux-là ne sont plus des soldats ! »

III

Plus d'un rêveur solitaire, plus d'un rimeur fantaisiste, qui s'était retiré du monde, pour s'abandonner au libre essor de ses pensées, s'est trouvé ramené subitement aux réalités de la vie présente, en face de l'épreuve commune. Tel a été M. Édouard Grenier, un esprit délicat et distingué, honoré d'une couronne académique pour un premier recueil de petits poèmes artistement ciselés, avec la passion studieuse d'un dilettante amoureux du beau. L'auteur, né poète sans en avoir la prétention, fut un de ces désœuvrés auxquels le second Empire imposa des loisirs forcés. Attaché d'abord à la diplomatie, il crut devoir y renoncer par scrupule et par conviction, refusant de servir un gouvernement qui n'avait ni son estime ni ses sympathies. Il s'était réfugié dans le culte des lettres, cet asile suprême, où il avait du moins le droit de songer et d'écrire à son aise.

> Je voulais échapper aux miasmes de l'empire,
> Avec la poésie et l'art m'éthériser,
> Et m'enivrer d'extase aux accords de la lyre....
> Quel réveil! Aux lueurs de la flamme et du fer,
> J'ai vu sur mon pays se déchaîner l'Enfer.

C'est ainsi que son poème de *Marcel*, œuvre de pure fantaisie au début, est devenu tout à coup l'écho et le reflet des émotions du jour : le rêveur a cédé la place au citoyen. « Cet ouvrage, dit-il dans sa préface, a été commencé dans les derniers temps de l'empire : interrompu par la guerre et l'invasion, il n'a été repris et terminé que deux ans après. »

Le héros, *Marcel*, est un personnage imaginaire et réel à la fois, comme le *René* de Chateaubriand ou l'*Adolphe* de Benjamin Constant. Le poète en fait le confident et l'interprète de ses pensées. C'est par sa bouche qu'il exhale son indignation et sa douleur en présence de notre abaissement :

> Celui qui n'a pas vu de déroute en déroute
> Vers sa perte à pas lents se traîner son pays ;
> Ramasser ses soldats expirants sur la route,
> Pauvres enfants gelés, qui se croyaient trahis :
> . . . .

> Celui qui n'a pas vu le pavé de sa ville
> Noir des lourds bataillons d'un ennemi brutal ;
> . . . .
> Celui qui n'a pas vu, pauvre âme endolorie,
> A son foyer désert sa mère en cheveux blancs
> S'asseoir toute brisée et, la face maigrie,
> Usant dans un seul jour le reste de ses ans ;
> . . . .
> Celui qui n'entend pas, jour et nuit à toute heure,
> Le pas de l'étranger vainqueur fouler son seuil ;
> . . . .
> Celui qui n'attend pas de minute en minute,
> Comme le condamné qu'on lie au tombereau,
> Le sort de son pays qui marche vers sa chute
> Sous les coups redoublés d'un sinistre bourreau ;
> . . . .
> Celui-là ne sait pas le malheur ; il ignore
> Ce que le désespoir contient de plus amer [1].

Aussi le poète, exaspéré par la douleur, lance-t-il l'anathème contre le chef responsable de tous ces maux :

> Ah ! maudit soit l'auteur de cette guerre impie !

A ceux qui lui reprocheraient de fouler aux pieds l'adversaire abattu, qui invoqueraient en sa faveur le bénéfice d'une fausse pitié sottement magnanime, il oppose les droits sévères de l'histoire :

> Au coupable on ne doit rien que la vérité.
> . . . .
> Sedan l'a vu se rendre avec plus de soldats
> Que le premier Consul vainqueur de dix États.

Comme dernier châtiment, il place l'oncle en face de son indigne neveu.

> Du fond de son tombeau de marbre aux Invalides,
> On dit que ce jour-là, quand cessa le canon,
> A l'homme de Sedan l'homme des Pyramides
> Dit lentement ces mots : « Qu'as-tu fait de mon nom ? »
> On vit des pleurs tomber des Victoires livides,
> Et les aigles, tremblant sur leurs bases d'airain,
> Semblèrent s'envoler du morne souterrain [2].

1. *Marcel*, chant IX. — 2. *Ibid.*

L'image est belle, et rappelle un peu le groupe altier des Renommées détournant les regards, et faisant taire leurs trompettes devant la victoire des princes allemands, dans l'*Année terrible* de Victor Hugo.

IV

Une autre âme fière et dédaigneuse, alliant à l'audace virile de la libre pensée le pessimisme amer d'un Léopardi ou d'un Alfred de Vigny, Mme Ackermann, apportait aussi à cette guerre néfaste sa large part de malédictions. La mort d'un neveu, le lieutenant Fabrègue, tué à Gravelotte, lui inspire un mouvement d'indignation éloquente pour ces sanglantes moissons humaines, que fauche sans pitié l'ambition des rois. Le début éclate comme une explosion de la conscience et de la raison révoltées :

> Du fer ! du feu ! du sang ! C'est elle ! c'est la Guerre !

L'Épouvante personnifiée se dresse telle qu'une Alecto gigantesque, s'applaudissant de son œuvre :

> Triomphante elle crie à la Mort : « Bien fauché ! »
>
> Oui, bien fauché ! vraiment la récolte est superbe,
> Pas un sillon qui n'ait des cadavres pour gerbe ;
> Les plus beaux, les plus forts sont les premiers frappés.
> Sur son sein dévasté, qui saigne et qui frissonne,
> L'Humanité, semblable aux champs que l'on moissonne,
> Contemple avec douleur tous ces épis coupés.

Par ses antécédents, par ses relations avec l'Allemagne et son long séjour à Berlin, Mme Ackermann, bien que très Française d'origine[1] et de cœur, devait être exempte de ces haines nationales qui bouillonnent chez tant d'autres : elle se contente de déplorer la folie commune et fatale aux deux peuples.

Parmi ces esprits méditatifs et solitaires que la guerre vient ravir à leurs paisibles contemplations, signalons en-

---

[1]. Louise-Victorine Choquet, née en 1813, fille d'un agréé au tribunal de commerce de la Seine.

core un amant discret du sonnet, un rimeur inoffensif
entre tous, Joséphin Soulary, compatriote de Laprade, emporté comme lui dans cette tourmente universelle, et en-
tonnant aussi son hymne de guerre :

> Allons les champs ! Allons les rues !
> Improvisez les bataillons ;
> Fais-toi mousquet, fer de charrue,
> Fais-toi héros, rustre en haillons [1] !

Il attend le chant du coq gaulois, qui donnera le signal du
réveil. Mais, hélas ! la guerre civile est venue ensanglanter
les rues de Lyon. Nous avons entendu déjà les plaintes de
Laprade dans son *Ode aux poètes bretons*. Deux mois plus
tard, le mal s'était aggravé, et Soulary s'écriait à son tour
en s'adressant à la cité rebelle :

> Tandis que ta mère agonise,
> Et que ta noble sœur, Paris,
> Dans un effort qui l'éternise,
> La couvre de ses bras meurtris,
> Aux regards du jour que tu souilles,
> Tu jouais aux dés ses dépouilles
> Dans quelque tripot clandestin,
> Et l'émeute, où Brutus te pousse,
> Armait la sinistre Croix-Rousse
> Du poignard du mont Aventin [2].

Dans cet appoint des chantres provinciaux, la Muse
lyonnaise paie généreusement son tribut. A Victor de Laprade et à Soulary elle ajoute non seulement des hommes,
tels que Victor Nadal écrivant la *Lettre d'un vieux Breton
à son fils*, l'*Ame de la France* et l'*Ode aux héros de Nuits*;
Édouard Monval adressant une *Épître* ironique et railleuse
de *Guillaume à Augusta* avec ce refrain : « *Bénissons Dieu !* »
mais encore des femmes, saisissant la plume à défaut du
glaive. C'est Mlle Louise Wilhem, qui entend souffler *le
Vent du Nord*; Mlle Louisa Siefert, qui exhale contre l'envahisseur les *Saintes Colères* du patriotisme indigné :

> Oh ! parce qu'ils sont forts et qu'ils sont en grand nombre,
> Qu'ils se sont préparés dans le silence et l'ombre,

1. Bibliothèque de l'Arsenal, n° 14185. — 2. *Ibid.*

> Comme des renards et des loups ;
> Parce qu'ils ont surpris notre France endormie,
> Qu'ils ont mis leur poing lourd sur sa bouche blêmie,
> Et sur sa gorge leur genoux,
>
> Ils ont crié victoire, et dit qu'elle était morte [1].

Dans le pays de la *Belle Cordière*, rien d'étonnant que les cœurs féminins eux-mêmes aient tressailli sous la tempête qui grondait alors.

De tous les points de la France, comme de toutes les classes de la société, part un cri de douleur et de colère. La Bretagne, qui nous avait donné jadis Du Guesclin, et qui, cette fois, n'a pu nous fournir que l'honnête et timide Trochu, proteste contre le traité de Francfort, par la bouche d'un de ses enfants, Victor Drouyer, dans la pièce intitulée « *Aux deux provinces* » (1er mars 1871).

> Ah ! c'est le rouge au front et la rage dans l'âme,
> La main crispée et prête à ressaisir le fer,
> C'est avec de longs pleurs, brûlants comme la flamme,
> Que nous avons subi ce traité, piège infâme,
> Où pendent des lambeaux qui furent notre chair [2].

Une femme, une fille des preux, la baronne Yvonne de Montlaville, jetait aussi à la face des gouvernants ces sanglants reproches :

> La Paix ! honteuse Paix ! Quoi ! vous l'avez signée,
> Et vous sacrifiez pour elle nos deux sœurs.
> . . . .
> Vous chantez chaque jour la Lorraine, l'Alsace :
> Ces chants de l'univers ont déjà fait le tour.
> Tous ces chants ne sont rien : que l'on se lève en masse !
> Les femmes dans vos rangs demandent une place,
> Des armes en ce jour !

Malheureusement il était trop tard.

L'Auvergne de son côté, se souvenant de Vercingétorix, évoquait son fantôme dans ces vers d'un poète du cru, le

---

1. Bibliothèque de l'Arsenal. N° 14185. *La poésie patriotique à Lyon pendant la guerre.* — 2. Bibliothèque de l'Arsenal. *Pièces sur la Guerre de 1870-1871.* N° 14297.

citoyen Vermenouze, contemplant la statue du héros gaulois :

> Il fut le grand soldat, le lutteur indompté
> Qui, le glaive à la main, la peau d'ours à l'épaule,
> Défendit pied à pied le sol de notre Gaule,
> Et mourut pour la liberté [1].

La même pensée inspirait à un patriote parisien, M. Cottinet, son drame de *Vercingétorix*, représenté depuis à l'Odéon.

En même temps qu'elle exalte les grands noms et l'héroïsme des anciens temps, la Muse populaire, se faisant l'écho de l'opinion, aigrie par les déceptions et les revers, se montre impitoyable, et souvent injuste, pour les malheureux défenseurs de l'état présent. La chanson maligne, dont Roland lui-même redoutait les traits, n'épargnait guère Trochu, sur son plan mystérieux et son inaction incomprise. L'immense hécatombe de Sedan, qualifiée de *sanglante comédie*, devient un texte d'accusation contre les chefs, dans ces vers injurieux où l'on semble séparer les généraux des soldats, laissant aux uns l'héroïsme, aux autres la couardise et l'incapacité :

> Serait-il vrai ce mot que l'Europe raconte :
> « Des Anes à Sedan commandant des Lions [2] ! »

Jeter dans l'âme de nos soldats la défiance et le mépris de leurs chefs, était avec le cri de : *Sauve qui peut!* un des procédés de la tactique prussienne.

Les villes trop promptes à se rendre n'échappèrent pas davantage aux stigmates de la satire patriotique. En face de Rouen et d'Évreux ouvrant leurs portes aux Prussiens, Albert Glatigny oppose la résistance héroïque de Strasbourg et de Châteaudun,

> . . . . La ville
> Qui renaîtra demain, une couronne au front.
> Vous, Évreux et Rouen, conservez votre affront [3]!

Un jour viendra où Paris exténué, épuisé après cinq mois de siège, sera forcé, lui aussi, de capituler. Encore

---

1. Bibl. Arsenal, 14552. — 2. *Ibid.*, 14297. — 3. *Ibid.*

est-ce à Thiers, à Jules Favre, à Trochu, qu'on renverra fort injustement la honte, ou tout au moins la responsabilité de ce triste accommodement. C'est le bourgeois égoïste et affamé de bien-être, qu'on accusera d'avoir sacrifié l'honneur national aux exigences de son estomac[1]. *Paris pour un bifteck*, tel est le titre d'une chanson satirique, d'Émile Dereux, contre la capitulation.

> Vive la Paix ! La France est aux enchères.
> . . . .
> Allons, Brébant, tourne ta casserole,
> Pour un bifteck on va rendre Paris[2].

Le restaurateur Brébant avait conservé, il est vrai, même pendant le siège, une clientèle choisie d'estomacs et d'esprits délicats, pour lesquels il avait l'art d'adoucir les rigueurs de la famine. Les frères Goncourt nous ont raconté, dans leur *Journal*, ces pique-niques littéraires et gastronomiques auxquels ils assistaient en compagnie de Renan, de Paul de Saint-Victor et autres. Mais il faut bien reconnaître que Thiers et Jules Favre en signant, les larmes aux yeux et la mort dans l'âme, l'acte de capitulation, songeaient moins aux casseroles de Brébant qu'à cette foule hâve, décharnée, à laquelle le pain de son et la viande de cheval allaient bientôt manquer. La paix devenait une nécessité fatale : elle n'en était pas moins impopulaire, honnie, maudite de ceux-là mêmes qui en profitaient.

V

Si les oisifs, les gens de lettres, les bourgeois, les ouvriers inoccupés pendant les lenteurs mortelles du siège ont le temps d'épancher en strophes, en couplets, en monologues ou en dialogues, leur douleur ou leur indignation, l'armée jetée au milieu de cette infernale tempête d'une guerre sans direction et sans issue, accablée sous le poids des malheurs publics, dont on la rend responsable, reste

[1]. On a trop oublié que ce sont les bataillons bourgeois, surtout des Ier, IIe, Ve et VIe arrondissements, qui ont payé de leur présence à Buzenval et à Montretout. Voy. *Lettres et Notes intimes* (1870-1871) de M. A. de Mazade. — [2]. Bibl. Arsenal, 14388.

muette et consternée. Elle ne songe guère à chanter ses exploits ni à pleurer ses défaites. Cependant quelques voix guerrières se font entendre au début et à la fin. Le vieux chauvinisme français, toujours facile à exalter, était stimulé par les camelots de la politique impériale, soudoyés pour hurler à travers les rues : « A Berlin ! à Berlin ! » Il se rencontra des badauds, même dans l'armée, pour répéter ce cri de commande. L'imprudent colonel Grégoire, un digne lieutenant de Picrochole, dans un chant intitulé l'*Armée du Rhin*, titre primitif de la *Marseillaise*, osait lancer cette bravade chèrement expiée :

> A Berlin ! (*bis*)
> Bientôt l'Europe entière
> Verra notre bannière
> A Berlin ! (*bis*)[1]

On l'y verra, en effet, mais ce n'est pas nous qui l'y aurons portée.

Au colonel bravache et vantard, enivré des fumées de la gloire, nous opposerons le sage, honnête et modeste général Pittié. Charmant esprit et noble cœur, Pittié est à la fois un soldat amoureux du devoir et de la patrie, un rêveur épris d'art et d'idéal. Aussi comprendra-t-on qu'un président civil de la République, un Grévy, un Carnot, l'ait choisi de préférence comme chef militaire de sa maison. Avec lui, le militarisme n'avait pas chance de s'implanter à l'Élysée. Cet homme de guerre par métier est avant tout un homme de paix par sympathie et conviction. Après le siège et la prise de Sébastopol, il songeait à la fraternité des peuples, et, par une sorte de divination confuse, exprimait le vœu que les Russes, nos ennemis de la veille, devinssent nos amis du lendemain. La lutte, en mettant les deux nations aux prises, leur avait appris à s'estimer mutuellement :

> Nions les stupides défis,
> Brûlons les codes sanguinaires,
> Et d'ennemis devenant frères,
> Faisons des frères de nos fils [2] !

---

1. Fonds de l'Arsenal, 14 207. — 2. *A travers la Vie* : *Pax*, sonnet.

Mais ce rêve d'un penseur libéral allait s'évanouir devant les horreurs et les misères d'une nouvelle invasion barbare. La malheureuse année 1870 lui inspirait, dès son début, un sonnet intitulé *Angoisses patriotiques* : non qu'il tremble devant le danger. Il a vu nos premiers revers, et s'adressant à la France :

> Je veux, doutant du ciel et de ses lois injustes,
> Sur les débris fumants de tes restes augustes,
> M'ensevelir vivant et mourir tout entier [1].

La défaite est venue jeter dans son âme une douleur accrue par la mémoire des grandeurs passées. Après les désastres de Sedan, de Metz, il évoque la noble image de Jeanne d'Arc, la vierge libératrice, qu'il appelle encore une fois au secours de la France. La tête remplie de nos vieux souvenirs nationaux, il associe au nom sacré de la bonne Lorraine le nom maudit du traître flétri dans la *Chanson de Roland*.

> Sois le vivant soleil où nos cœurs s'alimentent,
> O Jeanne! Ganelon ment, tous les traîtres mentent,
> Et la France toujours est la fille de Dieu [2].

Puis, se retournant vers la cité livrée, comme Jeanne, par trahison :

> Ils ne t'ont pas conquise, ô Metz, ils t'ont volée [3] !

En revanche, il témoigne sa reconnaissance à ceux qui, avec Faidherbe, avec Gambetta, n'ont pas désespéré de la France, jusqu'au dernier jour. Le loyal soldat ne croit pas s'humilier, en s'inclinant devant le glorieux tribun et apôtre de la Défense nationale :

> Et c'est pourquoi je t'aime avec idolâtrie,
> O toi qui, par delà les plus nobles amours,
> Exaltas le suprême amour de la Patrie [4].

En face de cette poésie limée, polie, ciselée, suivant la règle du sonnet, oserons-nous citer les vers rugueux, incorrects et souvent prosaïques du *Cuirassier de Gravelotte* : un chantre de la caserne obscur et inconnu [5], qui rime un

---

1. *Pro Patria*, août 1870. — 2. *A Jeanne d'Arc*, Sonnet, septembre 1870. — 3. *Metz la Pucelle*, octobre 1870. — 4. *A Gambetta*, Sonnet, décembre 1870. — 5. Il s'appelait Garnier.

peu comme rimaient jadis les soudards de Pavie et de Marignan.

> Nous sommes les bons cuirassiers,
> L'on nous appelle les *gros frères.*

Malgré la vulgarité du style et l'incorrection des vers, la pièce des *Cuirassiers de Gravelotte* est empreinte d'un élan presque héroïque.

> Au galop! au galop! ils chargent la mitraille,
> Ils sont les insensés qui narguent le destin ;
> L'Escadron-Curtius, hélas ! est à la taille
> Des sombres revenants du cimetière Ohain.
>
> Au galop ! au galop ! Hélas ! à nos dés*astres*
> Faut-il toujours moisson du fauve cuirassier !
> A tous les Mont-Saint-Jean, aux Waterloo né*fastes,*
> Un tertre qui soit fait de ces géants d'acier !

A ces vers médiocres, qui valent par le sentiment plus que par la facture, nous préférons encore la page de prose navrante, où le même soldat nous raconte la capitulation de Metz, le morne défilé de l'armée vendue et livrée, ainsi qu'un bétail inerte, aux gendarmes prussiens.

« Le défilé commença. On voyait se dérouler dans la plaine comme les anneaux gigantesques d'un serpent. Les masses lugubres marchaient comme à un enterrement. En effet, on menait le deuil de la vieille gloire française, un héritage immaculé de dix siècles.... Bientôt la pluie tomba à torrents : toute cette eau des nues n'aurait pas suffi pour laver cette tache faite à notre drapeau. On marchait dans la boue jusqu'aux genoux, et dans la honte jusqu'au cou !.... Entre chaque régiment, entre chaque fraction de régiment, s'intercalait un peloton, une bande de sbires prussiens : ce fut comme la vague qui se referme sur le misérable naufragé, comme la dernière pelletée de terre que l'on jette sur une tombe béante[1] ! »

L'armée protestait ici, par la bouche d'un de ses plus humbles représentants, contre l'ignominie qu'on lui imposait.

A l'œuvre modeste du *Cuirassier de Gravelotte,* nous sera-t-il permis d'associer le *Carnet d'un Mobile de Seine-et-*

---

1. Friederichsfeld, 3 janvier 1871.

Marne, par Médéric Charot? L'auteur, plus lettré que soldat, est un chantre et un romancier rustique, ami de la nature et de la paix, cœur simple et naïf, qui voit venir la guerre sans enthousiasme, avec le pressentiment des malheurs qu'elle peut entraîner.

> O peuple, peuple dont je suis,
> Fais retentir ta voix niaise,
> Et t'étourdissant de tes bruits,
> Braille à plaisir la *Marseillaise* !

Après la victoire mensongère de Sarrebrück, il reste froid, insensible devant cette gloire qui lui paraît *rouge*, c'est-à-dire sanglante. Après la triple défaite trop réelle de Wissembourg, de Wœrth et de Reichshoffen, le sang français s'échauffe en lui. Il ne s'agit plus d'attaquer ni d'envahir, mais de défendre le sol sacré de la patrie.

> Marche, ô soldat, vaillant et fort,
> Sans regrets, sans parole amère :
> Et ce soir, si tu n'es pas mort,
> Tu pourras penser à ta mère [1].

C'était la veille de Champigny que le rimeur, improvisé soldat, inscrivait ces réflexions sur son carnet. Le surlendemain, contemplant le champ de bataille, tandis que la neige tombait à gros flocons sur les morts et les blessés, il traçait ce tableau, qui est la pièce maîtresse de son recueil :

> Les blessés râlent dans la plaine,
> Dans l'air pleurent les vents de nuit,
> Et voici, blancs flocons de laine,
> La neige qui tombe sans bruit [2].

Pour un simple *Carnet de mobile*, avouons qu'il y a là un certain talent. C'est de la petite poésie moyenne, tant soit peu bourgeoise et prosaïque, mais d'une émotion sincère et vraie.

VI

Dans cette revue de la poésie populaire, il nous faut jeter encore un regard sur les chansonniers qui se trouveront

---

1. *Avant la bataille*. Bry, décembre 1870. — 2. *Après Champigny*.

plus ou moins mêlés aux événements du Siège et de la Commune. Les hautes inspirations et les grands coups d'aile sont rares. Cependant Paul Avenel, Eugène Pottier, Jean-Baptiste Clément, Charles Vincent, Eugène Grangé sont aussi des volontaires de la Muse française qui méritent un souvenir.

La Commune, il faut bien en convenir, ne se pique guère de patriotisme : elle en est plutôt la négation, par son cosmopolitisme international et par sa fraternité béate avec l'étranger. Pourtant il faut aussi reconnaître qu'il entre dans ses colères une large part d'amour-propre national, blessé par la reddition de Paris. Le sentiment est plus complexe qu'on ne le suppose. Quelques-uns des chantres de la démocratie sont d'ardents et sincères patriotes. Nous citerons au premier rang Paul Avenel. Bourgeois d'origine et démocrate d'instinct fils d'un notaire de province, venu à Paris pour y faire ses études médicales vers 1848, le démon de la politique et de la littérature s'est emparé de lui. Le coup d'État du 2 Décembre l'a jeté dans le camp de l'opposition républicaine; finalement il s'est trouvé vaudevilliste, romancier, journaliste et chansonnier de hasard et de vocation. Bien qu'il raille volontiers le *chauvinisme* et les *Vieux de la Vieille*, la vue de la patrie en danger lui inspire un appel aux armes, faible écho de la *Marseillaise*. Il est plus heureux dans la pièce intitulée *Paris cerné* :

> Paris, l'œil inquiet, interroge la plaine,
> Pensif sur le rempart il sonde l'horizon.
> Les ennemis sont là. Que fais-tu donc, Bazaine ?
> Es-tu l'homme-devoir ou l'homme-trahison ?
> Grand et fier es-tu mort devant Metz la Pucelle,
> Comme Léonidas, avec tes compagnons?
> Paris, en t'attendant, veille et fait sentinelle,
> Pour l'honneur de la France il charge ses canons.

Comme Boileau, Avenel a chanté son jardinier, mais sous une tout autre inspiration. Le pacifique Antoine, dans son jardin d'Auteuil, ne songeait qu'à *gouverner* l'if et le chèvrefeuille : François Debergue, l'humble serviteur d'Avenel, est tout simplement un héros martyr du patriotisme, fusillé par les Prussiens. Ancien sergent de la ligne, voyant la France envahie et n'ayant point de fusil à sa disposition,

> Il voulut, malgré tout, combattre à sa manière.
> Comme un fauve, sans bruit, qui sort de sa tanière,
> Il va, prenant le soir pour voile protecteur,
> Couper le télégraphe avec son sécateur.
> On rétablit le fil : mais il le coupe encore,
> Jusqu'à ce qu'il fut pris.
> . . . .
> A ses juges il dit : « Messieurs, je suis Français ;
> Condamnez-moi ; demain, je recommencerais. »
> Avez-vous dans l'histoire ou de Sparte ou de Rome
> Un citoyen plus humble et plus grand que cet homme?

Les vers d'un autre poète patriote, Déroulède, et un monument commémoratif ont consacré le souvenir du héros plébéien.

Comme la Ligue au XVIe siècle, la Commune a ses prédicateurs d'émeute, faisant appel à la violence ; ses chansonniers militants, dont les couplets enflamment la colère et les défiances de la foule. Ce ne sont pas toujours des forcenés et des bandits, mais des sectaires passionnés, enthousiastes, illuminés, convaincus de la sainteté de leur cause, comme l'est cet Eugène Pottier[1], vieux champion de la Révolution sociale, né en 1816, combattant de Février en 1848, honnête et pauvre, exprimant la misère du peuple avec des larmes et des sanglots dans la voix. Ce Tyrtée de barricades ne manque ni de verve ni de talent. Gustave Nadaud lui-même, un bourgeois, un conservateur, malgré la divergence des opinions, avait d'abord reconnu en lui un confrère, et l'avait aidé à publier son premier volume de chansons. Sans instruction première, ouvrier emballeur, puis dessinateur sur étoffe, il n'en sait pas moins tenir une plume et tourner un couplet, mieux que bien des érudits ou des lettrés. Pottier d'ailleurs n'est point seulement un agitateur en paroles : il paye de sa personne. Après Sedan, nommé adjudant du 181e bataillon de la garde nationale, il assiste au combat de Champigny. A l'approche des armées prussiennes, il voit dans l'invasion un châtiment

---

1. Henri Avenel, *Chansons et chansonniers.*

de l'empire, de ce régime accepté et voulu trop longtemps par le pays.

> Entends-tu les pas d'une armée,
> Paris, quels sombres châtiments!
> Sur les coteaux vois la fumée
> Des avant-postes allemands.
> Voilà ce que l'empire coûte :
> La défaite et le désarroi.
> Mais tu vas leur barrer la route,
> Défends-toi, Paris, défends-toi!

Dans une chanson dialoguée, il met en scène le roi Guillaume menaçant Paris d'une destruction prochaine, et lui demandant :

> Quel est ton ambassadeur ?

A quoi Paris répond :

> — Cambronne !

Malheureusement la haine du Prussien est moins vive encore chez l'auteur que celle du bourgeois, l'ennemi domestique, auquel il en veut par-dessus tout. Correspondant avéré et attitré des socialistes allemands, au nom de l'*Internationale* dont il est un des plus fervents adeptes, il adresse cet appel à tous les déshérités de ce monde :

> Debout! les damnés de la terre!
> Debout! les forçats de la faim!
> La raison tonne en son cratère !
> C'est l'éruption de la fin.
> Du passé faisons table rase,
> Faible esclave, debout ! debout !
> Le monde va changer de base :
> *Nous ne sommes rien, soyons tout!*

Folle chimère d'une démagogie brutale et ignorante, qui revendique à son profit ce qu'elle reproche aux autres. On sait quelles terribles représailles couronnèrent, après un quart d'heure d'orgie, ces rêves insensés. La chanson de *Jean Misère*, dernier cri de la Commune aux abois, nous rappelle sa triste fin.

Cette plainte amère du prolétariat se retrouve non moins poignante et désolée chez Jean-Baptiste Clément, autre chansonnier de la Commune, exilé comme Pottier, et comme lui possédé de l'idée fixe d'une révolution sociale. *Les Traîne-Misère*, chanson datée de Londres (1874) et dédiée à la grande famille ouvrière, nous offrent un nouveau chapitre sur *l'Inégalité des conditions* :

> Les gens qui traînent la misère
> Sont doux comme de vrais agneaux ;
> Ils sont parqués sur cette terre
> Et menés comme des troupeaux.
> Et tout ça chante, et tout ça danse,
> Pour se donner de l'espérance.

Parmi ces chansons révolutionnaires, il en est une qu'on pourrait croire patriotique : *O ma France!* Mais l'auteur, craignant d'être accusé de chauvinisme, prend soin de se justifier à cet égard : « Je suis internationaliste dans toute la force du terme, c'est-à-dire pour la coalition de tous les opprimés contre les oppresseurs. Et si, dans cette chanson, je dis : *O ma France!* avec enthousiasme, ce n'est pas, on le sent bien, parce que je suis fier d'être Français, puisque c'est au hasard que je dois d'être né en France. Je dis *O ma France!* comme je dirais : *O Révolution! ô Humanité!* » Triste défaillance du sentiment national chez certains chefs de la démocratie, mais qu'on ne saurait reprocher à tous.

Patriote et républicain, Charles Vincent [1] ne tombe pas dans les excès de ce cosmopolitisme indifférent, et reste Français de cœur comme d'esprit. Né à Fontainebleau en 1826, tour à tour saute-ruisseau, tapissier, commis-voyageur et journaliste, il débute comme chansonnier politique en 1848. Ses premiers couplets, composés pour la plantation d'un arbre de la Liberté, saluent l'aurore de la République universelle, dans cette heure d'ivresse où la révolution de Paris a son contre-coup à Vienne et à Berlin :

> Dans son palais chaque trône chancelle,
> Les tyrans pâliront d'effroi,
> La République un jour universelle
> Aura soufflé sur notre dernier roi.

---

1. Henri Avenel, *Chansons et chansonniers*.

Quand éclate la guerre de 1870, il écrit le chant de l'*Invasion* qui fit grand tapage un moment. C'était pendant le siège, à la salle Valentino, que ce morceau de circonstance fut interprété, avec une véritable *maestria* ou *furia* française, par la regrettée Julia Hisson, artiste de l'Opéra, à l'heure où les obus tombaient comme grêle autour des Invalides. Mlle Hisson fut portée en triomphe par les gardes nationaux enthousiastes. Le lendemain, le journal *la Guerre*[1] publiait un sonnet adressé à la cantatrice et au chansonnier.

> Avec ses fiers accents et son brûlant délire,
> Admirons Julia disant *l'Invasion*.
> Son chant n'est plus celui du cygne qui soupire,
> C'est la voix de la foudre et le cri du lion.

Cependant l'éditeur et confrère de Charles Vincent au Caveau, Dentu, par un scrupule de prudence outrée, a cru que les événements du jour (1882) ne lui permettaient pas de reproduire cette chanson dans son entier, et s'est contenté de nous citer ce couplet inoffensif :

> Debout tous! sans repos ni trêve,
> Jusqu'au grand devoir accompli.
> Il vaut mieux mourir sous le glaive
> Que de vivre en peuple avili[2].

Avec son franc-parler loyal et sincère, entré au Caveau en 1872, dans un milieu tant soit peu réactionnaire, Charles Vincent débute par cette profession de foi : « Je suis républicain »; et s'attire l'estime de tous, même de ceux qui ne partagent pas ses opinions. Bien qu'ami de *Jean Misère*, il finit paisiblement ses jours dans sa petite propriété de Janvry. Mourir propriétaire est un exemple rare et presque édifiant pour un poète, surtout pour un chansonnier démocrate. Ni Pierre Dupont, ni Béranger même n'ont pu en faire autant.

Si la Commune a trouvé des chantres et des apologistes enthousiastes ou fanatiques, elle a rencontré aussi des adversaires déclarés comme Eugène Grangé, un facétieux vaudevilliste du Palais-Royal, l'auteur de cette folie déso-

---

1. 29 Janvier 1871. — 2. Chansons de Charles Vincent. Lib. Dentu, 1882.

pilante qui a nom la *Mariée du Mardi-Gras*. Gouailleur bourgeois et réactionnaire à outrance, il oppose le recueil de ses *Versaillaises* aux couplets communards d'Eugène Pottier et de Jean-Baptiste Clément, ses confrères et ses rivaux dans la *Lice chansonnière*. Il a vu défiler dans les rues de Paris consterné la milice soudoyée de la Commune, ses bataillons avinés et titubants; et il témoigne une médiocre confiance dans ces défenseurs de la patrie :

> Voyez, à peine ils se soutiennent!
> On ne sait s'ils sont accablés
> Par les canons qu'ils entretiennent,
> Ou par ceux qu'ils ont avalés.
> Qu'importe! Et dans l'artillerie
> C'est toujours servir la patrie.
>   Pourtant jusqu'au bout,
>   Tous restons debout!
> Oui, serrons nos rangs, amis, mais avant tout
>   Serrons l'argenterie [1]!

La gaieté de Grangé a quelque chose ici d'âpre, d'incisif et d'irritant. Le *Serrons l'argenterie!* qui revient à la fin de chaque couplet, est une injure à l'adresse de tout un parti. L'auteur n'a vu de la Commune que le côté grotesque et odieux, les pétroleurs et les pillards, sans tenir compte des hommes de foi et de passion sincère qui se font tuer, comme Delescluze, pour une idée. Aussi entonne-t-il avec une véritable joie le *De profundis* de la ci-devant Commune.

> C'en est donc fait des jours moroses!
> Enfin la Commune a vécu!
> Vécu ce que vivent les roses,
> Et ce n'est plus qu'un gratte-cu!

La Commune aussi bien que la Ligue, succombe sous les lazzi des uns, sous les malédictions des autres; compromise par ses folies et par ses excès; laissant Paris plus dévasté en quelques jours qu'il ne l'avait été durant cinq mois par les obus prussiens, sans avoir inspiré une nouvelle *Ménippée*, vengeresse de l'honneur et du bon sens français.

1. *Les Gardes à 30 sous* : Air de la *Parisienne*.

CHAPITRE XXV

ARRIÈRE-GARDE POÉTIQUE

Georges Gourdon : *le Sang de France*. — Emmanuel des Essarts : *Poèmes de la Révolution*. — Casimir Pertus : *l'Épopée du drapeau*. — Justin Bellanger : *Damnations*. — M. Bonnefoy : *la France héroïque*. — Clovis Hugues : *les Soirs de Bataille, les Jours de Combat*. — Stéphen Liégeard, Louis Ratisbonne, A. Eschenauer, G. Vicaire, Ch. Fuster, Erckmann-Chatrian, E. Blémont, J. Durandeau, Merveilleux du Vignaux, Libre Justian, A. Pechméja, G. Vautrey, H. Malo. — Le *Chat Noir*. — La Chanson : Jules Jouy, A. Bouvier, etc. — Mme Augusta Holmès : *Hymne à la France*. — L'alliance Franco-Russe : Aurore du xxe siècle.

I

Par une sorte de choc en retour, une nouvelle génération de chantres patriotes s'est formée depuis vingt ans, sous le coup des émotions qu'a laissées après elle la guerre de 1870-1871. Ce sentiment, amorti ou émoussé par des années d'indifférence et de prospérité matérielle, s'est réveillé au contact du malheur. On est revenu plus que jamais aux souvenirs de la vieille France et de la Révolution ; on s'est replongé dans ce passé pour y retremper les âmes, comme dans une autre fontaine de Jouvence. C'est ainsi que M. Georges Gourdon, un enthousiaste et un croyant, deux conditions excellentes pour faire un poète national, a évoqué dans *le Sang de France* les grandes images de Charlemagne, de Roland, d'Olivier, de Guillaume au Court-Nez, de Jeanne d'Arc, de Bayard. Tous ces portraits de famille dans lesquels la race aime à se reconnaître, nous prêchent l'héroïsme par leur exemple.

> Comme Jeanne d'Arc, ô Patric !
> Agenouille-toi, pleure, prie.
> Et comme elle, avec la vigueur,
> Tu retrouveras ton épée —
> Rayonnante et par Dieu trempée —
> Pour écraser l'envahisseur !

Le passé n'est pour lui qu'une leçon à l'usage du présent. C'est à la France d'aujourd'hui qu'il songe en saluant ce drapeau tricolore, le compagnon de nos gloires, le symbole des vertus françaises :

> Les connais-tu les trois couleurs,
> Les trois couleurs de France ?
> . . . .
> Bleu céleste, couleur du jour ;
> Rouge de sang, couleur d'amour ;
> Blanc, franchise et vaillance [1] !

Que l'explication allégorique soit plus ou moins discutable, peu importe : il n'en est pas moins vrai

> *Que* ce drapeau garde en ses plis
> L'âme de la Patrie.

Ce sentiment, partout où il le rencontre, le ravit et le transporte. C'est lui qui l'attache au docte historien de nos vieilles épopées françaises, M. Léon Gautier ; lui qui l'attire vers M. Paul Déroulède, le poète soldat, chez lequel il reconnaît un maître habile dans l'art de combattre et de bien dire, cet héritage vraiment gaulois [2].

> Soufflant l'espoir aux forts et l'épouvante aux lâches,
> Que ta Muse sur nous sonne comme un clairon !
> Tiens-nous, sans te lasser, éveillés sur nos tâches,
> Tandis que, soûls de chair, les loups s'endormiront.

Après avoir chanté Jean Bart, Duguay-Trouin, Bernard le pilote de Saint-Servan, il entonne un hymne funèbre en l'honneur de l'amiral Courbet : noble hommage rendu

---

1. *Le Drapeau.* — 2. Les Gaulois, dit Caton, aiment passionnément deux choses : *combattre et finement parler.*

à celui qui, le premier, ramena la victoire sous les drapeaux de la France républicaine. L'idée de la revanche l'obsède et le poursuit, comme elle n'a cessé de poursuivre son maître et son modèle, Déroulède.

Le toast final porté à la France, d'une large et virile allure, retentit en écho belliqueux à l'adresse de la génération nouvelle. Alliant dans une commune devise l'Espérance et la Foi, ces deux points d'appui de la France chrétienne, il rappelle à cette terre des lis et des chênes, des saints et des héros, ses glorieuses destinées passées, gage et promesse de son avenir.

> Revêts ton infrangible armure,
> Selle, pour la guerre future,
> Ta cavale au galop de feu !
> Que ta colère éclate et gronde,
> Et refais la carte du monde,
> Toi qui fus le « Soldat de Dieu ! »

Qu'elle ne se hâte pas trop cependant, dirons-nous, et attende l'heure propice, que Dieu lui-même saura préparer. Il faut ne vouloir ni précipiter ni violenter les événements, mais en profiter, quand ils arrivent. L'important est de ne point oublier : et M. Gourdon est de ceux qui ne laissent ni s'engourdir notre âme, ni chômer notre mémoire. Dans une publication récente intitulée *Cronstadt, Metz, Toulon*[1], il célébrait en strophes ardentes, avec une légitime fierté, l'alliance fraternelle de la France et de la Russie, tandis qu'il renvoyait à l'Italie la honte de son ingratitude et de son oubli.

> Calme, la France attend, la main sur son épée,
> Car sa gloire n'est point une gloire usurpée
>   Par le vol et la trahison ;
> Et malgré nos malheurs, si Dieu le veut encore,
> Elle rayonne assez pour changer en aurore
>   La nuit qui tombe à l'horizon[2] !

II

Ce culte des ancêtres inspirait à un brillant professeur de l'Université, Emmanuel des Essarts, ses *Poèmes de la*

---

1. Lib. Lemerre, 1893. — 2. Cronstadt, 20 Juillet 1890.

Révolution[1]. Fils d'un écrivain distingué et honnête homme, qui lui enseigna, dès l'enfance, les nobles sentiments et l'art délicat des vers, le jeune virtuose s'était révélé de bonne heure par un volume de poésies spiritualistes d'un bel essor, ayant pour titre *Élévations*. Depuis, les émotions de la guerre, le spectacle d'une France vaincue, démembrée, amoindrie, sont venus éveiller ses ardeurs patriotiques. Pour se consoler des tristesses du présent, il s'est réfugié, par l'imagination, dans les souvenirs de l'épopée révolutionnaire. Avec un enthousiasme rétrospectif, il a fait revivre toutes les grandes scènes et les grands noms de cette époque immortelle, où la France opposait quatorze armées de soldats-citoyens à l'Europe monarchique liguée contre nous. Il tire ainsi de l'histoire, transfigurée par la poésie, une sorte de panorama tournant, aux couleurs et aux formes changeantes, en variant le rythme à l'infini. Le caprice et la fantaisie ont une bonne part dans ces modulations poétiques; mais le sentiment est toujours le même, indulgent pour les hommes, large et sympathique pour les idées. Admirateur sincère de tout ce passé héroïque qui l'enivre, il s'élève au-dessus des passions et des rancunes de parti, associant dans un égal hommage les adversaires politiques d'un jour, tous artisans, héros ou victimes de cette grande œuvre qui doit renouveler la face du monde. Il entoure du même respect

> La double élite à jamais sainte,
> Les Montagnards, les Girondins.

Après nous avoir rappelé les grandeurs et les misères de la République, ses divisions intestines et ses holocaustes sanglants, une première vision consolante lui apparaît, comme dans ce *Songe de Scipion*, où Cicéron se plaît à nous montrer le concert des grandes âmes, s'alliant à l'harmonie des sphères célestes :

> Ils se sont rencontrés, ces frères ennemis,
>   Égaux dans le martyre.
> . . . .
> Ils se sont dit, avec de doux apaisements :
> « Astres, révélez-nous vos longs enchaînements ;
>   Car nous sommes vos frères[2]. »

1. 1879. — 2. *Réconciliation*.

Enfin, pour couronnement suprême, une autre vision anticipée, renvoyant la scène à deux siècles, nous découvre les horizons futurs de 1993 : la République en pleine floraison, avec le concours des arts, des vertus et des talents ; le droit primant la force et obéissant au devoir, le seul souverain ; l'humanité vraiment libre et régénérée :

> République des bons, ouvre les larges bras !
> Ces miracles tardifs, c'est toi qui les feras
> Dans l'avenir où tout s'apaise ;
> Fort comme un Montagnard, beau comme un Girondin,
> An désiré, prochaine éclosion d'Éden,
> O dix-neuf-cent-quatre-vingt-treize !

Avant d'atteindre ce paradis de l'avenir, l'auteur ne nous dit pas quelle série de purgatoires nous aurons à traverser encore. Il l'ignore sans doute comme nous. Mais on doit pardonner aux poètes et aux philosophes de rêver quelquefois tout éveillés, surtout quand ils songent au bonheur de l'humanité.

III

C'est dans le même esprit, sinon avec le même talent, que Casimir Perlus écrit l'*Épopée du Drapeau* (1880). L'auteur est moins un vrai poète qu'un rimeur infatigable, laborieux, honnête et patriote, digne d'estime et de sympathie. Sur ce terrain du patriotisme, nous devons laisser fléchir un peu le précepte d'Horace :

> *Mediocribus esse poetis*
> *Non Di, non homines, neque concessere columnæ.*

L'*Épopée du Drapeau*, dédiée à l'armée française, est une promenade à travers l'histoire, une revue métrique des mémorables campagnes où ce drapeau s'est illustré, depuis Valmy et Jemmapes, Hondschoote et Wattignies, jusqu'au jour néfaste où, tombé dans la boue de Sedan, livré par un traître à Metz, il s'est vu réduit à servir de trophée

> Dans ce Berlin qu'il a fait autrefois trembler !

La troisième république, en distribuant à ses soldats cet emblème des trois couleurs, purifié et vivifié dans un air nouveau, le confie à leur amour comme un gage de concorde et d'union :

> Aimer ce drapeau, c'est aimer aussi la France :
> Aimons-le donc et, pleins de la même espérance,
> Rangeons-nous tous autour de lui.
> Dans le patriotisme engloutissons nos haines ;
> Et que la folle ardeur de tant de luttes vaines
> S'éteigne en nos cœurs aujourd'hui.

A défaut de l'écrivain, c'est le bon citoyen, le galant homme, que nous honorons ici.

L'inspiration est non moins pure, et le filon poétique plus riche, avec M. Justin Bellanger, l'auteur des *Damnations*, une petite épopée dantesque née des épreuves de l'*Année terrible*[1]. Esprit charmant et pacifique, voué au culte discret de la Muse, sur cette terre provinoise qu'ont chantée avant lui Hégésippe Moreau et Pierre Dupont, le patriotisme a fait de l'écrivain un soldat improvisé à Buzenval et à Montretout.

Son devoir accompli, le même sentiment l'a transformé en chantre ému et indigné de nos fautes et de nos malheurs. S'inspirant du grand Alighieri, il a osé rouvrir la série des cercles infernaux, où nous avaient déjà ramenés d'Aubigné dans ses *Tragiques*, Victor Hugo dans ses *Châtiments*. Avec moins de génie, mais plus de mesure et d'équité, le poète s'est constitué le justicier de l'histoire, promenant son miroir vengeur sur le passé et sur le présent :

> Au même pilori, ma justice clouera
> Isabeau, Catherine, Escobar et Marat.
> Frappant tous les bourreaux, flétrissant tous les crimes,
> Mon vers aura des pleurs pour toutes les victimes,
> Et s'il est des vivants que réclame l'Enfer,
> Je jure de crier leurs noms à Lucifer !

L'amour du bien et la haine du mal, le mépris de toutes les hypocrisies et de toutes les lâchetés animent et soutiennent ces vers, que l'auteur a écrits, nous dit-il lui-même, avec son cœur plus qu'avec sa plume. Rien de plus sympathique, de plus loyal, que ce talent tout imprégné d'honneur et de probité. Il n'aime guère *saint Robespierre*, ce

---

[1]. Librairie Fischbacher, 1882.

Tartufe de la démocratie : en revanche il a des indulgences pour Danton, malgré ses fautes. La mort héroïque du tribun rachète à ses yeux les torts du septembriseur. L'épilogue de Satan maudissant les poètes, ces grands éducateurs des âmes et des intelligences, est une idée assez originale : bien que Marat lui-même ait trouvé des rimeurs pour chanter ses vertus. Le livre des *Damnations* a pour complément une *Damnation* suprême, celle du traître qui vendit Metz :

> Ton nom? dis-je à cette ombre. — Un peuple entier l'abhorre.
> Ton crime? — J'ai souillé le drapeau tricolore.

Le même frisson patriotique court à travers ces *Trilles et Vocalises*, où le poète s'amuse à jouer avec son luth. La pièce intitulée *Vieil Adage* est la protestation d'une conscience honnête contre cette triste maxime qui justifie toutes les défaillances : « Hurler avec les loups ! »

> Vous qui, cachant par peur un cœur né généreux,
> Avec les loups hurlez, vous êtes loups comme eux.

Sans tapage et sans fracas, le moraliste dit la vérité à tous. Mais il sait au besoin défendre la société moderne contre ses détracteurs systématiques, contre ces Jérémies de la décadence qui voient tout en noir et s'écrient : *O tempora ! o mores!* — Il apporte aussi tout ce qu'il a de cœur et d'élan pour chanter la *France immortelle* et l'*Ange de la Patrie*, avec Jeanne d'Arc, dans ces cantates où il trouve pour auxiliaire son ami et compatriote Gustave Lefèvre, l'habile et savant directeur de l'école musicale Niedermeyer.

Signalons encore un fidèle serviteur du drapeau dans M. Marc Bonnefoy, l'auteur de la *France héroïque*[1], dont il emprunte les éléments à toutes les classes de la société, alliant dans une commune admiration les paysans comme le Grand Ferré, les bourgeois de Calais, les gentilshommes comme Bayard et Turenne, les plébéiens comme Hoche et le sergent Bobillot :

> Que m'importent les rangs ! Ils ont tous l'âme grande
> Leurs cœurs ont pour la France également battu ;
> Pour elle de leur sang ils ont tous fait l'offrande :
> Que m'importent les rangs, s'ils ont même vertu !

---

1. Librairie Fischbacher.

Il rappelle les héros martyrs, depuis Vercingétorix, le champion de la nationalité gauloise égorgé dans sa prison sur l'ordre de César, jusqu'au père André, le vieux et brave vigneron, l'ami des francs-tireurs, bâtonné publiquement par les Prussiens.

Le vers fléchit parfois et descend au ton de la prose, mais il se relève par le sentiment humanitaire et démocratique qui anime l'écrivain, assez modeste pour s'avouer impuissant à bâtir l'édifice grandiose qu'il avait rêvé.

Honneur et Patrie, autre recueil dédié à l'armée française, est encore un manuel et un mémento de l'héroïsme national :

> Car ne l'ignorez pas : il n'est rien qui remplace
> La foi patriotique. Et quand ce sentiment
> Dans l'âme du soldat s'affaiblit et s'efface,
> Cuirassez-le d'acier : ce sera vainement.

IV

A ces poètes du genre tempéré, chez lesquels le bon sens et la mesure s'allient aux ardeurs du patriotisme, nous opposerons, comme contraste, le fulgurant et flamboyant Clovis Hugues : l'enfant terrible de la Muse marseillaise, unissant les notes sonores du virtuose aux tours de force de l'acrobate dans l'art de la rime et de la césure ; escaladant les cimes du Parnasse comme celles de la *Question sociale*, avec la même intrépidité. Le bruit lui plaît autant que la pensée, et la domine souvent. A travers ses cascades et ses fantaisies, tour à tour plaisantes ou sérieuses, on sent vibrer plus d'une fois l'accent d'une âme sincère, émue et même attendrie. Ce foudre de guerre, ce brise-tout socialiste, bon et généreux au fond, s'apaise et s'épanouit doucement en face d'un visage d'enfant.

> Ceux qui m'ont entendu, dans la mêlée humaine,
> Pousser le cri profond de l'éternelle haine,
> Ont détourné la tête, et m'ont traité de fou.
> Et pourtant le regard de mon enfant m'apaise,
> Et je suis tout songeur, quand ma lèvre le baise
>   Dans les plis gras du cou[1].

1. *Les Soirs de Bataille*, 1882. A Jeanne.

Admirateur passionné de Victor Hugo, il en reproduit surtout le coloris et la sonorité, en exagérant encore parfois le vacarme étourdissant des rimes et le faste des hyperboles :

> Dans la nuit aux funèbres voiles,
> Tu fais autour de tes talons
> Voler des poussières d'étoiles,
> Claquer des lambeaux d'aquilons [1].

Il est un autre maître, un autre souverain, devant lequel Clovis Hugues s'incline humblement, avec une complaisance qui peut avoir ses dangers. C'est le peuple, devenu le dispensateur suprême des votes et des mandats politiques, sensible lui aussi, plus qu'on ne pense, à l'encens et à la flatterie, disposé à s'adorer lui-même dans la personne de ses représentants. C'est à lui que le poète dédie son recueil intitulé : *Jours de Combat*.

> Je t'offre ma Muse, prends-la,
> Peuple, ô grand faiseur d'épopées !
> Elle est jeune, elle est vierge, elle a
> La sincérité des épées.

Ces jours de combat ne sont pas ceux de 1870-1871, mais nous ramènent à la période du 16 Mai, où l'auteur guerroie avec sa plume dans un journal, auquel il fournit chaque semaine un feuilleton en vers. C'est donc là, comme il l'avoue lui-même, de la poésie de circonstance, improvisée au jour le jour. Cependant il n'en revendique pas moins, pour ses vers, l'honneur de servir une grande idée, et ne se contente pas du rôle de *pifferaro* ou de guitariste, auquel bien des gens voudraient le condamner. « Le beau, dit-il, ayant pour but de servir le vrai, nous sommes de ceux qui pensent que la poésie a une mission sociale. Dans les temps héroïques, elle a créé la tradition à coups d'épopée ; dans les temps modernes, elle a été tour à tour sceptique et religieuse ; elle sera socialiste avec la fin du XIXe siècle. »

L'apostolat est, à ses yeux, un droit et un devoir du poète. Quand vient la grande épreuve des élections, qui

---

1. *Les Soirs de Bataille.* 1882. A *Victor Hugo.*

devaient déjouer les calculs de la faction réactionnaire, et ramener à la Chambre la république triomphante avec les 363, Clovis Hugues s'est fait le Tyrtée du suffrage universel :

> Éclate, ô ma strophe guerrière !
> Jette dans l'air ta note fière,
> Pousse ton cri large et hautain !
> Sois la fanfare vengeresse,
> Pendant que ce peuple se dresse
> Dans la bataille du scrutin [1] !

Le poète nous paraît tout à fait dans son caractère et dans son rôle en plaidant, comme disciple de Victor Hugo, la cause des *misérables*; en réclamant l'amnistie pour les proscrits de la Commune, qui languissaient encore à Cayenne et à Nouméa. S'adressant aux républicains maîtres du pouvoir, il leur dit :

> O frères, qui déjà ne vous souvenez plus !
> Je me tourne en pleurant vers les frères exclus
>   De ces fraternités mal faites ;
> Et je pense aux rochers que bat le flot grondant,
> Au morne exil, au bagne, à la geôle, pendant
>   Que vous paradez dans vos fêtes [2].

Son amour de l'humanité n'a qu'un malheur, c'est de tourner en haine contre le bourgeois. Et cependant il proteste de ses intentions pacifiques :

> Que je voudrais enfin, renonçant à la lutte,
>   Vivre en paix quelques jours meilleurs,
> Et, comme Anacréon, célébrer sur ma flûte
>   La gloire des nids et des fleurs [3].

Mais il a beau faire : son ver-coquin l'emporte dans la bataille, au moment même où il vient d'exprimer les souhaits les plus innocents et les plus sages. Le volcan bout, et jettera encore bien des flammes ou des étincelles mêlées de cendre, de lave et de scories plus ou moins poétiques.

---

1. *Pendant qu'on vote*, octobre 1877. — 2. *Les Martyrs*. — 3. Juillet 1879.

V

Tout autre est l'esprit calme et pondéré d'un patriote lorrain, M. Stéphen Liégeard, dans son volume intitulé *Rêves et Combats* (1892). Son cœur porte le deuil de la patrie qu'il a perdue, mais avec un sentiment de dignité fière et de douleur contenue. Faut-il croire cependant qu'il se résigne? Non. La protestation murmure et gronde comme un feu intérieur qui le dévore. On devine, en le lisant, ce qui doit se passer dans l'âme des citoyens de Metz et de Strasbourg, écrasés sous un joug de fer, réduits à voir défiler dans leurs rues des triomphateurs qu'ils maudissent et détestent cordialement. En rappelant l'héroïque défense de Châteaudun, le poète, un de ceux qui se souviennent, apostrophe ainsi ceux qui manquent de mémoire :

> Oui, l'oubli ne convient qu'au peuple sans courage :
> Lui peut, la coupe en main, couché parmi les fleurs,
> Se bercer dans sa nef dès qu'a passé l'orage :
> Il suffit d'un matin pour essuyer ses pleurs.
> Mais nous, les fils du Franc, nous avons nom la France,
> Vaincus, devant Dieu seul nous plions les genoux;
> Laissons à Sybaris la peur de la souffrance,
>   Et l'œil au ciel, souvenons-nous [1].

La même inspiration anime la pièce touchante intitulée *Mère et Patrie* avec cette épigraphe : *Pro aris et focis*.

> Alsace, sœur aimée à notre amour ravie,
> Toi qui, cœur contre cœur, vécus de notre vie;
> . . . .
> Sœur de gloire jadis, aujourd'hui de souffrance,
> Rameau tombé du tronc foudroyé de la France,
> Or pur de la rançon à qui, s'il plaît à Dieu,
> Notre espoir n'a pas dit un éternel adieu :
> C'est pour l'un de tes fils que mon luth vibre, Alsace!
> Lève-toi, belle et fière, et *nôtre*, quoiqu'on fasse!

Par la forme littéraire et magistrale, comme par l'élévation de la pensée et la noblesse des sentiments, M. Liégeard se

---

1. *Châteaudun.*

rapproche de M. Grenier, l'auteur de *Marcel*. Ainsi que lui, lauréat de l'Académie française, c'est un volontaire de la poésie, un talent délicat et distingué, joignant à l'amour de l'art un culte plus respectable encore, celui de la patrie et de la liberté.

C'est encore un fils de l'Alsace qui porte le faix de son pays opprimé, et qui répond aux avances patelines de l'envahisseur, dans les *Six Alsaciennes* de Louis Ratisbonne. L'aimable auteur de la *Comédie Enfantine* n'est, à coup sûr, ni un violent ni un emporté ; mais il n'en persiste pas moins dans son entêtement patriotique, et repousse tout accommodement avec l'étranger. Cette prétendue fraternité de langue et d'origine qu'invoquent les docteurs de Berlin à l'appui de la politique prussienne, ne saurait le convaincre. Vainement on reproche aux vaincus leur sauvagerie :

> L'Alsace a mauvais caractère.
> Quand l'Allemand lui tend la main,
> Sombre elle regarde la terre
> Qu'écrasent les pieds du Germain.

Le Germain, bon enfant, ne demande qu'à s'entendre avec ses voisins dont il occupe le foyer, à passer l'éponge sur les sujets irritants, le bombardement, les ruines, les massacres, conséquences inévitables de la guerre. D'ailleurs tout cela n'est-il pas réparé ? Strasbourg n'a-t-elle pas des écoles, des facultés, des casernes, qui doivent faire son bonheur ?

> Brave Alsace! la paix est faite :
> Si j'ai brûlé j'ai rebâti ;
> Ne songe plus à la défaite.

A quoi l'Alsace répond avec un soupir :

> Puis-je oublier que tu n'es pas parti[1] ?

Aux *Alsaciennes* de Louis Ratisbonne nous rattacherons, dans les *Échos* de M. Eschenauer (1874), cette protestation

---

1. *Les Alsaciennes*, 1880.

indignée d'un pasteur chrétien et patriote, contre le bombardement de la vieille cathédrale de Strasbourg :

> Ils insultent à Dieu, frappent son sanctuaire
> Comme un doigt de la main élevé vers les cieux.

Nous y joindrons le *Récit du grand-père*[1], autre épisode de l'invasion, par M. Georges Vicaire. L'aïeul raconte au petit-fils comment son père est mort fusillé par les Prussiens, sa mère tuée par un éclat d'obus pendant le siège de Strasbourg, au moment où elle le transportait enfant à l'hôpital, pour le placer sous le drapeau protecteur de Genève. Le vieillard lui laisse ce *Memento* :

> Jean, ces hommes t'ont fait orphelin : tu vivras
> Pour les haïr.

La sainte haine est le germe que la poésie vengeresse dépose au fond des cœurs.

Entre toutes ces manifestations de la Muse locale et patriotique, nous ne saurions oublier le recueil de M. Ch. Fuster intitulé *les Poètes du Clocher*. Il a pour devise ou point de départ cette phrase de Gœthe : « Poète, occupe-toi de ton pays ; là sont les chaînes d'amour, là est le monde de tes pensées ». C'est dans ce volume que nous avons retrouvé les couplets si cordialement français des auteurs de *l'Ami Fritz*, Erckmann et Chatrian, deux Alsaciens-Lorrains, revendiquant leur titre à la fraternité gauloise.

> Dis-moi quel est ton pays ?
> Est-ce la France ou l'Allemagne ?
> — C'est un pays de plaine et de montagne,
> Que les vieux Gaulois ont conquis
> Deux mille ans avant Charlemagne....
> Et que l'étranger nous a pris.
> C'est la vieille terre française
> Où tressaillit la *Marseillaise*.
> . . . .
> Quoi que l'on dise et quoi qu'on fasse,
> On changera plutôt le cœur de place
> Que de changer la vieille Alsace !

Critique et rimeur à la fois, M. Fuster apporte aussi son

---

[1] 1882.

tribut dans ce concert national, en chantant tour à tour *la Colère de Durandal*, *le Siècle fort* et *le Canon*. Célébré déjà par Victor Hugo qui lui a servi un jour de parrain, par Leconte de Lisle et par Henri de Bornier, le *Canon* a été un des grands acteurs du drame sanglant qui se jouait pendant le Siège et la Commune. A son tour, l'écrivain philanthrope ennemi de la guerre, après avoir maudit le monstre noir et formidable crachant la mort autour de lui, finit par l'embrasser comme un frère et un ami, quand il s'agit de sauver la terre natale et l'honneur du drapeau :

> L'affût s'écartelait, la roue était en sang,
> Le canon mutilé râlait avec furie.
> — Alors, moi qui l'avais maudit, le bénissant,
> J'ai baisé le canon qui défend la patrie.

C'est encore un fin critique, doublé d'un chantre vaillant et chaleureux, que nous aimons à rencontrer dans M. Émile Blémont. Lorrain d'origine, après avoir vu la terre de ses pères envahie par l'étranger, il se console en rappelant les exploits grandioses de la première Révolution : la *Prise de la Bastille*, qu'il célèbre après André Chénier ; l'immortelle journée de Wattignies, qu'il raconte dans un poème héroïque en cinq chants. L'œuvre, magnifiquement illustrée grâce aux crayons d'Armand Dumaresq, de Dupray, de Moreau de Tours, etc., se termine par un appel éloquent à la France nouvelle :

> Vous, générations en qui l'avenir germe,
> Suprêmes rejetons du siècle qui se ferme,
> Travailleurs d'aujourd'hui qui combattrez demain,
> Que vos aïeux vaillants vous montrent le chemin !

S'il aime à évoquer ces jours de triomphe, l'auteur n'a point oublié non plus la leçon du malheur, et en consacre la mémoire dans la pièce du *Porte-Drapeau* : touchant épisode, où il nous montre le noble vieillard s'enveloppant, à sa dernière heure, de son linceul tricolore, en face du Prussien triomphant. — Puis, quand la France, se sentant renaître, s'apprête à fêter le centenaire de 1789, l'écrivain patriote donne à la Comédie-Française un à-propos en vers, *le Chant du Siècle* : écho sympathique de nos gloires nationales conviées autour du buste de Molière. La Poésie, qui a été la douce consolatrice de la défaite, est aussi la riante messagère de la paix et du bonheur promis à l'âge nouveau.

La Bourgogne avec sa *Côte d'Or* baptisée *Côte de Fer* par les Allemands eux-mêmes, pouvait-elle rester muette après les glorieuses journées de Nuits et de Dijon? A défaut de grands orateurs et de grands poètes, elle avait fourni de valeureux combattants. Parmi les volontaires de la rime et du bivouac, se trouve un aimable érudit, un studieux fouilleur des chroniques dijonnaises, M. J. Durandeau, qui, après avoir chanté l'*Alsacien mourant* sur la terre d'exil, nous fait entendre sa petite musette bourguignonne en l'honneur de la bergère *Francette,* sa première et sa dernière passion :

> J'irai, Francette, un jour
> T'épouser à Strasbourg [1].

Vœu téméraire, plus facile, hélas! à former qu'à réaliser!

Un autre rimeur solitaire et discret, mêlé un moment à la vie politique comme représentant de la Mayenne, M. Merveilleux du Vignaux, a fait entrer dans un volume de poésies intimes [2], réservé à un petit cercle d'amis, ses impressions de l'*Année maudite.* Les deux pièces intitulées *Le Champ de bataille* et *Vision* sont deux morceaux remarquables, où se rencontrent çà et là de fort beaux vers. L'auteur se pose à lui-même le redoutable problème de la guerre, si embarrassant pour la raison du philosophe et pour la foi du chrétien :

> Pourquoi? pourquoi, Seigneur, ces rages déchaînées,
> Ces troupes de soldats à la mort entraînées?

Substituant l'amour à la haine, il nous montre la guerre sanctifiée par la vertu du sacrifice, dans la personne de Roland et de Conrad, les deux champions de la France et de l'Allemagne, expirant et s'embrassant au pied de la croix, d'où est venu l'exemple de l'immolation.

> Eux ennemis! Non, non. Sur leur front qui rayonne
> Ne voyez-vous donc pas briller le même sceau?
> En une égale paix, égale est leur couronne;
> Ils ont lavé leurs mains dans le sang de l'Agneau.

---

1. *Le Réveil Bourguignon.* 1888. — 2. *A travers la Vie.* 1892.

L'autre morceau : *Vision*, est un horrible cauchemar où il retrace, d'un pinceau vigoureux et saisissant parfois, les misères de l'invasion, les horreurs de la guerre civile, avec cette conclusion qui laisse entrevoir l'esprit de l'auteur royaliste et catholique, mais français avant tout :

> Quand enfin doit revivre, ô Christ, le peuple Franc ?
> — Une voix répondit, qui partait de la nue :
> « Quand il se souviendra de ce qui l'a fait grand ! »

VI

Dans cette revue rapide et incomplète des œuvres nées sous l'impression de la guerre et des événements contemporains, il nous est arrivé nécessairement d'omettre plus d'une page intéressante, plus d'un chant digne de vivre peut-être, comme interprète de la conscience, de la douleur ou de la colère publique.

L'oubli, ce grand destructeur des pensées et des paroles humaines, a emporté dans son cours bien des œuvres éphémères, difficiles à retrouver aujourd'hui ; faut-il s'en étonner ? C'est le sort des feuilles écrites semblables à celles qui tombent de l'arbre à la fin de chaque automne. La littérature, elle aussi, a ses saisons. Rappellerai-je, à ceux qui ne l'ont jamais connu sans doute, ce *Mémorial Séculaire*[1] publié en 1889 sous le pseudonyme de Libre Justian, œuvre d'un poète provincial, M. Mouton, catholique libéral et patriote, rimeur courageux : assez naïf et assez désintéressé pour écrire une *Napoléonienne*, après la chute de l'empire et la triste fin du prince impérial ; pour chanter les princes d'Orléans, après leur exil ; et Henri V, après sa mort. On peut dire que l'auteur a le culte des tombeaux. Disciple et admirateur de Victor Hugo, il honore et glorifie le poète, mais renie le chrétien, après ses funérailles civiles du Panthéon. Lui mort, il ne voit plus d'horizon pour la poésie :

> Tu viens de voir mourir le dernier des Orphées ;
> La poésie en deuil pleure sur son tombeau.
> Maintenant qu'il est mort, plus d'anges, plus de fées,
> Plus d'ailes, plus d'essors vers les cimes du Beau.

1. Toulouse. Lib. E. Privat.

Il fait entendre, sans grand espoir, le *Sursum Corda* ou plutôt le *De Profundis de l'idéal*, en face d'un siècle matérialiste et athée.

> Le nouveau dieu du jour, le seul dieu que l'on prône,
> Le dieu des exploiteurs et le dieu des blasés,
> La *Matière* triomphe et, sans robe, elle trône
> Sur des pinceaux salis et sur des luths brisés [1].

A défaut d'une haute poésie, il y a là du moins un souffle, un élan spiritualiste honorable pour l'auteur.

Nous rendrions volontiers, en passant, le même hommage aux *Strophes militantes* de M. Ange Pechméja (1880), si les violences et les crudités de l'expression ne gâtaient trop souvent, chez lui, la noblesse des sentiments et les révoltes d'une probité farouche. M. Pechméja est un Roumain ami de la France, mais trop ami de la Pologne pour ne pas détester la Russie, notre alliée. D'autre part, bien que chérissant la France au point de s'identifier avec elle, il blâme ces idées de revanche implacable nourries contre l'Allemagne, notre peu aimable voisine. Dans le cas où la victoire reviendrait sous nos drapeaux, il fait appel à notre générosité :

> Du saint respect de l'homme ayons quelque souci;
> Ils sont Germains, soit ! mais ils sont hommes aussi.
> . . . .
> Dussent nos procédés les trouver incrédules,
> Respectons galamment leurs femmes... leurs pendules,
> Et ne prenons chez eux, soldats, que notre bien.

Mais ces pendules elles-mêmes n'en font-elles pas partie? Ce serait un point à discuter.

Parlerons-nous enfin de ces mille pièces fugitives et de circonstance comme l'*Ode au général Margueritte*, composée par M. Gustave Vautrey, à l'occasion du monument érigé à Fresnes-en-Wœvre [2], sur cette terre de Lorraine devenue plus que jamais sacrée pour nous? Margueritte, ce lion de l'Atlas, accouru avec ses chasseurs d'Afrique, fut le héros et la victime du triste Sedan; un de ceux qui tentèrent de rompre le cercle infernal, où l'armée périssait

---

1. *Sursum Corda.* — 2. 2 juin 1884.

écrasée sous les obus prussiens. La France, en lui élevant une statue, comme à Chanzy, comme à Faidherbe, payait la dette de la reconnaissance nationale, et léguait à la génération nouvelle de glorieux modèles à imiter. Telle est la pensée qu'exprime le chantre improvisé de Margueritte, en songeant à la moisson future.

> Gloire au sang qui, sur cette terre
> Versé, semence salutaire,
> Doit germer à chaque saison !
> Gloire au sang qui se change en sève,
> Et que la nature sans trêve
> Fait monter dans la floraison !

La passion, disons mieux, la religion des souvenirs s'est accrue parmi nous. Témoin ces cavalcades historiques de Jeanne d'Arc, de Bayard, organisées de tous côtés, et ces refrains enthousiastes à la gloire de la *bonne Lorraine*, la patronne de notre relèvement.

> France, France douce et sereine,
> Grande et forte tu te revois :
> Porte sur tes plus fiers pavois
> Jehanne, la bonne Lorraine ![1].

A ces évocations du passé faut-il ajouter les exhibitions fantastiques du *Chat Noir*, ce théâtre d'ombres chinoises devenu à certains jours patriote et chauvin, ressuscitant la légende impériale et ses grognards, avec un mélange singulier de naïveté voulue et de scepticisme railleur. La lanterne magique alliée à la poésie macabre lui donne des reflets d'épopée lilliputienne.

D'autre part, la Chanson, si amoindrie et si déchue au temps du second empire, reprend son vol et revendique sa place avec Jules Jouy, Alexis Bouvier, Xanrof, Aristide Bruant, sans retrouver pourtant, il faut le dire, les beaux jours de Béranger et de Pierre Dupont. Sous prétexte d'échapper au poncif et aux élégances convenues, elle a trop souvent le ton débraillé des mauvais lieux, qu'elle a fré-

---

1. Henri Malo. *Au temps des Châtelaines*, 1893.

quentés en compagnie du *Sapeur*, de la *Femme à Barbe* et de *Gigolette*, sa dernière incarnation. Cependant la Muse populaire ou populacière de Jules Jouy, à travers son dévergondage prémédité et sa verve intempérante, a certains élans patriotiques, malgré ses aspirations socialistes et ses tendresses pour la Vierge rouge. Dans ses *Chansons de bataille*, il relève crânement le défi que nous a jeté Bismarck du haut de la tribune du Reichstag, en nous menaçant de son *Furor teutonicus* :

> Gare à quatre-vingt-treize !
> Bismarck *Imperator*,
> La *furia* française
> Vaut bien votre *furor !*
> On ne craint pas la lutte
> Au pays de Brennus !
> Gavroche te dit : Flûte !
> *Furor teutonicus.*

Après en avoir rudement senti les effets, il est vrai, à Bazeilles, à Châteaudun, et ailleurs.

Alexis Bouvier, un romancier réaliste, l'auteur de *la Grande Iza*, mêle à l'éloge de la *Canaille* celui de la *Patrie*, en invoquant les héroïques truands du *Bataillon de Sambre-et-Meuse* et du *Vengeur*.

> Ils fredonnaient la *Marseillaise*
> Nos pères, les vieux vagabonds,
> Attaquant en quatre-vingt-treize
> Les bastilles, dont les canons
> Défendaient la vieille muraille !
> Que de trembleurs ont dit depuis :
> « C'est la canaille ! »
> Eh bien ! j'en suis.

Grand honneur, sans doute, mais dont il faut user modestement, surtout en littérature.

La chanson patriotique a d'autres accents plus nobles et plus élevés dans l'*Hymne à la France*, de Mme Augusta Holmès. Cette œuvre d'une femme, au cœur sympathique et chaleureux, a obtenu une sorte de reconnaissance officielle dans nos grandes fêtes républicaines, sans effacer pourtant ni égaler ces deux immortels cantiques de la Révolution française qui s'appellent la *Marseillaise* et le *Chant du Départ*. L'*Ode triomphale pour le Centenaire de 1789*, chantée par les chœurs de l'Association artistique du Châtelet au palais des Champs-Élysées, le 11 septembre 1889, au milieu des splendeurs de l'Exposition universelle, est une pièce de circonstance à grand orchestre, se rattachant au genre démonstratif et décoratif plutôt qu'héroïque et belliqueux. La *Marseillaise* et le *Chant du Départ* étaient surtout des hymnes de guerre ; ici c'est d'abord un appel aux luttes inoffensives de la paix, des arts, du travail, de l'industrie. Le chant des *Vignerons* et des *Moissonneurs* ouvre cette immense symphonie aux mille voix.

Pour la composition, l'auteur s'est inspiré des souvenirs d'Horace et surtout de Marie-Joseph Chénier. Le *Carmen Sæculare*, le *Camp de Grand-Pré* et le *Chant du Départ*, avec leurs strophes et leurs personnages alternant tour à tour, leurs groupes de jeunes garçons et de jeunes filles, de vieillards, de mères, de guerriers, ont évidemment fourni le cadre et la mise en scène. Le cri d'*Évohé* chez les vignerons et les moissonneurs, un peu étrange pour des modernes, est encore une réminiscence d'Horace et de Ronsard tout à la fois.

LES VIGNERONS.

Évohé ! Soleil ! Évohé !
La vigne a fleuri,
La grappe a mûri,
Dans les cuves le vin bouillonne.
Ce soir, vignerons,
Nous reposerons !
Car le vin rougeoie et rayonne.

Bien que l'hymne soit pacifique avant tout, la note guerrière y a aussi sa place :

LES SOLDATS.

L'arme au bras, l'épée au côté,
Le front haut, le cœur sans colère,
Nous en qui la patrie espère,
Nous attendons sa volonté.

> A l'heure où d'une voix sonore
> Le coq de guerre chantera,
> Le Maître de la Nuit fuira
> Devant les soldats de l'Aurore.

Mais ce n'est là qu'une concession faite au sentiment national. L'Amour, la Science, la Raison et les autres personnages allégoriques, dont la poésie, comme la peinture, usent volontiers dans le genre décoratif, viennent tempérer ces ardeurs martiales. Au-dessus de l'autel de la Patrie se dresse un fantôme voilé, qui s'illumine tout à coup d'une clarté fulgurante. La *République* apparaît tenant à la main un rameau d'olivier, symbole de paix et de fraternité entre les peuples. C'était bien là du reste le rôle qu'elle remplissait et le gage qu'elle offrait au monde, en conviant toutes les nations du globe à cette grande fête olympique de 1889.

Ces belles espérances de paix et de concorde ont reçu, trois ou quatre ans plus tard, une solennelle consécration dans les entrevues de Cronstadt, de Toulon et de Paris. L'*Union franco-russe* opposée à la *Triple-Alliance*, accueillie avec un enthousiasme indescriptible chez les deux peuples, a reconstitué, sur une base nouvelle, l'équilibre européen, rompu depuis la guerre de 1870 et la paix désastreuse de Francfort. Ce n'est plus seulement l'œuvre mystérieuse d'une diplomatie louche et travaillant dans l'ombre, mais un contrat international passé au grand jour de la publicité, avec l'assentiment unanime de toutes les classes sociales : c'est le suffrage le plus universel qui fut jamais, confirmé par des milliers de voix, parties des bords de la Seine et de la Néva; la plus vaste et la plus patriotique manifestation qui ait fait tressaillir les âmes, depuis les mémorables journées du *Jeu de Paume* et de la *Fédération*. Opposant aux bravades et aux défis, par lesquels on croyait l'exaspérer, le calme et la modération opiniâtre d'une nation maîtresse d'elle-même et sachant attendre, la France, sans oublier les soins de sa défense, organise paisiblement la grande et fraternelle Exposition où elle appelle encore une fois le monde entier, pour fêter l'aurore du xxe siècle.

TABLE DES MATIÈRES

CHAPITRE I

Le XVIIIᵉ siècle et la Régence.

L'esprit nouveau. — La question d'argent : Law et son système. — Noëls et vaudevilles de la Régence. — Les *Philippiques* de Lagrange-Chancel. — Le cardinal Dubois. — Voltaire à la Bastille : les *J'ai vu*. — Le poète national : *la Henriade* : Esprit du poème. — L'épopée artificielle. — Comparaison avec l'*Énéide*, la *Pharsale*, les *Tragiques*. — Le merveilleux, les portraits, les récits, le pathétique. — Dénouement.................................. 1

CHAPITRE II

Mort du Régent (1723). — Ministère de Fleury (1724-1743). — Campagne d'Italie (1734) : poème de Gentil Bernard : chansons des soldats. — Paix de Vienne (1736) : Ode de Voltaire. — Guerre de la succession d'Autriche (1740). — Tirage de la milice à Paris (1743). — Maladie du roi : Vers à sa louange (1744). — Bataille et poème de Fontenoy (1745). — Paix d'Aix-la-Chapelle (1748). — Expulsion de Charles-Édouard : mécontentement général. — La noblesse militaire (1750). — Tombeau du maréchal de Saxe 27

CHAPITRE III

Guerre de Sept Ans (1756-1763).

État de l'Europe. — Prise de Port-Mahon : Chants populaires ; Vers de Voltaire et de Malfilâtre. — Défaites de Rosbach, de Minden et de Crevelt. — Les *Soubisades*.

— Revanche patriotique : Chevert et d'Assas. — Richelieu et le pavillon de Hanovre. — La bataille de M. de Conflans : *les Plongeons de la Vilaine.* — Impopularité croissante de Louis XV et de Mme de Pompadour. — Un poète lyrique et satirique : Lebrun-Pindare......... 49

CHAPITRE IV

Ministère de Choiseul.

Le pacte de famille. — La colonie de Cayenne. — Le Théâtre patriotique au xviiie siècle. — Le *Brutus* de Voltaire ; *Zaïre* ; *Adélaïde Du Guesclin.* — La tragédie nationale : *le Siège de Calais,* par De Belloy............ 66

CHAPITRE V

Ministère réparateur de Choiseul; sa chute (1771) : vers de Voltaire, etc. — Le Parlement Maupeou. — Mort de Louis XV (1774). — Le nouveau roi : espérances renaissantes : Vers de Saurin et de Collé. — Panégyrique de Louis XVI. — Arrivée de Turgot au ministère : *la Poule au pot.* — Retour des parlements : éloge de Malesherbes. — Le comte de Saint-Germain à la guerre. — Édits de Turgot : suppression des corvées, des maîtrises et des jurandes. — Chute du ministre réformateur. — Le nouveau code militaire de Saint-Germain : Requête à la reine. — Arrivée de Necker : projets de réformes. — Révolution d'Amérique : Épitre aux Bostoniens (1777). — La Fayette et Rochambeau. — Traité d'alliance avec les États-Unis. — Bataille maritime d'Ouessant (1778) : Ode de Gilbert. — Capitulation de York-Town (1781). — Naissance du dauphin : joie universelle................. 82

CHAPITRE VI

PRÉLUDES DE LA RÉVOLUTION. — SON INFLUENCE SUR LES MŒURS, LES IDÉES ET LA POÉSIE.

Necker remplacé par Calonne. — Défaite du comte de Grasse. — L'hiver de 1784. — Embarras financiers. — Pot-pourri sur l'Assemblée des notables. — Calonne remplacé par Loménie de Brienne. — Plaintes d'un patriote contre le ministre (1788). — Disgrâce de Brienne et de Lamoignon. — Retour des parlements et de Necker : Chants de joie et d'espoir. — Nouvelle Assemblée des notables. — Appel aux Etats Généraux (1789) : Ode de Ginguené. — *La Grandeur du tiers état.* — *Déclaration des Droits de l'homme.* — Société et poésie nouvelles. — Le lyrisme révolutionnaire : ses caractères et formes diverses.   103

CHAPITRE VII

Les poètes de la Révolution : Lebrun-Pindare, André et Marie-Joseph Chénier.

Un vieux maître : Lebrun, coryphée de la muse républicaine. Son droit d'ainesse : rêve du Panthéon : les caveaux de Saint-Denis : ascension démagogique. — Les deux Chénier : leur talent et leur destinée. — André et son œuvre littéraire. — L'artiste mêlé à la politique. — Voyage d'Italie : souvenirs républicains. — Idylle de la *Liberté : Hymne à la France : le Jeu de Paume ; la France libre ; les Suisses révoltés du régiment de Châteauvieux : Le 10 Août.* — Retraite d'André à Versailles : strophes lyriques. — Marie-Joseph Chénier : l'écolier précoce, disciple de Voltaire. — La tragédie de *Charles IX* : pièce de circonstance. L'histoire et l'actualité.............   121

CHAPITRE VIII

Chants populaires de la Révolution.

Les *Ça ira* (1790). — Le *Salut de la France* (1791). — La *Marseillaise* (1792). — La *Carmagnole* (1792). — Chants de guerre et de victoire : Appel aux peuples. — Le vaudeville. — Chants réactionnaires.......   144

CHAPITRE IX

Poètes de la Révolution (*Suite*).

LA TERREUR. — LE 9 THERMIDOR.

Lebrun-Pindare : poésies jacobines ; ode sur *le Vengeur*. — Marie-Joseph Chénier : Dithyrambe sur l'*Assemblée nationale ; le Camp de Grand-Pré ; Chant du Départ.* — André Chénier : *Ode à Charlotte Corday.* — Apothéose de Marat. — Vers faits à Saint-Lazare : *la Jeune Captive ; Iambes.* — La poésie sous la Terreur : *Chanson de la Guillotine.* — Delille : *Hymne à l'Immortalité de l'âme.* — Chute de Robespierre : Chants thermidoriens............   167

CHAPITRE X

Le Directoire et le Consulat.

FIN DU XVIIIᵉ ET COMMENCEMENT DU XIXᵉ SIÈCLE.

Gouvernement directorial. — L'armée : Hoche et Bonaparte. — Chants guerriers et patriotiques. Première campagne d'Italie : Marie-Joseph Chénier, Lebrun-Pindare, Arnault. — Traité de Campo-Formio (1797). — Élégie sur la mort de Hoche (1798) : vers contre l'Angleterre. — L'Expédition d'Égypte. — Le 18 Brumaire et le vaudeville. — Le gouvernement consulaire : Cantate de Fontanes et ode de Lebrun sur la bataille de Marengo (1800). — Passage du consulat à l'empire : une représentation de *Macbeth* : une boutade de Lebrun. — Le camp de Boulogne : dernière offrande de Lebrun et de Marie-Joseph Chénier... 185

CHAPITRE XI

L'Empire (1804-1815).

Disette de la poésie impériale : ses causes. — Le lyrisme officiel et l'*Almanach des Muses*. — Le Sacre. — Les victoires d'Austerlitz, d'Iéna et de Friedland. — *Ode à la Grande Armée* de Pierre Lebrun : un quiproquo littéraire. — La *Colonne de Rosbach*. — Traité de Tilsitt (1808). — Le *Départ pour la Syrie*. — Mariage de Napoléon et de Marie-Louise. — Naissance du roi de Rome : Concours poétique : Casimir Delavigne lauréat. — Impuissance de la Muse épique : l'épopée en action. — La littérature d'opposition : Fontanes, Charles Nodier, Ducis, Marie-Joseph Chénier, Lemercier, Béranger. — La dernière heure de l'Empire : le chant de l'*Oriflamme* et l'air de *Joconde*.. 201

CHAPITRE XII

La Restauration (1814-1830).

Un quart d'heure d'idylle monarchique : Chansons royalistes. — Les folies de la réaction : la Poésie vengeresse. — P.-J. de Béranger : une grande renommée débattue. — Le poète et l'écrivain. — Chansons patriotiques : *les Gaulois et les Francs, Diogène, le Marquis de*

Carabas, Paillasse, la Vivandière, le Dieu des bonnes gens, la Sainte-Alliance des peuples, les Enfants de la France, le Vieux Drapeau. — Les procès de Béranger : le tribunal et la postérité. — L'inquisition républicaine : *Ma République*. — Béranger démocrate : souvenirs d'enfance : *le Vieux Sergent, la Déesse*. — La Légende Napoléonienne : *les Myrmidons, le 5 Mai, le Grenier, les Deux Grenadiers, les Souvenirs du peuple*. — Guerre faite à la Restauration : le *Sacre de Charles le Simple, Le 14 Juillet à la Force*. — La Révolution de 1830. — *Adieu chansons*. — Désintéressement du poète.................. 221

CHAPITRE XIII

La Restauration (Suite).

Émile Debraux chansonnier populaire : *la Colonne ; Soldat, t'en souviens-tu? Le Mont-Saint-Jean*. — Eugène de Pradel : *Waterloo*. — Lord Byron : *Childe Harold*. — Pierre Lebrun : poème sur la *Mort de Napoléon*. — Voyage en Grèce : *Chant de Rhigas, Athènes, le Roi de Grèce*. — Casimir Delavigne : sa destinée littéraire. — Les *Messéniennes : Waterloo, Appel à la Concorde, Jeanne d'Arc*. — Grèce et Italie... 247

CHAPITRE XIV

La Restauration (Suite).

Une nouvelle école poétique. — Victor Hugo : sa place dans l'histoire littéraire du xixe siècle ; son éducation d'homme et de poète ; ses variations. — Odes historiques : *Louis XVII ; Buonaparte ; les Deux Iles ; l'Ode à la Colonne*. — Les *Orientales*. — Guerre de l'Indépendance grecque. — *Navarin*. — Poésies diverses : *Lui*.
Lamartine : *Bonaparte ; le Sacre ; le Dernier Pèlerinage de Childe Harold*. — *Épître à Casimir Delavigne*............ 263

CHAPITRE XV

Fin de la Restauration. — Révolution de 1830.

Barthélemy et Méry : *La Villéliade ; Napoléon en Égypte ; le Fils de l'homme ; Némésis*.
Auguste Barbier : *la Curée, la Popularité, l'Idole*........... 287

CHAPITRE XVI

La monarchie de Juillet (1830-1848).

LA RÉVOLUTION AU DEHORS. — LA QUESTION SOCIALE.

Casimir Delavigne: *la Parisienne, la Varsovienne.* — Béranger: les *Tombeaux de Juillet; Poniatowski.* — Auguste Barbier: Suite des *Iambes : Varsovie, le Lion, la Cuve, Desperatio.* — *Il Pianto: Lazare.* — Victor Hugo: les *Feuilles d'Automne*; les *Chants du Crépuscule*.......... 306

CHAPITRE XVII

La monarchie de Juillet (*Suite*).

Indifférence de la poésie. — Un fils de la démocratie : Hégésippe Moreau. — Sa vocation républicaine : *Vive le Roi! Diogène, l'Hiver, A Joseph Bonaparte, A Henri V, Merlin de Thionville, Les 5 et 6 juin 1832, Si j'étais Béranger!* Les Bousingots littéraires: Pétrus Borel et les *Jeune France*. — Théophile Gautier : Le sybarite indifférent : *Épître à un jeune tribun ; Le 28 juillet* 1840. — Alfred de Vigny : *Paris, la Frégate la « Sérieuse ».* — Alfred de Musset : son scepticisme politique: *Dupont et Durand,* la *Paresse.* Victor Hugo : les *Voix intérieures* (1837); les *Rayons et les Ombres* (1840)........................... 321

CHAPITRE XVIII

La monarchie de Juillet (*Fin*).

Le patriotisme sous le drapeau : guerre d'Algérie. — *Constantine,* par Edgar Quinet. — *Mazagran,* par Duvivier. — *Milianah,* par Autran. — Un poète bourgeois et patriote. La société bourgeoise : positivisme et ploutocratie. — La question d'Orient (1840). — *Le Rhin Allemand* d'Alfred de Musset ; *la Marseillaise de la Paix* de Lamartine. — Le retour des cendres de l'Empereur : Victor Hugo, Lamartine, Gérard de Nerval. — Différends avec l'Angleterre : l'opéra de *Charles VI.* — Mort du duc d'Orléans (1842) : Vers d'Alfred de Musset. — Mouvement des esprits. — Béranger prophète : *le Déluge.* — Préface de *Jocelyn ; Cantique à l'Esprit saint ;* Ode *sur les Révolutions* ; l'*Histoire des Girondins.* — Alexandre Dumas : *Chant des Girondins.* — Révolution de 1848............ 337

CHAPITRE XIX

La Révolution de 1848. — Le second Empire.

Les poètes de la démocratie. — Pierre Dupont : le chantre de la nature et de l'atelier. — *Chant des ouvriers* (1846) : *le Pain* (1847) ; *la Jeune République* (1848) ; *le Chant des étudiants* ; *les Journées de Juin* ; *le Chant des soldats* ; *le Chant des paysans* (1849) ; *le Cuirassier de Waterloo* (1852). — Guerre de Crimée : *le Chant du Danube* ; *la Paix de Zurich* (1856) ; *l'Exposition universelle* (1855) ; *la Race*. Gustave Mathieu : *Chanteclair* ; *la Chasse du peuple* ; *le Chant du vote* (1869) ; *le Plébiscite* (1870)............................ 352

CHAPITRE XX

Le second Empire (*Suite*).

Retour en arrière. — Dernières chansons de Béranger : *les Tambours*, *les Journées de Juin*, *Adieu à la France*, *Un prétendu Meâ culpâ*. — La poésie française sous le second Empire. — Guerre de Crimée : Brizeux et Autran. — Théophile Gautier : *les Vieux de la Vieille*. Victor Hugo : *Les Châtiments* : *le Manteau impérial*, *l'Expiation*, *Ultima Verba*.................................... 368

CHAPITRE XXI

Guerre de 1870-1871.

Victor Hugo : *l'Année terrible* : *Sedan*, *le Siège de Paris*, *la Commune*.
Les francs-tireurs de la poésie. — Victor de Laprade : *Poèmes civiques* ; *Épître aux soldats et poètes bretons* ; *le Livre d'un père*. — Autran : *A la France de 1871* ; *la Légende des Paladins*................................ 382

CHAPITRE XXII

Les Francs-tireurs de la poésie (*Suite*).

(GUERRE DE 1870-1871.)

Paul Déroulède : *Chants du soldat*. — Eugène Manuel : *Pendant la guerre*. — Théodore de Banville : *Idylles prussiennes*. — Henri de Bornier : *Paris et la Guerre* ; *la Fille de Roland*. — Jules Barbier : *le Franc-Tireur*..... 400

CHAPITRE XXIII
Les francs-tireurs de la poésie (Suite).
(1870-1871).

François Coppée : *Lettre d'un mobile breton ; Plus de sang! Aux amputés de la guerre; A un sous-lieutenant; le Lion de Belfort.* — Sully Prudhomme : *les Épreuves; Impressions de la guerre.* — Leconte de Lisle : *le Soir d'une bataille; le Sacre de Paris.* — Émile Bergerat : *les Cuirassiers de Reichshoffen; le Maître d'école.* — Édouard Pailleron : *le Départ; Prière pour la France.* — Le ban et l'arrière-ban des lettrés : Catulle Mendès, Auguste Lacaussade, André Theuriet, Albert Delpit, Félix Franck. 422

CHAPITRE XXIV
Les francs-tireurs de la poésie (Fin).
(1870-1872.)

Alphonse Daudet : *Contes du Lundi.* — Louis Gallet : *Patria.* — Édouard Grenier : *Marcel.* — Mme Ackermann : *la Guerre.* — Joséphin Soulary et la Muse lyonnaise. — Chantres bourgeois, ouvriers et soldats : le colonel Grégoire ; le général Pittié; le Cuirassier de Gravelotte ; Un mobile de Seine-et-Marne. — Chansonniers du siège et de la Commune : Paul Avenel, Eugène Pottier, Jean-Baptiste Clément, Charles Vincent, Eugène Grangé..... 443

CHAPITRE XXV
Arrière-garde poétique.

Georges Gourdon : *le Sang de France.* — Emmanuel des Essarts : *Poèmes de la Révolution.* — Casimir Pertus : *l'Épopée du drapeau.* — Justin Bellanger : *Damnations.* — M. Bonnefoy : *la France héroïque.* — Clovis Hugues : *les Soirs de Bataille, les Jours de Combat.* — Stéphen Liégeard, Louis Ratisbonne, Eschenauer, G. Vicaire, Ch. Fuster, Erckmann-Chatrian, E. Blémont, J. Durandeau, Merveilleux du Vignaux, Libre Justian, A. Pechméja, G. Vautrey, H. Malo. — Le *Chat Noir.* — La Chanson : Jules Jouy, A. Bouvier, etc. — Mme Augusta Holmès : *Hymne à la France.* — L'alliance franco-russe : Aurore du xxe siècle. 464

7008-94. — Corbeil. Imprimerie Éd. Crété.

Librairie HACHETTE et Cie, Boulevard Saint-Germain, 79, PARIS

BIBLIOTHÈQUE VARIÉE A 3 FR. 50 LE VOLUME
FORMAT IN-16

Études littéraires

Albert (Paul) : *La poésie*, études sur les chefs-d'œuvre des poètes de tous les temps et de tous les pays. 1 vol.
— *La prose*, études sur les chefs-d'œuvre des prosateurs de tous les temps et de tous les pays. 1 vol.
— *La littérature française, des origines à la fin du XVIe siècle.* 1 vol.
— *La littérature française au XVIIe siècle.*
— *La littérature française au XVIIIe siècle.* 1 vol.
— *La littérature française au XIXe siècle.*
— *Variétés morales et littéraires.* 1 vol.
— *Poètes et poésies.* 1 vol.
Berger (Adolphe) : *Histoire de l'éloquence latine, depuis l'origine de Rome jusqu'à Cicéron*, publiée par M. V. Cucheval. 2 vol.
Ouvrage couronné par l'Académie française.
Bossert : *La littérature allemande au moyen âge.* 1 vol.
— *Gœthe, ses précurseurs et ses contemporains.* 1 vol.
— *Gœthe et Schiller.* 1 vol.
Ouvrage couronné par l'Académie française.
Brunetière : *Études critiques sur l'histoire de la littérature française.* 1 vol.
Deltour : *Les ennemis de Racine au XIXe siècle.* 1 vol.
Ouvrage couronné par l'Académie française.
Deschanel : *Études sur Aristophane.* 1 vol.
Despois (E.) : *Le théâtre français sous Louis XIV.* 1 vol.
Gebhart (E.) : *De l'Italie, essais de critique et d'histoire.* 1 vol.
— *Rabelais, la Renaissance et la Réforme.*
Ouvrage couronné par l'Académie française.
— *Les origines de la Renaissance en Italie.*
Ouvrage couronné par l'Académie française.
Girard (J.), de l'Institut : *Études sur l'éloquence attique* (Lysias, — Hypéride, — Démosthène). 1 vol.
— *Le sentiment religieux en Grèce.* 1 vol.
Ouvrage couronné par l'Académie française.
Janin (Jules) : *Variétés littéraires.* 1 vol.
Laveleye (E. de) : *Études et essais.* 1 vol.

Lenient, professeur à la Faculté des lettres de Paris : *La satire en France au moyen âge*; 4e édition. 1 vol.
Ouvrage couronné par l'Académie française.
— *La satire en France, ou la littérature militante au XVIe siècle*; 3e édition. 2 vol.
— *La comédie en France au XVIIIe siècle.* 2 v.
— *La poésie patriotique en France au moyen âge.* 1 volume.
Lichtenberger : *Études sur les poésies lyriques de Gœthe.* 1 vol.
Ouvrage couronné par l'Académie française.
Martha (C.), de l'Institut : *Les moralistes sous l'empire romain.* 1 vol.
Ouvrage couronné par l'Académie française.
— *Le poème de Lucrèce.* 1 vol.
Maytargues (A.) : *Rabelais.* 1 vol.
Mézières (A.), de l'Académie française : *Shakspeare, ses œuvres et ses critiques.*
— *Prédécesseurs et contemporains de Shakespeare.* 1 vol.
— *Contemporains et successeurs de Shakspeare.* 1 vol.
Ouvrage couronné par l'Académie française.
Nisard (Désiré), de l'Académie française : *Études de mœurs et de critique sur les poètes latins de la décadence.* 2 vol.
Patin : *Études sur les tragiques grecs.* 4 vol.
— *Études sur la poésie latine.* 2 vol.
— *Discours et mélanges littéraires.* 1 vol.
Perrens (F. T.) : *Jérôme Savonarole, d'après les documents originaux.* 1 vol.
Ouvrage couronné par l'Académie française.
Prévost-Paradol : *Études sur les moralistes français.* 1 vol.
— *Essai sur l'histoire universelle.* 2 vol.
Sainte-Beuve : *Port-Royal.* 7 vol.
Taine (H.), de l'Académie française : *Essai sur Tite Live.*
Ouvrage couronné par l'Académie française.
— *Essais de critique et d'histoire.* 2 vol.
— *Histoire de la littérature anglaise.* 5 vol.
— *La Fontaine et ses fables.* 1 vol.

Chefs-d'œuvre des littératures étrangères.

Byron (lord) : *Œuvres complètes*, traduites de l'anglais par M. Benjamin Laroche. 4 vol.
Cervantes : *Don Quichotte*, traduit de l'espagnol par M. L. Viardot. 2 vol.
: *La divine comédie*, traduite de

Ossian : *Poèmes gaéliques*, recueillis par Mac-Pherson, traduits de l'anglais par P. Christian. 1 vol.
Shakspeare : *Œuvres complètes*, traduites de l'anglais par M. E. Montégut. 10 vol.
Ouvrage couronné par l'Académie française.

www.ingramcontent.com/pod-product-compliance
Lightning Source LLC
Chambersburg PA
CBHW072213240426
43670CB00038B/953